GOLD AUS DEM ALTEN PERU.
DIE KÖNIGSGRÄBER VON SIPÁN

GOLD AUS DEM ALTEN PERU. DIE KÖNIGSGRÄBER VON SIPÁN

HATJE CANTZ VERLAG

INHALT

VORWORT

Nachdem wir uns im vergangenen Jahr den indianischen Gesellschaften an den Ufern des Orinoko gewidmet haben und mit der Ausstellung *Netzwerke des Wissens* den Spuren Alexanders von Humboldt durch verschiedene Länder Süd- und Mittelamerikas gefolgt sind, lenken wir nun das Augenmerk auf Peru. Genauer gesagt, auf die nördliche Küstenebene des Landes, das Gebiet der einstigen Moche-Kultur.
Peru ist in Europa vor allem bekannt durch das mächtige, weit ausgedehnte Reich der Inka, das durch die Eroberung durch die Spanier sein jähes Ende fand. Relativ unbekannt hingegen ist, daß diesem Reich eine jahrtausendelange Geschichte anderer Hochkulturen vorausging. Die Moche-Kultur war eine von ihnen. Sie währte etwa von der Zeit um Christi Geburt bis ins 7. Jahrhundert. Die Mochica waren exzellente Baumeister, Handwerker und Künstler, und ihr Gesellschaftssystem war fein differenziert. Doch bis Anfang unseres Jahrhunderts war ihre Kultur weitgehend unbekannt. Vieles von dem, was wir heute über sie wissen, ist einem sensationellen Fund zu verdanken, der vor weniger als 20 Jahren gemacht wurde.
Es war im Jahr 1987, als Walter Alva und sein Archäologenteam damit begannen, die Grabanlagen von Sipán zu sichern und vor Plünderungen zu bewahren. Sie entdeckten dabei das Grab des sogenannten „Señor von Sipán", das vollkommen ungestört war und sich ihnen mit all seinen prachtvollen Schätzen darbot. Nie zuvor hatte man in Peru ein vergleichbares Grab entdeckt. Der Fund ist nicht nur wegen der kostbaren Grabbeigaben aus Gold, Silber und vergoldetem Kupfer einzigartig – es handelt sich um einen der größten Goldfunde des 20. Jahrhunderts –, sondern auch, weil er Rückschlüsse auf die komplexe Ordnung und den religiösen Kult der Mochica zuläßt und damit wesentlich zum Verständnis ihrer Kultur beiträgt.
Unter Leitung von Konrad Weidemann haben Fachleute des Römisch-Germanischen Zentralmuseums in Mainz die Funde vom Staub der letzten 1700 Jahre befreit und restauriert. Doch die besondere Verbundenheit zwischen Peru und Deutschland, der wir auch das ungeheure Privileg verdanken, die Schätze erstmals in dieser Fülle auszustellen, besteht nicht erst seit der Zusammenarbeit mit den Kollegen aus Mainz. Verschiedene Archäologen aus Deutschland haben sich mit ihrer Arbeit in Peru einen Namen gemacht, und das archäologische Museum in Lambayeque unweit von Sipán trägt sogar den Namen des deutschen Geschäftsmanns Heinrich Brüning (nicht zu verwechseln mit dem gleichnamigen Reichskanzler), der bereits 1917 die Pyramiden von Sipán fotografisch dokumentierte. Zur Zeit erhält das Museum in Lambayeque einen Erweiterungsbau, in dem die Funde ab 2001 als Nationalschatz dauerhaft präsentiert werden sollen, um das Land danach nie wieder zu verlassen.
Die Vorbereitungen zu unserer Ausstellung haben zweieinhalb Jahre in Anspruch genommen. Der Anstoß hierzu kam von Ferdinand Anton, Alt-Amerikanist und Kurator der Ausstellung. Seit vielen Jahren mit

Walter Alva befreundet, war er mit den Ausgrabungen von Sipán aufs engste vertraut und wußte von der Chance, die Funde für eine Ausstellung nach Deutschland zu holen. Bereits wenige Wochen nach seinem Hinweis reisten wir im Juli 1998 gemeinsam mit ihm nach Peru und trafen dort mit den Verantwortlichen des Außenministeriums, des Nationalen Kulturinstituts und natürlich mit Walter Alva zusammen. Nach Bonn zurückgekehrt sind wir mit vollen Händen: Schon bei diesem ersten Besuch wurde ein Vorvertrag geschlossen, der alle wesentlichen Vereinbarungen unserer Kooperation enthielt.

Allen, die mit ihrem Engagement und ihrem Vertrauen ermöglicht haben, daß das Projekt wie geplant Wirklichkeit werden konnte, möchte ich von Herzen danken. Ich kann an dieser Stelle nur wenige namentlich erwähnen. Mein erster Dank gilt Walter Alva, der der Welt die Schätze von Sipán wiedergeschenkt hat. Seine Arbeit und seine Unterstützung sind die Grundlagen dieses Projekts. Auch seinem engen Mitarbeiter Quirino Olivera Nuñez sind wir verpflichtet. Ich danke Ferdinand Anton, der den Kontakt nach Peru vermittelt hat. Sein Wissen über die Archäologie des Alten Amerika und die freundschaftlichen Verbindungen, die er im Laufe seiner langjährigen Forschertätigkeit geknüpft hat, waren für uns gleichermaßen wertvoll. Von außerordentlicher Bedeutung für das Gelingen des Projekts war die Unterstützung durch das Instituto Nacional de Cultura in Lima. Seinen Direktoren Luis Repetto Málaga und später Luis Enrique Tord danke ich herzlich für die vertrauensvolle und reibungslose Zusammenarbeit. Ich danke den diplomatischen Vertretern beider Länder, die uns bei den Vorbereitungen für die Ausstellung unterstützt haben und stets verläßliche Vermittler waren. In Bonn standen uns S.E. Luis Silva Santistéban und der Kulturattaché der peruanischen Botschaft, Zósimo Morillo Herrada, mit hilfreichem Rat zur Seite, in Lima der Direktor für kulturelle Angelegenheiten im Außenministerium, S.E. Alejandro Léon, sowie der deutsche Botschafter Herbert Beyer und Konsul Karl-Heinz Rohde.

Ein besonders herzlicher Dank gilt den bedeutenden Museen in Deutschland, die uns wertvolle Leihgaben zur Verfügung gestellt haben, überwiegend keramische Arbeiten, für die die Moche-Kultur berühmt ist. Es sind Werke, die vom Leben der Elite und vom Alltag, aber auch von den Mythen der Mochica erzählen und deshalb die Schätze aus Gold hervorragend ergänzen.

Und schließlich danke ich Angelica Francke, der Projektleiterin der Ausstellung. Sie hat das Vorhaben mit großem Engagement und mit Beharrlichkeit betreut und umgesetzt.

Wenzel Jacob

VORWORT

Die Entdeckung des prähispanischen Schatzes von Sipán im Jahre 1987 zählt zu den großartigsten Ereignissen in der peruanischen Archäologie. Erstmals war es den Wissenschaftlern möglich, sorgfältig und systematisch zu untersuchen, wie vor 1700 Jahren eine hochgestellte Persönlichkeit der Mochica-Kultur mit ihren Frauen, Untergebenen und Grabbeigaben bestattet worden ist. Dies erlaubte die Rekonstruktion eines wichtigen Aspektes im Leben der Gesellschaften des alten Peru: die religiöse Verbindung zum Jenseits. Sowohl die Lage der Personen und Objekte wie auch die Grabplattform, in der sie gefunden wurden, sind außergewöhnliche Zeugen für den Glanz der Zeremonien, die während der Bestattung stattfanden.

Daneben haben die Wissenschaftler die Möglichkeit, die Ikonographie der Grabbeigaben einer schriftlosen Kultur zu untersuchen. Sie kann uns mit Hilfe der Kunst einige wichtige Aspekte ihres Glaubens und ihrer Bräuche deutlich machen, die wie die Schrift die Bedeutung einer Gesellschaft vermitteln.

Im Panorama der nordperuanischen Kulturen sind die Mochica die bedeutendsten Vertreter der amerikanischen Vergangenheit, und deshalb ist diese Entdeckung mit den großen Funden der klassischen Kulturen vergleichbar. So schließt sich das Erbe des alte Peru an die Geographie der wichtigsten Zivilisationen an.

Unter dem Aspekt der Beziehungen unserer beiden Länder ist das Instituto Nacional de Cultura über die Realisierung dieser Ausstellung sehr dankbar. Sie geht auf einen Besuch von Wenzel Jacob, dem Direktor der Kunst- und Ausstellungshalle der Bundesrepublik Deutschland – einer der wichtigsten Kulturinstitutionen der Bundesrepublik Deutschland –, im Juli 1998 in Peru zurück. So schlagen wir erneut eine Brücke zu dieser geschätzten Nation. Denn in Deutschland wurden der Schmuck und die Embleme des „Señor von Sipán" dank eines Kooperationsabkommens mit dem Römisch-Germanischen Zentralmuseum zwischen 1988 und 1993 in Mainz restauriert. Mit der Ausstellung erneuert Peru seinen Dank an Deutschland für die wichtige damals geleistete Arbeit.

Gleichzeitig erinnert sie an die alten Bande, die unsere beiden Nationen in der Welt der Archäologie verbinden: Diese Bande entstanden Anfang des 19. Jahrhunderts durch die Studien des großen deutschen Forschungsreisenden Baron Alexander von Humboldt und wurden im Laufe des 20. Jahrhunderts durch einen Kreis bedeutender Wissenschaftler weiter gefestigt, die wesentliche Beiträge zur Erforschung unserer Geschichte geleistet haben.

Die Ausstellung stellt einen weiteren Meilenstein dieser zweihundertjährigen Tradition dar: Sie ist Ausdruck unserer Dankbarkeit für die Wertschätzung unserer Kulturen durch die wissenschaftlichen Institutionen Deutschlands und durch das deutsche Volk.

Luis Enrique Tord

VORWORT

Im April 1987 übernahm eine kleine Gruppe von peruanischen Archäologen die große Verantwortung, die Grabplattform des Mochica-Heiligtums von Sipán vor Plünderung und Zerstörung zu retten. Von diesem tragischen Schicksal wird das gesamte Kulturerbe Perus ständig bedroht und geschädigt. Unter äußerst schwierigen Begleitumständen und mit beschränkten Mitteln, die uns von Unternehmen und Institutionen zur Verfügung gestellt wurden, die sich ihrer Verantwortung für den Schutz des Kulturerbes bewußt sind, konnte unser Projekt beginnen und nach mühsamer und langwieriger archäologischer Feldarbeit zur wissenschaftlichen Aufnahme des Grabes des sogenannten „Señor von Sipán“ führen. Es handelt sich dabei um den ersten Grabbefund eines altperuanischen Herrschers, der unserer Zeit seine ganze ursprüngliche Pracht vor Augen führt und unschätzbare neue Erkenntnisse zum Stand der technischen Entwicklung, zur soziopolitischen Ordnung und zu den religiösen Vorstellungen der Mochica liefert, einer der wichtigsten vorinkaischen Kulturen.

Bei unseren Forschungsarbeiten, die als Rettungsgrabung begannen, mußten wir von Anfang an auch die Verantwortung für die Konservierung, Restaurierung und die Veröffentlichung der Funde und der gewonnenen Ergebnisse übernehmen. Darüber hinaus war es dringend notwendig, ausreichende finanzielle Mittel für die Feldarbeit zu beschaffen, wodurch sich unsere Arbeiten zu einem langfristigen Großprojekt entwickelten, das von peruanischen und internationalen Institutionen unterstützt wurde. Nach der aufsehenerregenden Entdeckung des Herrschergrabes von Sipán und als ein binationales Abkommen mit der Bundesrepublik Deutschland die notwendigen Konservierungs- und Restaurierungsarbeiten ermöglicht hatte, fanden wir das Grab des Priesters und das des sogenannten alten Herrschers von Sipán. Später folgte die Teilausstellung dieses nationalen Schatzes und der Befunde in den wichtigsten Museen der USA. Heute verfügen wir über ein Restaurierungslabor in Lambayeque in der Nähe von Sipán, und in mehr als einem Jahrzehnt archäologischer Feldarbeit und Auswertung haben wir neue Erkenntnisse über die Architektur des Heiligtums und über ein Dutzend Gräber verschiedener Epochen und gesellschaftlicher Gruppen gewonnen, mit denen man den kulturellen Wandel und die komplexe Ordnung der Mochica-Elite nachweisen kann. Auch dank anderer wertvoller Untersuchungen nimmt die Mochica-Kultur zu Recht einen allgemein anerkannten Platz unter den wichtigsten alten Kulturen der Welt ein.

Unser besonderer Dank gilt der Kunst- und Ausstellungshalle der Bundesrepublik Deutschland, Bonn, und ihrem Direktor Wenzel Jacob für die Möglichkeit, die Schätze aus Sipán zu präsentieren und damit weiter zur Kenntnis des peruanischen Kulturerbes beizutragen.

Walter Alva

Ferdinand Anton

DIE BEDEUTUNG DER MOCHICA INNERHALB DER PRÄKOLUMBISCHEN KULTUREN ALT-PERUS

Der Grund war das Gold und damit die weltberühmten Kulturen des alten Peru, daß selbst die kleinsten Tageszeitungen in aller Welt über dieses Ereignis berichteten: Die Entdeckung einer unversehrten Grabkammer bei dem kleinen peruanischen Dorf Sipán im Jahre 1987 durch den peruanischen Archäologen Walter Alva, in der ein hochrangiger Würdenträger gefunden wurde, reichlich mit Grabbeigaben versehen und begleitet von einem Wächter und sieben weiteren Personen – darunter drei junge Frauen –, zwei Lamas und einem Hund, war auch wissenschaftlich eine Sensation. Schon aufgrund der Qualität der Goldarbeiten ahnte man bereits nach kurzer Zeit, daß es sich möglicherweise um den größten archäologischen Fund seit der sensationellen Entdeckung des Grabes von Tutanchamun 1922 in Ägypten handelte. Stilistisch ließen sich die Grabbeigaben der Mochica-Kultur zuordnen. Aber wer waren die Mochica?

Man wußte von den Azteken in Mexiko, man kannte die Inka in Peru. Beides Kulturen, mit denen die Spanier 1521 und 1532 zusammentrafen und deren grausames Ende bekannt ist. Christoph Lichtenberg, der skeptische Aphoristiker, schrieb: „Der Indianer, der einen Spanier als ersten sah, machte eine schlechte Entdeckung.“ Und Friedrich Schiller läßt Karl Mohr in seinem Stück *Die Räuber* ins Publikum rufen: „Sie stürmten wider den Geiz und haben Peru um goldener Spangen willen entvölkert und die Heiden wie Zugtiere vor ihre Wagen gespannt.“ Bereits Kolumbus, der niemals erfuhr, daß er einen gewaltigen Kontinent auf seiner vermeintlichen Seereise nach Westen, nach Indien, entdeckt hatte, brachte einige kleine Goldstücke von den karibischen Inseln nach Spanien, um damit seiner Königin Mittel für weitere Reisen zu entlocken.

Die eigentlichen Goldländer lagen auf dem südamerikanischen Kontinent, zum geringeren Teil in Mexiko und als unermeßliche Schätze weiter südlich, in Kolumbien und vor allem in Peru. Das Edelmetall, das die sogenannten spanischen Silberflotten aus diesen Ländern nach Europa verschifften, wanderte bereits in den Kolonien fast ausschließlich in die Schmelzöfen und wurde in klingende Münzen umgewandelt. Den hohen Kunstwert jener feinen Arbeiten erkannte in Europa niemand oder zumindest kaum jemand. Eine Ausnahme war Albrecht Dürer, der auf seiner niederländischen Reise die Gastgeschenke des aztekischen Herrschers Moctezuma an Kaiser Karl V. sah und über die „subtilen ingenia“ dieser Kleinodien am 27. August 1520 in sein Tagebuch schrieb: „Auch hab ich gesehen die dieng, die man dem könig auß dem neuen gulden land hat gebracht: ein gancz guldene sonnen, einer ganczen klaffter braith, desgleichen zwo kammern voll derselbigen rüstung deßgleichen voll allerley ihrer waffen, harnisch, geschucz, wunderbahrlich wahr, selczamer klaidung, pettgewandt und allerley wunderbahrlicher ding zu maniglichem brauch, das so viel schöner an zu sehen ist dan wunderding. Diese ding sind alle köstlich gewesen, das man sie beschäczt vmb hundeert tausend gulden werth. Und so hab ich aber all mein lebtag nichts gesehen, das mein herez also erfreuet hat als diese ding. Dann ich hab darin gesehen wunderliche künstliche ding und hab mich verwundert der subtilen ingenia der menschen in frembden landen."

Peru, das Land mit den reichsten Goldschätzen in der Neuen Welt, wurde erst zwölf Jahre später als Mexiko entdeckt. Francisco Pizarro, der Eroberer und Zerstörer des Inka-Reiches, war von anderem Schlag und viel niedrigerem Bildungsgrad als der Eroberer von Mexiko, Hernán Cortéz. In einem kühnen Handstreich bereitete Pizarro mit weniger als 170 Mann dem einzigen Imperium, das es auf dem amerikanischen Kontinent in vorspanischer Zeit gab, dem Inka-Reich, im Jahre 1532 ein gewaltsames Ende.

Bei der Begegnung mit dem wie ein Gott verehrten Sapa-Inka Atahualpa stießen zwei völlig gegensätzliche Welten aufeinander. Der indianische Herrscher, der über ein großes schlagkräftiges Heer verfügte, wurde in Cajamarca bei einem Überraschungsangriff von seiner Sänfte gestoßen. Dies war für seine Untertanen ein untrügliches Zeichen für seine Verletzbarkeit, denn die Sänfte bzw. der Schemel galt bei den Inka wie bei den Azteken als Symbol der Allmacht.

Das Urteil der Spanier über ihren Gefangenen lautete Tod durch Verbrennen, wie es für Ungläubige auch im Mutterland durch die Inquisition verhängt wurde. Der Tod durch Verbrennen war für die Inka unvorstellbar und vor allem unvereinbar mit dem seit Jahrtausenden in Peru praktizierten Totenkult. Das Lösegeld in Form von enormen Goldschätzen, die aus allen Teilen des Landes nach Cajamarca herbeigeschleppt wurden, führte zur „Begnadigung" Atahualpas: statt dem Tod auf dem Scheiterhaufen Tod durch die Garrotte (Würgeeisen).

Ohne seinen Gott-König war Peru gelähmt. Es gab keinen nennenswerten Widerstand mehr. Die Völker und Stämme der kurz zuvor von den Inka eroberten Regionen schlugen sich auf die Seite der Spanier, waren ihnen nützlich als Träger und Führer durch das unwegsame Gelände im unbekannten Land. Sie kannten die Heerstraßen der Inka, die diese bauten, um Truppen schneller selbst in entfernteste Gebiete zu senden und eventuelle Aufstände bereits im Keim niederzuschlagen. Nach Cuzco, dem „Nabel der Welt", wie die Inka ihre Hauptstadt nannten, kam Pizarro 1532 mit seinen Soldaten. Eine brutale Plünderung und die gleichzeitige völlige Zerstörung der Stadt waren die Folge.

Fünf Jahre später, 1537, gründete Francisco Pizarro an der nördlichen Küste von Peru, in unmittelbarer Nähe der Hauptstadt des Chimú-Reiches Chanchán, die Stadt Trujillo, die er nach seinem Geburtsort in Spanien benannte. Das Königreich der Chimú war der mächtigste Widersacher der Inka gewesen. Sein Territorium konnte von den Inka erst 1467 erobert und dem eigenen Imperium einverleibt werden. Auch hier war der Grund für die Niederlassung der Spanier das Gold. Die

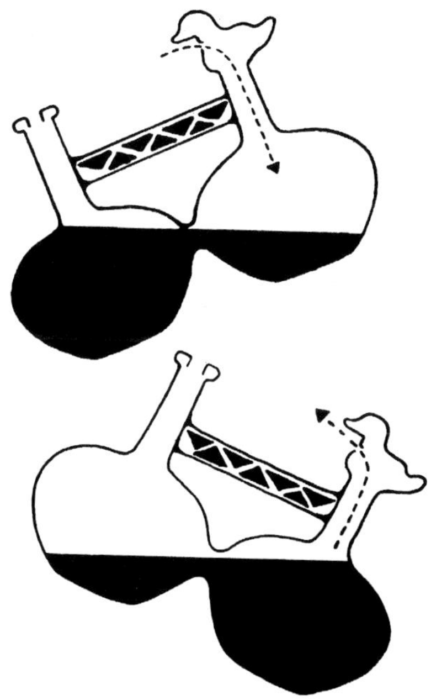

1 Silvador (Pfeifkopf)
Eine der merkwürdigsten Erscheinungen, die man auf dem Gebiet der Musikinstrumente kennt. Der Silvador besteht gewöhnlich aus zwei durch einen massiven und einen hohlen Bügel verbundenen Tongefäßen, die man zum Teil mit Wasser füllt. An einer Gefäßöffnung, die gewöhnlich figürlich ausgestaltet wird (Vogel, menschliche Gestalt etc.), befindet sich eine Pfeife. Beim Senken der Pfeiföffnung komprimiert der steigende Wasserspiegel die Luft (siehe Skizze) und treibt sie hinaus. Dadurch werden Pfeiftöne erzeugt.

ersten Minenkompanien, die dort entstanden, schürften nicht in den Bergen, sondern plünderten die Paläste der Elite von Chanchán und die Begräbnisstätten der Chimú. Chanchán war zu dieser Zeit vermutlich die größte Stadt Südamerikas mit etwa 100 000 Einwohnern.

Gold und Blut führten – zumindest in der europäischen Kultur – eine grausame Ehe. Für die alten Peruaner hatten Gold, Silber und Kupfer einen anderen Stellenwert, sie waren Statussymbole und Ausdruck tiefer Religiosität. Bei den Inka verkörperte Gold die Schweißperlen der Sonne und Silber die Tränen des Mondes. Die Herrscher und hohen Priester, die es tragen durften, bezogen sich damit auf ihre göttlichen Befugnisse. Man muß sich nur den „Señor von Sipán" und andere Würdenträger in ihrer kultischen Aufmachung bei den Zeremonien zu Ehren der Götter vor oder auf den Pyramiden vorstellen, um zu ermessen, welch gewaltigen Eindruck sie bei ihren Untertanen hervorriefen.

Der „Señor von Sipán" und der „alte Herrscher" sowie die anderen Angehörigen der Elite wurden bereits mehr als 1200 Jahre vor dem Untergang der Inka in ihrem Mausoleum im Schatten der beiden großen Pyramiden von Huaca Rajada beigesetzt. Mit der Entdeckung ihrer Gräber gelang es den Wissenschaftlern zum ersten Mal in der peruanischen Archäologie, mit den neusten Methoden und fachmännischer Akribie Vorgänge zu rekonstruieren, d.h. nicht nur die einzelnen Grabkammern zu kartographieren, die Lage der Bestatteten und der unzäh-

2 Porträtkopf (Kat.-Nr. 1)
3 Porträtkopf (Kat.-Nr. 2)

ligen Grabbeigaben genau zu erfassen und damit neue Erkenntnisse über den Totenkult und die Rituale jener Zeit zu gewinnen, sondern auch Klarheit über die streng hierarchisch gegliederte Gesellschaft mit ihren unterschiedlichen Insignien zu erlangen. Dieser Fund „in situ" war einer der großen Schritte in der Peruanistik des 20. Jahrhunderts. Denn gerade in diesem Land mit seinem aufwendigen Totenkult sind die Gräber stets Anziehungspunkt für die *huaqueros* (Grabräuber) gewesen, die nur das verkäufliche Material behielten und alles andere achtlos beiseite warfen, ganz im Gegensatz zu den Archäologen, für die selbst scheinbar unbedeutende Dinge wie die Steinchen eines Mosaiks dazu beitragen, das Bild dieser schriftlosen Kultur zu rekonstruieren.

Um die Bedeutung und den Stellenwert der Moche-Kultur (ca. 200 v. Chr.–600 n. Chr.) zu beurteilen, sollte man einen kurzen Blick auf den riesigen Doppelkontinent Amerika richten. Dort entwickelten sich im Laufe von Jahrtausenden zwei Hochkulturkomplexe: einer in Mexiko und im südlich angrenzenden Teil von Mesoamerika, beginnend mit der Kultur der Olmeken (ca. 1500 v. Chr.) und endend mit dem Stadtstaat der Azteken (ca. 1275–1521). Weiter südlich gab es die Kultur der Maya, deren Wurzeln ebenfalls auf die Olmeken zurückgehen und die bis 1697 in ihrem Rückzugsgebiet Tayasal, im heutigen Guatemala, Widerstand gegen die Spanier leisteten. Der zweite Hochkulturkomplex, der sogenannte zentralandine in Südamerika, beginnt mit der Kultur von Chavín im 1. vorchristlichen Jahrtausend, die die Grundlagen für die Ausbreitung religiöser Ideen bereitete. Im Laufe der Jahrhunderte blühten und vergingen, teils neben-, teils nacheinander, mehrere Kulturen, die wir hauptsächlich durch ihre Grabbeigaben und architektonischen Anlagen kennen. Eine der eindrucksvollsten ist die der Moche (ca. 200 v. Chr.–600 n. Chr.). Die Ermordung des letzten Inka und die Eroberung von Cuzco im Jahr 1532 bedeuteten das Ende der präkolumbischen Hochkulturen in Südamerika.

Von der kurzen Geschichte, die mit dem Namen „Inka" verbunden ist und die kaum mehr als ein Jahrhundert währte, berichteten mehr oder weniger objektiv die Konquistadoren und einige Missionare, die in ihrem Geleit kamen. Die lange schweigsame Vergangenheit dieser schriftlosen Gesellschaften wurde von den Kolonisatoren nicht wahrgenommen. Selbst Alexander von Humboldt (1769–1859), der sich von Ecuador kommend 1802 in Trujillo nach Lima einschiffte, schrieb ausführlich über die Bauwerke und Heerstraßen der Inka, verlor aber weder ein Wort über den großen Pyramidenkomplex von Moche noch über die in zahlreiche Stadtteile gegliederte Hauptstadt der Chimú, Chanchán, obwohl diese in unmittelbarer Nachbarschaft der Hafenstadt liegen. Dennoch hat Alexander von Humboldt durch seine Südamerikareise das Interesse an diesem Teil der Erde geweckt. Er war gleichsam der „Brückenbauer", denn er löste mit seinem Buch *Reise in die Äquinoktial-Gegenden des Neuen Kontinents* und anderen Veröffentlichungen ein allgemeines Interesse an Amerika aus. Man begnügte sich nicht mehr mit dem, was zu sehen war und was man schlicht als „Inka" bezeichnete.

4 Porträtkopf (Kat.-Nr. 3)

5 Würdenträger (Kat.-Nr. 4)

Mit dem Schweizer Johann Jakob Tschudi (1818–1889) und seinem Reisebericht *Peru – Reiseskizzen aus den Jahren 1838–1842* fand Humboldt einen Nachfahren, der die antiken Ruinen und die Lebensweise der peruanischen Indianer lebhaft zu beschreiben vermochte. Einen Schritt weiter in der Erforschung der Vorgeschichte Perus ging der Nordamerikaner E. George Squier (1821–1888), der mit einer gewissen Berechtigung als der erste nordamerikanische Archäologe in Peru bezeichnet wird. Nach seiner archäologischen Tätigkeit im Bundesstaat New York und angeregt von der bis heute lesenswerten *Geschichte und Eroberung von Peru* von William Prescott – erstmals erschienen im Jahre 1847 in Boston –, kam Squier zunächst im diplomatischen Dienst in dieses Land. Er bestieg und vermaß die Sonnenpyramide (Huaca del Sol) im Moche-Tal, die damals, seinen Aufzeichnungen zufolge, noch eine Höhe von 200 Fuß (60 m) hatte, im Gegensatz zu heute, wo sie nur noch 41 Meter mißt. Die Basis dieses riesigen Bauwerks aus etwa 143 Millionen sonnengetrockneten Lehmziegeln (*adobe*) mißt etwa 340 x 60 Meter, und so ist die Huaca del Sol das größte Adobe-Bauwerk, das in präkolumbischer Zeit in Südamerika errichtet wurde. Squier untersuchte auch Chanchán, fertigte Pläne und Skizzen an, ohne jedoch zu erkennen, daß die Chimú-Kultur (ca. 900–1467) um vieles jünger war als die Errichtung und Vergrößerung der Sonnenpyramide, das administrative Zentrum der Mochica-Kultur zwischen etwa 100 und 600 n. Chr.

Um die Wende vom 19. zum 20. Jahrhundert kam der Dresdner Max Uhle zunächst nach Bolivien und studierte die von Mythen umrankte Ruinenstätte Tiahuanaco am Titicaca-See. Er verglich die Monolithbauwerke mit den Resten der von den Inka errichteten Megalithstätten in Cuzco und Sacsahuaman. Die ganz andere Bearbeitung des Andesitgesteins brachte ihn vermutlich auf den Gedanken, genauere archäologische Methoden anzuwenden. Er entwickelte ein Raster zur vergleichenden Objektbetrachtung (Seriation) und führte als erster stratigraphische Untersuchungen in Peru durch. Damit wurde der Umfang des Kerngebietes sowie die Ausbreitung der verschiedenen Kulturen markiert, und mit der Stratigraphie, der Schichtgrabung, war der Wissenschaft ein Einordnungssystem für die zeitliche Abfolge gegeben. Die Kurzlebigkeit des Inka-Imperiums überraschte. Die zahlreichen Kulturen, die ihm vorausgegangen waren, darunter auch die der Moche an der nördlichen Küste von Peru, lernte man allmählich näher kennen. Max Uhle war es auch, der die ersten wissenschaftlichen Ausgrabungen im Pyramidenkomplex von Moche, an der Huaca del Sol, durchführte und an der Schichtenabfolge erkannte, daß es sich um ältere Zeugnisse handelte als die der Chimú. Deshalb bezeichnete er die damals noch namenlose Moche-Kultur vorläufig als „Proto-Chimú".

Benannt wurden die zahlreichen Kulturen, die den Inka vorausgingen, meist nach Fundorten, etwa die Kultur von Nazca im Süden des Landes nach dem Rio Grande de Nazca. Die Moche an der nördlichen Küste erhielten ihren Namen nach dem Moche-Fluß, Sipán nach dem kleinen Dörfchen in unmittelbarer Nähe der Pyramiden und der Gräber.

Um die Bedeutung dieser kostbaren Funde von Sipán zu ermessen und sie in den Werdegang der altperuanischen Kulturen einordnen zu können, ist es einerseits notwendig, einen Blick auf die Geographie des Landes zu richten, und andererseits, auch die Vorläufer und Nachfahren mit einzubeziehen.
Die chronologische Gliederung der altperuanischen Kulturen und ihre Benennung zeugt zwar kaum von der Phantasie der modernen Archäologen, wohl aber von ihrer Sachlichkeit. Sie beginnt nach verschiedenen vorkeramischen Perioden mit der Anfangs-(Initial-)Periode (ca. 2000–1400 v. Chr.), in der der Mensch begann, einfache Baumwollgewebe mit Mustern zu verzieren und etwa ab 1800 v. Chr. aus sonnengetrocknetem Ton schlichte Figürchen herzustellen. Vorausgegangen war – sozusagen seitenverkehrt zu den meisten anderen Kulturen – an der Küste wie im Hochland eine monumentale Steinarchitektur, wie Chuquitanta, Las Haldas oder zahlreiche andere Orte, bei deren Entstehung man noch keine Keramik kannte.
Als Behälter dienten Flaschenkürbisse, die man auch als Schwimmer für Fischernetze verwendete. Die wichtige Rolle, die der Fischfang an der Küste spielte, erklärt vermutlich, warum Baumwolle hier früher kultiviert und angebaut wurde als etwa Mais oder Bohnen, die im Hochland bereits bekannt waren. Aber Baumwolle für Netze zum Fischen war für eine Bevölkerung, die vorwiegend von den Gaben des Meeres lebte, von größerer Wichtigkeit.
Nur dreimal innerhalb von drei Jahrtausenden zeigt sich für Alt-Peru ein einheitliches Bild. Man spricht dann von einem „Horizont“. Dazwischen, in der sogenannten „Frühen“ wie in der „Späten Zwischenperiode“, entwickelten sich lokal begrenzte Kulturen, so zum Beispiel die der Moche (ca. 200 v. Chr.–600 n. Chr.) in der „Frühen“ und die der Chimú in der „Späten Zwischenperiode“ (ca. 900–1476).
Auftakt des kulturellen Aufschwungs ist der „Frühe Horizont“ (etwa 1400–400 v. Chr.). Zu dieser Zeit wurde der religiöse Kodex im Zeremonialzentrum von Chavín de Huantar im nördlichen Hochland in steinerne Reliefs gemeißelt. Ausdruck eines großen Kunststils ist das erste Götterbild, der sogenannte „Felide“, der über fast ganz Peru verbreitet wird. Diese zoomorphe Gottheit mit menschlichen Attributen und den Zügen einer Raubkatze, die man auch als „Stabträger“ bezeichnet, ist ein Ahne jener Götterfigur, die sich in den Gräbern von Sipán auf Rasseln und Steißschutzen fand. Nicht sehr originell wird er für diesen Fundkomplex als „Kopfabschneider“ oder „Enthaupter“ bezeichnet. Neuerdings fand er in die Fachliteratur auch Eingang als *Ai-Apaec*.
Bemalte Baumwollstoffe waren vermutlich das erste Medium, über das die Göttergestalt und damit die religiösen Ideen von Chavín in fast ganz Peru Verbreitung fanden. Die Motive auf den Textilien dienten als Vorlage für das Dekor der Keramiken von Cupisnique an der nördlichen Küste, einer Vorläuferkultur der Mochica, und der von Paracas an der südlichen Küste, die uns ausschließlich in Gestalt ihrer Grabbeigaben überliefert ist, die sich mit der Bitte um Fruchtbarkeit an die jenseitigen Mächte richteten. Der Verstorbene wurde nicht aus der Gesell-

6 Große Vase mit der Darstellung eines Würdenträgers (Kat.-Nr. 5)

7 Skulptur oben:
Sitzender ritueller Läufer
Darstellung auf dem Gefäß-
körper: Rituelle Läufer
(Kat.-Nr. 7)

8 Skulptur oben:
Sitzender ritueller Läufer
Darstellung auf dem Gefäß-
körper: Anthropomorphe
Läufer (Kat.-Nr. 6)

9 Anthropomorphe Läufer
(Kat.-Nr. 8)

10 Kniender Krieger mit Keule (Kat.-Nr. 9)

11 Kniender Krieger (Kat.-Nr. 10)

12 Bohnenkrieger in der Schlacht (Kat.-Nr. 11)

13 Opferszene auf Berg (Kat.-Nr. 12)

14 Stilisierte Opferszene (Kat.-Nr. 13)

15 Adler mit Opferblutschale (Kat.-Nr. 14)

schaft entlassen, im Gegenteil, als Mittler zwischen den Lebenden und den imaginären Triebkräften der Erde, also den Göttern, hatten die Ahnen für die Gesellschaft eine enorm wichtige Funktion. Das erklärt auch den aufwendigen Totenkult, für den das Beste gerade gut genug war. Immer wieder erstaunt die Archäologen, daß Gefäße oder Schmuckstücke zu Lebzeiten gar nicht benutzt wurden. Auch die zahllosen kleinen Gefäße, die die Untertanen in Sipán ihrem Herrscher mit ins Grab gaben, zeugen von dieser Praxis. Der Großteil der Keramiken scheint in unmittelbarer Nähe und in höchster Eile mit Hilfe von zwei Formen (Modeln) hergestellt worden zu sein. Das ist um so erstaunlicher, als die Bestattung des „Señor von Sipán" in etwa in die Übergangsphase von Moche II zu Moche III fällt, also zu einem Zeitpunkt stattfand, als die Modeln fast nur für Ausgüsse verwendet wurden. Erst mit Moche IV, als die Bevölkerung anwuchs und die Nachfrage dementsprechend größer wurde, sind mit Hilfe von Matrizen gefertigte Töpferwaren üblich.

Die Keramik, das wichtigste Ausdrucksmittel der altperuanischen Wüstenkönigreiche an der Küste wie der Kulturen im Hochland, ist ein Leitfossil für Archäologen. Sie verschafft uns ein zeitliches Raster. Cupisnique, die Vorläuferkultur der Mochica mit vorwiegend schwarzer Keramik, stand noch ganz im Zeichen der Ikonographie von Chavín. Die Raubkatzen-Gottheit, sei es im Flachrelief oder als Ritzdekor, ist das häufigste Motiv dieser schwarzen Keramik, in der erstmals der für die Nordküste charakteristische Steigbügelausguß auftritt.

Bei der von Chavín im nördlichen Hochland ausgehenden Religion handelt es sich vermutlich nicht um eine diktatorisch aufgedrängte Ideologie, sondern eher um eine tolerante Missionierung, denn sie ließ Freiraum für lokale Stilvarianten. Dieser „Frühe Horizont" wird abgelöst von der „Frühen Zwischenperiode" (etwa 200 v. Chr.–600 n. Chr.). In diesem Zeitraum entstehen an der Küste, insbesondere an der nördlichen, mehrere lokale Stile. Einer davon ist Salinar, in der Farbe wie in formaler Hinsicht der unmittelbare Vorläufer der Moche-Keramik. In welchem der zahlreichen Flußtäler die eigentliche Moche-Kultur ihren Ausgangspunkt hat, konnte bis heute nicht geklärt werden. Es ist aber anzunehmen, daß die Salinar-Kultur, die auf das Chicama-Tal beschränkt war – wo ihre Wiege stand –, notwendige Impulse gab.

Zum Zeitpunkt ihrer größten Ausbreitung, etwa zwischen 400 und 600 n. Chr., erstreckte sich die Moche-Kultur von Vicús im Norden bis Pañamarca im Süden.

Fünf verschiedene Phasen lassen sich aus den Unterschieden in der Keramik, insbesondere aber an der Form des Ausgusses ablesen. Moche I und II (etwa 200 v. Chr.–300 n. Chr.) schafft eine kräftige, expressive Keramik, die künstlerische Fertigkeit und kaum technische Mängel erkennen läßt. Der Ausguß ist in den beiden Frühphasen mit einer kleinen Lippe versehen und findet sich bei halbkugelförmigen Behältern ebenso wie bei Figurengefäßen. Seine technische Funktion ist vergleichbar mit einem Kamin. Durch ihn wurde beim Brennen ein gleichmäßiges Entweichen der Feuchtigkeit gewährleistet und das Reißen des

Tons verhindert. In der Phase Moche III (ca. 300–400 n. Chr.) ist der Ausguß leichter und dünnwandiger und endet leicht nach außen gebogen. Die vorwiegend geometrischen Dekorationsmotive der vorangegangenen Perioden treten in den Hintergrund, während nun szenische Darstellungen unter Miteinbeziehung von Fauna und Flora bevorzugt werden. Diese mit feinen Pinselstrichen aufgetragene Bemalung in rötlich-braunen Farbtönen auf cremefarbenem Grund ist großzügig in den Raum auf dem Gefäßkörper gesetzt. Überschneidungen finden sich nur vereinzelt. Vermutlich lag der Malerei eine genaue Konzeption zugrunde. Gegen Ende dieser Phase vollzog sich der größte künstlerische Aufschwung. Die Gefäßmalerei und Plastik gelangte in allen Bereichen einer anscheinend geeinten Region zu hohen kreativen Leistungen. Hilfsmittel wie Gerüste aus Draht oder anderen Materialien, an die der Töpfer den Ton binden konnte, waren ebenso unbekannt wie die Töpferscheibe und Glasur. Glanz wurde mit Hilfe von Poliersteinen erzeugt. In der Periode Moche IV (ca. 400–550 n. Chr.) entfaltete sich eine umfassende Skala von Motiven. Es gibt kaum ein Thema – ob Alltägliches, Kultisches oder Mythologisches –, das nicht als Vorlage verwendet wurde. Neben den figürlichen Darstellungen und der Malerei finden wir in dieser Periode vor allem qualitativ hochwertige Porträtköpfe mit sehr individuell gearbeiteten Gesichtszügen, die einmalig für ganz Altamerika sind. Ein solcher künstlerischer Höhepunkt wurde in späterer Zeit weder von den Mochica noch von anderen präkolumbischen Kulturen je wieder erreicht. Die Phase Moche V (ca. 550–700 n. Chr.) läßt den Anfang vom Ende bereits erahnen. Die Künstler begannen flüchtiger zu arbeiten, unter Umständen auch aufgrund einer größeren Nachfrage, bedingt durch das Anwachsen der Bevölkerung. Besonders die Vasenmalerei dieser Periode wirkt überladen. Ein „horror vacui" wird deutlich. Offensichtlich hat das künstlerische Empfinden für Komposition und Raumaufteilung im Vergleich zur vorangegangenen Periode nachgelassen. Selbst der Ausguß wird noch mit Kreisen, Rauten oder anderen geometrischen Figuren verziert.

Das Erstaunliche in allen Periode ist – ganz im Gegensatz zu anderen altperuanischen Kulturen, insbesondere zur polychromen Keramik von Nazca an der südlichen Küste – die Beschränkung der Töpfer auf meist nur zwei Farben, eine cremefarbene Grundierung und eine Bemalung in verschiedenen Brauntönen, und vor allem die Vielfalt der Gestaltung und ihre Variationsbreite. Die Darstellung von Perspektive war unbekannt, jedoch wird z.B. das Zurücklegen von Entfernung, etwa bei den *chasqui*, den „Schnelläufern", durch die unterschiedliche Größe der Figuren vermittelt und die Schnelligkeit mit weit ausholenden Schritten wiedergegeben. Bezüglich der Geographie beschränkte man sich auf Andeutungen. Mit schwungvollen dünnen Linien sind die leichten Erhebungen der Wanderdünen, ein charakteristisches Merkmal der Wüste, dargestellt. Nur hin und wieder findet sich eine kleine Pflanze als Zeichen der spärlichen Vegetation, meist die wüstentypischen Kakteen. Was die Malerei, insbesondere die von Moche IV auszeichnet, ist vor allem der Rhythmus der Bewegung und die Sicherheit des Strichs,

16 Haus oder Tempel
(Kat.-Nr. 15)

17 Flötenspieler (Kat.-Nr. 16)

18 Großer Flötenspieler (Kat.-Nr. 17)

19 Musikant mit Trommel (Kat.-Nr. 18)

20 Trompete (Kat.-Nr. 19)

21 Würdenträger mit Koka-Gefäß
(Kat.-Nr. 20)

22 Priester unter Nachthimmel
bei Koka-Zeremonie (Kat.-Nr. 21)

23 Skulptur oben: Robbe
Darstellung auf dem Gefäßkörper:
Robbenjagd (Kat.-Nr. 22)

24 Erlegte Hirsche zwischen
Netzen (Kat.-Nr. 23)

25 Hockender
mit Fuchskopf (Kat.-Nr. 24)

26 Schlafender (Kat.-Nr. 25)

die Bilder sind mehr „gezeichnet" als gemalt. Die Kunst der Mochica war sehr dem Realismus verpflichtete und mied – ganz im Gegensatz zu Chavín/Cupisnique – die Abstraktion. Eine Ausnahme bilden die sogenannten „Kopffüßler", bei denen auf Proportionen verzichtet wird und der große, sehr lebensnah gestaltete menschliche Kopf direkt auf den Füßen aufsitzt und den Gefäßkörper bildet. Eine Kuriosität in allen Perioden sind die Doppelgefäße mit Pfeifvorrichtung, *silvador* genannt. Beim Ein- oder Ausgießen des Wassers wird die Luft verdrängt, bzw. sie strömt ein und erzeugt dabei einen leisen Pfeifton (Abb. 1).

Der nordamerikanische Archäologe Christopher B. Donnan, der sich seit mehreren Jahrzehnten fast ausschließlich mit der bemalten Mochica-Keramik befaßt, glaubt sogar einige Künstler identifizieren zu können, etwa den „Short Leg Painter", den „Tall Turban Painter", dessen Charakteristikum große Kopfbedeckungen sind, den „Münchner", ja sogar von einem „Stuttgarter" Maler ist die Rede, denn gerade diese beiden Völkerkundemuseen verfügen über eine hervorragende Sammlung bemalter und stilistisch vollendeter Keramik.

Wenn durch ungeheuren Fleiß und mit Hilfe des Computers heute vielleicht der eine oder andere Künstler oder zumindest eine „Malschule" identifiziert wird, so ist das gerade bei der Mochica-Keramik gerecht. Wie bei keiner anderen vorspanischen Kunst ist eines ihrer Merkmale eine eigene „Handschrift" und das Vermeiden der Anonymität. Ob Herrscher, Krieger, Bauer, Bettler oder Geschundener, es gibt kaum ein Motiv, das man nicht für wert befand, in Ton geformt oder auf die Gefäße gemalt zu werden. Selbst das Sexualleben fand Eingang in diese Arbeiten. Das unterscheidet die Moche von allen anderen altamerikanischen Kulturen, die selbst Darstellungen unbekleideter Menschen vermieden. Eine Ausnahme bildet nur das Anfangsstadium, in dem die Keramik gegen 3000 v. Chr. mit dem Typ der „Venus von Valdivia" im südlichen Ecuador nur unbekleidete Menschen, vorwiegend weiblichen Geschlechts, als Motiv der figürlichen Keramik als Beigaben der Verstorbenen verwendet. Andere, sehr realistisch ausgeführte Darstellungen finden sich im „Jaina-Stil" der spätklassischen Maya-Kultur in Mexiko (etwa 600–900 n. Chr.), jedoch wird hier nur der Aristokratie ein Denkmal gesetzt. Der einfache Mann hatte kein Gesicht.

Mit Hilfe der unterschiedlichen Kleidung und Accessoires läßt sich eine strenge gesellschaftliche Hierarchie nachweisen. Die Herrscher verfügten offensichtlich über uneingeschränkte Macht. Man kann sich gut vorstellen, welch gewaltigen Eindruck die Kostüme mit den beweglichen Goldplättchen und der überdimensionale Kopfschmuck, die das Sonnenlicht reflektierten, auf das versammelte Volk ausübten, wenn die hohen Würdenträger vor der Kulisse der gewaltigen Pyramiden ihre kultischen Handlungen vollzogen. Die monumentalen Adobe-Bauwerke waren damals noch farbig bemalt und fungierten als Bühne dieses Welttheaters, das die kosmischen Vorgänge beschwor.

Es war keine friedliche Zeit, davon zeugen die vielen Fortifikationsbauwerke der Mochica. Außerdem geben ihre Vasenmalerei und ihre zahlreichen Kriegerdarstellungen Einblick in diese unruhigen Zeiten.

Vermutlich handelte es sich nicht nur um territoriale Eroberungen, sondern auch um die Wasserrechte in den einzelnen Flußtälern. Gekämpft wurde Mann gegen Mann. Die Waffen waren die gleichen, die auch für die Jagd auf größere Säugetiere verwendet wurden: Speerschleuder und Keule. Einige Wissenschaftler vertreten die Auffassung, daß Kriege zwischen benachbarten Kleinfürstentümern auch stattfanden, um Gefangene zu machen, deren Blut in den Zeremonien die Herrscher stärkte und deren Opfertod die Götter beschwichtigte. In einem in der frühesten Kolonialzeit aufgezeichneten und zuvor mündlich überlieferten Kriegslied heißt es:

„Trinken
werden wir aus seiner Hirnschale,
schmücken uns mit seinen Zähnen,
schnitzen die Flöten aus seinen Gebeinen,
tanzen nach dem Klang seiner Haut,
die unsere Trommel spannt."

Tatsächlich finden sich Darstellungen, in denen Priester oder Schamanen Kurzflöten blasen und Rundtrommeln schlagen. Ein anderes uns bekanntes Musikinstrument ist eine geschwungene Trompete, deren Ende meist in einen Jaguar- oder Fuchskopf ausläuft. Daneben gab es sogenannte Panflöten und lange, gerade Trompeten aus Keramik.
Nicht nur an den großartigen Gefäßen läßt sich das Vorhandensein von Berufsgruppen ablesen, sondern auch an der Metallurgie. Gerade auf diesem Gebiet erreicht die Kunst von Alt-Peru mit den Mochica ihre höchste Blüte, zeichnet sich aus durch Stilsicherheit und handwerkliches Geschick, die erkennen lassen, daß Spezialisten am Werk gewesen sein müssen.
Peru war nach heutigem Wissen das Ursprungsland der Goldverarbeitung in Amerika. Die neuesten Funde von Huayahuayaca im südlichen Hochland bestehen aus Werkzeugen für die Goldverarbeitung und schlichten Goldfolien. Es handelt sich vermutlich um Grabbeigaben, da sie zusammen mit einem menschlichen Skelett gefunden wurden. Sie stammen aus der Zeit zwischen etwa 1800 und 1500 v. Chr. und sind somit die ältesten Zeugnisse für den Beginn der Metallurgie. Im weiteren Verlauf der Geschichte bleibt diese Region für längere Zeit ohne Bedeutung. Schmuckplatten aus getriebenem Goldblech im charakteristischen Stil und mit Motiven der feliden Gottheit von Chavín fanden sich an der nördlichen Küste von Chongoyape, unweit von Sipán, und dürften zwischen dem 9. und dem 4. vorchristlichen Jahrhundert entstanden sein. Zwischen diesen beiden Epochen klafft archäologische Dunkelheit. Dann wird der „Señor" von Sipán bestattet, und in dieser Zeit, im 3. nachchristlichen Jahrhundert, erreicht die Metallurgie einen Höhepunkt ihrer Entwicklung, der auch von Nachbarn und Nachfolgern nur selten übertroffen wurde. Vergleichbare Stücke entdeckte man zu Beginn unseres Jahrhunderts: eine große vergoldete Maske mit Muscheleinlagen und einen Fuchskopf mit

27 Reich gekleideter Mann, Doppelgefäß (Kat.-Nr. 26)

28 Mann mit Hemd (Poncho) (Kat.-Nr. 27)

29 Zungenkuß
(Kat.-Nr. 28)

30 Beischlafszene
(Kat.-Nr. 29)

31 Beischlafszene mit
danebenliegendem Kind (Kat.-Nr. 30)

32 Beischlafszene
(Kat.-Nr. 31)

33 Fellatio (Kat.-Nr. 32)

34 Mann mit großem Phallus
(Kat.-Nr. 33)

35 Geburtsszene
mit Hebamme und Helferin
(Kat.-Nr. 34)

36 Betrunkener,
gestützt von
Familienmitgliedern
(Kat.-Nr. 35)

37 Betrunkener Affe
(Kat.-Nr. 36)

38 Boot (Kat.-Nr. 37)

39 Balsaboot mit Fischer (Kat.-Nr. 38)

40 Mythische Balsafahrt (Kat.-Nr. 39)

41 Skulptur oben: Fischer mit stilisiertem Balsaboot als Gewand Darstellung auf dem Gefäßkörper: Schneckentier (Kat.-Nr. 40)

42 Kranke mit Kopftuch
(Kat.-Nr. 41)

43 Kranke Frau
(Kat.-Nr. 42)

44 Tanzende Totengeister
(Kat.-Nr. 43)

45 Lebender Toter
(Kat.-Nr. 44)

46 Tod wird masturbiert
(Kat.-Nr. 45)

47 Vier-Face-Dämon
(Kat.-Nr. 46)

48 Fischdämon
(Kat.-Nr. 47)

49 Kampf zwischen Krebs-
dämon und Fischdämon
(Kat.-Nr. 48)

50 Große Vase
mit Wasservogel
(Kat.-Nr. 50)

51 Wasservogel
(Kat.-Nr. 51)

52 Löffelente
(Kat.-Nr. 52)

Klapperblechen (beide heute im Linden-Museum, Stuttgart), die aus der Huaca de la Luna in Moche stammen. Etwas den Goldarbeiten von Sipán Ähnliches kam aus Raubgrabungen in Loma Negra und wanderte direkt in Privatsammlungen. Fundzusammenhänge sind dadurch nicht mehr rekonstruierbar. Es ist sogar möglich, daß der Fundort, der nördlich von Sipán liegt und ebenfalls der Moche-Kultur zugeordnet wird, mit Absicht falsch angegeben wurde. Etwas Ähnliches geschah 1960 mit der bis dahin unbekannten Keramik von Vicús. Die Händler erwähnten Ayabaca, weit im Inneren des Landes, nur um die Archäologen irrezuführen. Als dann schließlich der tatsächliche Fundort bekannt wurde, glich das Gräberfeld mit seinen zahllosen Raubgräberlöchern einem Übungsplatz für Bomberpiloten.

Neben dem aufwendigen Totenkult und der mit ihm verbundenen Sorgfalt verdanken wir es vor allem dem günstigen Klima, daß sich so vieles erhalten hat. Die mittlere und südliche Küste Perus ist fast niederschlagsfrei. An der nördlichen kommt es nur sehr selten zu kurzen Regenfällen. Ursache dafür sind die kalten Gewässer des aus der Arktis kommenden Humboldtstromes, die die Regenwolken auf das Meer hinausziehen. Das Leben in dieser fast niederschlagsfreien Region war nur in den Tälern entlang der Flüsse möglich, die in den Anden entspringen und in den Pazifik münden. Etwa vier- bis fünfmal in jedem Jahrhundert gelingt es den warmen Gewässern, die sich in Äquatornähe im pazifischen Ozean aufheizen, weiter als gewöhnlich nach Süden vorzudringen. Die Folge dieses „El Niño" genannten Phänomens sind katastrophale Regenfälle. Die sonst nur wenig Wasser führenden Flüsse, denen das kostbare Naß schon seit alter Zeit zusätzlich durch die raffinierten Bewässerungskanäle (Cupisnique, Moche etc.) abgezapft wurde, schwellen dann zu reißenden Strömen an, die Geröll- und Lehmmassen mit sich führen. Noch heute vergehen viele Monate, bis das Kanalsystem nach solchen Naturkatastrophen wieder funktionsfähig ist.

Die Wüste als Lebensraum mit ihren wenigen Flußtälern hätte niemals das Ernährungspotential für eine so große Bevölkerung gehabt, niemals die Freistellung so vieler Menschen erlaubt, die jene großartigen Kera-

53 Mann mit Lama (Kat.-Nr. 53)

54 Leguan (Kat.-Nr. 54)

55 Kröte (Kat.-Nr. 55)

miken herstellten, die Gold- und Silberverarbeitung meisterten und die sonnengetrockneten Lehmziegel formten, mit denen Sipán, Moche und viele andere Kultbauten errichtet wurden, wäre da nicht ein zweiter, fast unerschöpflicher Nahrungslieferant gewesen: das Meer. Auch hier ist es vorwiegend die Keramik, die einerseits Dämonen und andere Seeungeheuer wiedergibt und andererseits ein realistisches Zeugnis ablegt von jenen wagemutigen Fischern, die mit ihren kleinen Booten dem Pazifik trotzten. Neben der Nahrungsbeschaffung, zu der auch die Jagd auf Seevögel, Robben und andere Meeressäuger gehörte, diente der Wasserweg auch dem Handel, der das Luxusbedürfnis der Elite befriedigte. Beim „Señor von Sipán" und in anderen Gräbern hoher Moche-Würdenträger fand sich Lapislazuli aus Chile und die als heilig geltende Spondylus-Muschel, die in den warmen Gewässern Ecuadors beheimatet ist. Für den Fernverkehr wurden Flöße aus Balsaholz verwendet, während man kleinere Strecken mit Booten bewältigte, die aus Binsenschilf und Röhricht gefertigt wurden (in Peru „totora" genannt). Diese „caballitos del mar" (Seepferdchen) bestanden aus mehreren Bündeln, die an den Enden spindelförmig zu dünnen, nach oben gebogenen Spitzen zusammengebunden waren. An der Küste werden sie bis heute als Touristenattraktion genutzt, während sie am Titicaca-See noch die alte Funktion für den Fischfang haben.

Die Umwelt prägt die Religion, nimmt Einfluß auf die Vorstellungen von der Götter- und Dämonenwelt. Schwertwale mit einer menschlichen Hand, die ein „tumi" (Zeremonialmesser) hält, sind ebenso Motive wie der Krebsdämon, in dem sich menschliche Attribute mit denen eines Schalentieres vereinen. Die Phantasie der Menschen auf diesem von Erd- und Seebeben geschüttelten Kontinent war reich, und weil sie die Ereignisse, die über sie hereinbrachen, nicht wie heute mit naturwissenschaftlichen Gesetzen erklären konnten, suchten sie nach Ursachen und schrieben diese übernatürlichen Wesen zu. Dazu erfanden sie Bilder, naive, furchterregende Bilder, die ihrer Phantasie entsprangen und offensichtlich von der Allgemeinheit akzeptiert wurden.

Fast immer ist die Natur Ausgangspunkt und zugleich Vorbild. Um diesen Wesen eine übernatürliche Aura zu verleihen und sie von der Rea-

obere Reihe:

56 Robbe
(Kat.-Nr. 56)

57 Schwarze Eule
(Kat.-Nr. 57)

58 Eule
(Kat.-Nr. 58)

59 Affe (Kat.-Nr. 59)

60 Kauernder Fuchs
(Kat.-Nr. 60)

61 Steigbügelgefäß
mit Schnecken
(Kat.-Nr. 61)

rechts:

62 Spinne
(Kat.-Nr. 62)

Flora

63 Maisgott
(Kat.-Nr. 63)

64 Erdnußkörbchen
(Kat.-Nr. 64)

65 Flaschenkürbis
(Kat.-Nr. 65)

Model

66 Model in Form eines
Tierkopfes mit zugehörigem
Abdruck (Kat.-Nr. 66)

67 Moche I, geometrisch bemaltes Steigbügelgefäß (Kat.-Nr. 69)

68 Moche II, geometrisch bemaltes Steigbügelgefäß (Kat.-Nr. 68)

lität zu distanzieren, entstehen häufig Kombinationen wie der bereits erwähnte Krebsdämon. Dies ist nur ein Beispiel für eine Gedankenwelt, in der selbst Nutzpflanzen wie die Baumwolle menschliche Züge annehmen und auch die Tiere mit menschlichen Körpergliedern (Rumpf, Gliedmaßen, Kopf etc.) versehen werden. Unter diesem Aspekt ist die facettenreiche Dämonen- und Götterwelt Alt-Perus zu verstehen. Eine Ausnahme war die Kultur der Inka-Herrscher, die sich als direkte Abkömmlinge des Sonnengottes sahen. Lebende Götter dulden kein Abbild. Das ist der Grund dafür, daß in der Kunst der Inka der Dekor meist gegenstandslos und geometrisch blieb.

Über die Religion der Mochica wissen wir wenig und sind deshalb eher auf die Interpretationen der Kunstwerke angewiesen. Die erbarmungslose Umwelt und ihre Lebensbedingungen formten sicherlich die uns so unmenschlich erscheinenden Dämonen- und Göttervorstellungen und den damit zusammenhängenden Opferkult, an dem auch Frauen teilhatten. Ein sehr geläufiges Motiv ist eine Klippenlandschaft, von der ein Opfer, möglicherweise auch ein wegen eines Vergehens Verurteilter, gestürzt wird. Als Beisitzer fungieren der „Gott mit den Reißzähnen" bzw. ein Priester, der diesen mit Hilfe einer Maske verkörpert, und eine sitzende Frau mit Schultertuch. Über die Stellung der Frau, soweit sie nicht der Elite angehörte, wissen wir nur wenig. Wir sehen sie vor allem als Mutter mit einem Säugling auf dem Rücken und den größeren Geschwistern an den Händen oder in den Figurengefäßen als Beischläferin, meist mit gleichgültigem Ausdruck nach vorn gebeugt, während der Mann sich hinter ihr betätigt. Häufig liegt vor der Mutter ein mit einem Tuch bedecktes Kleinkind auf der Strohmatte. Diese Bildgefäße fanden sich in den Gräbern einfacher Menschen, denn eigenartigerweise ist dieses Sujet in Peru vorwiegend im profanen Bereich angesiedelt, ganz im Gegensatz zu den mesoamerikanischen Kulturen. Unter den Tausenden von Keramiken aus der Moche-Kultur gibt es m. W. nur eine Darstellung einer Kopulationsszene, die eine Frau mit einem Jaguar zeigt. Gerade diesem Motiv begegnen wir jedoch häufig bei den Olmeken in Mexiko. Möglicherweise soll hier auf die Zeugung eines göttlichen Mischwesens angespielt werden. Diesem „Gott mit den Reißzähnen", auch *Ai-Apaec* genannt und vermutlich die Hauptgottheit, begegnen wir auch als Schmuckelement an den „tumi" und an den vergoldeten Rasseln, die als Grabbeigaben den „Señor von Sipán" begleiteten. In der einen Hand hält das uns fremdartig erscheinende Wesen das halbmondförmige Messer, in der anderen ein abgeschlagenes menschliches Haupt.

Besonders die aufwendigen Grabbeigaben, von denen viele möglicherweise bereits zu Lebzeiten des Herrschers geschaffen wurden, deuten auf ein Gott-Königtum hin, das im Reich der Inka seine Vollendung fand.

Der Weg von den an der Küste umherziehenden kleinen Gruppen bis zu den Pyramidenerbauern von Sipán, Moche und anderen Orten an der Nordküste war weit. Während sich in der Nazca-Kultur an der südlichen Küste, die ebenfalls ein Erbe, wenn auch nur im religiösen

Bereich, der Chavín-Kultur war, keine Anzeichen für eine strenge Hierarchie erkennen lassen, finden wir an der Nordküste in der Moche-Kultur ein feudales Fürsten- oder Kleinkönigtum. Der „Señor von Sipán" und die Herren der benachbarten Flußtäler übten eine nahezu totalitäre Herrschaft aus. Voraussetzung hierfür waren auf der einen Seite Nutzpflanzen, von denen sich Vorräte anlegen ließen, wie etwa Mais, Bohnen, Chili, Erdnüsse u.a., und darüber hinaus Tributabgaben an eine Elite, die sich auf ihre göttliche Abstammung berief und in deren Händen die Verteilung der Güter lag. Dies erforderte nicht nur die kollektive Errichtung von Sakralbauten, sondern auch ständige Kulthandlungen, mit denen sich die Gemeinschaft identifizieren konnte und die ihren Zusammenhalt garantierten. Gerade das kriegerische Element, das die Kunst überliefert, zeugt davon, daß die Elite eine Schutzfunktion gegenüber den benachbarten Feinden hatte und Sicherheit gewährleistete. Aus den zunächst nur kleinen Duodez-Fürstentümern entwickelten sich im Laufe der Zeit Konföderationen mit Nachbarn, möglicherweise durch Heiraten, sicherlich aber auch eine Ausweitung der Machtbereiche durch kriegerische Aktivitäten.

Sipán war einer jener kleinen Herrschaftsbereiche. Die Dynastie scheint beim Volk beliebt gewesen zu sein. Hierfür sprechen zumindest die zahlreichen Grabbeigaben im Mausoleum. Aber was führte zur Einschränkung ihrer Macht nach dem 4. Jahrhundert? Das Ende Sipáns liegt im Dunkeln. Vielleicht verlagerte sich das Zentrum weiter landeinwärts. Ausgrabungen in den beiden großen Pyramiden neben dem Mausoleum sowie an den Pyramiden im Hinterland geben vielleicht in Zukunft Auskunft. Das Bild, das heute von der Kultur der Mochica vermittelt wird, zeigt, daß nach dem 4. Jahrhundert das etwa 140 Kilometer weiter südlich liegende Moche zum religiösen und wirtschaftlichen Zentrum aufstieg und Sipán zu dieser Zeit an Einfluß verlor.

Ob für das Ende von Sipán wie für den Untergang von Moche einige Jahrhunderte später ebenfalls Naturgewalten verantwortlich waren, ist heute noch nicht zu klären. Das Ende von Moche und damit einer der kreativsten Kulturen Altamerikas führt der nordamerikanische Archäologe Michael E. Moseley auf eine Reihe von Naturkatastrophen zurück, deren Auslöser verheerende Erd- und Seebeben waren. Die Felsbrocken, die die aus dem Hochland kommenden, durch den Regen anschwellenden Flüsse mit sich führten, machten die komplizierten Bewässerungssysteme unbrauchbar. Die Winde vom Pazifik wirbelten riesige Sandmengen auf und trieben die Wanderdünen landeinwärts. Die Regenmassen im Geleit von „El Niño" verwandelten die Wüste in eine kompakte Schlammschicht, unter der Felder, Häuser und *huacas* – so nennt man in Peru mit einem Wort der Ketschua-Sprache die Heiligtümer – nach dem Abklingen der Unwetter begraben lagen. Eine sich anschließende Dürreperiode führte zu Hungersnöten und möglicherweise auch zu lokalen Unruhen.

Die Kultur von Moche war ausgeblutet, ihre Zeit abgelaufen. Außerdem tauchte am Horizont eine neue Bedrohung auf, die archäologisch als „Mittlerer Horizont" (etwa 700–1000 n. Chr.) bezeichnet wird. Den

69 Moche I, geometrisch bemaltes Steigbügelgefäß (Kat.-Nr. 70)

70 Moche II, geometrisch bemaltes Steigbügelgefäß (Kat.-Nr. 67)

71 Reliefmotiv C, Fischkopf (Kat.-Nr. 72)

72 Moche III, geometrisch bemaltes Steigbügelgefäß (Kat.-Nr. 73)

Trägern dieses zweiten großen panperuanischen kultischen Kunststils gelang es, ausgehend von Tiahuanaco im heutigen Hochland von Bolivien und dem weltlichen Huari im Süden Perus, offensichtlich mit Hilfe einer militärischen Macht, ihre Kultur über fast ganz Peru zu verbreiten. Obgleich ihr Einfluß an der nördlichen Küste weniger stark war als etwa bei der Kultur von Nazca an der südlichen Küste, reichte doch ein geringer Anstoß, um die bereits brüchige Moche-Kultur im 8. Jahrhundert gänzlich zu zerstören.

Nach etwa ein bis zwei Jahrhunderten kulturellen Vakuums in der sogenannten „Späten Zwischenperiode" (etwa 900–1467 n. Chr.), erstarkte das bereits erwähnte Königreich der Chimú mit der großstädtischen Anlage Chanchán als Zentrum. Die Chimú griffen im Kunsthandwerk auf die Formen der Mochica zurück, aber sie schufen nur Massenware. Auch verzichteten sie auf die Zweifarbigkeit und damit auf die Malerei zugunsten einer schwarz gebrannten, in Modeln hergestellten Keramik, bei der nicht einmal die Nahtstellen retuschiert sind. Lediglich in der Metallurgie und in der Textilkunst finden sich noch Meisterleistungen. Sie eroberten die gesamte nördliche Küste, verleibten sie dem Reich Chimor – so der Name des Herrschers – ein, allerdings mit Ausnahme der Region nördlich von Sipán: Lambayeque. Die Träger dieser lokalen Kultur fügten sich nicht dem Formenkanon der Mochica oder ihrer Nachfolger. In jüngster Zeit wird die Kultur von Lambayeque auch als Sicán bezeichnet. Dies ist jedoch eher irreführend, birgt die Bezeichnung doch die Gefahr einer Verwechslung mit Sipán.

Um das Jahr 1467 rückten die aus dem südlichen Hochland kommenden Truppen unter dem Heerführer des späteren Inka Yupanqui nach Norden vor. Das Königreich der Chimú war ihr potentester Gegner. Weil die Hochländer bereits in den Bergen das Wasser, das Chanchán und andere Siedlungen der Chimú an der ariden Küste versorgte, in die Wüste umleiteten, konnten die Inka das Königreich fast kampflos erobern und ihrem Imperium einverleiben. Das Ende des imposanten Staatsgebildes, das einzige in Altamerika, das diese Bezeichnung verdient, wurde bereits zu Anfang geschildert.

An der Erforschung der fast 5000jährigen Kunst- und Kulturgeschichte Perus waren viele Deutsche beteiligt. Max Uhle, der „Vater der Peruanistik", wurde bereits erwähnt. Zu seinem Freundeskreis gehörten unter anderem der Arzt Dr. Gaffron, dessen Sammlung sich heute zum Teil im Lippischen Landesmuseum in Detmold befindet, Carl Sutorius, dessen Nachlaß im Linden-Museum, Stuttgart, aufbewahrt wird, Christian Th. W. Gretzer in Berlin und schließlich Heinrich Brüning, der einen Teil seiner Sammlung der Stadt Hamburg und den anderen dem Ort seiner langjährigen Tätigkeit in Peru als Kaufmann, Lambayeque, vermachte. Nach ihm ist das Museum benannt, in dem zur Zeit das Gold von Sipán aufbewahrt wird. Nach der Rückkehr der Schätze des „Señor von Sipán" von der Bonner Ausstellung werden diese in einem neuen, nach modernsten konservatorischen Erkenntnissen gebauten Sipán-Museum in Lambayeque präsentiert werden. So bleiben diese kostbaren Zeugnisse einer großen Vergangenheit auch für nachfolgende

Generationen erhalten, und sie werden das Land nie wieder verlassen. Gold war der Grund für die brutale Eroberung. Gold, um das so viel Blut floß, war aber nicht das eigentliche große Geschenk der „Neuen Welt" an die „Alte". Die wirklichen Gaben waren die Heilpflanzen, z. B. Chinin und eine Yamswurzel, die für die Herstellung von Cortison und der Antibabypille notwendig waren, sowie unzählige Nutzpflanzen wie Tomaten, Bohnen, Erdnüsse oder Kartoffeln. Fast die Hälfte der uns heute als selbstverständlich erscheinenden Nahrungsmittel verdanken wir dem Fleiß und den jahrhundertelangen, ja sogar Jahrtausende währenden Züchtungsanstrengungen der Ureinwohner. Seit der Einführung der Kartoffel – man kannte im alten Peru mehr als 200 verschiedene Sorten – gab es in Europa keine katastrophale Hungersnot mehr. Und ohne Mais, das zweitwichtigste Nahrungsmittel der Welt, wäre die Lage in Afrika noch katastrophaler, als sie bereits ist.

73 Moche V, Krebsdämon
(Kat.-Nr. 74)

74 Moche V, Priesterin
(Kat.-Nr. 75)

Walter Alva

DIE MOCHICA-KULTUR

Die Moche- oder Mochica-Kultur entstand und entwickelte sich zwischen dem 1. und 7. nachchristlichen Jahrhundert in dem langen schmalen Küstenstreifen der Nordküste Perus (s. Karte, vordere Umschlagklappe), wo Ruinen von mächtigen Tempelpyramiden, Palästen und Festungen sowie die Reste von Bewässerungssystemen und Gräberfelder vom hohen Stand der Kunst, Technik und einer komplexen gesellschaftlichen Organisation zeugen.
Die Untersuchungen von Max Uhle, Julio C. Tello und Rafael Larco konnten diese Hinterlassenschaften der Moche-Kultur zuweisen und auch deren Ausbreitung und Zeitstellung umreißen, die mehr als ein Jahrtausend vor den Inka und mehrere Jahrhunderte vor ihren Nachfahren, den Chimú, liegt. Neuere Forschungen haben zusätzliche Daten erbracht, so daß heute bekannt ist, daß es sich um eine komplexe und streng gegliederte Gesellschaft handelte, die in dem 600 Kilometer langen Küstenstreifen zwischen dem Piura-Gebiet im Norden und dem Huarmey-Tal im Süden lebte und auf der Basis einer gemeinsamen Kultur aus einer Reihe von kleinen Königreichen oder lokalen Fürstentümern bestand.
Die Mochica bezwangen die Trockenheit ihres Landes mit Hilfe künstlicher Bewässerung, bei der das Wasser der im Hochland der Anden entspringenden Flüsse in Kanäle abgeleitet wurde, bevor es ins Meer floß. Ihre fortschrittliche und raffinierte Wasserwirtschaft ermöglichte einen Überschuß bei der landwirtschaftlichen Produktion und eine solide Wirtschaftsbasis, die – bereichert durch Meeresprodukte – die Grundlage einer bewundernswerten Entwicklung bildeten. Die Mochica, die jede Kulturpflanze in dem ihr angemessenen Mikroklima anbauten, respektierten die im Randbereich der Flußtäler gelegenen Wälder und Seen. Ihre wichtigsten Nahrungspflanzen waren u. a. Mais (*Zea mays*), Kartoffeln (*Solanum tuberosum*), Maniok (*Manihot escul-*

enta), Bohnen (*Phaseolus spp., Canavalia spp.*), Kürbis (*Cucurbita spp., Lagenaria siceraria*), Süßkartoffeln (*Ipomoea batata*) und Erdnüsse (*Arachis hypogaea*) sowie eine Reihe von Obstbäumen. Weitere Nutzpflanzen waren vor allem die Baumwolle (*Gossypium barbadense*) für die Textilproduktion sowie Schilf und Rohr für das Bauwesen und für kleine Schiffe.

Das bekannteste und großartigste Kulturerbe der Mochica ist jedoch zweifellos ihre kunstvolle Keramik, die hauptsächlich als hochgeschätzte Opfergabe für die Verstorbenen diente (s. Aufsatz Anton, hier S. 10 ff.). Die Künstler stellten Menschen, Götter, Tiere, Pflanzen und auch komplexe Szenen plastisch wie auch mit feinem Pinsel gemalt dar. Ihre berühmte Tonplastik besticht durch Ausdruckskraft und technische Perfektion, durch die echte „Porträts" entstanden (Abb. 2–4, Kat.-Nr. 1–3). Die klassische Ausgewogenheit und der Realismus kommen auch bei der Darstellung von mythischen Wesen zum Tragen (Abb. 47–49, Kat.-Nr. 46–49), bei anthropomorphen Tieren, Menschen mit Tiergliedern oder Kombinationen von Körperteilen verschiedener Tiere. Ihre Bilder strotzen vor Vitalität und Bewegung in komplexen Szenen, die Zeremonien, Kämpfe (Abb. 12, Kat.-Nr. 11), rituelle Jagden und wahrscheinlich auch Mythen wiedergeben. Hier fand die Modeltechnik Anwendung, mit der die Keramikproduktion entscheidend intensiviert werden konnte. Die Gebrauchskeramik für Küche und Wassertransport hingegen war einfach, funktionell und nur selten verziert.

Die Mochica verbesserten auch die Metallbearbeitung und -produktion. Sie benutzten vor allem Kupfer, das sie zu einer bemerkenswerten Vielfalt von Schmuckgegenständen, Waffen und Geräten formten. Ihre größte Leistung war jedoch das Vergolden von Kupfer mit Hilfe einer komplizierten Technik, bei der ein Überzug aus einer sehr dünnen Goldschicht entstand (s. Aufsatz Fecht u. a., hier S. 252 ff.).

Sie entwickelten das Textilwesen weiter und webten Kleider, Umhänge und Schmuckgegenstände aus Baumwolle, deren natürliche Farbskala (weiß, braun, rötlich und violett) bis heute zu finden ist. Es wurden verschiedene Techniken wie einfache Leinwandbindung und Doppelgewebe sowie Kelim- und Schlitzwirkerei (Gobelin) verwendet, die auf einem horizontalen Webrahmen mit Rückengürtel entstanden. Zu dieser Tätigkeit kennt man Darstellungen, die auf das Bestehen von organisierten Webereien mit hoch entwickelter Produktion und wirksamer Kontrolle hindeuten, deren Existenz wahrscheinlich mit Spezialisierung, Steuerabgaben, Vorratswirtschaft und Verteilung durch eine administrative Elite in Verbindung zu bringen ist.

Die Mochica-Familien züchteten Enten, Meerschweinchen und eine Lamarasse, die – kräftiger als die hochandinen Rassen – an das Wüstenklima angepaßt war und sogar das Gewicht eines Reiters tragen konnte, heute aber ausgestorben ist. Neben Hunden besaßen sie weitere Haustiere wie Papageien, Affen und Ozelote, die jedoch dem Adel vorbehalten waren.

Aus getrockneten Lehmziegeln (*adobes*) errichteten die Mochica mächtige und massive Bauwerke in der Form von abgestumpften Pyramiden (Abb. 75) mit Zugängen in Form langer Rampen. Plattformen und weitläufige Einfassungen von Plätzen waren ebenfalls Bestandteile der wichtigen Heiligtümer, die das religiöse Leben der Mochica bestimmten (Abb. 85, Kat.-Nr. 94). Die Errichtung großer Bauwerke bezeugt die genaue Kenntnis der physikalischen Gesetze und des Baumaterials. Die luftgetrockneten Ziegel wurden paneel- oder säulenartig aufgeschichtet und nebeneinander gesetzt, wobei regelmäßige Baufugen für die notwendige Flexibilität und Stabilität sorgten, die diese überwältigenden Baumassen benötigten, um den starken Temperaturschwankungen und den häufigen Erschütterungen durch Erdbeben standzuhalten (Abb. 312). Auf diesen Ziegeln befinden sich verschiedene Markierungen, die wahrscheinlich als Kontrollzeichen der geleisteten Tributabgaben von Gruppen und Familienclans dienten.

Fast alle Tempel oder Heiligtümer trugen außen einen sorgfältig aufgetragenen Lehmverputz, der auf rotem oder gelbem Grund im Relief oder in farbiger Malerei mit Darstellungen von Göttern, mythischen Szenen und Ritualen geschmückt war.

Das einfache Volk lebte in stadtähnlichen Ortschaften oder bäuerlichen Streusiedlungen, wobei letztere aus einfachen, kleinen und rustikalen Hütten aus Lehm und Rohr (*kincha*) bestanden.

Die Ärzte kannten die Heilkräfte von Pflanzen gegen viele verschiedene Krankheiten. Zur Heilung von psychischen Störungen führten sie Rituale aus, die auch heute noch von Schamanen oder *curanderos* (spezielle Gruppe von Heilern in den Anden) angewendet werden.

Eine in der Kunst häufig dargestellte Handlung ist die rituelle Treibjagd von Hirschen (Abb. S. 236), die dann den Ahnen dargebracht werden, und ein „Wettlauf" von *chasqui* (Schnelläufern), dessen Teilnehmer einem Würdenträger einen Beutel überbringen (Abb. S. 48).

Seltener sind erotische Szenen oder solche, die Bestrafungen oder Hinrichtungen zeigen, wahrscheinlich wegen schwerer Vergehen gegen die Gesellschaft oder gegen die göttliche Ordnung. Andere wiederum geben wahrscheinlich unbekannte Mythen wieder, die noch ihrer Deutung harren.

Die besondere Bedeutung des Militärwesens wird aus der häufigen Darstellung von stolzen, waffentragenden Kriegern, lebhaften Kampfszenen, Gefangennahmen von besiegten Kriegern, der Entkleidung von Waffen und Waffenensembles deutlich (Abb. S. 42). Die kürzlich entdeckten Gräber hochgestellter Krieger im Geleit der Fürsten von Sipán sind dafür ein direkter und sprechender Beleg. Die in der Wüste stattfindenden kriegerischen Auseinandersetzungen bestanden aus Zweikämpfen, ausgefochten unter Beachtung strenger Regeln in der Art eines rituellen Duells.

Für die lebensfrohen Mochica bedeutete der Tod nicht das Ende. Die Verstorbenen existierten in einer anderen Sphäre der Welt unter denselben Bedingungen und mit den gleichen Rechten weiter, weshalb man sie mit Nahrungsmitteln und Beigaben bestattete. Dies hatte leider die Plünderung der Gräber seit der spanischen Eroberung im 16. Jahrhundert und vor allem in den letzten 50 Jahren zur Folge. Dennoch war es den Archäologen möglich, viele verschiedene Grabformen zu unterscheiden. In den einfachsten Gräbern waren die armen Bauern beigesetzt, deren Körper man in einen Umhang gewickelt in einer einfachen Grube bestattete. Andere Verstorbene verfügten über einige Grabbeigaben und lagen, sorgfältig in verschiedene Tücher gehüllt, in rechteckigen Gräbern mit Einfassungen aus Lehmziegel- oder Steinmauern. Personen mit hohem sozialen Status wurden in sorgfältig gearbeiteten Rohrsärgen in Grabkammern bestattet, in deren Nischen die zahlreichen Beigaben standen. Somit verrät jedes Grab auch Funktion und soziale Stellung des Bestatteten in der Gesellschaft.

Die unerwartete Entdeckung des Königsgrabes von Sipán im Jahre 1987 änderte unser Verständnis der Mochica-Kultur grundlegend. Zum ersten Mal zeigte sich das Grab eines ihrer Herrscher in seiner ganzen charakteristischen, bisher ungeahnten Großartigkeit und gab damit eine Fülle von unschätzbaren Informationen preis, die uns die Rekonstruktion der Geschichte dieser außergewöhnlichen Kultur ermöglichen.

75 Die Huaca del Sol, der wichtigste Mochica-Großbau im Moche-Tal

DIE BESTATTUNGSZEREMONIE

Vor etwa 1700 Jahren beschritt eine große farbenprächtige Prozession von Trauernden, angeführt von Priestern, die den heiligen Staub von Muscheln verstreuten, langsam und feierlich einen der Hauptwege, der durch weite, sorgfältig bebaute Felder führte. Hunderte von Teilnehmern begleiteten ernst, schweigsam und düster den Herrscher von Sipán. Nur wenige Wochen zuvor hatte er im Triumphzug in seiner vergoldeten Sänfte denselben Weg zurückgelegt, jetzt ruhte er mit rotbemaltem Antlitz und überhäuft mit goldenen, die Sonne reflektierenden Schmuckstücken auf einer Bahre, eingehüllt in ein Bündel aus Metall und Stoffen. Eine Eskorte von Kriegern mit den prachtvollen Attributen ihres Standes, mit Waffen und Trophäen, begleitete mit kriegerischen Schritten und Gesten den Trauerzug. Andere trugen feierlich die vergoldeten königlichen Standarten. Flöten (*quenas*), Panflöten (*antaras*), Trommeln und lange Rasselstäbe aus Holz mit Kupferschellen bestimmten den Rhythmus des schwermütigen Zuges, der zeitweilig von dem tiefen Brummen der Trompeten und den schrillen Schreien der Klageweiber, die als Zeichen der Trauer ihr Haar rauften, überlagert wurde. Der Herrscher war tot, und nichts konnte sie anscheinend trösten. Die Frauen marschierten in Gruppen etwas abseits der Prozession mit ihren Kindern, den Alten und Körperbehinderten, die mit ihren Klagen den Kummer des Volkes zum Ausdruck bringen sollten.

An der Seite der Bahrenträger mit den bemalten Gesichtern schritten hintereinander drei gefaßte und stille junge Frauen. Die erste trug eine halbmondförmige Kupferkrone auf dem Kopf, die mit einem zentralen Gesicht und vier stilisierten Schlangen verziert war. Diese Krone war das Zeichen ihres besonderen Standes. Sie war die Hauptfrau des Verstorbenen. Die hinter ihr schreitende Frau trug ein farbiges Pektoral

aus Muschelperlen, und die letzte, so jung und schön wie die anderen, war in ein langes, tunikaähnliches Baumwollkleid gehüllt, das bis zu den Füßen bestickt war.
Rechts schritt der Befehlshaber der Krieger, ein kräftiger Mann mit wettergegerbtem Gesicht und einer halbmondförmigen Kupferkrone, die Brust bedeckt mit einem Schuppenpanzer, ein Schild an seinem linken Arm und eine Kriegskeule in der rechten Hand. Ein langer Umhang mit kleinen vergoldeten Metallscheiben lag um seine Schultern. Sein Schritt verriet seinen Stolz, mit dem er unzählige Male dem Tod getrotzt hatte. Diesmal wußte er, daß er seinem Ende entgegenging.
Zu seiner Linken schritt ein älterer, korpulenter Mann mit einem Kopfputz aus prächtigen Federn, Ohrschmuck aus bemaltem Holz und einem rotweißen Pektoral über einer kurzen, bestickten Tunika. In der rechten Hand trug er einen langen Stock, an dem ein goldener Ring mit dünnen Metallscheiben und Federschmuck hing, der die Sonne symbolisierte. Mit der Linken führte er einen nervösen, mittelgroßen, kurzhaarigen, gefleckten Hund mit langem Schwanz und kräftigen Kiefern an der Leine. Oft hatte er als Lieblingstier seines Herrn diesen bei den rituellen Treibjagden auf Hirsche und bei offiziellen Anlässen begleitet. Diesmal hatte er die Aufgabe, den Herrscher mit seinem sicheren Orientierungssinn auf die Reise in die Welt der Toten zu begleiten.
Hinter ihm und mehr in der Mitte ging ein zehnjähriger Junge mit ebenmäßigen Gesichtszügen. Seine weiße Tunika symbolisierte Unschuld, und seine Jugend sollte der Wiederverjüngung des Herrschers dienen. Neben ihm schritt ein junger kräftiger Soldat mit Helm und Schild aus vergoldetem Kupfer, während am Ende der Prozession ein Sklave mit einem verknoteten Seil um den Hals als Zeichen absoluter Unterwürfigkeit folgte. Diesem schlossen sich weitere Untergebene an, die zwei Lamas mit ungeflecktem und nie geschorenem Fell führten.
Während die Menge weinte, spiegelten die Minen dieser achtköpfigen Gruppe, der bewundernd und respektvoll der Weg freigemacht wurde, weniger Trauer als den festen Willen, ihrem Herrn in die Unsterblichkeit zu folgen, um dort für ewige Zeiten seines Schutzes und seiner Gunstbezeugungen gewiß zu sein.
Die Mitglieder der Priestergruppe, die der Prozession voranging, zeichneten sich durch einen großen Metallkopfschmuck aus, auf dem Uhus mit ausgebreiteten Flügeln dargestellt waren. Dieses mysteriöse Nachttier versinnbildlichte die Herren der Nacht und der Weisheit. Der Anführer der Priester saß in einer Sänfte. Auf seiner Brust prangte eine Doppelkette aus großen vergoldeten Köpfen, die Leben und Tod symbolisierten. Seine Schultern umhüllte ein langer Umhang mit silbernen Schuppen, und an den Füßen trug er Kupfersandalen. In den Händen hielt er eine Metallschüssel mit Deckel, die zur Aufnahme des Blutes bei den Menschenopfern dienen sollte. Die einzige Frau in dieser Gruppe trug einen hohen typischen Kopfschmuck aus zwei Zöpfen und Metallfedern, die in zwei Schlangenköpfen endeten. Sie hielt eine Schüssel mit kleinen Gefäßen und Kelchen in den Händen, die ebenfalls Bestandteil des Opferzeremoniells waren. Diese auserwählte

Priestergruppe hatte bereits einige Tage zuvor den Körper des Herrschers behandelt, um seine Verwesung zu verhindern. Nur sie wußten um die Wirkung und die Kraft der hierbei verwendeten Pflanzen, Kenntnisse, die über Generationen weitergegeben wurden. Sie standen ihrem Herrn auch in seinem Todeskampf zu Seite und hatten dem Volk den unabwendbaren Willen der Götter kundgetan, der als tiefe Nacht den Tag überschattete. Das Gleichgewicht war zerstört, und die Herren der Nacht übernahmen die Herrschaft bis zur Einsetzung des neuen Regenten, der die Macht der Sonne über die Welt wiederherstellte.

Frauen und Männer hatten gefastet und während der Totenfeiern nur Meeresfrüchte zu sich genommen, um damit der Seele des Herrschers die Überfahrt über den Ozean zu erleichtern. Viele der Anwesenden konnten es kaum fassen, ihn mit geöffneten und ewigen Augen zu sehen, die mit Gold bedeckt waren und so unerschütterlich wie im Leben schienen.

Die trauernde Menge folgte dem nur langsam vorankommenden Zug, der durch Dörfer und Fluren führte und immer wieder Halt machte, damit ein Erzähler die Macht und die Fähigkeiten des Herrschers lebendig in Erinnerung bringen konnte. Währenddessen kamen andere Herrscher in Sänften aus den Nachbartälern, die – umringt von ihrem Gefolge – ihre Gaben für das Begräbnis und die Trauerfeierlichkeiten mit sich führten.

Diese anwachsende Menschenmenge bewegte sich zum Heiligtum, dessen Hauptpyramide teilweise in intensivem Rotbraun bemalt war und sich damit deutlich vom tiefen Grün der Felder abhob. Auf dieser Pyramide stieg eine hohe Rauchsäule von verbrannten Opfergaben empor, ein weithin sichtbares Zeichen für den Beginn der Begräbnisfeierlichkeiten. Mit der Prozession näherten sich auch die acht Personen der Hauptgruppe dem Ziel ihrer gemeinsamen Reise in die Ewigkeit. Der Mann mit der Standarte und dem Hund konnte sich nicht der Erinnerung an sein Leben im Dienst des Herrschers erwehren. Sie waren fast gleichaltrig, und schon als Kind war es seine Aufgabe gewesen, ihn zu begleiten und zu beschützen und ihm alle Wünsche zu erfüllen. Zusammen mit anderen Dienern waren sie durch Obstgärten gegangen, hatten die Früchte von *lúcuma* (*Lucuma bifera*), *guava* (*Psidium guajava*) und *chirimoya* (*Annona cherimolia*) gepflückt und die dichten Wälder der *algarrobos* (*Prosopis pallida*), *zapotes* (*Capparis scabrida*) und *vichayos* (*Capparis ovalifolia*) gemieden, die sich hinter den Kanälen erstreckten, wo Eidechsen, Füchse und Vögel im Wasser des Flusses Schutz vor der Hitze suchten.

Als der junge Herrscher heranwuchs, war ein verehrungswürdiger Meister zur Gruppe gestoßen, der ihn in vielen Stunden in das Wirken der Natur einweihte, in die Wachstumszyklen der Pflanzen, Tiere und der Sterne, die von Göttern gelenkt wurden, die sowohl im Himmel wie in der Unterwelt und im Meer weilten. Er hatte den Herrscher auch über die schrecklichen und guten Götter in ihren verschiedenen Erscheinungsformen und über die Mischwesen aus Tieren und Menschen aufgeklärt, von denen der Herrscher abstammte.

Ihm war ein anderer Lehrer gefolgt, der dem Herrscher in mühsamen Übungen die Handhabung von Kriegskeule und Schild, von Lanzen und Pfeilschleudern beibrachte. Sie mußte jeder Mochica-Mann von Rang beherrschen, bevor er zu den Initiationsriten zugelassen wurde. Auf diese bereitete man sich in Gruppen vor, um am rituellen Wettlauf durch die Wüstenebenen teilnehmen zu können, bei dem man kleine Beutel mit markierten Bohnen trug, aus denen das künftige Schicksal gelesen wurde.

Der treue Begleiter erinnerte sich auch an die Jahre seiner Jugend, die er damit zugebracht hatte, protokollarischen Pflichten nachzukommen und seinen Herrn beim Besuch der Kupfer- und Goldschmiede zu begleiten, um die Herstellung wertvoller und symbolträchtiger Schmuckstücke und Rangabzeichen zu überwachen, die er später, nach der Machtübernahme, tragen sollte. Zu seinen schönsten Erinnerungen aber gehörten die rituellen Jagden. Im Morgengrauen hatten Dutzende von Jägern die weiten waldigen Ebenen erreicht, die etwa fünf Wegstunden von Sipán entfernt lagen. Bedienstete bewegten sich lautlos mit großen Netzen zu den bevorzugten Pfaden der Hirschrudel, die von den Hunden und dem Lärm von Trommeln und Trompeten zusammengetrieben wurden. Der im Gebrauch der Pfeilschleuder bereits erfahrene junge Herrscher mit Fuchskopfschmuck erlegte nur die erwachsenen Hirsche und ließ die Rehe frei, um den Arterhalt zu gewährleisten. Die kräftigsten Tiere wurden den Ahnen dargebracht, die übrigen verteilte er unter den Familien der Jäger.

Unter stillen Erinnerungen, öffentlichen Rezitationen und lautem Klagen betrat die Menge den nördlichen Bereich des Heiligtums, sammelte sich auf dem Vorplatz und längs der unteren Plattform, um mit den Totenfeierlichkeiten zu beginnen, die noch mehrere Tage bis zum Erscheinen des Vollmonds andauern sollten.

Das Ritual begann mit der Tötung der drei jungen Frauen. Betäubt von einem Trank, den sie von den Priestern erhielten, verbluteten sie schmerzlos. Ihre leblosen Körper wurden sofort auf die Pyramide gebracht, wo die Geier, die heiligen Vögel, sie von ihrem Fleisch befreiten.

In der Nähe bearbeiteten Zimmerleute eilig dicke Algarrobo-Stämme, um den Sarg herzustellen. In einer anderen Werkstatt waren Töpfer damit beschäftigt, in Modeln Dutzende von Gefäßen mit den symbolischen Darstellungen von Adoranten, Gefangenen, Soldaten usw. zu formen. Der kleine, rot bemalte und mit Tonfiguren geschmückte Tempel auf der Plattform, in dem vormals der Herrscher auf dem Thron saß, um seine Untertanen zu empfangen und Ehren und Geschenke entgegenzunehmen, sollte unwiderruflich zerstört und niemals wieder benutzt werden. Unten öffnete sich die große, sorgfältig hergerichtete Grube mit der Grabkammer.

Schritt für Schritt näherte sich der Zeitpunkt des Begräbnisses, und die Herrscher aus den Nachbartälern, Priester und Gefolge aus allen gesellschaftlichen Gruppen defilierten am Totenbündel vorbei, trugen ihre Bitten vor und erbrachten Ehrbezeugungen. Erstere erinnerten an frühere Bankette, die sie aus gegenseitiger Wertschätzung veranstaltet hatten und bei denen nur das Beste an Mais, Bohnen, Kartoffeln, Fisch und Meeresfrüchten gereicht wurde, an die erbitterten rituellen Kämpfe, an denen die besten Krieger jedes Fürstentums teilnahmen und in denen das Blut der Besiegten befruchtend auf die Erde floß, um so das Fortbestehen des agrarischen Zyklus sicherzustellen. In der Nacht ertönten die Chöre der Klageweiber, die unter Schluchzen die Heldentaten und Tugenden des Verstorbenen priesen. Die Ältesten und Weisen versammelten aus diesem Anlaß die Jugendlichen um sich, um sie in ihren Pflichten, dem Respekt und der Verehrung der Ahnen und der Herrscher, zu unterweisen.

Der ehrwürdigste unter ihnen zeichnete sich durch einen komplizierten Kopfschmuck aus, der halb aus Gold und halb aus Silber bestand. Er war es, der dem Herrscher in langen Jahren die philosophischen Grundgedanken nahegebracht hatte, während sein Vater ihn in die Regierungsgeheimnisse eingeweiht hatte: Auf diese Weise hatte der Herrscher gelernt, daß die Welt aus zwei entgegengesetzten und komplementären Hälften bestand; die eine konnte nicht ohne die andere existieren, so wie der Tag nicht ohne die Nacht, das Gute nicht ohne das Böse, das Männliche nicht ohne das Weibliche, der Körper nicht ohne den Geist sein kann. Im Gleichgewicht beider Kräfte vollzog sich der Lauf der Welt, die aus verschiedenen übereinanderliegenden Welten bestand, in denen Götter und Ahnen lebten. Von diesen stammte der Herrscher ab, und deshalb war es seine Pflicht, das Gleichgewicht aufrechtzuerhalten und in die verschiedenen Welten hinauf- und hinabzusteigen, um Kräfte zu sammeln oder die Wünsche seiner Untertanen zu übermitteln. Die vorbereitenden Riten, die ihm diese Fähigkeiten verliehen, bestanden aus langwierigen und anstrengenden geistigen und körperlichen Übungen. Lange Fastenperioden, der Genuß von Drogen und tiefe Meditationen öffneten ihm den Weg zu dieser Zwiesprache. Äußerlich demonstrierten die symbolträchtigen Schmuckstücke und die Kleidung allen Menschen die Macht des Herrschers. Der erwähnte Alte hatte ihn immer wieder darauf hingewiesen, daß seine heilige irdische Pflicht ein Ende haben könnte, wenn das Gleichgewicht, für das er verantwortlich war, zerbrechen würde. Dies hätte unwiderruflich seinen Opfertod zur Folge.

Den Erzählungen war zu entnehmen, daß seine Herrschaft etwa zwei Jahrzehnte gedauert hatte, die sich durch Glanz, Heldentaten und das Errichten von Bauwerken für die Gemeinschaft auszeichneten. Die Äcker erstreckten sich vom Meer bis zum Talende. Befestigte Zentren kontrollierten die Wasserverteilung und schützten vor möglichen Überfällen. Somit war die Herrschaft sowohl politisch als auch geistig gefestigt, aber sein Geschlecht schien seinem Ende entgegenzugehen.

Man konnte sich noch gut an die Machtübernahme des Herrschers in einer entsprechenden Zeremonie erinnern, als die Priester ihm die halbmondförmige Goldkrone auf den Kopf setzten, ihm seine anderen königlichen Embleme überreichten und sich zu fortwährender Ehrerbietung und Gehorsam verpflichteten.

Am Ende des rituellen Zyklus stand der Tag der Bestattung. Die vom Fleisch befreiten Knochen der drei Frauen wurden in Tüchern zum Grab getragen und in Särge gelegt. Der Herrscher wurde auf den Schultern der Träger zur Plattform gebracht, wo alles bereitstand.
Der Militärbefehlshaber, der Standartenträger, der Sklave, der Soldat und das Kind stiegen hinauf, ihrem Opfertod entgegen. Vor dem offenen Grab verstreute der oberste Priester erneut Muschelstaub, und die Klagen der Frauen gingen in schrille Schreie über, die ihrer Trostlosigkeit Ausdruck verliehen und dem Wunsch, den Verstorbenen auf seiner Reise zu begleiten.
Ein anderer, als *morrup* verkleideter Priester, der den Leguan-Gott verkörperte, befand sich im Inneren der Grabkammer und half beim Übergang der Toten in die Unterwelt, indem er Muscheln als Gabe für die Götter, Waffen, Schmuckgegenstände und Embleme in den Sarg legte; andere Kostbarkeiten waren bereits in das Totenbündel gewickelt. In den Seitennischen stellte man die skulptierten Gefäße auf, die Getränke und Speisen enthielten. Diese Figurengefäße waren symbolische Begleiter des Herrschers, aufgestellt in szenischen Ensembles nach festen Regeln.
Soldaten, ihre Befehlshaber und das einfache Volk, bewegt von Trauer und der festlichen Stimmung, wohnten der Zeremonie auf der oberen Plattform und auf dem Vorplatz bei, während sich die Musik zu tellurischen Klängen steigerte. Das Bündel wurde nun langsam zu seiner letzten Ruhestätte hinabgesenkt. Nachdem man den Sarg geschlossen hatte, wurde den Lamas mit präzisem Schnitt die Kehle durchtrennt. Schließlich opferte man das Kind, das man in eine Ecke setzte, und die beiden hochgestellten Männer, die in zwei Rohrsärgen beigesetzt wurden. Der zur Linken der Hauptbestattung liegende erhielt den getöteten Hund als Beigabe, der zur Rechten wurde mit seinen Militärabzeichen und seinen unbrauchbar gemachten Waffen bestattet, die nur für die Welt der Lebenden gedacht waren.
Dann legte man dicke Algarrobo-Stämme als Dach über die heilige Kammer. Lehmziegel und Erde bildeten die erste Versiegelung, auf die der mit einem kleinen Knochendolch geopferte Soldat gelegt wurde. Direkt nach der Opferung schnitt ihm einer der Priester die Füße ab, um ihn so symbolisch am Verlassen des Ortes zu hindern. In die Südwand plazierte man einen Diener als Wache in einer Nische.
Nun füllte man die gesamte Grabgrube bis zur Oberfläche mit Erde. Dort wurden in einem weiteren kleinen Raum Hunderte von mit Speisen gefüllte Keramikgefäße aufgestellt, einige davon verziert, bewacht von einem weiteren geopferten Mann.
Heute, 1700 Jahre später, können wir uns dem Mysterium und dem Glanz dieses Ereignisses nähern, indem wir die materiellen Reste des Herrschers und seines Volkes untersuchen.

(Dem aufmerksamen Leser dieser Schilderung wird nicht entgangen sein, daß es sich hierbei um eine Phantasiegeschichte handelt, bereichert mit historischen und archäologischen Tatsachen.)

DER BEGINN DER WISSENSCHAFTLICHEN AUSGRABUNGEN

Ende Februar 1987 schreckte ein wahres Goldfieber das kleine Dorf Sipán aus seiner Beschaulichkeit. Dutzende von Bauern durchwühlten auf der Suche nach Metallresten die Erde seitlich einer alten Lehmziegelplattform. Dort hatte einige Tage zuvor eine Gruppe skrupelloser Grabräuber das reiche Grab einer wichtigen Persönlichkeit der Mochica-Kultur entdeckt und geplündert. Wir können dies aus einem Teil der Gegenstände schließen, die von der Polizei im Haus eines der Bandenmitglieder beschlagnahmt wurden. Unter den geraubten Gegenständen befand sich ein goldener Kopf mit silbern eingelegten Augen und Pupillen aus Lapislazuli (Abb. 76, Kat.-Nr. 89). Dieses Gesicht mit seiner ausgeprägten Nase wirkt vollendet schön und erinnert an die „Porträtköpfe" aus Ton, für die die Moche-Kultur berühmt ist (Abb. 2–4, Kat.-Nr. 1–3). Zwei große, ausdrucksstarke Köpfe von Pumas oder Jaguaren aus vergoldetem Metall zeigen halboffene Mäuler mit scharfen Fangzähnen aus roter Muschelschale (Abb. 77, Kat.-Nr. 90). Zu den insgesamt 33 sichergestellten Stücken gehörten auch zwei naturalistisch wiedergegebene goldene Erdnußfrüchte, die drei- bis viermal so groß sind wie die echten Früchte (Abb. 78, Kat.-Nr. 91, 92), schmale Kettenglieder aus demselben Material, die geschnittene Muschelstücke nachahmen (Abb. 334), sowie Perlen von Halsketten und andere Gegenstände aus vergoldetem Kupfer und Silber.

Die Größe, die Einzigartigkeit der Darstellungen, ihre künstlerische Qualität und die technische Vollendung der Metallbearbeitung ließen keinen Zweifel daran, daß es sich um die wichtigste Konfiszierung von Altertümern in den letzten Jahren handelte. Aufgrund unserer Erfahrung im Umgang mit den alten Kulturen Nordperus konnten wir jedoch nicht bezweifeln, daß diese Stücke zu den typischen Schmuckgegen-

76 Goldener Kopf mit Lapislazuli- und Silbereinlagen in den Augen aus dem ausgeraubten Grab (Kat.-Nr. 89)

77 Köpfe von katzenartigen Raubtieren aus vergoldetem Kupfer mit Zähnen aus Spondylus-Muscheln aus dem ausgeraubten Grab (Kat.-Nr. 90)

ständen aus einem Königsgrab gehörten, die unter den Grabräubern verteilt worden waren. Nur dort konnte man so perfekte Goldschmiedearbeiten erwarten, und dort, wo ein solches Grab vorhanden war, konnten noch weitere intakte Bestattungen existieren. Wenige Stunden nachdem wir verständigt worden waren, informierten wir uns vor Ort über das Ausmaß der Zerstörung. Verblüfft konnten wir feststellen, daß die Grabräuber ganz in der Nähe ihrer Wohnungen Dutzende von vergoldeten Kupferresten, die ursprünglich zu Schmuckgegenständen oder Statuetten gehörten, zerstört und verstreut hatten. Diese waren, trotz ihres potentiellen Informationswertes, für die Grabräuber nicht von kommerziellem Interesse.

Das Plündern antiker Gräber in Peru, einem Land mit einer außergewöhnlich reichen Vergangenheit von vielen Völkern und Kulturen, die im Inkareich ihre großartigste Ausprägung fand, ist leider kein vereinzeltes oder außergewöhnliches Delikt. Im Grunde mit der spanischen Eroberung im 16. Jahrhundert beginnend, setzt sich die Grabräuberei bis zum heutigen Tag fort.

Vor allem die letzten Jahrzehnte haben sich als besonders unheilvoll für die archäologische Forschung in Peru erwiesen. Die armen Bauern werden dazu verleitet, die Gräber ihrer Vorfahren auszurauben, um den unersättlichen, immer weiter wachsenden Kunst- und Sammlermarkt in Europa und Amerika zu bedienen. So gehen täglich und unwiederbringlich wichtige historische Informationen verloren, um den Lebensunterhalt der einen zu sichern und die Habsucht der anderen zu befriedigen. Der peruanische Staat kann diesem Unwesen trotz entsprechender Gesetzgebung kaum wirksam entgegentreten, weil die wenigen vorhandenen Mittel zum Schutz des nationalen Kulturguts völlig unzureichend sind.

Vor allem an der Nordküste ist die Lage äußerst problematisch. Fälle wie der geschilderte sind durchaus an der Tagesordnung und fast schon normal. Einzigartige archäologische Zeugnisse verschwinden sofort in den dunklen Kanälen des Antiquitätenhandels, und unzählige wichtige archäologische Denkmäler werden wie die Seiten eines nie gelesenen Buches zerstört. Aus der Luft kann man auf Hunderten von Hektar Tausende erst in den letzten Jahren gegrabene Löcher erkennen, die wie Bombentrichter aussehen (Abb. 79).

Unter diesen Umständen ergab sich das dringende und schwierige Problem, Sipán vor der völligen Zerstörung zu retten. Die Polizei mußte sich mit den notwendigsten Streifengängen begnügen, während wir fieberhaft versuchten, eine Rettungsgrabung zu organisieren, und bei staatlichen Stellen und lokalen Unternehmen um Unterstützung baten. Wenige Tage später mußten wir, mein Kollege Luis Chero und ich, mit großer Sorge das unaufhaltsame Fortschreiten der barbarischen Zerstörung konstatieren. Jetzt arbeiteten die professionellen Raubgräber nachts unter der Bewachung von Helfern, die sich auf der obersten Plattform der nahen hohen Pyramide aufgestellt hatten. Mit Waffengewalt erkämpften sich verschiedene Banden den Zugang zu den Grabungslöchern in der Hoffnung, ein weiteres intaktes Grab zu finden.

78 Goldene und silberne Erdnußfrüchte aus dem ausgeraubten Grab (Kat.-Nr. 91, 92)

79 Luftbildaufnahme östlich des Heiligtums von Sipán mit zahllosen Grabräuberlöchern

Nach großen Schwierigkeiten und gegen den anfänglichen Widerstand der Anwohner konnten wir in den ersten Apriltagen ein kleines Grabungsteam, das aus Luis Chero, Juan Martínez und Susana Meneses sowie zwei Studenten und zwei Polizisten bestand, in einem wackligen Zelt aus Segeltuch vor Ort unterbringen. Die wenigen Arbeiter wurden zunächst aus Mitteln des lokalen Patronato de Cultura und des staatlichen PAIT-Programms bezahlt.
Die immer wieder auftauchenden Probleme und die materiellen Unzulänglichkeiten konnten wir nur durch unseren grenzenlosen Enthusiasmus und große Entschlußfreudigkeit überwinden. Monate später wurde dies mit einem der außergewöhnlichsten Funde belohnt, die jemals auf amerikanischem Boden gemacht wurden: die intakte Grabkammer eines Moche-Herrschers. Endlich erhielt die Wissenschaft Zugang zu einem vollständigen Befund in Form eines intakten Grabes, das eine Persönlichkeit der alt-andinen Kultur von höchstem Rang barg, mit all seiner unschätzbaren Information.
Acht Skelette von Dienern, Konkubinen und Kriegern waren um den Holzsarg gruppiert, der die Reste des Hauptbestatteten mit einem Schatz aus Schmuckgegenständen, Kopfputzen, Kleidung und Emblemen aus Gold, vergoldetem Kupfer und Schmucksteinen enthielt. Diese Gegenstände bilden nicht nur ein durch seinen künstlerischen Wert und die großartige Metallbearbeitung hervorstechendes geschlossenes Ensemble, sondern stellen auch die Machtsymbole eines 1700 Jahre alten, hohen Würdenträgers dar, den wir den „Señor von Sipán“ nennen (in der heute ausgestorbenen Muchik-Sprache *Siec*).
Geduldige und unermüdliche Ausgrabungsarbeiten und die systematische Aufnahme der Grabkammer mit ihrem außergewöhnlichen und heterogenen Inhalt machten nach zehn Monaten den abgrundtiefen Unterschied zu den in einer Nacht geplünderten Gräbern deutlich. Die heute gewonnenen Daten stellen einen wichtigen Schlüssel für die Kenntnis der Mochica-Gesellschaft dar und zeigen außerdem, daß ein einziges wissenschaftlich erforschtes Grab mehr Information bietet als Tausende von Fundstücken derselben Kultur, die ohne archäologischen Zusammenhang und Befund in den Sammlungen und Museen der Welt zu sehen sind.
Die komplizierten Umstände der Rettungsgrabung von Sipán sind ein Symbol für das Drama der nationalen Archäologie überhaupt, bei der ein unendlich reiches und weitgehend unbekanntes Kulturgut den äußerst spärlichen Mitteln zu seiner Erhaltung gegen die Zerstörung durch Klimaeinwirkungen und Plünderung gegenübersteht. Hier wird deutlich, daß nichts von dem, was wir heute kennen, erhalten geblieben wäre, wenn wir uns mit dieser Situation abgefunden hätten.
So liegt die Bedeutung der archäologischen Forschung in Sipán nicht nur in der Rettung einzigartiger materieller Artefakte unserer alten Kulturen, ihr Wert besteht im wesentlichen darin, daß sie ein Zeugnis unserer Identität ist, dessen Bewertung zukünftigen Generationen vorbehalten bleibt.

DIE FUNDSTÄTTE SIPÁN

Der Name Sipán bezeichnet eine kleine Siedlung und ihre Fluren, die am südlichen Ufer des mittleren Bereichs des Lambayeque- oder Chancay-Flußtals liegen und der Zuckerfabrik Pomalca gehören. Sipán ist darüber hinaus ein Ortsname, der in alten Dokumenten des Gebietes aus der Kolonialzeit belegt ist. Offensichtlich läßt er sich etymologisch auf die ausgestorbene Mochica-Lambayeque-Sprache zurückführen, ursprünglich lautete er wohl „Sipáng“.[1] Die Modifizierung des ursprünglichen Namens schränkt seine Deutungsmöglichkeiten ein, bezieht sich aber wohl auf den Mondkult oder ein Machtzentrum (*Si* – Mond, *Siec* – Herr, Herrscher), also Haus oder Tempel des Mondes oder der Herrscher. Das gesamte Gebiet ist etwa 15 Quadratkilometer groß. Der Boden ist fruchtbar und somit gut geeignet für den Ackerbau, verbunden mit einer günstigen Lage und topographischen Merkmalen, die in der Vergangenheit ein Bewässerungssystem entstehen ließen, das effektiver als das heutige war und das auch größere Flächen bewässerte. Es sei auch darauf hingewiesen, daß in den Nachbargebieten große vorspanische Zentren wie Patapo, Saltur und Collique lagen.

80 Das Heiligtum von Sipán, das aus zwei abgestumpften Pyramiden und der östlich angrenzenden Grabplattform besteht. Der kleine See im Hintergrund entstand wohl beim Ausheben des Lehms für die Ziegelherstellung

Sipán und der Fundortkomplex Pampa Grande gehören jedoch zu den größten und repräsentativsten Mochica-Baudenkmälern. In den nahegelegenen Tälern und auf den Hügeln kann man ausgedehnte Siedlungsgebiete, andere Bauwerke und Reste von Befestigungsanlagen nachweisen, die die strategische Bedeutung der Orte deutlich machen. Zwischen den Anbauflächen lassen sich mehr als 20 Adobebauten unterscheiden, die zum Heiligtum gehört haben müssen.

Der archäologische Fundort Sipán ist im Volksmund unter dem Namen „Huaca Rajada" bekannt („geborstene Pyramide"; „huaca" ist ein dem Quechua entlehnter Begriff, der ursprünglich „heiliges Objekt" bedeutete, später aber auf archäologische Monumente beschränkt wurde; „huaco" ist z. B. auch die Bezeichnung für ein vorspanisches Tongefäß) und besteht aus zwei großen und stark erodierten Pyramidalstrukturen aus luftgetrockneten Lehmziegeln, die sich heute wie natürliche Lehmberge aus den Zuckerrohrplantagen erheben. Diese massiven Bauwerke beherrschen die Landschaft und sind in Ost-West-Richtung angeordnet. Eine niedrige dreistufige Plattform ist ihnen vorgelagert, eine weitere kleine vervollständigt den Komplex (Abb. 80, 81, 83).

Die beiden Hauptbauten haben einen annähernd quadratischen Grundriß und sind durch einen wahrscheinlich offenen oder ummauerten

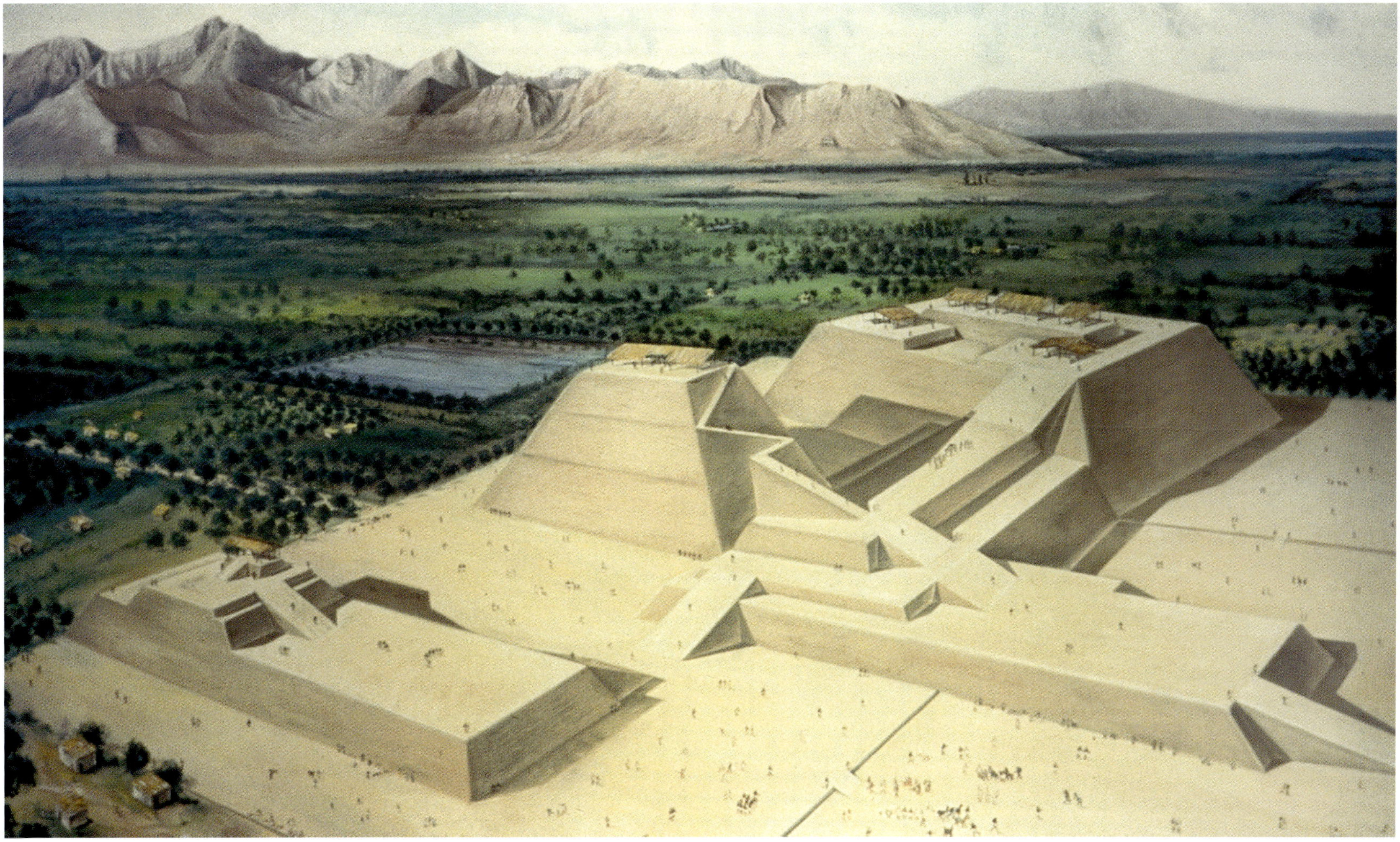

81 Rekonstruktion des Heiligtums von Sipán

Platz voneinander getrennt. Durch den plattformähnlichen Bau im Norden sind sie jedoch miteinander verbunden. Der Westbau hat eine Seitenlänge von 140 Metern und erreicht eine Höhe von 35 Metern, gemessen von der heutigen Bodenoberfläche bis zum oberen Niveau, wo sich ein Zugangssystem und verschiedene Gebäude befunden haben müssen. Etwa in der Mitte der Ostfassade gibt es eine Einbuchtung, die wohl ursprünglich zu einem langen Zugang gehörte, möglicherweise aber auch erst in der Kolonialzeit entstanden ist. Diese Einbuchtung führte zu dem heute im Volksmund gebräuchlichen Namen.
Trotz der fortgeschrittenen Erosion, die vor allem die Fassaden zerstörte, läßt sich die grobe Form noch recht gut erkennen.
Das zweite, eher wie eine Pyramide wirkende Bauwerk hatte eine Seitenlänge von etwa 79 Metern an der Basis und erreichte wohl eine Höhe von 37 Metern, von der Basis aus gemessen. Es ist im Vergleich zu dem westlichen Bau in der Ausrichtung leicht verschoben, so daß es nicht unbedingt gleichzeitig entstanden sein muß. Gegen Norden schloß sich eine Gruppe von kleinen, schmalen Plattformen an, die wohl als Zugänge dienten. Ihre Gesamtausrichtung weist nach Norden.[2]
Das Bauvolumen, die Untersuchung der Fundamente und Indizien für Anbauten weisen darauf hin, daß beide Pyramiden vom gewachsenen

Boden aus nach oben gebaut wurden, was enorme Anforderungen an die Bauarbeiten stellte. Der kleine See im Süden verdankt seine Existenz offensichtlich der Ausbeutung von Lehm; hier wurden in langen Jahren und wahrscheinlich über mehrere Generationen Tausende von luftgetrockneten Ziegeln hergestellt.[3]

Die kleinere rechteckige Plattform im Osten nimmt eine Fläche von 130 x 50 Metern ein. In ihrem südlichen Teil erheben sich auf der ersten Stufe in etwa acht Metern Höhe zwei weitere übereinanderliegende Stufen. Diese Plattform war ursprünglich mit der benachbarten Pyramide verbunden, heute trennt sie eine Straße. Östlich vor ihr liegt ein kleiner Hügel von fünf Metern Höhe, im Nordwesten befindet sich ein weiterer, etwas kleinerer. Dort gab es wohl auch einen großen, nach Osten orientierten Platz.

Natürlich ist es schwierig, die genauen Grenzen des Komplexes zu bestimmen, und somit kann man davon ausgehen, daß sich noch weitere architektonische Reste und Gräber unter den Feldern der Umgebung befinden.

82 Rassel aus vergoldetem Kupfer aus dem ausgeraubten Grab (Kat.-Nr. 93)

DIE ARCHÄOLOGISCHE UNTERSUCHUNG

Nachdem die beschriebenen Anfangsschwierigkeiten überwunden waren, konnte mit der eigentlichen Feldarbeit begonnen werden, die in gleichzeitiger Begehung und Ausgrabung bestand. Erwartungsgemäß konzentrierten sich die Arbeiten auf die kleinere Plattform, wo Plünderung und Zerstörung ihre sichtbaren Spuren hinterlassen hatten. Zunächst mußte eine topographische Flächenaufnahme mit Höhenlinien in etwa 50 Zentimetern Abstand erstellt werden, die Lage, Maße und Tiefe der Raubgrabungslöcher erfaßte. Dieser Plan ist eine genaue Dokumentation des Zustandes, in dem wir das Bauwerk vorfanden (Abb. 83).

Die drei Hauptniveaus der Plattform waren durch hunderte von unregelmäßig großen Löchern zerstört. Die die tiefsten und heftigsten Eingriffe verursachenden Gruben konzentrierten sich auf die Oberfläche und die Nordfassade der obersten Plattformstufe, wo man ein kleines Bauwerk erkennen konnte. Etwa zehn 2–6 Meter tiefe Gruben hatten dort Bauteile beschädigt oder zerstört. Das beeindruckendste Bauelement war das ausgeraubte Grab gewesen. Tonnen von Aushub und Lehmziegeln aus dem Inneren bedeckten die Oberfläche, und die offenen Profile ließen erkennen, daß die Plattform vollständig aus flachen, rechteckigen Lehmziegeln errichtet worden war. Die Seitenwände der Plattform wiesen Gräben alluvialer Erosion auf, im Nordsektor fanden sich Spuren von weiteren Raubgrabungen, die aber flacher und älter waren.

Eine der ersten Aufgaben, die uns mehrere Wochen Arbeit kostete, bestand im Säubern der Gesamtoberfläche und des Inneren der Raubgräbergruben, um einen Eindruck von der architektonischen Gesamtstruktur zu erhalten, falsche Zuweisungen bei den stratigraphischen Untersuchungen zu vermeiden und den Grad der Zerstörung zu bestimmen. Tonnen von Erde und Tausende von Ziegeln mußten in den Monaten von April bis Juni bewegt werden.

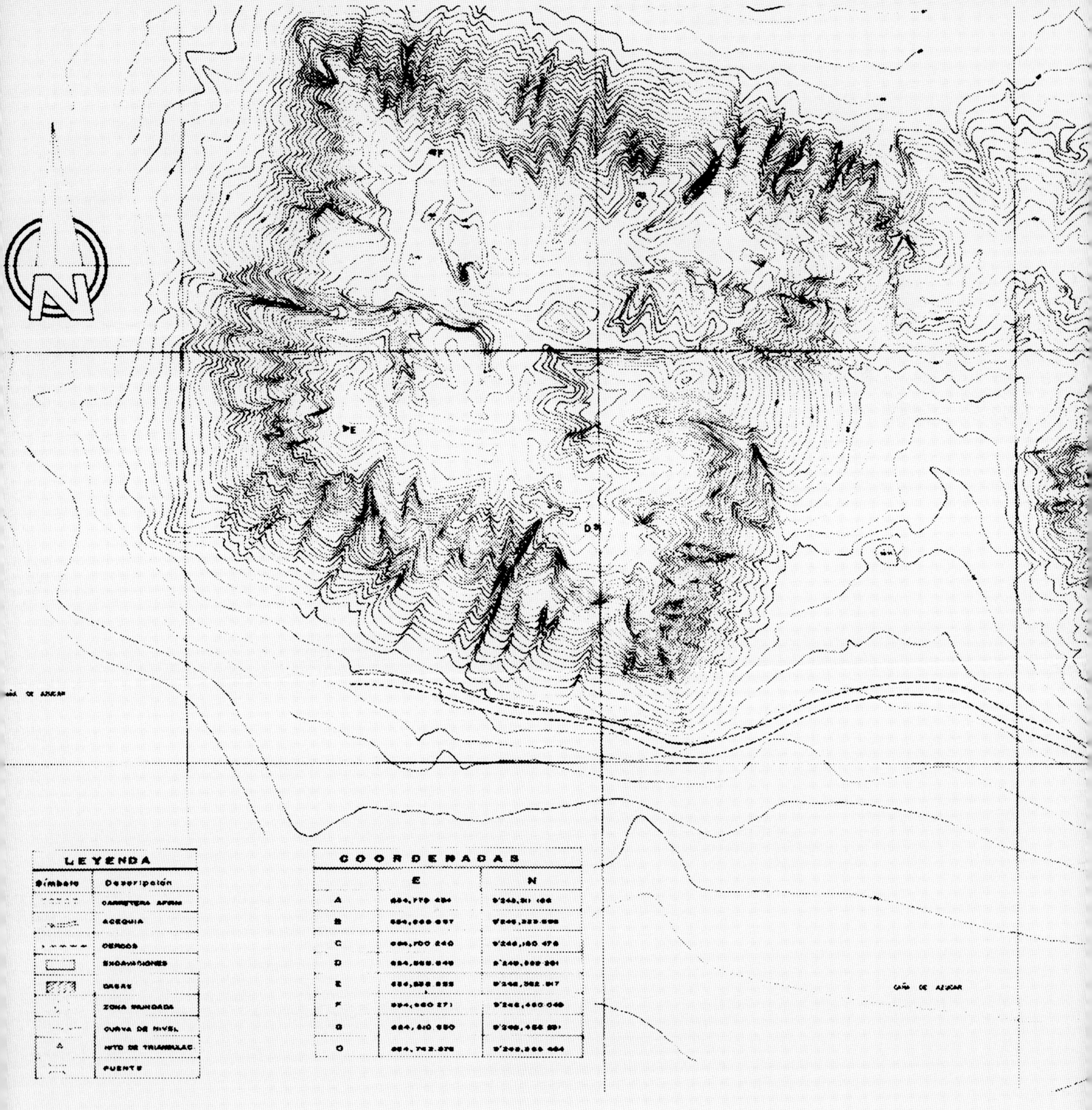

83 Gesamtplan des Grabungsgebietes von Sipán mit Höhenlinien im Abstand von einem Meter

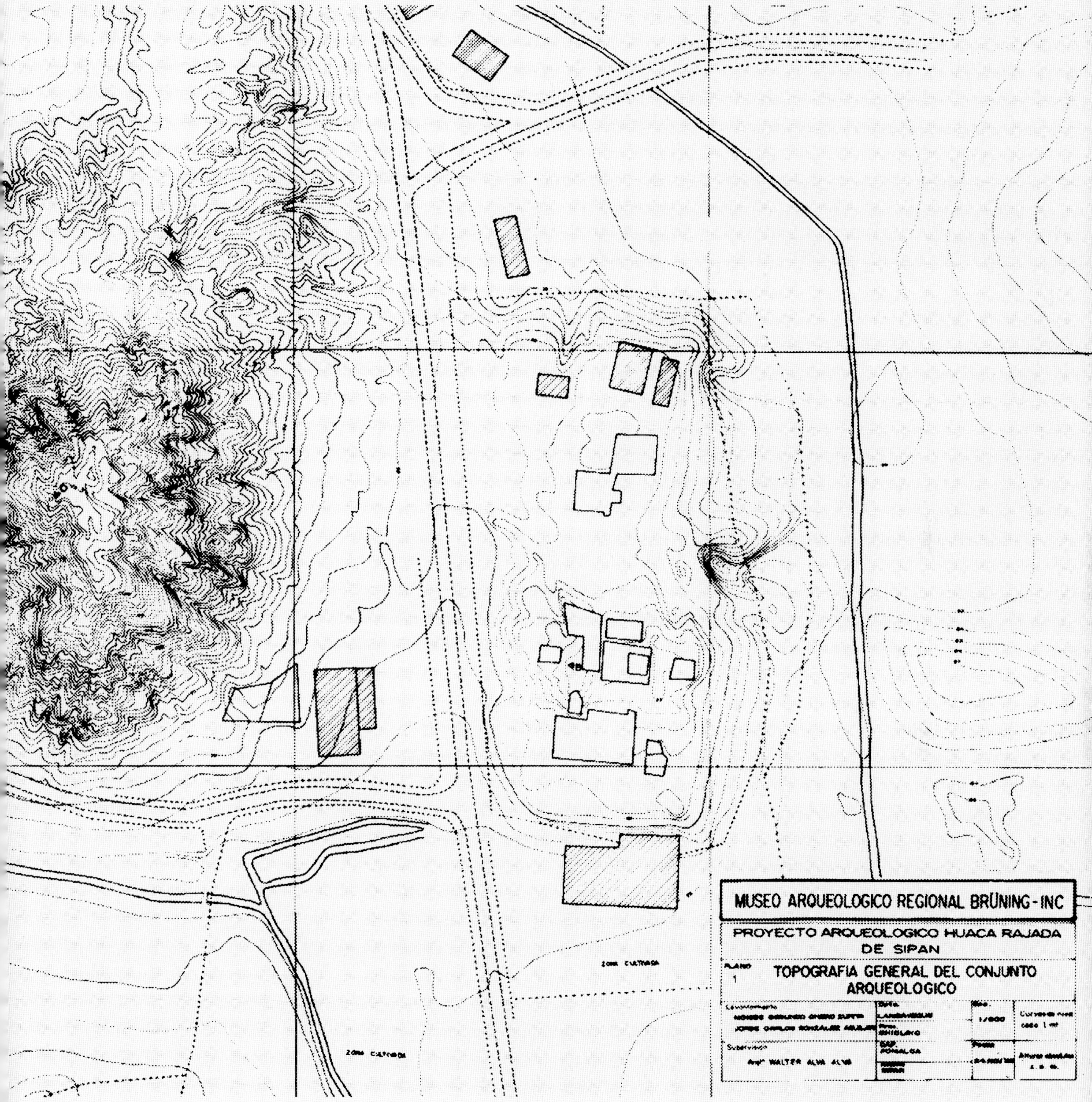
MUSEO ARQUEOLOGICO REGIONAL BRÜNING - INC
PROYECTO ARQUEOLOGICO HUACA RAJADA
DE SIPAN
PLANO
1
TOPOGRAFIA GENERAL DEL CONJUNTO
ARQUEOLOGICO
Arqº WALTER ALVA ALVA

84 Die Entdeckung des Kupferzepters am Boden des Grabräuberloches (Kat.-Nr. 94)

Nachdem wir uns von dem fortgeschrittenen Zerstörungsgrad und der außergewöhnlichen Bedeutung der archäologischen Reste überzeugt hatten, waren wir bemüht, eine sorgfältige und präzise Ausgrabungsmethode unter allen notwendigen methodischen Aspekten zu entwickeln, um die Lage jedes Bauelements und jedes Fundobjekts im Grabungszusammenhang genau dokumentieren zu können. Hierfür wurde ein Quadratnetz von zehn Metern Seitenlänge über das Bauwerk gelegt, das von einem Punkt im Zentrum der obersten Plattform ausging und bis heute die Grundlage für unsere Grabungen bildet. Mit Hilfe dieses Quadratnetzes wird jeder Fund und Befund horizontal und vertikal in seiner genauen Position vermessen.

Das Gelände wurde Schicht für Schicht horizontal mit Hilfe von kurzen Schaufeln, Kratzern und Pinseln abgetragen. Von der ersten erkennbaren Oberfläche an begann die Zeichnung der Pläne jeder Abtragung, die in getreuen Farben die Abfolge der Ausgrabungsabschnitte widerspiegeln.

Bei der fotografischen Dokumentation wurden Übersichten, Details und Arbeitsabschnitte festgehalten.[4] Damit war nur der allgemeine methodische Aspekt der Grabung erfaßt. Die spezifischen Befunde mußten sehr genau registriert werden; manchmal handelte es sich um millimeterdicke oder nur wenige Zentimeter starke Schichten. Jeder dieser Befunde erforderte die Entwicklung spezieller Techniken und Methoden der Freilegung und Bergung, die in vielen Fällen zum ersten Mal Anwendung in der andinen Archäologie fanden, da wir uns schnell entscheiden und dabei unsere begrenzten Mittel berücksichtigen mußten.

Die Anlage der ersten Grabungsflächen entsprach unseren vorrangigen Zielen und dem Erhaltungszustand. Es handelte sich dabei um drei Grabungseinheiten, eine im zentralen Sektor, eine im abfallenden Terrain, das sich nördlich anschließt, und eine dritte in Nähe der Nordostecke. Danach entschieden wir, eine weitere Einheit in der nach Süden anschließenden Stufe und zwei alternierende in der flachen nördlichen Plattform anzulegen. Außerdem wurden auch die umliegenden Flächen des geplünderten Grabes oberflächlich gesäubert. Jede dieser Grabungseinheiten hat wichtige Ergebnisse in bezug auf die Bautechniken und die komplizierten Strukturen der Elitegräber der Mochica erbracht.

DIE ERSTEN FUNDE

Parallel zur systematischen Aufnahme legte unser Grabungsteam auch das ausgeraubte Grab frei und untersuchte es sorgfältig. Nach Augenzeugenberichten und Eigenbeobachtungen befand es sich am Boden einer sieben Meter tiefen unregelmäßigen Grube mit einem Durchmesser von drei Metern an der Nordostseite der obersten Plattformstufe (–IZ unseres Grabungssystems). Als wir eingreifen konnten, hatten die Grabräuber und die Anwohner den Aushub am Grubenrand bereits durchwühlt, der teilweise auch den Boden der Grube bedeckte. Die ersten Säuberungen hatten ursprünglich nur das Ziel, das lockere Material zu entfernen, um den Aufbau des Grabes erkennen zu können, der überall durch jüngere Stollen gestört war.

85 Knauf des Kupferzepters mit der Darstellung eines Miniaturtempels oder -palastes

86 Seitenansicht des Kupferzepters

Nach zwei Wochen erreichten wir den Boden, wo man mit einiger Schwierigkeit seine Begrenzungen erkennen konnte, die sich nach Südosten hin auf bis zu sechs Meter bedeutend erweiterten. An den Wänden konnten wir die Abdrücke von zwei horizontalen Stämmen und Reste von weiteren Balken erkennen, die wohl als Überdachung einer Grabkammer gedient hatten, welche aufgrund der vielen Störungen durch Raubgräbertunnel und -gruben als solche jedoch nicht mehr deutlich auszumachen war.

Gegen Süden erbrachte die Säuberung einige Funde in ihrer Originallage, die den Grabräubern entgangen und offensichtlich Teile der Grabausstattung waren. Es handelte sich dabei um drei einfache figürliche Krüge, die sitzende menschliche Gestalten und Krieger mit Schild und Kampfkeule darstellen, sowie um ein Pektoral aus 47 geschnittenen, länglichen Muschelstücken.[5] Hinzu kamen Fragmente einer Krone aus vergoldetem Kupfer, die auf einer Seite mit runden und auf der anderen mit rechteckigen Metallplättchen verziert ist (Abb. 354), eine Kupfermaske von 25 Zentimetern Breite mit scheibenförmigen Anhängern und zwei Anhänger in Form von Uhuköpfen. Einige Zentimeter dahinter erwartete uns der bisher spektakulärste Fund: ein ein Meter langer und vier Kilogramm schwerer Stab oder Zepter, dessen Knauf die Form eines komplexen Gebäudes hat (ein Palast oder Tempel), das auf einer quadratischen Plattform von 13 Zentimetern Seitenlänge steht (Abb. 85, 86, Kat.-Nr. 94). Unter dieser Plattform faßt eine quadratische Balustrade einen großen „Saal“ ein. Er hat ein flaches Dach, das mit keulenförmigen Aufsätzen verziert ist. Auf der Plattform steht ein hoher

87 Detail von der Rückseite des Miniaturtempels. Eine auf einem Halbmond liegende Frau vereinigt sich mit einer Felidengottheit als Symbol der Fruchtbarkeit und der Welterschaffung

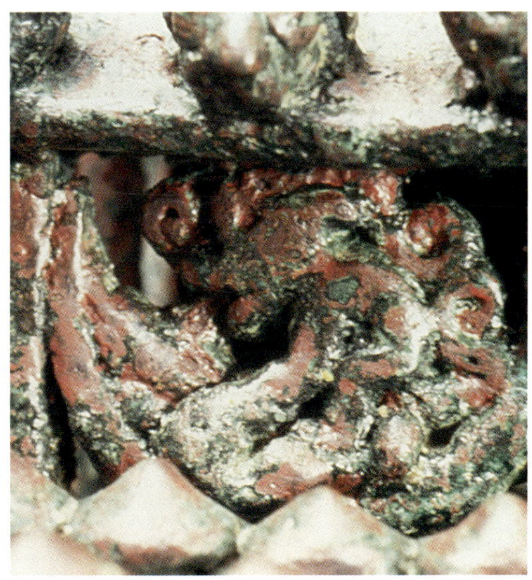

88 Dachaufsätze in Form einer Keule und eines Kopfes mit Geweih (Kat.-Nr. 87, 88)

89 Rekonstruktion eines Gebäudes, wie es auf einer der Plattformen in Sipán gestanden haben könnte

Bau mit einem von vier Säulen getragenen Giebeldach, das in großartiger Arbeit mit 17 menschlichen Köpfen geschmückt ist, von denen jeder einen Kopfschmuck aus zwei gestuften Elementen und aufgerichteten Schlangen trägt (vgl. Abb. 88).

An der Rückwand, zu der drei Stufen hinaufführen, ist eine religiöse Szene von hoher Bedeutung dargestellt. Eine mythische Gestalt, ein Mischwesen aus felinem Raubtier und echsenartigem Tier mit gestufter Krone, vereinigt sich geschlechtlich mit einer Frau, die auf einem Halbmond liegt. Möglicherweise handelt es sich dabei um einen Mythos, der mit der Fruchtbarkeit, der Entstehung der Welt oder der mythischen Abstammung des Herrschergeschlechts in Verbindung steht (Abb. 87).[6] Dieses Zepter muß eine besondere rituelle Bedeutung gehabt haben.[7] Die Bearbeitung, seine Form, die künstlerische Qualität und die dokumentarische Bedeutung machen es zu einem wichtigen Beispiel für die Metallbearbeitung der Moche. Als dieser Fund auftauchte, wurden verschiedene Deutungsvorschläge gemacht; man meinte sogar, daß dieser rätselhafte Tempel oder Palast wirklich in Sipán existiert habe. Deshalb ist auch unsere Begeisterung verständlich, als wir einige Monate später in einer Bauverfüllung vergleichbare Fragmente von menschlichen Tonköpfen fanden, die in ihrem unteren Teil eine Aussparung aufwiesen, die darauf hindeutet, daß sie ehemals einen ähnlichen Bau schmückten (Abb. 88, 89). Damit ist auch nachgewiesen, daß in den gemalten Darstellungen auf Tongefäßen solche Verzierungen von Dächern kultischer Gebäude für die Götter oder wichtige Persönlichkeiten der Realität entsprachen und nicht als symbolischer Schmuck zu bewerten sind.

Nach diesen Anfangsergebnissen und deren Auswertung wurden die Arbeiten in dieser Grabungseinheit vorläufig eingestellt.[8] Anschließend konzentrierten wir uns auf die obere Stufe der Plattform.

DIE GRABPLATTFORM UND DAS BEIGABENDEPOT

Als wir die Grabung im obersten und zentralen Sektor begannen, fanden wir zunächst eine von bis zu vier Metern tiefen Raubgräberlöchern stark beschädigte Oberfläche. Das größte dieser Löcher, das unsere Grabung behinderte, nahm fast ein Viertel der Grabungseinheit ein. Nach der Säuberung von Aushub und Verfüllungen erschienen schließlich Lehmziegel im Originalverbund, die zu einem Gebäude gehörten und deren Anordnung die typische Blockbauweise oder *paño* (Füllung) aufwies. Die Verwitterung und die Störungen ließen jedoch keine genaueren Beobachtungen zu. In der ersten Schicht fanden wir drei Gräber ohne Beigaben, die teilweise gestört oder ausgeraubt waren und der regionalen Lambayeque-Kultur angehörten, die sich nach dem Niedergang der Moche-Kultur entwickelt hatte (s. Zeittafel). Auf der gesamten Oberfläche lagen auch Scherben der entsprechenden Keramik und Knochen aus gestörten Gräbern. Der ursprüngliche Moche-Bau war also von dieser Kultur wiederverwendet worden, um dort die einfachen Toten zu bestatten.

In der zweiten Schicht waren die Bauelemente besser erhalten und der Lehmziegelverbund gut zu erkennen. Auf diesen Ziegeln waren häufig die „Herstellermarken“ zu erkennen, bei denen zehn Varianten unterschieden werden können, etwa diagonale, einfache und doppelte Linien oder zentrale Punkte im Zentrum oder an den Seiten. Die Freilegung (Abb. 109) ließ im Nordosten Reste von vergangenen dicken Stämmen erkennen, die horizontal und parallel angeordnet gewesen waren und möglicherweise als Überdachung eines halb unterirdisch gelegenen, rechteckigen, mit Erde versiegelten Raumes von 1,80 x 2,90 Metern Größe gedient hatten.

Unter den acht Abdrücken fanden sich lange Balken als seitliche Stützen, die wiederum auf vier vertikalen Stämmen mit gegabeltem oberen Ende ruhten. Nachdem die erste, etwa fünf Zentimeter mächtige, körnige und mäßig feste Schicht entfernt war, kam eine neue Schicht zum Vorschein, die 29 Gefäße enthielt, von denen einige durch den Bodendruck zerbrochen waren. Die meisten waren rot mit grober Oberfläche; es handelte sich insgesamt um drei Schalen, 13 kleine einfache Keramiken sowie 13 Figurengefäße.

In der Mitte des westlichen Abschnitts waren Fragmente von oxidiertem Kupfer zu erkennen, und im gegenüberliegenden Teil zeichnete sich eine etwa ein Meter lange Verfärbung im Sand ab, unter der sich eine noch größere Gruppe von ähnlichen Objekten befand. Damit hatten wir also die ersten Indizien für ein Beigabendepot entdeckt, das wir in horizontalen Abtragungen dokumentierten, so wie die Objekte selbst horizontal übereinandergeschichtet waren. In zwölf Schichten wurden 1137 Tongefäße, vier Kupferkronen, eine Maske, verschiedene kleinere Objekte, Muscheln, Hunderte von Knochen und ein Grab registriert.[9]

Die an den Grabungsarbeiten beteiligten Arbeiter und Archäologen waren völlig verblüfft, als nach dem Säubern, Zeichnen und Abheben einer Schicht mit Dutzenden von Objekten eine neue mit noch mehr Funden zum Vorschein kam (Abb. 90). Bis zu diesem Zeitpunkt war in der peruanischen Archäologie noch niemals ein so großer zusammenhängender Fund gemacht worden. Die dichteste Konzentration lag zwischen den Schichten 4 und 9, jede mit durchschnittlich etwa 100 Fundstücken, die insgesamt etwa 80 Prozent des Gesamtmaterials in diesem Abschnitt ausmachten. Einfache Gefäße, Schalen und Figurengefäße, die Männer bei verschiedenen Tätigkeiten darstellen, erschienen nach und nach und lassen sich in folgende Gruppen einteilen:

„Einfache Amputierte“: Figurengefäße, die eine hockende Person mit amputierten Armen, Pektoral und einfacher Kopfbedeckung darstellen, welche als Ausguß dient. Es gibt sie in zwei Größen, 38 mittelgroße und zwei kleine; insgesamt 40 Exemplare (Abb. 95).

„Amputierte mit Kopfschmuck“: Menschengestaltige Figurengefäße mit amputierten Armen und turbanähnlichem Kopfschmuck mit seitlichen Anhängern und röhrenförmigen Ohrpflöcken. Insgesamt 13 Exemplare (Abb. 95).

„Amorphe Amputierte“: Kleine, grob ausgeführte Figurengefäße mit ähnlicher Darstellung. Insgesamt 9 Exemplare (Abb. 92).

90 Das Beigabendepot während der archäologischen Untersuchung mit einem Teil der 1137 Tongefäße und menschlichen Knochen

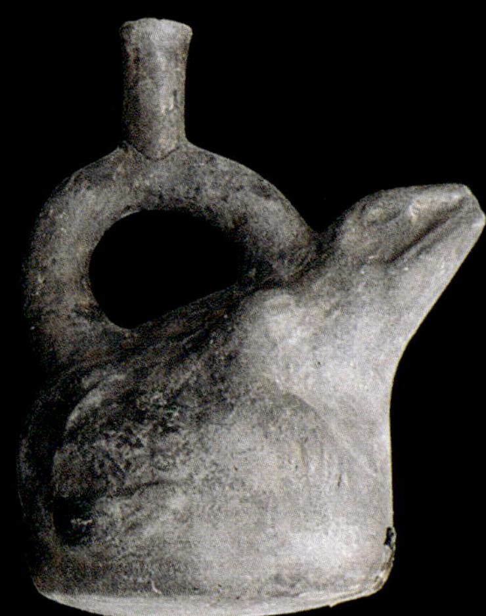

Kronen und Figurengefäße aus dem Beigabendepot

91 Kupferkrone mit der Darstellung einer menschlichen Gestalt unter der zweiköpfigen Himmelsschlange und ausgeschnittenen Schlangenköpfen an den Seiten

92 Armamputierter und Adorant

93 Krone in Form einer Silhouette mit ausgestreckten Armen und der Gestalt eines Würdenträgers im Zentrum

94 Zwei unbekleidete Gefangene

95 Zwei Armamputierte

96 Leguan (Bügelhenkelgefäß) (Kat.-Nr. 84)

Figurengefäße aus dem Beigabendepot

97 Musikant

98 Adliger

99 Zwei Adoranten

100 Adliger und Musikant

101 Koka-Kauer und Adorant

102 Adorant und Koka-Kauer

103 Zwei Adoranten

104 Zwei anthropomorphe Gefäße

„Gefangene“: Figurengefäße in Form einer sitzenden halbnackten Person mit entblößten Geschlechtsteilen, verknotetem Strick um den Hals und einfachem Kopfschmuck. Insgesamt 8 Exemplare (Abb. 94).
„Leguan“: Einzelstück mit Bügelhenkel, das als skulptierte Echse mit dunkelgrauem Körper geformt ist (Abb. 96).
„Musikanten“: Figurengefäße, die mit einem kurzärmligen Hemd bekleidete, sitzende Personen darstellen, welche eine Trommel in der linken und ein Stöckchen in der rechten Hand halten. Sie tragen eine einfache Frisur mit einer einfachen Kopfbedeckung. Man kann zwei Varianten unterscheiden: vier Stücke mit geradem kurzem Hals (Abb. 97) und vier mit ausladendem Hals (Abb. 100), die mit verschiedenen Modeln hergestellt sind.
„Gewöhnliche Adoranten“: Grob gearbeitete Figurengefäße in Form einer hockenden Person ohne besondere Trachtkennzeichen, deren gespitzter Mund dem „Luftküssen“ als bekannte Verehrungsform der Götter Alt-Perus entspricht. Von ihnen gibt es drei Varianten: zwei große, acht mittelgroße und drei kleine (Abb. 92, 99).
„Adelige“: Figurengefäße in Form hockender Personen, die mit einer Tunika bekleidet sind, Ohrschmuck, Kopfbedeckung, eine einfache Frisur und einen Beutel tragen, der an einer Schnur um den Hals hängt. Von diesen gibt es zwei Varianten, vier Stücke mit gerader (Abb. 98) und neun mit konvexer Kopfbedeckung (Abb. 100). Es handelt sich stets um die qualitätvollsten Stücke des Gesamtfundes.
„Koka-Kauer“: Grob ausgeführte Figurengefäße in Form einer hockenden Gestalt mit einfacher Frisur und einer gewölbten linken Wange. Hiervon gibt es vier mittelgroße (65 Exemplare) und kleine Varianten (16 Exemplare). Eine dritte Version bilden sitzende Personen (5 Exemplare), die vierte hält die Hände vor den Bauch, wobei der Körper das Gefäß bildet (5 Exemplare) (Abb. 101, 102). All diese Darstellungen werden aufgrund der geblähten Wange mit dem rituellen Kauen von Koka-Blättern in Verbindung gebracht.
„Adoranten“: Figurengefäße in Form hockender Personen, die die Arme in Bethaltung auf den Bauch legen. Es gibt sie in verschiedenen Varianten: eine mittelgroße mit Pektoral und Ohrpflöcken (3 Exemplare); eine kleine mit einfachem Kopfschmuck, Tunika und den Händen auf den Knien (5 Exemplare) und eine entsprechende mittelgroße (14 Exemplare). Eine vierte, in nur einem Beispiel vertretene Variante zeigt eine Person mit turbanähnlichem Kopfschmuck und den Händen auf der Brust (Abb. 103).
„Anthropomorpher Gesichtshals“: Kugelförmige Gefäße mit schematischer Ritz-, Punkt- und Applikationsverzierung in Form von menschlichen Gesichtern. Auch diese gibt es in verschiedenen Formaten, groß (6 Exemplare), mittelgroß (41 Exemplare) und klein (14 Exemplare) (Abb. 104).
„Hundegesichtshals“: Kugelförmige Gefäße mit einem Hals in Form eines Hundekopfes (3 Exemplare) (Abb. 105).
„Eulengesichtshals“: Gefäße, deren Hals wie ein Eulengesicht geformt ist (3 Exemplare) (Abb. 105).

„Einfache Gefäße“: Diese bilden die Hauptgruppe mit sieben Kugeltöpfen ohne Hals mit Bohrungen für die Anbringung eines Deckels, acht mittelgroßen ähnlichen Kugeltöpfen, 348 Kugelgefäßen mit kurzem Hals, 379 ovalen Gefäßen mit etwas höherem Hals und 80 unvollständigen zerbrochenen Gefäßen. Hinzu kommen neun konvexe, sieben mittelgroße und sieben mit kleinen Deckeln.

Die wichtigsten Darstellungen sind praktisch identisch, da sie mit einem zweiteiligen Model hergestellt wurden, wobei kaum verstrichene Nähte, Ungenauigkeiten sowie nachlässige Überarbeitung und Glättung auffallen. All dies deutet darauf hin, daß die Gefäße eilig und in Serie hergestellt wurden und deshalb auch keine Gebrauchsspuren aufweisen. Sie wurden ausschließlich als Grabbeigaben gefertigt, wobei offensichtlich die Menge ein wichtiger Faktor war.[10] Abgesehen von dem dunkelgrauen Bügelhenkelgefäß in Form eines Leguans handelt es sich um offene Gefäße mit geradem Hals.

Die augenscheinliche Unordnung und extreme Häufung der Gefäße und anderer Materialien läßt auf ein langsames Eindringen von Erde und deren spätere Verschiebung in der Kammer, die mit Balken versiegelt wurde, schließen. Ursprünglich standen wohl alle Gefäße aufrecht und waren so angeordnet, daß sie Szenen oder Gruppen in symbolischen Ensembles bildeten. So war beispielsweise eine Gestalt, die über Kupferplatten plaziert worden war, von anderen kleineren Figuren umgeben, zu denen ein Musikant und Gefangene gehörten.

In anderen Schichten bildeten die Figuren Halbkreise oder Zweierreihen, als würden sie eine Versammlung abhalten oder marschieren. Manchmal standen sich auch zwei Gefäße gegenüber oder Rücken an Rücken, wieder andere waren neben Spondylus-Muscheln oder Lamaknochen aufgestellt. Deshalb muß man wohl davon ausgehen, daß Darstellung und Anordnung festgelegten, bedeutungsreichen Prinzipien folgten.

Die selteneren Darstellungen von Adoranten, Amputierten, Musikanten, Sklaven und heiligen Tieren können uns ebenfalls Hinweise auf die Bedeutung dieses Depots geben.

Verschiedene einfache Gefäße enthielten Lamaknochen oder vergangene Speisereste, alle anderen sicherlich Flüssigkeiten oder Getränke, da sie entsprechende Rückstände aufweisen. Die großen Schalen mit Bohrungen an den Seiten hatten einen konvexen Tondeckel, und viele Gefäße waren ebenfalls mit einfachen passenden Tondeckeln verschlossen; einige hatten sogar Metallverschlüsse. Offensichtlich war es wichtig, den wertvollen Inhalt zu bewahren, was auch die große Anzahl einfacher und grob gearbeiteter Krüge erklärt.

Die Kronen, Stirnschmuckstücke und die Kupfermaske fanden sich in den oberen Schichten, sorgfältig in Gruppen im südlichen zentralen Sektor des Raumes niedergelegt, wobei es sich um Stücke handelt, die aus zusammengenietetem gehämmertem Blech gearbeitet sind. Die Maske zeigt ein naturgetreues menschliches Gesicht mit Nasenschmuck und Resten von Anhängern in den Ohrläppchen. Eines der Stirnschmuckstücke zeigt einen Uhu mit ausgebreiteten Flügeln, die

105 Zwei Gefäße mit Hundegesichtshals und Eulengesicht

anderen bestehen aus halbmondförmigen Blechen mit Aufsätzen in Form eines menschlichen Gesichts oder vollständiger menschlicher Figuren mit überdimensionalen ausgestreckten Armen und geöffneten Händen (Abb. 91, 93), die als Kopfschmuck wiederum ähnlichen Schmuck tragen. Aufgrund des schlechten Erhaltungszustands des Metalls, das stark oxidiert und zerbrochen war, konnte man Details der Verzierung nur schwer erkennen; bei kleineren Gegenständen aus demselben Material war sogar die Identifizierung schwierig.

Lamaknochen fanden sich besonders häufig in den unteren Schichten. Es handelte sich dabei wohl um zubereitete Fleischstücke und Teile von Tieren, wie vollständige Schädel und Knochen zeigen. In zwei Fällen waren sie mit kleinen quadratischen Kupferplatten auf einem vergangenen Stoffstück verbunden, als hätte man junge Tiere mit Schuppenumhängen geschmückt, als sie geopfert wurden. In diesem Zusammenhang sollte darauf hingewiesen werden, daß Lamas im alten Peru eine sehr kostbare Opfergabe waren und nur bei besonderen religiösen Anlässen getötet wurden. Sie leben normalerweise nur im kalten andinen Hochland. Zur Zeit der Mochica-Kultur wurden sie jedoch auch im warmen Küstenklima gezüchtet. Ihre häufige Darstellung in der Mochica-Kunst und ihr Vorkommen im Opferdepot sind dafür sprechende Belege.

In verschiedenen Schichten wurden insgesamt auch 22 Spondylus-Muschelschalen gefunden. Dabei handelt es sich um eine Art, die nur an der ecuadorianischen Küste vorkommt und durch Tausch nach Peru gelangte, wo sie eine außergewöhnlich wichtige Rolle in den religiösen Riten spielte. Unter den wenigen identifizierbaren Speiseresten fanden sich auch Bohnen und Fischgräten.

106 Bohnen aus Stein und Muschelschale aus dem Beigabendepot

Die menschlichen Überreste lagen im Ostteil des Raumes und waren von feinen Sedimentschichten umgeben. Es handelte sich dabei um einen Erwachsenen in stark angezogener Hockhaltung, die gezwungen wirkt. Er trug keine persönlichen Schmuckstücke, so daß es sich wahrscheinlich um ein Menschenopfer oder eine Art „Wächter" des Beigabendepots handelt. In Schicht 5 machten wir einen außergewöhnlichen Fund, nämlich 16 Darstellungen von vollständigen und fragmentierten Bohnen. Sechs von ihnen bestehen aus schwarzem Stein, drei aus Muschelschale und zwei aus hellgrünem Stein; alle haben in entsprechender Anzahl kleine Löcher auf beiden Seiten (Abb. 106). Hierbei handelt es sich wahrscheinlich um einen Code besonderer Symbole, der den Moche und den Teilnehmern an bestimmten Ritualen bekannt war.[11]

So wird offensichtlich, daß es sich bei diesem fundreichen Depot um archäologisches Material handelt, das trotz seiner Vielfalt einen geschlossenen Befund darstellt und somit der materielle Überrest eines singulären und wichtigen Ereignisses ist.

In der Mochica-Ikonographie wird häufig das Darreichen von Gewändern, Schmuckstücken und Gefäßen mit Speisen dargestellt, die für die Götter und die Toten bestimmt sind.[12] Dennoch sind von den Archäologen bisher keine in diesem Umfang vergleichbaren Beigaben gefunden worden.

DAS GRAB DES „SEÑOR VON SIPÁN“

DIE ENTDECKUNG DER GRABKAMMER

Die ersten Anzeichen für ein möglicherweise wichtiges Grab zeigten sich im selben zentralen Komplex, als nämlich die Oberfläche erreicht wurde, die von späteren Gräbern und Grabräuberlöchern stark gestört war. Die regelmäßige Anlage der mit Mörtel verbundenen Lehmziegel, die die Plattform bildeten, war von einer Erdverfüllung in einem Rechteck von fünf Metern Seitenlänge und drei Metern Breite unterbrochen, die sich über die Grenzen der Grabfläche hinaus erstreckte. Glücklicherweise blieben dank unseres Eingreifens die jüngsten Grabräuberlöcher über diesem Niveau, und nur das tiefste streifte das Rechteck im äußersten Norden.

Diese Indizien und das gerade erst entdeckte außergewöhnliche Beigabendepot ließen auf mehr als ein konventionelles Einzelgrab schließen. Deshalb spekulierten wir in den folgenden Tagen, was uns wohl erwarten würde. In der Nacht, beim Licht einer Laterne in unserem Zelt, diskutierten wir mit Luis Chero und den Studenten, ob es sich möglicherweise um eine intakte große Grabkammer, ein noch größeres Beigabendepot oder um eine ganz banale, zweckmäßige Füllung zur Einsparung von Baumaterial handelte. Vor uns lag die Antwort im unberührten Boden.

Nach dem Entfernen des Füllmaterials konnten wir an den geschnittenen Lehmziegeln der Ränder erkennen, daß es sich um eine später angelegte Grube handelte, die in den bereits bestehenden Bau eingetieft worden war. Das noch feuchte Füllmaterial bestand aus einer Mischung körniger, mäßig fester, brauner Erde mit gelben Toneinschlüssen und vereinzelten kleinen Sandklumpen mit Holzkohlebrokken. Sehr häufig fanden sich auch Lehmziegelbruchstücke mit Resten von Lehmverputz und roter Farbe, die auf die Existenz älterer, abgeris-

107 Die Kupferbänder waren ursprünglich kompliziert verschnürt, um die Sargbretter zusammenzuhalten

108 Die erhaltenen Abdrücke und Holzreste des Sargdeckels

sener Bauwerke hinwiesen. Im übrigen reichte die Füllung relativ homogen bis auf eine Tiefe von 3,60 Metern, von der Plattformoberfläche aus gemessen. Dann zeigte sich plötzlich im Südteil eine enge, schmale Grabgrube mit einigen Lehmziegelbrocken als Begrenzung. Die langsame und sorgfältige Säuberung der schlecht erhaltenen Knochenreste erbrachte ein eindrucksvolles Zeugnis. Es handelte sich um das Skelett eines jungen, auf dem Rücken liegenden Mannes mit seitlich ausgestreckten Armen. Sein Kopf wies nach Nordosten, die Füße nach Südwesten. Auf seinem linken Unterarm lag eine Kupferscheibe von 30 Zentimetern Durchmesser, wahrscheinlich ein Rundschild. Auf seinem Schädel waren noch Fragmente eines vergoldeten Kupferhelms und Reste von Baumwollstoff zu erkennen. Im Mund befand sich die Hälfte einer dicken Metallscheibe von fünf Zentimetern Durchmesser. Die andere Hälfte hielt er in der linken Hand.
Besonders überraschend war das Fehlen der Fußknochen, was bedeuten konnte, daß diese vor der Bestattung abgetrennt worden waren. Unterhalb des Hüftknochens fand sich ein spitzer, zwölf Zentimeter langer Dolch aus Knochen. Über die gesamte Länge waren unter dem Skelett Spuren von Rohr zu erkennen, was wohl bedeutete, daß der Verstorbene in ein einfaches Baumwolltuch gehüllt auf einer Bahre lag. Die typische, aus den Gefäßmalereien bekannte Kriegerausrüstung ließ keinen Zweifel zu; es handelte sich um den Wächter eines wichtigen Grabes. Waren ihm die Füße abgeschnitten worden, um ihn am Verlassen seines Wachpostens zu hindern?
Um die brüchigen Knochenreste zu konservieren, wurden sie sofort mit Acrylfestiger behandelt und im Block geborgen. 50 Zentimeter tiefer begannen wir, die auffälligen Abdrücke von vergangenen Balken freizulegen, die wahrscheinlich als Abdeckung einer Grabkammer gedient hatten. Nach diesen Funden war uns nun völlig klar, daß wir vor einer wichtigen Entdeckung standen. Nun mußte die Grabung um mindestens drei Meter nach Osten erweitert und dann bis auf das vier Meter tiefe Niveau mit den Balkenresten abgegraben werden. Die Zeichnung und Überprüfung des dabei neu entstandenen Profils bestätigten die einheitliche Zusammensetzung und Einbringung des Füllmaterials zusammen mit der Bestattung des Wächters.
Dünne, schräge Linien zeigten an, daß die Erde von Norden aus in die Grube geworfen und dann von der gegenüberliegenden Seite aus verteilt worden war. Einige vertikale Risse wurden durch die spätere Zersetzung organischen Materials hervorgerufen, während die feinen Sedimentschichten über dem Deckengebälk auf ein langsames Einsickern zurückzuführen sind. Die Grabungserweiterung führte auch zur Entdeckung eines eindeutig späteren Lambayeque-Grabes in den oberen Schichten, in dem ein Individuum mit zwei typischen Gefäßen dieser späteren Kultur in Brusthöhe saß. Eher im Zentrum befanden sich die Knochenreste eines Kleinkindes, was auf eine Opferung hindeutet, und zwei Meter westlich hiervon zeigten sich die Ränder der Grabkammer, deren quadratischer Grundriß sich nun abzeichnete.

Als die karbonisierten Balkenreste der Abdachung erreicht wurden, mußte besonders vorsichtig weitergearbeitet werden, um die Abdrücke und Reste genau zu dokumentieren. Schließlich waren die fast völlig verschwundenen Stämme in allen Details freigelegt, und man erkannte die ursprüngliche Konstruktion aus 17 quer in Ost-West-Richtung verlegten Balken, die an den Seiten von je zwei Längsbalken gestützt wurden (Abb. 110). Es handelte sich dabei um kaum bearbeitete Stämme, in einem Abstand von 10–20 Zentimetern verlegt, zwischen 3,50 und vier Metern lang und mit einem Durchmesser von 8–20 Zentimetern. Aufgrund ihrer Krümmung, der Knorrigkeit und einiger im feuchten Lehm konservierter Reste lassen sie sich als Algarrobo-Stämme (*Prosopis pallida*) bestimmen, einen für die Nordküste typischen Baum mit faserigem, festem Holz. Auf der Oberseite war das Deckengebälk in der Mitte bis zu 30 Zentimeter tief eingesunken. Dort waren einige Balken eingeknickt und gaben den Blick auf Teile von seltsamen Kupferbändern frei, die zu den verschiedensten Deutungen seitens der Grabungsmitarbeiter führten (Abb. 191).

Nachdem die entsprechenden Zeichnungen fertiggestellt und Holzproben für eine Radiokarbondatierung entnommen worden waren[13], wurden vorsichtig die Ablagerungen entfernt, um diese geheimnisvollen Metallbänder, bei denen es sich um aufgewickelte Halterungen handelte, freizulegen (Abb. 107). Vier von ihnen hielten an den äußeren Enden die Ecken von drei Brettern zusammen, die sich in feinen Linien im Boden abzeichneten und innen einfach winklig zusammengefügt waren. Somit hatten wir es mit einer beeindruckenden, 2,20 x 1,25 Meter großen Truhe zu tun. Auch die Elastizität der Kupferbänder, die trotz ihrer Stärke von drei Millimetern wie Lederstreifen verarbeitet worden waren, verdiente unsere Bewunderung (Abb. 191).

Zwischen den Halterungen entdeckten wir eine im Zentrum eingesunkene Fläche, in der sich die gleichmäßigen und symmetrischen Abdrücke von drei vergangenen Holzbrettern abzeichneten, die den Deckel des Sarkophags gebildet hatten (Abb. 108). Sie waren in sorgfältiger Zimmermannsarbeit auf etwa einen Zoll Dicke zurechtgeschnitten. Ein solches Stück war in der peruanischen Archäologie bisher völlig unbekannt.

Die eigentliche Öffnung des Sarkophags begann mit der vorsichtigen Entfernung einer 4–6 Zentimeter mächtigen Ablagerung, die eine orangerote Oberfläche bedeckte und wohl als harzartige Schicht über dem Holz zur Abdichtung des Inneren anzusehen ist. In einem anderen Bereich an der Nordostseite stießen wir endlich auf die erste Schicht mit verschiedenen oxidierten Kupferteilen und damit auf den eigentlichen Inhalt des Sarkophages (Abb. 111). Der nächste Schritt bestand darin, diesen völlig freizulegen. Die Schicht aus Kupfergegenständen war in ihren Umrissen noch nicht klar zu erkennen, als die intensiv grüne Färbung im Zentrum plötzlich von einem massiven runden Goldbarren von fünf Zentimetern Durchmesser unterbrochen wurde. Er war auf der einen Seite flach und auf der anderen konvex gewölbt.

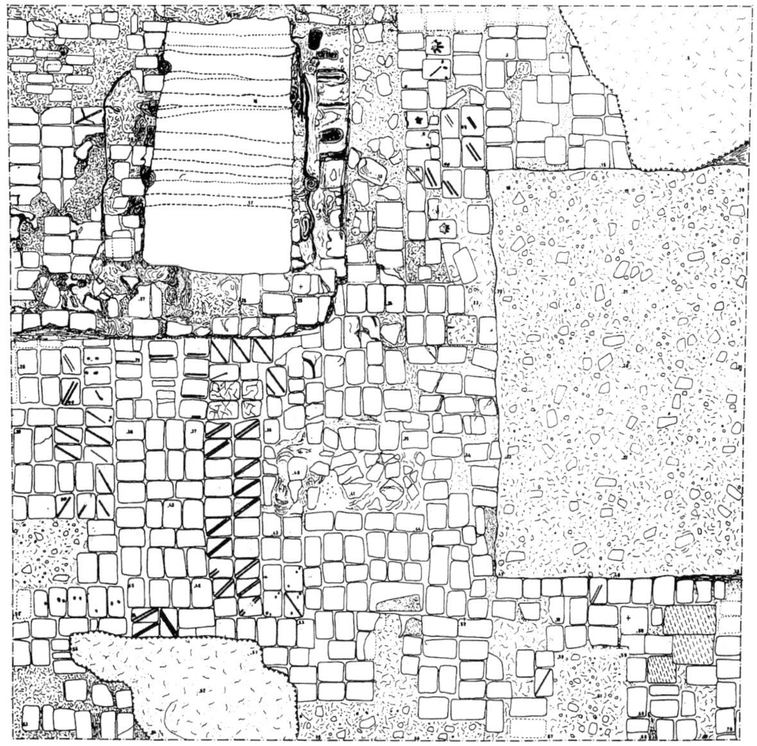
109 Gesamtplan der Grabungseinheit IA (zweite Schicht)

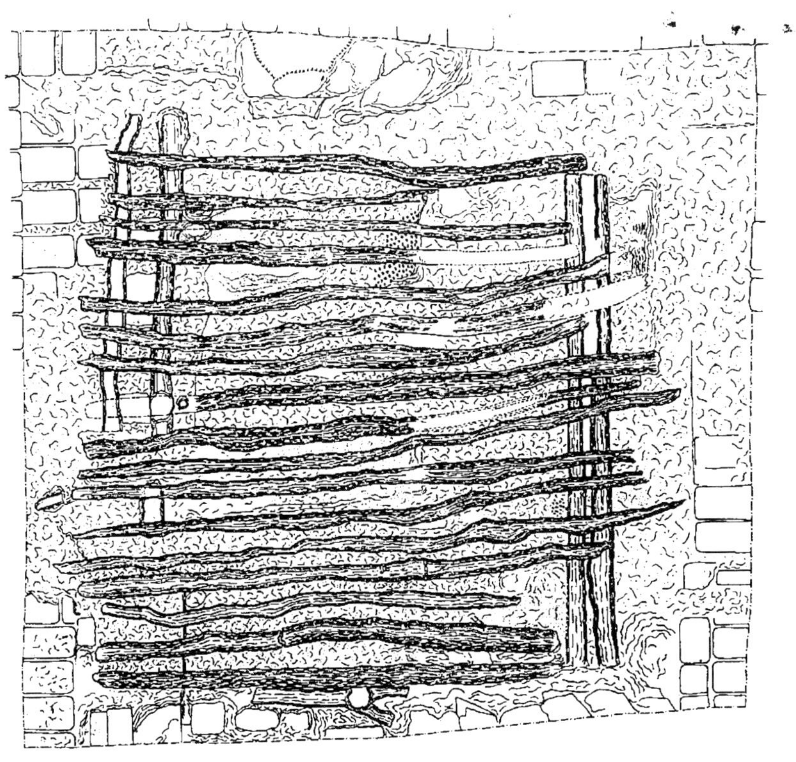
110 Zeichnung der Holzbalken, die das Dach der Grabkammer bildeten

111 Die Oberfläche des Totenbündels mit Dutzenden von oxidierten Metallobjekten

112 Einer der Ohrpflöcke des „Señor von Sipán" in Fundlage

Aber die größte Überraschung und vielleicht der wichtigste Augenblick der gesamten Grabung erwartete uns im äußersten Südteil. Als wir dort vorsichtig eine Lehmverkrustung entfernten, zeigte sich im Inneren eines Hohlraums ein perfektes kleines goldenes Gesicht, das uns streng anblickte (Abb. 112–115, Kat.-Nr. 106). Es handelte sich um die zentrale Figur eines goldenen Ohrpflocks, der zweifellos das schönste und delikateste Kunstobjekt der ganzen Grabung und wahrscheinlich das qualitätvollste bisher bekannte Beispiel der Mochica-Goldschmiedearbeiten darstellt.

In mühsamer und sorgfältiger Detailarbeit mit Dutzenden von Einzelteilen aus Gold und Türkis war ein Schmuckstück von 92 Millimetern Durchmesser geschaffen worden, an dessen Rand kleine Goldkugeln angelötet sind und dessen Zentrum die bemerkenswerte dreidimensionale Darstellung eines Militärbefehlshabers ziert (Abb. 115). Der Grad an Realismus und Detailgenauigkeit ist so hoch, daß selbst die Finger der Hände, die die Kampfkeule und den Schild halten, präzise und naturgetreu wiedergegeben sind, und auch die Beinmuskeln lassen sich genau erkennen. Dies ist ebenso der Fall bei dem halbmondförmigen Kopfschmuck, dem beweglichen Nasenschmuck, der Halskette aus Uhuköpfen und den Rasseln, die am Gürtel hängen (Abb. 113). Der kleine Schild hatte sich kaum vom Unterarm gelöst. Zu beiden Seiten flankierten flächig aus millimetergroßen Türkisstückchen und Gold gearbeitete Krieger in Seitenansicht die Hauptfigur. Beide tragen Schilde und unterschiedlichen Kopfschmuck, einer der beiden hält eine Schleuder in der Hand. Die goldene Mittelplatte ist vom Rand durch ein Türkisband getrennt.

Dieser großartige Fund war sozusagen eine Vorankündigung. Monate später, im Laufe der fortschreitenden Arbeiten, konnten wir uns davon überzeugen, daß die Figur auf dem Ohrpflock dieselbe Person darstellte wie die, die im Sarkophag bestattet war, denn deren Schmuckstücke und der Ohrpflock entsprachen sich größtenteils. Nun erschloß sich ein Zusammenhang zwischen den Funden, als unmittelbar mit den Resten des Schädels eine zusammengefaltete, breite Kupferkrone und zwei weitere goldene Ohrpflöcke zutage kamen, der erste als Pendant zum bereits beschriebenen, der zweite mit der Darstellung einer Löffelente (Abb. 117, Kat.-Nr. 107, 108). Sie entspricht einer Art, die heute an der Nordküste ausgestorben ist, aber häufig in der Mochica-Kunst dargestellt wurde.[14]

Die Reste des Verstorbenen, den wir in Anspielung auf seinen hohen Rang als „Señor von Sipán" zu bezeichnen begannen, waren fast genau Nord-Süd orientiert, mit den Füßen nach Norden. Nach vollständiger Freilegung der ersten Schicht, die wir Plan 1 nannten, konnte man ein klar begrenztes leicht konvexes Bündel erkennen, das mit schlecht erhaltenen Resten von dunkelbraunen Baumwollstoffen und runden oder quadratischen Schuppen aus vergoldetem Kupfer bedeckt war, die auf reiche Schuppenmantelumhüllungen hindeuteten (Abb. 111). An den Seiten lagen Meeresmuscheln sowie Spondylus-Schalen. Die Schädelknochen, die aus dem Bündel ragten, waren mit einem zinnober-

113 Hauptohrpflock
des „Señor von Sipán"
in gereinigtem und
restauriertem Zustand
(Kat.-Nr. 106)

roten Farbpulver bedeckt, mit dem ursprünglich das Gesicht bemalt war. Darüber lag ein Stab mit Spuren von Baumwollfasern.[15] Zur Linken fanden wir eine weiße Kalk- oder Kaolinmasse mit einigen Meerschweinchenknochen, zweifellos eine Opfergabe von besonderer religiöser Bedeutung.[16] Nahe der Ohrpflöcke spiegelten zwei glänzende, polierte Goldscheiben das Sonnenlicht. Im zentralen Bereich lagen drei Lanzenspitzen aus Kupfer, die längste maß 75 Zentimeter (Abb. 134). Eine zweiteilige Kupferscheibe mit einer zentralen Bohrung sowie Reste von Halterungen konnten zu diesem Zeitpunkt noch nicht gedeutet werden (Abb. 328).

Im Nordteil fielen eine Reihe von vergoldeten Kupferkegeln und zwei Verschlußteile eines Gürtels in Form von Schlangenköpfen auf (Abb. 200). Darunter lagen zwei Silbersandalen (zunächst glaubte man, sie beständen aus Kupfer), in denen noch die Fußknochen des Herrschers steckten (Abb. 199, Kat.-Nr. 136–137). Im zentralen Ostteil kamen ein dünnes Goldblech und eine Kupferscheibe zutage, die in Form einer menschlichen Hand mit Fingern zugeschnitten war (Kat.-Nr. 154, 155). In der Nordwestecke des Sarges lagen drei Kupferspitzen von Wurfpfeilen. In Brusthöhe und auf den Beinen waren hunderte von kleinen weißen Muschelperlen zu erkennen. In dieser Arbeitsphase bestand kein Zweifel mehr, daß es sich um einen Hohlraum handelte, der ursprünglich hermetisch verschlossen gewesen war. Erst lange nach der Bestattung drangen feine Sandsedimente durch die Spalten zwischen den Balken ein. Diese gaben nach jahrhundertelanger Verwitterung nach und beschädigten den Sarkophag und seinen Inhalt, indem sie Knochen und Metallobjekte zerdrückten und zerbrachen. Aus diesem Grund spiegelt die horizontale Folge der Schichten nicht unbedingt die ursprüngliche Lage im Bündel wieder, wie sie in Abb. 381 rekonstruiert wurde. Andererseits erwies sich das Absacken jedoch auch als positiv, weil es den Leerraum reduzierte. So konnten in den oberen Sedimentschichten die Abdrücke eines groben, roten Baumwollgewebes identifiziert werden, das zur äußeren Umhüllung gehörte. Eines der größten Probleme war der äußerst schlechte Erhaltungszustand der Kupfergegenstände, die stark oxidiert waren. Viele von ihnen waren fast völlig zerfallen, und es war praktisch unmöglich, sie ohne vorhergehende Behandlung mit Akrylfestigern zu bewegen, die mit feinen Pinseln aufgetragen wurden, um so das massive Zusammenbacken von Einzelfunden zu verhindern. Bei einigen Stücken mußte diese Behandlung von der Seite und mehrmals erfolgen, um die vollständige Form zu erhalten und sie als ganzes entfernen zu können. Die Objekte wurden entsprechend der genauen Fundlage auf ein Brett mit einem Quadratraster gelegt, damit jedes Teil und jedes Fragment präzise rekonstruiert werden konnte. Trotz des erheblichen Zeit- und Arbeitsaufwands konnten nur so die Deutung und zukünftige Restaurierung sowie die museographische Rekonstruktion zu vollständigen Stücken gesichert werden.

Von nun an wurde jedes Niveau der Objektlage als Oberfläche einer Schicht betrachtet, die in maßstabsgetreuen Zeichnungen, Fotos und

114 Die einzelnen Bestandteile des linken Ohrpflocks

115 Detail: die vollplastische Gestalt des „Señor“, flankiert von zwei Kriegern

genauen Beschreibungen dokumentiert wurde. Einige dieser Schichten waren nur 2–3 Millimeter stark, was von der Dicke der Gegenstände abhing, andere wiederum zeigten wiederholt dasselbe Objekt, das aufgrund seiner Größe in mehreren Schichten sichtbar blieb. Bis zum Sarkophagboden wurden insgesamt 18 Pläne gezeichnet, die etwa 451 Einzelstücke und mehrteilige Objekte wie Schmuckstücke, Kopfschmuck, Kleidung und Beigaben erfaßten. Sie lagen entweder über oder unter dem Skelett des „Señor". Eine genaue Beschreibung und Auswertung dieses umfangreichen Materials würde eine monographische Arbeit erfordern. Hier wollen wir uns auf eine kurze Zusammenfassung der Stücke, wie sie gefunden wurden, beschränken, beginnend bei den oberen Schichten bis zum Sargboden.

116 Die Mitte des Totenbündels

Nachdem die Waffen, Beigaben und Metallfragmente der ersten Schicht aufgenommen und entfernt worden waren, stellten wir fest, daß der untere Teil des Schädels wie mit einem Kinnschutz oder einer Teilmaske von einem seltsamen Goldblech bedeckt war (Abb. 140, Kat.-Nr. 116). Es war der Gesichtsform anatomisch angepaßt, bedeckte den Halsansatz, das Kinn und die Wangen mit einer Aussparung für die Nase. Mund und Gesichtsfalten waren mit einfachen Kerben wiedergegeben. Dieses in der Mochica-Kunst bisher einzigartige Stück ist nur oberflächlich geglättet und weist keinerlei Bohrung oder Aufhänger auf, so daß es kaum zu Lebzeiten benutzt worden sein kann, sondern nur als Gesichtsbedeckung des Verstorbenen diente.

Zu beiden Seiten des Schädels fanden wir ein drittes Paar Ohrpflöcke aus Gold und Türkisen, in deren zentralem Goldring, an den 38 Goldkugeln gelötet sind, ein laufender Hirsch dargestellt war (Abb. 118, Kat.-Nr. 109, 110). Im Gegensatz zu den beiden bereits beschriebenen Ohrpflöcken besaßen der aus Türkissplittern bestehende Hirsch und der umlaufende Ring keine Holzunterlage, sondern standen frei (vgl. Abb. 373). In bewundernswerter Detailarbeit wurden Geweih, Augen, Bauch, Geschlechtsteile und Schweif in gebogenem Goldblech angesetzt. Die Pupillen und Klauen bestehen aus dunklem Stein, die heraushängende Zunge aus Muschelschale. Erstaunlicherweise sind diese Details reliefartig auch auf der Rückseite wiedergegeben, wo sie nur der Besitzer sehen konnte (Abb. 119). In der Moche-Ikonographie werden Hirsche häufig im Zusammenhang mit rituellen Jagden dargestellt (Abb. S. 236).

Direkt unterhalb der Kinnmaske befanden sich zwei goldene Nasenschmuckstücke aus poliertem, halbmondförmig geschnittenem Goldblech. Sie sind leicht konvex und waren wohl nach der Grablegung vom Gesicht des „Señor" geglitten (Abb. 194, Kat.-Nr. 111; Abb. 195). Beim Tragen bedeckten sie den Mund und Teile des Gesichts, so wie der Nasenschmuck der kleinen Figur auf dem zuerst gefundenen Ohrpflock. Dieses auffällig große Schmuckstück trug wohl zur Wirkung des Verstorbenen bei. Um den funktionellen Zusammenhang feststellen zu können, wurden diese Stücke zunächst in Fundlage belassen, während wir uns nun auf die Hüllen über dem Körper konzentrierten.

Im zentralen und unteren Teil fanden sich geflochtene Pflanzenfasern, die wie ein umgekippter Korb aussahen, der von vielen unbestimmba-

117 Das zweite Ohrpflockpaar des „Señor" mit der Darstellung einer Löffelente in gereinigtem und restauriertem Zustand (Kat.-Nr. 107, 108)

ren Metallfragmenten umgeben war. Eine ausgeschnittene Kupferscheibe mit Anhängern brachte die Lösung des Problems. Es handelte sich um einen komplizierten Kopfschmuck in Form eines Helms mit seitlichen Scheiben und Zeremonialbart aus Dreiecken, wie ihn die hochrangigen Krieger in der Vasenmalerei häufig tragen. Erst lange nach der Auffindung stellten wir bei den Restaurierungsarbeiten fest, daß wohl auch ein kupferner Fuchskopf dazugehörte (Abb. 205, Kat.-Nr. 150–155). Neben ihm lag ein seltsamer Fund, der wie das Schlußstück einer kurzen Lanze mit abgerundeter Spitze aussah und Bohrungen für das Einstecken von Federn aufwies. Bei der Fundaufnahme konnten wir noch nicht wissen, daß die Halterungsreste und Abdrücke auf der oxidierten Oberfläche in der Tat von Stielen des Federschmucks als Teil des Kopfputzes herrührten (Abb. 196, Kat.-Nr. 138–140).

Parallel hierzu kam in der zweiten Schicht in Höhe des Brustkorbs ein bemerkenswerter Fund in Form von kleinen, quadratischen, auf ein grobes Baumwolltuch aufgenähten Metallplättchen zutage, in deren Zentrum größere Metallstücke zu einer menschlichen Figur mit abgewinkelt erhobenen Armen zusammengefügt waren (Abb. 120). Trotz der fortgeschrittenen Korrosion und den Oxidkrusten konnte seine Form bestimmt werden. Der Rand war vollständig mit der rätselhaften „Ulluchu“-Frucht verziert, die häufig die wichtigsten Darstellungen der Moche-Kunst begleitet.[17] Diese in bedeutenden rituellen Zusammenhängen wiedergegebene Frucht wurde in Sipán zum erstenmal botanisch faßbar, über ihre Wirkung kann jedoch vor Abschluß der biochemischen Untersuchungen nur spekuliert werden (s. auch S. 165). Am unteren Saum des Tuches hingen 16 Metallkegel mit horizontalen Einkerbungen, wahrscheinlich von Schneckenhäusern inspiriert. Die zentrale Figur (Abb. 125, Kat.-Nr. 99) trägt einen schirmmützenähnlichen Kopfschmuck, hat konische Augen, eine Halskette aus Uhuköpfen, runde Blattanhänger auf der Brust und dreieckige Anhänger an der Hüfte. Ihre Armbänder bestehen aus winzigen Türkisperlen. Auch wenn ähnliche Ensembles bisher archäologisch nicht verzeichnet wurden, war uns durch Vergleichsfunde klar, daß es sich hier um eine tragbare Standarte oder ein Götterbild handelte, das für Prozessionen, Umzüge oder Zeremonien geschaffen war, wo ähnliche Kultgeräte von hochstehenden Persönlichkeiten getragen werden.

In derselben Schicht konnten wir unter dem beschriebenen Kopfputz insgesamt vier weitere ähnliche Stücke bergen. Sie waren etwas kleiner als das erste und entweder Teile einer größeren Standarte, oder sie stammten von mehreren in verschiedenen Größen (Abb. 121, Kat.-Nr. 102; Abb. 122, Kat.-Nr. 101; Abb. 124, Kat.-Nr. 100). Einige umgedrehte Stücke zeigten, daß der Futterstoff, auf den sie aufgenäht waren, leicht gefaltet war. Über die Brust und die Unterschenkel waren Hunderte von Muschelperlen verstreut, die mit dünnen quadratischen, in regelmäßigen Abständen durchbohrten Kupferstäben verbunden waren. Diese dienten wohl dazu, die parallelen Perlenstränge von großen Pektoralen zu spannen, deren Baumwollfäden längst vergangen waren (Abb. 126,

118 Das dritte Ohrpflockpaar des „Señor“ mit der Darstellung eines Hirsches in gereinigtem und restauriertem Zustand (Kat.-Nr. 109, 110)

119 Rückansicht des Ohrpflocks mit dem Hirsch

120 Detailaufnahme der Hauptstandarte im oxidierten Originalzustand in Fundlage

121 Eine der gereinigten und restaurierten Darstellungen auf den Standarten. Die oxidierten Teile zeigen den ursprünglichen Erhaltungszustand (Kat.-Nr. 102)

122 Teilweise gereinigte und restaurierte Darstellung auf einer der Standarten (Kat.-Nr. 101)

123 Eine der Darstellungen auf den umgedrehten Standarten

124 Darstellung von der zweiten Standarte (Kat.-Nr. 100)

125 Die vollständige und restaurierte Standarte mit der Darstellung einer Gottheit. Man beachte die rätselhaften „Ulluchu"-Früchte am Rand (Kat.-Nr. 99)

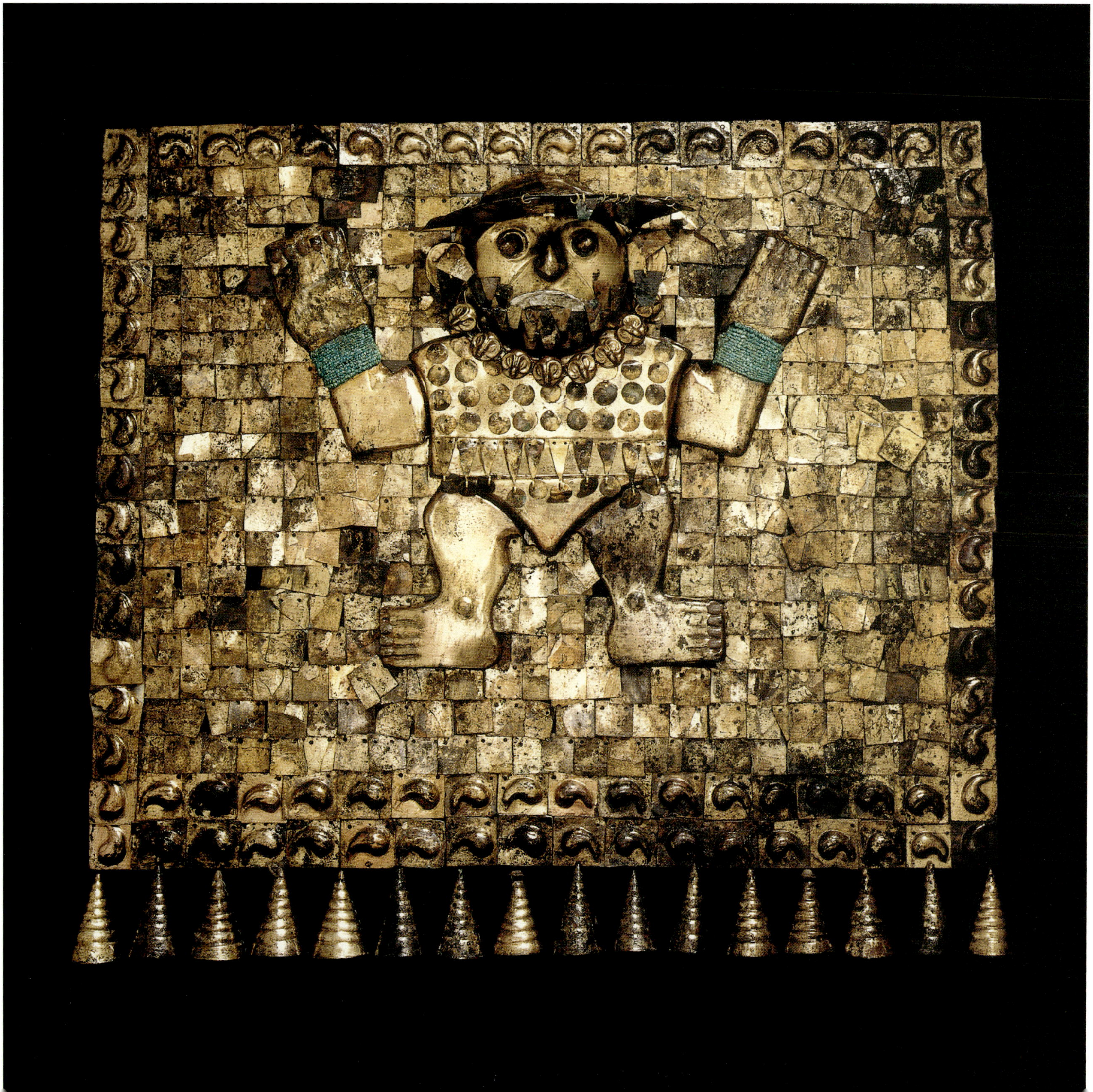

128). Die Schalen von Spondylus- und Meeresschnecken fanden sich wie in den oberen Schichten auch hier und konzentrierten sich auf der linken Körperseite zu den Füßen hin. Bei genauerer Beobachtung stellte sich heraus, daß sie um das Bündel herum plaziert worden waren. Schließlich fanden wir in der Nordwestecke des Sarges drei weitere Spitzen von kupfernen Wurfpfeilen.

In der dritten Schicht erschien direkt unter der ersten Standarte ein Pektoral aus roten und weißen Muschelperlen, die besser als die oberen ihre ursprüngliche Lage beibehalten hatten und Teile eines eindrucksvollen vergoldeten Kupferblechs mit dem Umriß erhobener Arme bedeckten. Die Perlen waren so aufgefädelt, daß sie eine Hand mit vier Fingern zeichneten, die wir hypothetisch mit zwei sich gegenüberstehenden Raubkatzen ergänzten (Abb. 128). Die Halbkreisform der Pektorale und ihre Herstellungstechnik konnten rekonstruiert werden, da die Muschelperlenstränge durch Spannstäbe in ihrer Position gehalten wurden. Von ihnen gab es insgesamt vier, jeweils zwei an den Enden und zwei im gleichen Abstand in der Mitte. Die Pektorale behielten ihre Festigkeit darüber hinaus durch zusätzlich eingezogene vertikale Fäden, die eine Art Netz bildeten.

126 Die dritte Schicht. Im Zentrum ist das Emblem mit ausgebreiteten Armen zu sehen, das von einem Pektoral bedeckt ist. An den Seiten sind Meeresschnecken und Muscheln zu erkennen

Vor diesem Fund hatte man archäologisch noch nie ein vollständiges Pektoral geborgen, wie man sie bereits an sehr seltenen Exemplaren von Figurengefäßen in Keramiksammlungen nachweisen konnte (Abb. 357). So standen wir vor dem schwierigen Problem, die unzähligen winzigen Perlen zu bergen, deren Fäden vollständig vergangen waren. Jeder Eingriff konnte eine spätere Rekonstruktion unmöglich machen, hinzu kam, daß mehrere Pektorale ohne sichtbare Trennungen übereinander lagen. Hätten sich die Perlen der verschiedenen Pektorale miteinander vermischt, wäre eine spätere Restaurierung ebenfalls unmöglich geworden. In den folgenden Tagen probierten wir verschiedene Methoden. Nachdem die Oberfläche mit Pinseln und kleinen Handluftpumpen gesäubert, gezeichnet und fotografiert worden war, legten wir feine, mit Acrylharz getränkte Baumwolltücher darüber, wie sie bei der Wundbehandlung verwendet werden. Besser als jedes andere Material paßte sich die Baumwolle der Oberfläche an, und die Perlen klebten fest, wobei wir vorsichtig mit Pinseln nachhalfen. Danach konnte die geschlossene Oberfläche abgehoben (Abb. 127) und der Restaurierung zugeführt werden.

Die erwähnte Metallplatte mit den ausgebreiteten Armen war zwar stark oxidiert, aber noch gut erkennbar (Abb. 126). Sie besteht aus einem vergoldeten Blech von 65 Zentimetern Breite, das sorgfältig ausgeschnitten war, um eine stilisierte kopflose menschliche Gestalt mit überdimensionalen V-förmig ausgebreiteten Armen und dramatisch geöffneten Händen zu bilden. Unter Mißachtung der anatomischen Gegebenheiten sind die Innenfalten der Hände auch auf dem Handrücken dargestellt. Die kurzen Beine mit gebeugten Knien und auswärts gestellten Füßen lassen den Eindruck eines Schattens entstehen, der eine Gestalt mit geschlossenen Fäusten und erhobenen Armen hinterfängt (Abb. 131, Kat.-Nr. 103).

127 Bergung eines Muschelpektorals

128 Das erste, teilweise restaurierte Muschelpektoral

129 Detail der zentralen Darstellung auf dem Emblem mit ausgebreiteten Armen

Erst nach der Reinigung und Restaurierung ließen sich weitere Details erkennen, etwa das rätselhafte Muster, das über die Gestalt ziseliert ist: zwei doppelköpfige mythische Wesen mit Schlangenkörper, menschlichem Kopf und Händen und Raubtierfangzähnen, die sich gegenüberstehen. Die Hauptköpfe krönt ein Schmuck aus vier Voluten, die kleinen tragen einen einfachen Kopfputz. In der Kunst der Moche finden sich einige Darstellungen doppelköpfiger Schlangen, die mit dem Firmament oder gekrönten Gottheiten in Verbindung stehen. Erstaunlicherweise ähnelt diese Darstellung stark solchen des Cupisnique-Stils, einem Vorgänger des Mochica-Stils. Oberflächlich betrachtet, gleicht die zentrale Figur des Bleches denen auf den Standarten. Sie ist aber aufgrund der deutlicheren und perfekteren Ziselierung sorgfältiger ausgeführt und weist auf die Anwendung anderer Techniken und auf die Tätigkeit eines zweiten Toreuten hin.

Die Hände mit silbernen Fingernägeln und Türkisarmbändern sind in einer subtilen, symbolträchtigen Geste geschlossen. Der Kopfputz hat die Form einer Schirmmütze, an deren Rand mit stilisierten Gesichtern verzierte Dreiecke hängen, von denen zwei über die Augen fallen (Abb. 129). Diese Gesichter sind auch an den Ohren und an dem kreisförmigen Nasenschmuck zu erkennen. Scheibenförmige kleinere Anhänger bedecken den unteren Teil des Gesichtes. Eine Hälfte der konischen metallenen Augen war mit Türkissteinchen besetzt, sieben naturgetreue Uhuköpfe aus nicht vergoldetem Kupfer bilden den Halsschmuck. Der Körper ist mit dünnen Scheibenanhängern bedeckt (Abb. 129), die im oberen Teil rund und im Hüftbereich dreieckig sind, was die Funktion ähnlich angeordneter Plättchen im Grabkontext

130 Die Rückseite des Emblems aus vergoldetem Kupfer. Man beachte die Versteifung aus Kupfer und die Bohrungen

erklären könnte. Dieses Emblem mit seiner qualitätvollen Vergoldung trägt in der Mitte der Rückseite eine Verstärkung in Form einer Kupferplatte, die an den Rändern mit dem Hauptteil vernietet ist (Abb. 130). Drei kleine Bohrungen am unteren Rand werden ursprünglich dazu gedient haben, das Stück auf einer anderen Metallunterlage als Kopfputz oder Emblem zu befestigen.

Die dargestellten Details und Gesten in harmonischem Gleichklang zwischen der flachen Silhouette und der reliefierten Gestalt geben eine komplexe Allegorie von möglicherweise zwei Sphären wider, vielleicht Leben und Tod, Körper und Geist oder Erde und Himmel, dualistischer Weltanschauung oder einer mythischen Zweiheit der komplexen Moche-Religion.

Unmittelbar nördlich bargen wir eine andere Scheibe dieses Kopfschmucks mit einem Zeremonialbart aus Dreiecken, die genau denen der vorhergehenden Schicht entsprachen.

In der vierten Schicht konnte man das Fragment einer Baumwolltunika erkennen, auf die sorgfältig quadratische vergoldete Kupferplättchen mit zwei Bohrungen aufgenäht waren. Dieses Schuppenhemd mit Ärmeln und offenem V-Ausschnitt lag unter anderen Schmuckstücken in verstreuten Fragmenten zwischen Hüfte und Unterschenkelknochen auf dem Körper, der Saum war mit vergoldeten Kegeln besetzt. Ähnliche Hemden kennt man aus der Moche-Ikonographie, wo sie von Militärbefehlshabern bei Kämpfen oder Umzügen (Kutscher 1983) und besonders beim „Seiltanz" (Hocquenghem 1987) getragen werden (Abb. S. 53). Dabei unterscheidet sich die Hauptperson von ihren Begleitern vor allem durch dieses Hemd (Abb. 377, Kat.-Nr. 105). Das

131 Das gereinigte und restaurierte Emblem. Im Zentrum einer menschlichen Silhouette erscheint eine Gottheit, über die eine doppelköpfige mythische Schlange ziseliert ist (Kat.-Nr. 103)

132 Pektoral
aus Muschelperlen mit
Kupferspannstäben

133 Froschförmiges Musikinstrument (Okarina) aus Kupfer (Kat.-Nr. 162)

auffälligste Stück in dieser Schicht war ein Pektoral aus hunderten von rötlichen Muschelperlen, das auf die bereits beschriebene Weise geborgen wurde. Völlig unerwartet erschien im Ostteil das Oberteil eines eckigen Goldgegenstandes, der von organischen Ablagerungen und Stoffen bedeckt war. Wir konnten zu diesem Zeitpunkt nicht ahnen, daß es sich hierbei um eines der beeindruckendsten Machtsymbole des Herrschers handelte, sein Zeptermesser, das zwar wie die goldenen Ohrpflöcke bereits in der obersten Schicht zu erkennen gewesen war, aber erst nach Monaten intensiver Arbeit gänzlich freigelegt wurde.

Im Zentrum und quer über dem Bündel lagen Reste von einem merkwürdigen Gewebe aus brauner Baumwolle mit einer Füllung aus demselben Material, so daß sich plastische, auf einem Band sitzende Figuren mit Pfoten und weißen Krallen bildeten (Abb. 135). Ihre Mäuler sind aufgesperrt und zeigen weiße Fangzähne. Zwei in der Technik der „verschränkten Masche" hergestellte Verzierungen vervollständigen dieses Stück, das wohl als Kopfputz mit Raubtierdarstellung gelten kann. So kann man annehmen, daß die komplizierten tierförmigen Kopfputze, die alle wichtigen Männer der Moche-Gesellschaft in ähnlicher Form tragen, auf vergleichbare Art hergestellt wurden. Darüber hinaus erscheinen die winkligen Verzierungen auch an entsprechenden Ausstattungsteilen, die von den Läufern bei rituellen Wettläufen getragen werden (Larco 1945; Kutscher 1983; Hocquenghem 1987).

Auf der linken Seite fand sich ein kleiner hohler Kupferfrosch mit Türkisaugen und einer runden Öffnung, die dieses Objekt als Pfeife oder Okarina ausweist (Abb. 133). Sie ähnelte zwei kleinen menschlichen Köpfen, die in der Nähe lagen. Auf den Beinen fanden sich hunderte von weißen Muschelperlen von einem vergangenen Pektoral, zur Lin-

134 Drei Kupferlanzen, die auf dem Totenbündel lagen

135 Kopfputz aus braunem Baumwollstoff mit Metallverzierungen

ken konnten wir etwa drei Gruppen von Miniaturwaffen wie Keulen und Schilde aus getriebenem Blech erkennen. Mit Ausnahme einer massiven Keule aus gegossenem Kupfer waren diese wie auch die dort gefundenen Muschelschalen und Meeresschnecken außerhalb des Bündels niedergelegt worden.

Die fünfte Schicht wurde wie ein Teilplan behandelt, um ein außergewöhnliches Pektoral aus weißen, roten und grünen Muschelperlen besser aufnehmen zu können (Abb. 137, Kat.-Nr. 133). Das Muster aus Muscheln in verschiedenen Farben besteht aus länglichen Dreiecken, die wie rote Sonnenstrahlen auf grünem Grund wirken, die von einem Kreissegment derselben Farbe ausgehen und von weißen Perlen gerahmt werden. Der Grünton war jedoch durch die Oxidation entstanden und konnte ohne das Risiko einer teilweisen Zerstörung nicht entfernt werden. Dieses Schmuckmotiv ist sehr wichtig, da es den Rang des Herrschers als „Strahlenwesen" erkennen läßt, wie Darstellungen dieser Art in der Moche-Ikonographie genannt werden.[18]

Nachdem die Reste des Schuppenhemdes entfernt worden waren, die über dem Körper und anderen Schmuckstücken lagen, ließ die sechste Schicht unzählige weiße und rote Muschelperlen erkennen, die sich auf dem Körper und den Beinen befanden. Sie waren bereits vorher sichtbar gewesen, konnten aber erst jetzt als zwei weiße Pektorale und ein drittes mit abwechselnd roten und weißen horizontalen Streifen identifiziert werden (Abb. 203, Kat.-Nr. 104; Abb. 201). Mitten auf der Brust lag überraschend eine einzelne Amethystperle.

Als wir die Schädelreste freilegten und festigten, bemerkten wir, daß sie auf einer seltsamen ovalen, konkaven gehämmerten Goldscheibe ruhten (Abb. 138, Kat.-Nr. 121). Erst viel später, nach der Rekonstruktion

136 Die fotografische Dokumentation von einem Gerüst über dem Grab

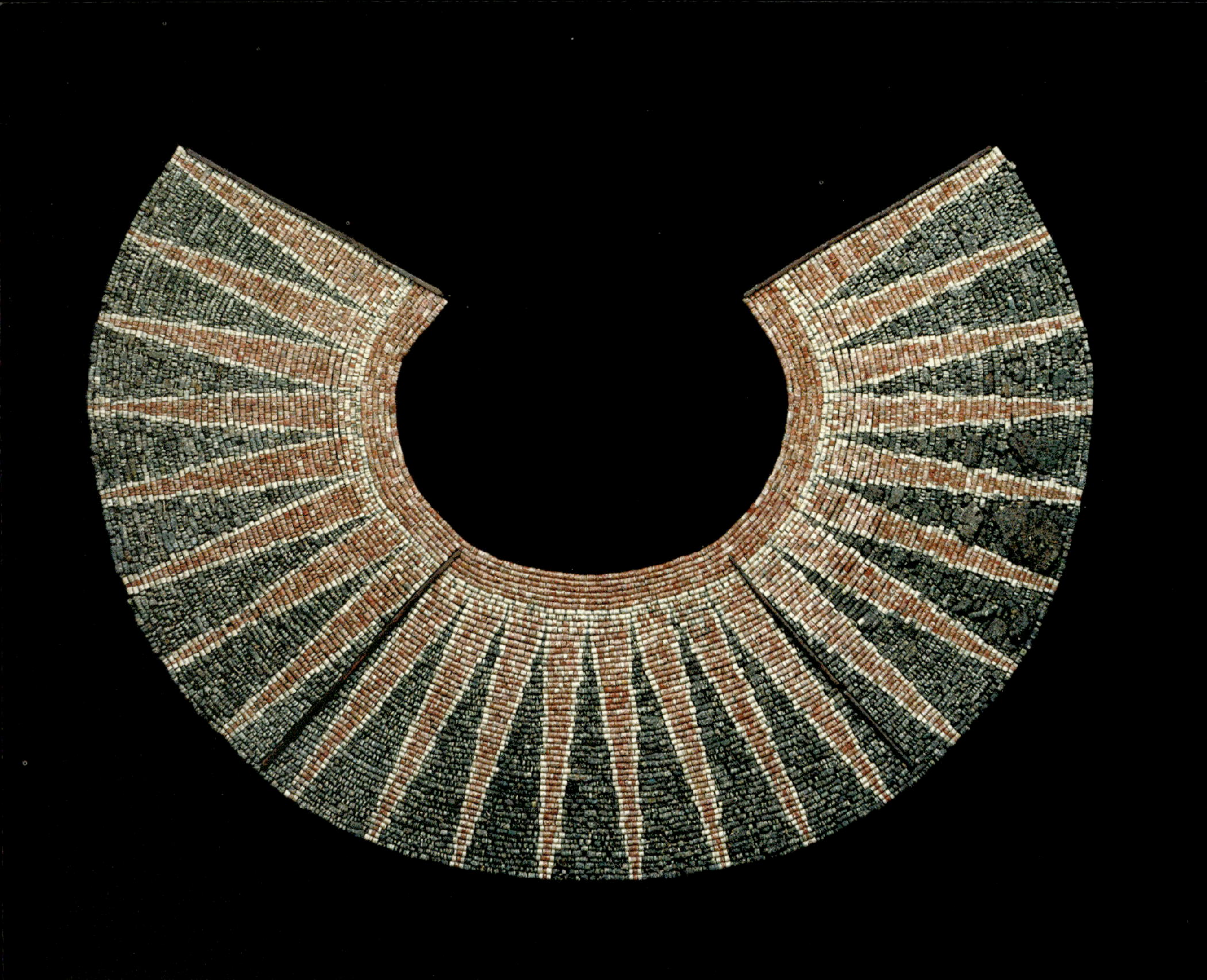

137 Das Strahlenpektoral in gereinigtem und restauriertem Zustand (Kat.-Nr. 133)

138 Schalenförmiges Goldblech, auf dem die Schädelreste des „Señor“ ruhten (Kat.-Nr. 121)

des Schädels des „Señor“ stellten wir fest, daß die künstliche Deformierung seines Hinterhaupts recht genau der Form des Goldblechs entsprach. Es gibt hierzu keine parallelen archäologischen Funde. In den einfachen Moche-Gräbern finden sich jedoch Kürbisschalen in derselben Position.

An der linken Seite des Schädels befand sich unter den Ohrpflöcken eine sorgfältig getriebene Goldscheibe, die die Darstellung eines Auges mit leicht nach oben verschobener Pupille trug (Frontispiz, Kat.-Nr. XX). Schräge Kerben deuteten die Wimpern an und Winkelreihen die Brauen. Auf dieser Seite lagen auch zwei kleine halbmondförmige, vergoldete Kupferschellen (Abb. 204), deren Funktion damals noch unbekannt war.

An der Basis der Kinnmaske fanden wir zwei identische elliptische, stark konvexe Nasenschmuckstücke. Das eine war mit grünem Kupferoxid bedeckt, bestand jedoch aus Silber. Das andere war glänzend poliert aus Gold (Abb. 139, Kat.-Nr. 112, 113). Zwischen den zerbrochenen Gesichtsknochen fand sich ein ovales, längliches Goldblech (Frontispiz, Kat.-Nr. 119). Es ist mit einer fein ziselierten, komplexen mythologischen Darstellung verziert, dem Antlitz einer anthropomorphen Gottheit, begleitet von Schlangen und Vogelköpfen: Motive, die bereits früh in der Moche-Kunst zu finden sind. Dieses Stück war ursprünglich der Nasenschutz des Herrschers.

Drei runde Goldscheiben, die in den oberen Schichten bisher kaum zu erkennen gewesen waren, entpuppten sich jetzt als Teil einer Halskette. Auf der rechten Körperseite war nun der pyramidenförmige Knauf des Zeptermessers deutlicher zu erkennen wie auch das darunterliegende Goldblech. 20 Zentimeter nördlich reflektierte ein zweiter, massiver, plankonvexer Goldbarren die Sonnenstrahlen. Er ähnelte dem ersten, der auf der Oberfläche des Bündels gelegen hatte. Auf der gegenüberliegenden Seite befand sich ein entsprechender mit Kupferoxid bedeckter Barren, der jedoch aus Silber bestand, wie sich später herausstellte. Darüber lagen zwei Pinzetten für die Körperpflege aus vergoldetem Silber mit halbmondförmigem Profil. Den oberen Bogen der größeren schmücken zwei Leguane (Abb. 142, Kat.-Nr. 131, 133; Abb. 141).

Unterhalb der Hüfte waren zahlreiche Reste von vergangenen Textilien auszumachen, und über den Pektoralen, die die Beine bedeckten, kamen Teile von langen Metallstangen mit Baumwollresten, Halterungen und Pflanzenfasern zutage, die zweifellos Griffe von großen Federschmuckstücken waren. Am Nordwestrand des Bündels fanden wir zwischen Metallfragmenten ein kleines Kupferobjekt in Form eines Vogelschnabels. In seinem Inneren lag verblüffenderweise ein echter Schnabel. Handelte es sich hierbei um eine Art Futteral, oder kam diesem Teil des Tieres eine symbolische Bedeutung zu? Aufgrund der bildlichen Darstellungen und Hinweise in Chroniken aus der frühen Kolonialzeit können wir die Existenz einer Falknerei des Moche-Adels nicht ausschließen. Die Haltung von exotischen Tieren war in fast allen vorspanischen Kulturen üblich.

139 Zwei konvexe Nasenschmuckstücke aus Gold und Silber (Kat.-Nr. 112, 113)

140 Goldener Kinnschutz (Kat.-Nr. 116)

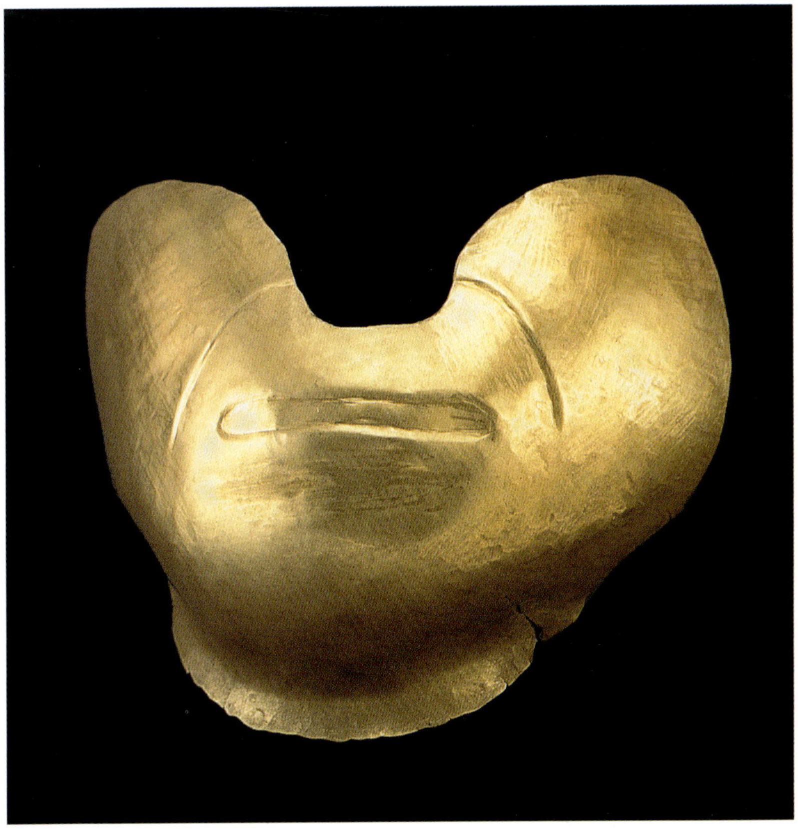

141 Die Pinzetten in Fundlage

142 Zwei Enthaarungspinzetten aus vergoldetem Silber (Kat.-Nr. 131, 132)

In der Ecke fanden sich weitere Pfeilspitzen und schließlich einige Muschelschalen, die entfernt wurden, um weitere Untersuchungen zu erleichtern.

Mit der nächsten Schicht näherten wir uns den Knochen des Skeletts, wobei wir erneut auf ein farbenprächtiges Pektoral aus orangefarbenen Muschelperlen stießen, dessen Baumwollfäden teilweise erhalten waren (Abb. 143). Zwischen diesen kamen die Fragmente von wohl vier goldenen und drei silbernen, mit Kupferoxid bedeckten Erdnüssen zum Vorschein. Einige kleine Gesichter aus demselben Material waren kaum noch zu erkennen, ebenso wie die Goldperlen um den Schädel.

Die achte Schicht brachte schließlich die vollständige, von Schulter zu Schulter reichende Halskette aus 20 zweireihig angeordneten Erdnußfrüchten in ihrer ganzen Pracht ans Licht (Abb. 144, 145, 374, Kat.-Nr. 115). Eine Hälfte bestand aus Gold, die andere aus Silber. Diese Form des beeindruckenden Schmuckstücks hat zweifellos einen tiefgründigen symbolischen Bezug zum Dualitätsprinzip der Moche-Kultur. Da der Körper des Herrschers von Süden nach Norden ausgerichtet ist, zeigt die rechte Körperhälfte zur aufgehenden und die linke zur untergehenden Sonne. Zahlreiche Hinweise in späteren Chroniken und Mythen Alt-Perus bringen das Gold mit der Sonne und das Silber mit dem Mond in Verbindung. Diese Dualität findet sich auch bei anderen rituellen Objekten und Grabbeigaben.

Die Metallfrüchte fanden sich in zwei Größen (durchschnittlich 9 und 7 Zentimeter); sie bestehen aus zwei in einem Model getriebenen Hälften, die später mit Silber zusammengelötet wurden, wodurch sich der

naturgetreue Eindruck einer leicht abgeflachten Frucht ergibt. Durch zwei Bohrungen an den Enden läuft die Schnur, Metallspannstäbe trennten die einzelnen Früchte und sorgten für den gewünschten Abstand zwischen den beiden Reihen.

Auf den goldenen Stücken konnte man noch die Abdrücke einer vergangenen organischen Substanz erkennen, während die silbernen zerbrochen waren, was nicht nur an der Oxidierung, sondern auch am Einbruch des Daches und an der Auffüllung der Kammer mit Sedimenten lag, die wohl erst Jahrhunderte nach der Bestattung einsetzte, als das Metall bereits brüchig war. Erst die großartige Restaurierung ließ die tiefe Symbolik und die außerordentliche Qualität der Kette deutlich werden. Dieser Fund erlaubte uns auch, Form und Funktion der vier einzelnen Erdnüsse aus dem geplünderten Grab zu bestimmen (Abb. 78, Kat.-Nr. 91, 92), über die wir vorher soviel nachgedacht hatten. Die kleinen oxidierten Silberköpfe erwiesen sich als Glieder einer Halskette aus insgesamt zehn naturgetreuen Köpfen mit einer pagenkopfartigen Frisur und Augen aus dunkelgrünem Stein (Abb. 198). Darüber hinaus fand sich ein weiteres Paar halbkreisförmiger vergoldeter Schellen an den Armknochen.

Auf dem Unterkörper und den Beinen bargen wir weitere Metallfragmente, unter denen sich auch Kegel aus vergoldetem Kupfer befanden, die wahrscheinlich von weiter oben herabgerutscht waren. Bei den Knochen des rechten Beines befand sich ein Objekt in Form einer spitzen Lanze, deren Basis sorgfältig mit einem Verschluß vernietet war und somit nicht auf einen Holzstiel aufgesetzt werden konnte. Es han-

143 Das orangefarbene Pektoral in gereinigtem und restauriertem Zustand

144 Halskette aus zehn goldenen und zehn silbernen Erdnußfrüchten (Kat.-Nr. 115)

delte sich wahrscheinlich um eine Art Dolch. Andere Fragmente im selben Bereich konnten später zu einem seltsamen zylinderförmigen Objekt aus vergoldetem Kupfer zusammengesetzt werden, das im Relief die Darstellung eines Uhus mit ausgebreiteten Flügeln trug (Abb. 207). Seinem Durchmesser nach zu urteilen, kann es kaum als Arm- oder Fußreif für einen Erwachsenen gedient haben. Vielleicht war es vom Herrscher in dessen Jugend getragen worden, oder es war Teil eines größeren vergangenen Objekts, möglicherweise der obere Rand eines Köchers aus organischem Material.

Die neunte Schicht enthielt schließlich das brüchige und teilweise völlig verwitterte Skelett des Herrschers. Die Feuchtigkeit, der Salzgehalt des Bodens und der Deckeneinsturz hatten die Knochen völlig zerstört, und sie befanden sich in Auflösung. Deshalb war eine sorgfältige Freilegung dringend notwendig. Mit der Zeit konnten wir feststellen, daß der Verstorbene mit ausgestreckten Armen und den Händen auf den Oberschenkeln auf dem Rücken lag.

Das Skelett lag lang ausgestreckt in der Mitte des Sarges, den Brustkorb etwas nach rechts verschoben und den linken Arm leicht angewinkelt. Diese Unregelmäßigkeiten sind wohl auf die Verwesung der Schutzhüllen und der Weichteile sowie auf den Einsturz zurückzuführen, der einen Großteil der Knochen so zerdrückte, daß sie wie eine durchgehende dünne Schicht wirkten. Trotzdem schien die Haltung ungezwungen und ließ noch immer die sorgfältige, feierliche Beisetzung erkennen.

Während wir versuchten, die zersplitterten Knochen zu konservieren, legten wir eine Kette aus 72 abgeflachten Dégradé-Goldkugeln frei, die um den Hals des Verstorbenen gelegen hatte. Jede Kugel bestand aus zwei Teilen, die auf bewundernswerte Weise miteinander verlötet und poliert waren (Abb. 146, Kat.-Nr. 122). Auf den Knochen des Brustkorbs leuchteten wie Miniatursonnen 16 große, leicht konvexe Goldscheiben, die eine beeindruckende Halskette bildeten (Abb. 156, 157, Kat.-Nr. 125). Jede dieser Scheiben wies zwei Bohrungen auf, die stark abgenutzt waren, was auf ein langes Tragen zu Lebzeiten hinweist. Die Kette wog insgesamt 407 Gramm. In der Mitte befanden sich zwei Messer mit halbrunder Schneide in der Art von Handäxten, die unter der Bezeichnung „tumi" bekannt sind (Abb. 158, 160, Kat.-Nr. 123, 124). Wie die Erdnußkette zeigen auch sie einen dualen Aspekt, da das rechte aus Gold und das linke aus Silber besteht. Bei den Bohrungen in der Nähe des oberen Griffs lagen Türkisperlen, die wohl ursprünglich auf eine Baumwollschnur aufgezogen waren und als Verzierung dienten. In der Bohrung des Silbertumis fanden sich zwei Sodalithperlen und zwei weitere aus Gold, die offensichtlich zu der zuvor gefundenen Amethystperle gehörten.

Die Kombination von Halbedelsteinen und Metall läßt sich wohl auch mit der Mond-Sonne-Beziehung in Verbindung bringen. In fast allen Kulturen Alt-Perus steht diese Art Messer in Bezug zu rituellen Opferungen und Gottheiten, obwohl die Messer im Grab keine scharfen Schneiden hatten und sie somit nur symbolisch auf die hohe Stellung des Verstorbenen anspielten.

145 Die Halskette aus Erdnußfrüchten in Fundlage

146 Halskette aus 72 abgeflachten Dégradé-Goldkugeln (Kat.-Nr. 122)

147/148 Vorder- und Rückseite des Zeptergriffs aus gegossenem Silber mit Goldeinlagen. Er ist vorn mit der Darstellung einer vollständigen Kriegerausrüstung geschmückt; an den Seiten zwei Keulen und Schleudern, auf der Rückseite Speere und Speerschleudern (Kat.-Nr. 128)

149 Das Zeptermesser, Hauptemblem des „Señor", in gereinigtem und restauriertem Zustand (Kat.-Nr. 129)

150 Detail der Schweißnaht des Zepterknaufs

151 Die Oberseite des Zepterknaufes mit der Darstellung einer Gefangenenopferung

152 Knauf des silbernen Zeptermessers mit der Darstellung eines Militärbefehlshabers und eines Gefangenen

Die rechte Hand des „Señor" hielt das vollständige und wichtigste Zeichen seiner Macht, ein eindrucksvolles Zepter, das gleichzeitig als Opfermesser diente (Abb. 147–151, Kat.-Nr. 128, 129). Der ganz mit grünem Oxid bedeckte Schaft und die Klinge endeten in einem pyramidenförmigen goldenen Knauf, der bereits in den oberen Schichten zu erkennen gewesen war.

Dieser perfekte geometrische Körper besteht aus vier Seitenblechen und einem oben abschließenden fünften, die jeweils mit der großartigen Reliefdarstellung eines reich gekleideten Kriegers hohen Ranges geschmückt sind. Dieser schwingt seine Kriegskeule gegen einen nackten knienden Gefangenen, der wehrlos und um Gnade flehend vor ihm sitzt und dessen Schopf der Krieger mit der Linken packt, die auch den Schild hält (Abb. 149). Seine auffälligen Attribute sind Federschmuck, Schmuckscheiben, Nasenschmuck, Halskette und einige seltsame Anhänger, die an seiner Schulter befestigt sind und in Schellen enden. Diese Schellen könnten denen entsprechen, die bereits zuvor in der Grabung gefunden wurden. Zu beiden Seiten der zentralen Szene stößt ein Vogel mit langem Schnabel und langem Schweif herab bzw. fliegt nach oben (Abb. 149, 150). Auf der quadratischen oberen Abschlußplatte (Abb. 151) ist die Szene um eine dritte Person erweitert, die den Gefangenen von hinten packt, der diesmal ein Pektoral trägt und dessen Arme herabhängen. Über diesem Helfer ist der Kopfschmuck des Besiegten und an der Hüfte des Herrschers ein Fuchs wiedergegeben.

Da es sich offensichtlich um ein sehr wichtiges Zepter handelt, kann man annehmen, daß in dieser Szene der Herrscher selbst in einer seiner königlichen Funktionen dargestellt ist. Ober- und unterhalb dieser Szenen verlaufen schmale Bänder aus getriebenen Kreisen mit aus der Mitte verschobenen Punkten.

Dieses 420 Gramm schwere Stück besteht aus zwei gefalteten und sorgfältig an den vier Kanten der Abdeckplatte und einer Seite verlöteten Blechen. Eine Legierung aus Silber, Gold und Kupfer diente als Lötmetall und löste das technische Problem der verschiedenen Schmelzpunkte (Abb. 150). So schuf man auch die Verbindung der kleinen quadratischen Basis mit der Fassung für die Klinge. Die beiden Teile des Zepters waren aufgrund des Deckeneinsturzes zwischen Stab und Klinge gebrochen.

Die feine Verzierung des Schaftes zeigte erst nach der Reinigung und Restaurierung, daß er trotz des Kupferoxids aus Silber besteht (Abb. 147, 148). Er ist eines der technisch qualitätvollsten Erzeugnisse der Moche-Toreutik, bestehend aus einem gegossenen, mit zwei wohl angelöteten Teilen verzierten Griff und der Klinge. Auf der Vorderseite des Griffes stellen flache Reliefs den vollständigen Satz einer Kriegerrüstung dar: einen konischen Helm mit halbmondförmigem Aufsatz, Nackenschutz, Ohrpflöcke, Zeremonialbart, Pektoral, Schild und Steißschutz (Abb. 147). Diese Ausrüstung wurde bei Umzügen und Kämpfen getragen und Gefangenen als Trophäe geraubt. Die hier sichtbare volutenförmige Verzierung weist auf den hohen militärischen Rang der Person hin. An den Seiten sind zwei klassische Keulen mit Kegelkopf zu

153 Das silberne Zeptermesser in gereinigtem und restauriertem Zustand (Kat.-Nr. 130)

sehen, an die Schleudern mit vergoldeten runden Schleudersteinen gebunden sind. Deren Schnüre winden sich in bewundernswerter Detailarbeit mit in Silber eingefaßten Goldteilen um die Waffen. Die Öse am oberen Ende könnte zum Durchziehen einer Schnur gedient haben. Die Rückseite (Abb. 148) ist mit einem Paar Speere und den dazugehörigen Schleudern verziert, während die breite, abgeflachte Klinge durch zwei ziselierte Ringe abgesetzt ist und in eine beilförmige Schneide ausläuft, die bei bestimmten Riten vom Herrscher als Opfermesser benutzt wurde.

Beim Reinigen der Oberseite fanden sich Reste von kleinen Früchten, die als die mythischen, geheiligten „Ulluchu"-Früchte erkannt wurden, die wichtige Szenen auf der Moche-Keramik begleiten und als Motiv zu vielen Spekulationen bei Archäologen und anderen Wissenschaftlern geführt haben. Sie scheint etwa zollgroß gewesen zu sein, konnte im Fundzustand (in dem sie die Konsistenz von Tabakasche hatte) jedoch nur fotografiert und nicht mehr konserviert werden.

In Höhe der linken Hand befand sich ein weiteres einfacheres Zeptermesser aus Silber (Abb. 152, 153, Kat.-Nr. 130), dessen Knauf in eine kleine rechteckige Plattform ausläuft. Auf ihr steht ein hochgestellter Krieger mit prächtigem Kopfschmuck aus großen Scheiben und wahrscheinlich Federn, der in der rechten Hand die Kampfkeule und in der linken Schild und Pfeilschleuder hält. Der Kopfschmuck reicht bis auf den Rücken, außerdem sieht man einen Steißschutz, den ein Menschenkopf ziert. Auf der Brust trägt er eine goldene Kette aus Uhuköpfen an Metallfäden, die der der Zentralfigur eines der goldenen Ohrpflöcke ähnelt (Abb. 113). Vor ihm sitzt ein nackter Gefangener mit erhobenem Gesicht und einem Strick um den Hals. Dieses Zepter ist aus Silber im Wachsausschmelzverfahren (Technik der verlorenen Form) gegossen, der Griff und die Klinge sind unverziert. Die Schneide zeigt starke Abnutzungsspuren.

Um die beiden zerbrochenen Knochen der Handgelenke lagen Hunderte winziger Perlen, hauptsächlich aus Türkis, aber auch einige aus Gold, wenige aus Muscheln und Sodalith. Die Türkisperlen waren trotz ihrer Winzigkeit perfekt durchbohrt, die goldenen bestanden erstaunlicherweise aus zwei zusammengelöteten Halbkugeln. Dünne durchbohrte Spannstäbe aus Kupfer und Gold dienten der Stabilisierung der Perlenreihen, die alternierend die prachtvollen Armbänder des Herrschers bildeten (Abb. 154, 155, Kat.-Nr. 134, 135).

Auf den zerbrochenen Brust- und Hüftknochen konnten wir schlecht erhaltene Reste von feinem weißem Baumwollgewebe erkennen, die wohl zum Hauptkleidungsstück des Herrschers, einer fast bis zu den Knien reichenden Tunika, gehörten. Sie war mit prächtigen geometrischen Mustern in Wellbroschur und möglicherweise stilisierten Vögeln und Voluten verziert. Unter und seitlich von diesen Resten zeigten Fragmente eines gröberen Stoffes die Existenz eines weiteren Kleidungsstücks an. Möglicherweise handelte es sich aber auch um die äußere Umwicklung des Körpers und der wichtigsten Schmuckstücke. Auf Höhe der Schienbeine fanden wir zwei Gruppen von acht kupfer-

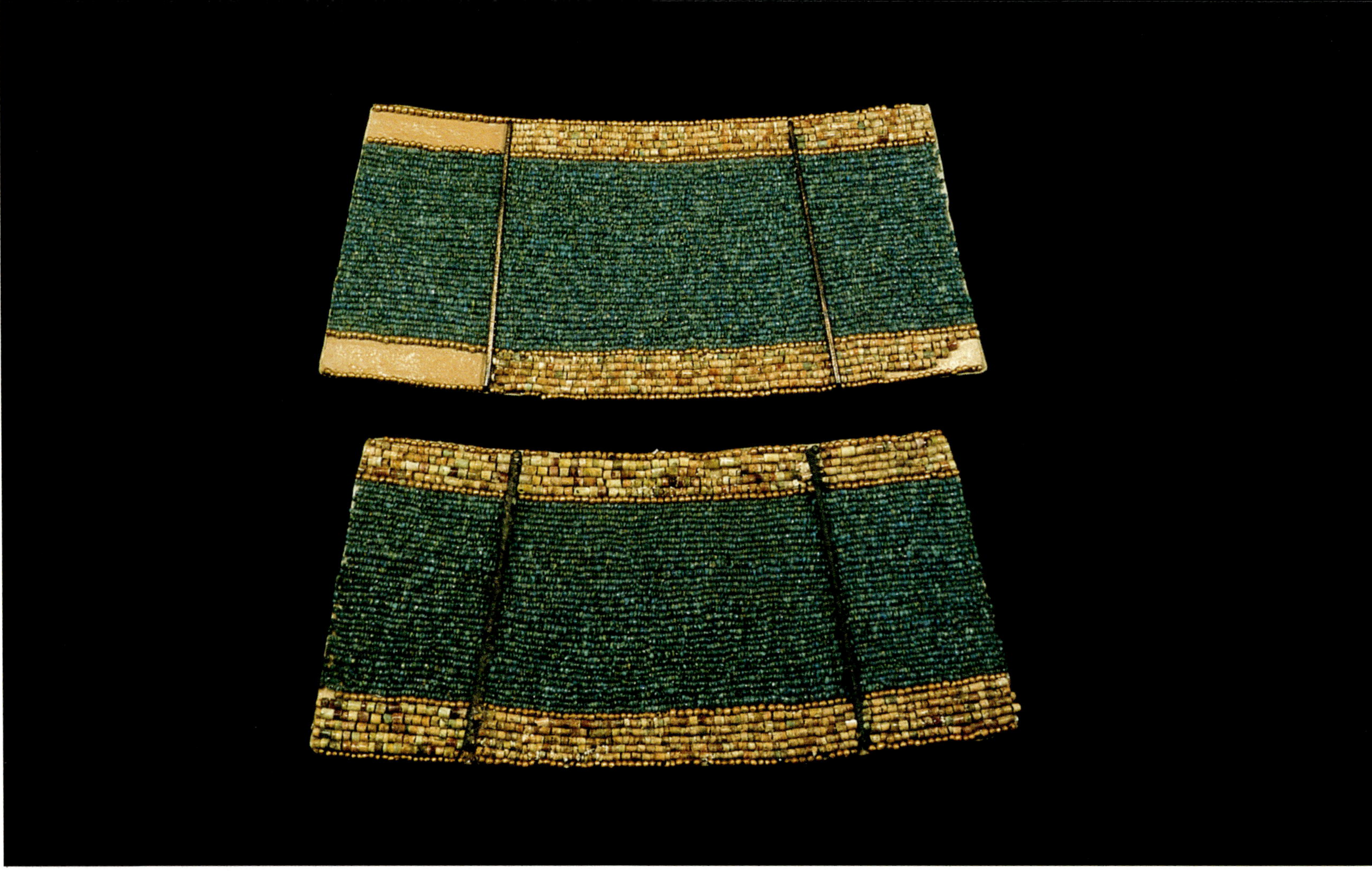

154 Die Armbänder aus Gold-, Türkis- und Muschelperlen in restauriertem Zustand (Kat.-Nr. 134, 135)

155 Die Perlen der Armbänder im Fundzustand

nen Uhuköpfen, die wohl den Saum eines vergangenen Kleidungsstücks geschmückte hatten. Dort wurden auch lange Kupferstäbe mit Faserresten und Federabdrücken als Schmuck des Kopfputzes erkannt. Die besser erhaltenen und freiliegenden Fußknochen steckten in Metallsandalen (Abb. 199, Kat.-Nr. 136, 137). Am äußersten Ende des Sarges und unter den Sandalen lagen an beiden Seiten seltsame breite Kupferbleche, die entweder eine Verstärkung des Totenbündels oder auseinandergenommene Standarten waren (Abb. 116).

Um den Schädelbereich zu untersuchen, hoben wir vorsichtig die Kinnmaske ab und blickten verwundert auf ein längliches Goldblech, auf dem sorgfältig das vollständige Gebiß in Relief dargestellt war wie bei einem Mundschutz (Frontispiz, Kat.-Nr. 117–120). In dem Raum zwischen den beiden Zahnreihen befand sich ein grober, mit einem Meißel ausgeführter Schnitt, der auffällig von dem ansonsten sorgfältig gearbeiteten Stück abstach und die Frage aufwarf, ob dieser erst bei der Bestattung selbst als Teil eines Rituals angelegt worden war, der weitverbreiteten Vorstellung entsprechend, daß die Seele des Toten aus dem Mund entweicht. Seitlich hiervon befand sich die Darstellung eines rechten Auges auf einem ähnlichen Goldblech wie dem mit dem linken, das wir zuvor gefunden hatten (Frontispiz). Bei genauerem Hinsehen sind subtile Unterschiede festzustellen. Während das rechte aus reinem, glänzendem Gold besteht und 6,1 Gramm wiegt, ist das linke 4,6 Gramm schwer und besteht aus einer Legierung, die einen anderen

Farbton ergibt. Es muß dahingestellt bleiben, ob es sich dabei um eine bewußte Wahl oder um verschiedene Goldschmiede handelt. Es kann aber kein Zweifel daran bestehen, daß Augen, Nasenplatte und Mundschutz zusammengehören und nur für die Grabausstattung hergestellt wurden.

Etwas weiter östlich fanden wir einen dritten massiven, plankonvexen Goldbarren von fünf Zentimetern Durchmesser und einem Gewicht von 172 Gramm, der im Mund des Verstorbenen gelegen hatte. Die Sitte, Kupferstücke in Hände und Mund zu geben, ist bei den Bestattungen der Moche und auch in anderen Kulturen häufig belegt. Die aus Gold und Silber bestehenden Barren im Grab des Herrschers betonen seinen hohen Rang.

Nun standen wir vor dem großen Problem, die extrem schlecht erhaltenen, fast nur aus Splittern bestehenden Knochenreste des „Señor", der ersten von Archäologen entdeckten und untersuchten hochrangigen Persönlichkeit Alt-Perus, zu bergen.

Normalerweise werden gut erhaltene Knochen bei der Feldarbeit registriert und dann einzeln im Depot verwahrt. Mit dieser Methode hätten wir jedoch nur über ein paar Tüten mit Knochensplittern verfügt. Normalerweise sollten Reste, die kleiner als etwa 2,5 Zentimeter sind, nicht bewegt werden. Deshalb mußten wir Zentimeter für Zentimeter jedes Bruchstück und jedes Häufchen von Knochensplittern einzeln mit Akrylfestigern behandeln. So klebten sie aneinander, ohne ihre ursprüngliche Lage, Form und Position im Skelett zu verändern, und bildeten einen zusammenhängenden Block. Anhaftende Textilreste waren dabei willkommene zusätzliche Stützen.

Nach mehreren arbeitsreichen Wochen konnten wir schließlich ein dünnes Holzbrett unter die verfestigten Knochen schieben und sie in einem Block heben (Abb. 159). Den Resten dieser historischen Persönlichkeit gaben wir nicht irgendeine technische Bezeichnung, sondern nannten sie „Señor von Sipán", in Anspielung auf seine offensichtlich sehr hohe Stellung in der Mochica-Gesellschaft (*siec* oder *seque* bedeutet Herr oder Herrscher in der Mochica-Sprache und ist auch Teil des Ortsnamens).

Der physische Anthropologe des Smithsonian Institute, John Verano, besuchte unsere Grabung und analysierte die Knochenreste vor Ort. Durch seine Auswertung wissen wir, daß der „Señor" im Alter zwischen 35 und 45 Jahren starb. Es fanden sich keine Anzeichen für einen gewaltsamen Tod oder pathologische Erscheinungsbilder an den Knochen. Deshalb kann man annehmen, daß der „Señor" einer unbekannten Krankheit oder Epidemie erlag (Verano 1997). Er erfreute sich offensichtlich einer guten körperlichen Gesundheit, wenn man von einer beginnenden Arthritis der Wirbelsäule absieht. Er maß stolze 1,66 Meter, womit er deutlich größer war als die meisten seiner Zeitgenossen. Die Knochen zeigen keine ausgeprägten Muskelansätze, und er war weder korpulent noch an intensive körperliche Arbeit gewöhnt. Der Schädel weist eine leichte Abflachung im Bereich des Hinterhaupts auf, eine Folge der verbreiteten Sitte der Schädeldeformierung, die bei

156 Halskette aus konvexen Goldscheiben (Kat.-Nr. 125)

157 Das Scheibenhalsband und die beiden Messer („tumi") aus Silber und Gold in Fundlage

158 Die gespannten Fäden bilden ein Raster, mit dessen Hilfe sich die Funde genau einmessen lassen

159 Unter den zerbrochenen Knochen des „Señor“ fand man eine goldene Krone

160 Die Zeremonialmesser aus Gold und Silber in gereinigtem und restauriertem Zustand mit den Türkis-, Lapislazuli- und Amethystperlen der ursprünglichen Befestigung (Kat.-Nr. 123, 124)

161 Die halbmondförmige Krone besteht aus einem einzigen Goldblech

162 Die halbmondförmige Goldkrone in gereinigtem und restauriertem Zustand (Kat.-Nr. 141)

163 Die kleinere halbmondförmige Goldkrone in gereinigtem und restauriertem Zustand mit der ziselierten Darstellung einer Gottheit an der Basis. Der Sporn diente zur Befestigung in einem hohen Stoffhelm (Kat.-Nr. 149)

Kleinkindern durch festgebundene Bretter hervorgerufen wird. Das Gebiß war gut erhalten und wies nur leichte Karies am linken zweiten unteren Backzahn auf. Die geringe Abnutzung der Zähne läßt auf weiche Nahrung und speziell ausgesuchte und zubereitete Speisen schließen, was ihn von der Masse seiner Zeitgenossen unterschied.
Als die Knochen entfernt waren, sahen wir uns dem spektakulären Hauptschmuckstück gegenüber, einem glänzenden, 62,7 Zentimeter breiten, halbmondförmigen Goldblech, das in der Mitte des Sarges lag (Abb. 161, 162, Kat.-Nr. 141). Nun wußten wir endlich, um was es sich bei der Ecke handelte, die seit Monaten an der Oberfläche sichtbar gewesen war. Bisher hatte noch kein Archäologe ein so großes, völlig intakt erhaltenes und bedeutungsvolles Schmuckstück gefunden. Das dünne, ohne sichtbare Hammerspuren hergestellte Blech hat eine perfekte, vollständig ebene Oberfläche und trägt an der Basis einen vernieteten Kupferdorn, der wohl als Halterung des Kopfschmucks diente. In zahlreichen Darstellungen der Moche-Kunst wird ein ähnlicher Kopfputz ausschließlich von Personen getragen, denen Opfergaben und Ehrbezeugungen dargebracht werden. Deshalb konnte kein Zweifel daran bestehen, daß diese strahlende Krone für das Volk das deutlichste Kennzeichen der königlichen Würde war. Seiner Größe und Sperrigkeit wegen war dieser Schmuck eher unbequem, so daß er wohl nur bei besonderen öffentlichen Anlässen und Ritualen getragen wurde, wahrscheinlich, wenn der Herrscher in seiner Sänfte saß. Über diesem außergewöhnlichen Fund lagen drei lange Schäfte für Federschmuck, flache Stäbe aus geschmiedetem Kupfer, die in zwei Dreiecke ausliefen und Bohrungen für Halterungen aus Pflanzenfasern und Baumwolle aufwiesen, die ursprünglich große, zu prachtvollen Fächern arrangierte Federbüsche exotischer Vögel trugen.
Obwohl die zugehörigen Federn fast vollständig vergangen waren, konnten einige der Reste und die Abdrücke von dem Ornithologen der Universität Louisiana, John O'Neil, einem anerkannten Fachmann für südamerikanische Vögel, als die von Flügeln oder Flügeldecken des rosafarbenen Flamingo (Familie *Phoenicopteridaea*) bestimmt werden, einem großen Vogel, der an den Ufern der hochandinen Seen und im Mündungsbereich einiger Küstenflüsse lebt. Andere stammen von farbenprächtigen tropischen Vögeln, deren Federn die Kopfputze des Herrschers verschönerten. Eine der Metallhalterungen war am oberen Ende zur stilisierten Silhouette einer menschlichen Gestalt mit Doppelkopfputz ausgeschnitten, die in der rechten Hand ein Zepter mit am Unterarm hängendem Messer und in der linken eine Pfeilschleuder trägt (Abb. 196, Kat.-Nr. 138–140).
Unter diesen Objekten fanden wir in einem Rechteck von 1,35 Metern Länge und 0,65 Metern Breite die Reste einer Unterlage aus dünnen, zusammengebundenen Brettern, die nun durch sorgfältige Freilegungsarbeiten sichtbar wurden. Sie diente als Bahre für den Körper in einer ersten Umhüllung und erlaubte seinen Transport während der Bestattungsfeierlichkeiten bis zum letzten Ruheplatz im Sarkophag. Deshalb lag die Goldkrone unter dem Bündel auf der Holzbahre (Abb. 381).

Die vergangenen Holzfragmente wurden in einem Quadranten abgehoben, und unter ihnen kam eine neue Schicht zum Vorschein, in der im Süden ca. sechs Sätze von schmalen versilberten Kupferdreiecken erschienen, an die scheibenförmige Anhänger genietet waren. Diese schienen auf dem Sarkophagboden zu liegen und das obere Ende des Bündels zu krönen. Es könnte sich hierbei um einen „Strahlenkopfputz" gehandelt haben, wie er von den bedeutendsten Persönlichkeiten der Moche-Kultur getragen wurde. Etwas weiter östlich fanden wir eine kleine halbmondförmige Krone aus Gold, die der bereits beschriebenen ähnelt (Abb. 163, Kat.-Nr. 149).

Der gesamte Bereich war mit Tausenden kleiner weißer Muschelperlen bedeckt, die zu zwei Pektoralen mit ihren entsprechenden Spannstäben aus Kupfer gehörten.

In der Mitte zu beiden Seiten symmetrisch angeordnet erschienen zwei bisher so noch nicht dagewesene, halbkreisförmige Goldrasseln mit der Darstellung einer der typischsten Gottheiten des Moche-Pantheons, die als *Ai-Apaec* (Larco 1940), „Kopfabschneider" oder „Faltengesicht" (*wrinkled face*) bezeichnet wird (Abb. 164, Kat.-Nr. 142; Abb. 167, 168, Kat.-Nr. 143). Bei diesem mythischen Wesen handelt es sich um eine menschliche Gestalt mit wulstigen Brauen, Fangzähnen und vier Fortsätzen auf dem Rücken, die vielleicht Flügel darstellten. In einer Hand hält er einen Menschenkopf am Schopf, in der anderen ein „tumi" oder Opfermesser. Sechs Uhuköpfe bilden seine Halskette, sein Feder-

164 Goldrassel (*chalchalcha*) aus einem einzigen getriebenen und ausgeschnittenen Goldblech. Dargestellt ist *Ai-Apaec*, der „Kopfabschneider", die Hauptgottheit der Mochica-Religion (Kat.-Nr. 142)

Seite 104–105

165 Steißschutz aus Silber (Kat.-Nr. 145)

166 Steißschutz aus Gold (Kat.-Nr. 144)

167 Detail der Darstellung des *Ai-Apaec* auf einer der Rasseln. Er trägt eine Halskette aus Uhuköpfen und einen Federkopfputz. In Augen und Ohren sieht man Türkissplitter, die Zähne bilden Spondylus-Einlagen

kopfputz zeigt einen weiteren im Zentrum. Muschel- und Türkiseinlagen betonen Augen, Ohren und Zähne und geben der furchterregenden Figur dramatischen Ausdruck und bedrohliche Macht. In verschiedenen Varianten tritt diese Gottheit sowohl vor dem Beginn als auch nach dem Ende der Moche-Kultur auf, was die Beharrlichkeit „pan-andiner" religiöser Vorstellungen zeigt, die auf einer gemeinsamen Tradition beruhen könnten.

Diese Rasseln wurden aus einem einzigen Blech sorgfältig ausgeschnitten, getrieben und zu einem zweiseitigen Schmuckstück zusammengefaltet (vgl. Abb. 365, 366). In den acht Halbkugeln an den Rändern befinden sich klappernde Kupferkugeln, weshalb diese Schellen lautmalerisch auch als *chalchalchas* bezeichnet werden (Muelle 1936b). Entsprechende Darstellungen lassen erkennen, daß sie am Gürtel des Herrschers hingen (Abb. 115).

Etwas weiter südlich fanden wir zwei der außergewöhnlichsten Stücke des ganzen Befundes, die beeindruckenden Steißschutze aus Silber und Gold (Abb. 165, Kat.-Nr. 145; Abb. 166, Kat.-Nr. 144). Diese Militärembleme sind als große Messer halbmondförmig gearbeitet und tragen an ihrem oberen Ende eine menschengestaltige Gottheit, die von je zehn Halbkugeln gerahmt wird. Die beiden Stücke entsprechen sich in Größe (45,5 und 45 Zentimeter) und Herstellungstechnik und wurden aus einem einzigen Blech geschmiedet. Das silberne Exemplar wurde vor der Säuberung zunächst für ein Kupferobjekt gehalten. Der goldene Steißschutz mit seiner stilisierten, auf Hochglanz polierten Schneide wiegt 777 Gramm und gehört damit zu den spektakulärsten Stücken des gesamten Befundes und der Moche-Goldschmiedekunst überhaupt. Dieser Satz militärischer Embleme betont noch einmal die symbolische Dualität und wurde wohl zu verschiedenen Anlässen und so getragen, wie es die häufigen Darstellungen zeigen: die Hüfte bedeckend. Die außergewöhnlichen skulptierten Figurengefäße zeigen diese Embleme auf beiden Seiten des Körpers (de Lavalle 1985, S. 119). Als die Muschelpektorale entfernt waren, fanden wir im oberen Mittelteil des Sarges ein Ensemble von zwölf skulptierten, aus zwei Hälften gefertigten doppelgesichtigen menschlichen Köpfen aus vergoldetem Kupfer mit geschlossenen Augen und zusätzlichen Befestigungen anstelle der normalen seitlichen Bohrungen. Augenscheinlich handelte es sich dabei um Anhänger, die vielleicht Trophäen darstellten. Unter den großen Steißschutzen lagen ebenfalls Muschelperlen von einem rotweißen und einem weißen Pektoral. Auch einige Spondylus-Muscheln und Meeresschneckengehäuse fanden sich dort.

In einer neuen Schicht tauchten drei lange Kupferstäbe auf, die offensichtlich als Tragestangen einer hohen, zweiteiligen Standarte gedient hatten, die am unteren Rand konische Anhänger und rundherum Darstellungen der „Ulluchu"-Frucht trug. Der zugehörige Stoff war bis auf wenige Fragmente fast vollständig zerstört. Erstaunlicherweise war dieses Emblem umgedreht, so daß die Darstellung der menschlichen Gestalt mit erhobenen Händen nach unten schaute, was wohl beabsichtigt war und ein weiteres Dualitätsprinzip oder eine Vierteilung symbolisieren könnte, die Vorstellung von Ober- und Unterwelt (die Welt der Lebenden und die der Toten). Der Körper des Herrschers lag somit im Zentrum einer Abfolge von Emblemen und Schmuckstücken über und unter ihm (Abb. 381).

Die Standarten wurden mit Hilfe von Baumwolle und Acrylharz stabilisiert und geborgen. Links von ihnen fand sich eine vergoldete Kupferscheibe mit getriebenen konzentrischen Kreisen und Halbkugeln am Rand, die einen weiteren Kopfputz ankündigte. Ihr Gegenstück ruhte zwei Schichten tiefer auf der rechten Seite, wo die kleine Goldkrone nun freilag (Abb. 163, Kat.-Nr. 149). Am unteren Ende war in der Mitte ein Rechteck zu erkennen, in dem in feinen ziselierten Linien *Ai-Apaec* oder der „Kopfabschneider" wiedergegeben war (Abb. 189). Die Gottheit steht in einem Rahmen aus Kreisen mit aus der Mitte verschobenen Punkten, die Scheibenanhänger nachahmen. Auf der glänzend polierten Oberfläche sah man noch die Abdrücke der Federn, die ursprünglich zu dem Kopfputz gehört hatten. Ein langer Kupferdorn, der unten in der Mitte angenietet war, diente wohl ursprünglich als Halterung in einem konischen Kopfputz aus Baumwolle. Diese stilisierte und leichte Krone wurde vermutlich häufiger benutzt, da sie auch bei Anlässen, die mehr Bewegungsfreiheit verlangten, getragen werden konnte. Auch hier fanden wir wieder Köpfe mit doppeltem Gesicht als Teile des bereits erwähnten Ensembles.

168 Goldrassel (*chalchalcha*) aus einem einzigen getriebenen und ausgeschnittenen Goldblech. Dargestellt ist *Ai-Apaec*, der „Kopfabschneider", die Hauptgottheit der Mochica-Religion (Kat.-Nr. 143)

169 Zeichnung des Holzsarges mit Kupferhalterungen und Deckel

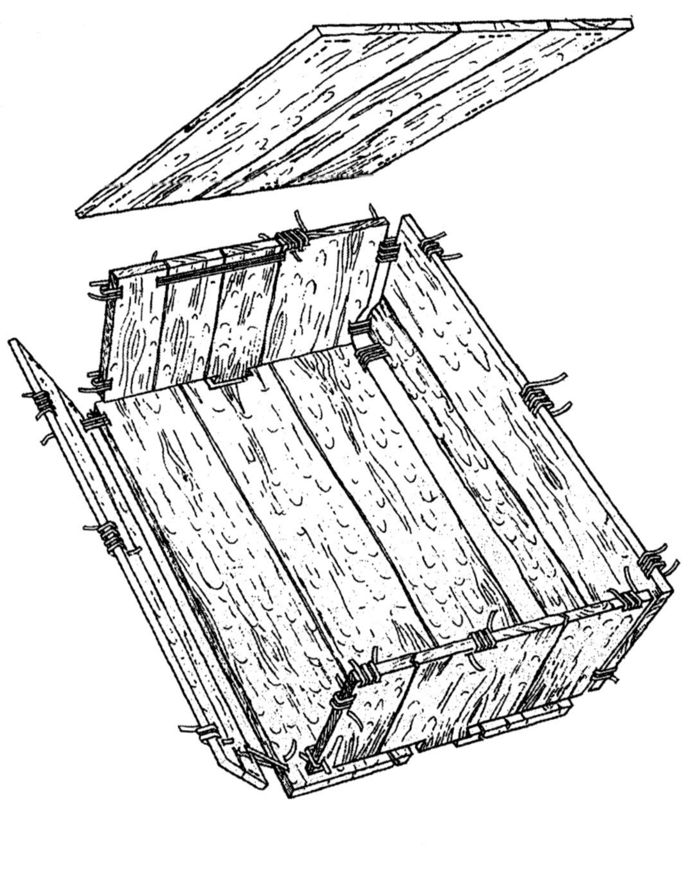

Stoff- und Pflanzenfaserreste in Fächerform mit Spuren von Baumwollfäden an den Griffen wiesen auf vergangene Kleidungsstücke und Kopfputze hin. Überraschenderweise fanden sich am abgerundeten Rand eines dieser Fächer kleine vergoldete Kupferscheiben, was mit den zahlreichen Darstellungen von Personen mit solchem Kopfschmuck in der Keramik übereinstimmt.

Bevor wir die letzte Schicht erreichten, bargen wir Fragmente eines gebogenen Blechs mit blattförmigen Metallanhängern, das einen zweiten Kopfputz mit zwei Scheiben und Zeremonialbart vervollständigte. Schließlich erreichten wir die 17. und letzte Schicht unserer Stratigraphie, in der wir erneut, diesmal im äußersten nördlichen Bereich der Kammer, Reste von Pflanzenfasern feststellten, die zu einem weiteren großen Federbusch gehört hatten. Unter diesem lagen Kupferdreiecke und Scheiben, die die ersten unter den Kopfteil gelegten Schmuckstücke bildeten.

Der Rest des Bodens war mit Metall- und Stoffresten sowie kleinen quadratischen Blechen aus vergoldetem Kupfer bedeckt. Bei ersteren handelt es sich wahrscheinlich um Fragmente von Gegenständen, letztere gehörten vermutlich zum Dekor der äußeren Hülle des Totenbündels. Darunter fanden wir Spuren einer orangefarbenen Sedimentschicht, ähnlich denen der oberen Abdeckung.

Da wir bereits vorher damit gerechnet hatten, daß der Sarkophagboden fast vollständig vergangen war, säuberten wir ihn mit besonderer Sorgfalt, um nach tagelanger Arbeit die drei Holzbretter definieren zu können, die zwar in der Tat verschwunden waren, deren Abdrücke jedoch Einzelheiten wie die unregelmäßigen Fugen erkennen ließen, die auf den ungenauen Zuschnitt der dicken, bis zu 43 Zentimeter breiten Algarrobo-Stämme zurückzuführen waren.

Aus diesen Abdrücken und der unterschiedlichen Sedimentstruktur ließ sich auch schließen, daß die Oberfläche und die Schnittkanten der Bretter auffällig glatt waren (Abb. 170). Als wir die Bodenecken freilegten, fanden wir wieder die Kupferbänder, die in drei bis vier Windungen die vier Seitenbretter zusammenhielten. Als schließlich die letzten Sedimente entfernt waren, zeigten sich erneut Halterungen, die die horizontalen Bodenbretter mit den beiden Seitenbrettern verbanden. Es gab jedoch keine Anzeichen für Metallhalterungen zwischen dem zentralen Bodenbrett und den Wänden der Schmalseiten, was auf eine andere Art des Zusammenfügens schließen läßt, etwa das Kleben mit Harz oder anderem pflanzlichen Klebstoff. Möglicherweise hängt dies aber auch damit zusammen, daß der Sarg in der Kammer gebaut wurde, um dort mit Beigaben, Emblemen, Schmuckstücken und dem Totenbündel gefüllt zu werden, weshalb keine besondere Stabilität des Bodens erforderlich war.

Wir wandten bei der Freilegung der vier Seitenwände besondere Sorgfalt an, um die Bauweise des Sarges erkennen zu können (Abb. 169). Dabei stellen wir fest, daß die Ostwand aus zwei regelmäßigen, etwa einen Zoll dicken Brettern und einem ovalen Holzstück bestand, während die gegenüberliegende Wand nur aus regelmäßigen Brettern gearbeitet war. Die Schmalseiten bestanden aus vertikal gestellten, schmaleren Brettern. Wie zu erwarten, hatte man dem Deckel und seiner Festigkeit mehr Aufmerksamkeit als dem Boden gezollt, denn die Metallhalterungen hielten, wie wir bereits bei der Oberseite erkannt hatten, alle vier Ecken, die Mitte der Seitenwände sowie die drei Bretter des Deckels. Somit erfolgte die Konstruktion des Sarges in folgenden Schritten: Zunächst wurde der Boden gefertigt, dann die vier Seitenwände mit Halterungen zusammengefügt. Die kreuzförmigen Verbindungen waren wohl die einzige Alternative, um die senkrechten Bretter der Schmalseiten zusammenzuhalten. Im Süden wurden die Halterungen gekreuzt, um drei der Bretter horizontal zu verbinden. Dies legt Zeugnis für ein sorgfältiges Zimmerhandwerk ab, das mit dem Abhobeln des Holzes begann und mit der genauen Anpassung und Verzapfung sowie dem Einsatz von Halterungen aus Metallbändern abschloß. Die beobachteten Details lassen jedoch darauf schließen, daß aufgrund der Enge der Grabkammer der Zusammenbau entweder am Rand der Grabgrube oder auf dem Boden der Kammer erfolgte.

170 Die drei Bretter des Sargbodens

DIE UNTERSUCHUNG DER GRABKAMMER

Zunächst ist es notwendig, noch einmal auf die einzelnen Arbeitsschritte einzugehen. Das große Grab in der Lehmziegelplattform bestand aus zwei Kammern, die durch eine horizontale Abdeckung aus Algarrobo-Balken voneinander getrennt waren (Abb. 380). Die obere enthielt Füllmaterial sowie die Reste des Wächters und nahm etwa drei Viertel der gesamten Grabgrube ein. Der untere Teil bestand aus dem eigentlichen Grab, in dessen Zentrum der Sarg des „Señor“ stand. Unter idealen Bedingungen wäre dieser Bereich intakt und „frei“ geblieben. Im Laufe der Jahrhunderte bewirkte die Feuchtigkeit jedoch ein Einsickern von Sedimenten und Wasser in jeden Hohlraum. Da wir annehmen mußten, daß der Sektor um den Sarg ebenfalls archäologische Reste barg, hatten wir ihn dort, wo wir uns bei der Arbeit ständig bewegten, mit Brettern abgedeckt. Bei der anschließenden Säuberung kamen fast sofort zwei Paar symmetrisch angeordneter Nischen im Osten und Westen zum Vorschein, die ursprünglich von den in Längsrichtung verlegten Algarrobo-Balken überdacht waren. In ihnen standen Gruppen von Figurengefäßen mit verschiedenen Motiven, wobei es sich wohl hauptsächlich um Personen handelte, die eine symbolische Bedeutung für die Bestattungszeremonie hatten. Auf dieses Thema werden wir später noch eingehen.

Als wir parallel die Zwischenräume freilegten (Abb. 172), bemerkten wir kaum sichtbare elliptische Linien, die auf darunterliegende Funde schließen ließen. Dann zeichneten sich Rohrabdrücke und einige Gefäße im Ostteil ab. Nach mehreren Wochen konnten wir schließlich vier Skelette in einer sehr kompakten Schicht erkennen. Sie waren, wie das bereits geborgene Skelett, sehr schlecht erhalten und mußten deshalb mit Acrylfestigern behandelt werden. Es handelte sich bei ihnen offensichtlich um Begleitpersonen, die ursprünglich direkt

171 Die Bestattungen der Begleiter umgeben den leeren Sarg. An den Seiten sind Nischen mit Keramikbeigaben zu erkennen

unterhalb des unteren Randes der Nischen in inzwischen vergangenen Rohrsärgen beigesetzt worden waren (Abb. 171).
Die Knochen des rechten östlichen Skeletts lagen wie die des „Señor“ in Süd-Nord-Richtung und waren fast vollständig von Kopfputzen und Metallteilen bedeckt, unter denen wir ein breites vergoldetes Kupferband auf den Gesichtsknochen erkennen konnten, von denen nur die Scheitelbeine und der Unterkiefer zu sehen waren. Dieses zusammengefaltete Blech diente als zylindrisches Halteband für den Kopfschmuck (Abb. 172).
Unter dem Kinn lag ein weiteres längliches Kupferstück mit kleinen rechteckigen Anhängern, das wohl zu einem Pektoral gehörte. Auf der Brust und leicht nach rechts verschoben ruhte eine dicke Kupferscheibe mit einem geschätzten Durchmesser von etwa 35–40 Zentimetern. Dieser Rundschild ähnelte dem des „Wächters“. Auf dem Unterkörper und der Hüfte lag eine breite halbmondförmige Krone aus vergoldetem Kupfer, deren Basis mit einem menschlichen Gesicht geschmückt war. An den Seiten des Kopfputzes wiesen Kupferreste mit anhängendem Stoff auf eine ursprüngliche Umhüllung und/oder Kleidungsstücke zwischen Metallobjekten. Nahe dem Oberschenkelknochen vereinigten sich diese Reste mit Metallanhängern, die auf einen Schuppenumhang hindeuten, der vielleicht dem des „Señor“ entsprach, aber wohl kürzer und mit Kupferplättchen besetzt gewesen war. Ein zwischen den Beinen des Verstorbenen liegendes röhrenförmiges, nach oben trompetenartig auslaufendes Blech mit aufgesetztem konischen Oberteil war eine klassische auseinandergenommene Kampfkeule ohne den zugehörigen Holzkern. Darunter lag ein weiteres langes Metallstück, das zu einer einfachen Keule gehörte. Etwa 20 kleine, fast vergangene Kupferköpfe waren Reste von Kopfputzen oder Kleidungsstücken.
Der Anthropologe konnte die erhaltenen Knochen vor allem aufgrund der Form des Unterkiefers einem 35–45 Jahre alten Mann von etwa 1,58–1,60 Metern Größe zuordnen (Verano 1997). Ihm fehlten die Knochen des linken Fußes, was auf eine rituelle Amputation – vergleichbar der des „Wächters“ – hindeutet. Aufgrund der ihm beigegebenen Waffen kann man wohl darauf schließen, daß er zu Lebzeiten militärische Funktionen innehatte.
Die Bestattung links auf der Westseite war „umgekehrt“ ausgerichtet, d.h. der Kopf wies nach Norden (Abb. 173), was möglicherweise eine symbolische Bedeutung wie „entgegengesetzt“ oder „negativ“ haben könnte (Abb. 172). Wie das zuvor beschriebene lag auch dieses Skelett ausgestreckt auf dem Rücken. Die Gesichtsknochen waren leicht nach hinten gebogen, was auf einen kräftigen, schweren Knochenbau hindeutet.
Der Zahnabnutzung, Schädelstruktur und Zahngröße nach zu urteilen, handelte es sich um einen 35–45 Jahre alten, 1,60–1,63 Meter großen Mann. Auf seinen Brustknochen und Schultern lag ein sorgfältig gearbeitetes Pektoral aus roten und weißen Muschelperlen, zu seiner Rechten acht abgeflachte Stäbe mit Resten von Umwicklungen, Griffe von

173 Links der Hauptbestattung lag in umgekehrter Richtung ein männliches Skelett, das als Standartenträger bezeichnet wird; zu seinen Füßen erkennt man ein Hundeskelett, rechts Figurengefäße

174 Die Dokumentation der Skelette

vergangenen Federbüschen für den Kopfputz. Von seiner Brust bis zu den Oberschenkeln verlief ein gerades, drei Zentimeter breites Metallband mit aufeinanderfolgenden Paaren von Metallplättchen. Auf dem rechten Knie ruhte ein Ring aus vergoldetem Kupfer mit Abdrücken von Textilien und ein winklig gebogener Stab, an dem Baumwollfäden klebten. Die sinnvollste Deutung dieser seltsamen Objekte ist wohl, daß es sich um eine kreisförmige Standarte handelte, die an einem langen Holzstab hing, der mit dem Metallband und anderen Schmuckanhängern und Textilien dekoriert war. Auf dem linken Bein des Mannes lag ein vollständiges Hundeskelett mit angezogenen Vorder- und Hinterläufen. Bei diesem Tier handelte es sich um einen mittelgroßen Hund mit langem Schwanz und entwickelten Fangzähnen.[19] Wahrscheinlich hatte er ein kurzes, geflecktes Fell, wie es häufig in der Moche-Kunst dargestellt wird. Um der hier beschriebenen Person einen vorläufigen Namen zu geben, schlagen wir die Bezeichnung „Standartenträger" vor.

Die Anwesenheit des Hundes im Grab und seine Nähe zum Herrscher bringen seine besondere Wertschätzung zum Ausdruck, und er steht in der Ikonographie auch mit Opferszenen in Verbindung. Er ist der ständige Begleiter des „Kriegerpriesters" oder „Strahlenwesens" (Donnan 1976; Hocquenghem 1987) und auch bei den rituellen Treibjagden zugegen; gelegentlich trifft man ihn auch an der Seite des „Leguan-Mannes" oder des „Faltengesichts" im Bestattungszusammenhang (Donnan/MacClelland 1979). In einer Darstellung des letztgenannten Themas scheint er an einem Seil hochzuklettern, das aus dem Totenbündel ragt (Abb. S. 221). Sollte damit vielleicht seine besondere symbolische Rolle als Totenbegleiter zum Ausdruck kommen, wie sie auch in alten Mythen belegt ist?

Die beiden beschriebenen Bestattungen nehmen im Planum zusammen mit einigen Dutzend Opfergefäßen etwa zwei Drittel des seitlichen Raumes ein (Abb. 172).

Der dritte Sarg stand im rechten Winkel zu den anderen im Süden und enthielt die Knochen einer 1,53 Meter (± 3,82 Zentimeter) großen jungen Frau, deren Alter mit Hilfe der Epiphysenfugen (Fugen zwischen Röhren- und Gelenkknochen, die sich bei Eintritt des Erwachsenenalters schließen) auf 16–20 Jahre bestimmt werden konnte (Verano 1997). Sie lag mit dem Kopf nach Osten und den Füßen nach Westen auf der Seite ausgestreckt. Auch bei ihr fehlten die Knochen des linken Fußes.

Auf ihrer Brust lag ein Pektoral aus Muschelperlen, das auch den Rücken bedeckte. Zwischen ihren Oberschenkeln und nahe den Füßen konnten wir die Abdrücke von vergangenen Kürbisschalen erkennen (4 bzw. 1 Exemplar), die wahrscheinlich als Beigaben unter den Körper gelegt worden waren. Bei der Freilegung einer Ecke kam auch die Schädeldecke eines Kindes zum Vorschein.

Ein viertes Grab lag im Norden quer zu den Füßen des Herrschers (Abb. 172). Nachdem wir die Rohrabdrücke des Sarges dokumentiert hatten und die Knochen aus dem festen Sediment geborgen waren, sahen wir,

175 Die Kupferkrone in gereinigtem und restauriertem Zustand

daß es sich um eine weitere Frau handelte, die jedoch mit dem Kopf nach Westen lag. Sie war bei ihrem Tod zwischen 16 und 20 Jahre alt und 1,59 Meter (± 3,82 Zentimeter) groß. Ihr Körper ruhte auf der rechten Seite, so daß sie zum Hauptsarg blickte. Ihr Schädel war teilweise von einer zylindrischen Krone aus Kupfer mit einem reliefierten Männerkopf mit Ohrpflöcken und Kopfschmuck bedeckt (Abb. 175). Zwei stilisierte Schlangen mit Zackenkörpern und ein halbmondförmiges Blech vervollständigten den Kopfputz, der mit der Vorderseite nach hinten zusammengefaltet war, um im Sarg Platz zu finden.
Die vier Bestattungen in dieser Schicht wiesen eine sorgfältige symmetrische Anordnung mit symbolischen Ausrichtungen entsprechend dem Oppositions- und Dualitätsprinzip auf (die Körper auf der rechten Seite und im Süden mit dem Kopf nach Südosten, die anderen in diagonal entgegengesetzter Richtung) (Abb. 380). Als wir alle Skelette entfernt hatten, zeigte sich, daß unter den Särgen der Männer zwei Lamaskelette lagen. Das westlich mit angezogenen Pfoten liegende Tier ruhte auf der Seite, während der Hals des anderen unnatürlich nach Süden gebogen war. Ähnliche Tieropfer waren zuvor bereits in bedeutenden vorspanischen Gräbern gefunden worden. In den Bestattungsdarstellungen gibt es einen direkten Bezug zu dieser Fundsituation: Der „Leguan-Mann" und das „Faltengesicht" halten über dem Grab zwei

Lamas an Seilen, und auch bei der „Heilung und Totenbehandlung" findet sich ein angebundenes Lama. Dabei fällt auf, daß fast alle diese Kameliden ein geflecktes Fell haben, was möglicherweise auf eine bewußte Auswahl schließen läßt.

Unter der Bestattung der jungen Frau im Süden konnten wir die sterblichen Überreste einer dritten jungen Frau dokumentieren, die ebenfalls in einem Rohrsarg mit dem Kopf nach Osten lag. Sie ruhte auf der Seite und blickte nach Süden; ihr rechter Arm war angewinkelt. Abgesehen von einer völlig vergangenen Kürbisschale war sie ohne Beigaben oder sonstige Ausstattung beigesetzt. In der Südwestecke saß ein wahrscheinlich in ein Tuch gehülltes Kind mit dem Gesicht nach Osten, dessen ausgestreckte Beine unter den Sarg der jungen Frau ragten. Es war etwa 9–11 Jahre alt und wurde als erste Bestattung auf dem lehmverputzten Boden der Kammer zusammen mit den Lamas und einigen Gefäßen auf dem Niveau des Hauptsarges beigesetzt.

176 Kugelgefäß ohne Hals mit Deckel für Speiseopfer (Kat.-Nr. 80)

Bei diesen Personen handelt es sich wahrscheinlich um das Gefolge des Herrschers, das ihn im Tod begleiten sollte, eine Sitte, die im Denken und in den Vorstellungen vieler antiker Völker sehr verbreitet war.[20] Ein Großteil der Knochen läßt auf einen Opfertod kurz nach dem Ableben des Herrschers schließen.[21] Der Anthropologe, der sie untersuchte, wies darauf hin, daß die Frauen, vor allem die erste, im Brustbereich verschobene Rippen und Wirbelknochen aufwiesen, was darauf schließen läßt, daß der Tod nicht am Ort der Bestattung eintrat. So kam er zu dem Schluß, daß die Frauen bereits einige Zeit vorher starben und ihr Körper erst später in der Grabkammer des Herrschers beigesetzt wurden (Alva/Donnan 1993). Es fällt aber auf, daß das Sterbealter bei fast allen Personen übereinstimmt, weshalb wir noch einmal auf die Darstellungen des „Bestattungsthemas" zurückgreifen, weil wir glauben, daß sie detailgetreu dasselbe Ereignis wiedergeben. Dort ist eine unbekleidete Frau mit Geiern dargestellt, die an ihr picken. Andere Geier werden von einer Person an einem Seil geführt, ein weiterer wird rituell geopfert, während der „Leguan-Mann" und das „Faltengesicht" einen Sarg oder ein Totenbündel in die Erde senken und an einem heiligen Ort Muscheln darbieten oder tauschen (Abb. S. 198, 221). Der Bezug zwischen diesen Darstellungen und dem ergrabenen Befund ist somit klar. Wahrscheinlich wurden die geopferten Körper der jungen Ehefrauen des Herrschers zwecks Reinigung und Läuterung den heiligen Vögeln dargebracht[22], bevor man sie in die Särge legte. Die komplizierte Anordnung und Beigabenausstattung in der Grabkammer läßt darauf schließen, daß sich die Bestattungsfeierlichkeiten über einen längeren Zeitraum erstreckten, was aufgrund der Rituale für den Einzug des Herrschers ins Totenreich und im Hinblick auf seine gewissenhafte Vorbereitung und Präparierung notwendig war. Diese möglicherweise mumifizierte wichtigste Person stand wohl im Mittelpunkt von Zeremonien, Feierlichkeiten und Ehrenbezeugungen, die ihr aufgrund ihrer Stellung als Halbgott zukamen.

Die geopferten Lamas, das Kind, die Rohrsärge der Begleitpersonen und die Gefäße wurden später eingebracht, nachdem der Herrschersarg

Figurengefäße aus der Grabkammer

177 Sitzender adeliger Adorant

178 Zwei sitzende adelige Adoranten

179 Uhu (links) und Leguan (rechts) (Kat.-Nr. 78, 77)

180 Adelige Adoranten mit runder und eckiger Kopfbedeckung

181 Hockender Gefangener und adeliger Adorant

182 Krieger (Kat.-Nr. 81) und großer Adorant

183 Korpulenter einfacher Adorant und korpulenter Adorant mit Ritzungen

184 Großer Gefangener (Kat.-Nr. 79) und Adorant mit der linken Hand auf der Brust

geschlossen war. Schließlich legte man das Balkendach auf die Seitenwände. Damit hatte die Kammer eine Gesamthöhe von wenig mehr als einem Meter.

Im Ostabschnitt der Südwand und etwas über dem Dachniveau fand sich die letzte Bestattung, die in einer engen Wandnische untergebracht war. Es handelte sich um einen jungen, mit gekreuzten Beinen sitzenden Mann, dessen Hände auf den Knien ruhen, eine häufig dargestellte Haltung. Er schien so konzentriert die letzte Ruhestätte seines Herrn zu bewachen (Abb. 380). Jegliche Beigaben fehlten. Als wir die Seitenwände der Grabkammer untersuchten, konnten wir die ursprünglichen Ausschachtungsarbeiten für das Grab in der Plattform nachvollziehen, die durch die Modulkonstruktion erleichtert worden war. Einige Stellen mußten mit Ziegeln ausgebessert werden, weil die Wände des Schachtes beschädigt waren, was darauf schließen läßt, daß der Raum eine Zeitlang offenstand.

Auf dem Boden der Grabkammer wurden unter Wiederverwendung der intakten Lehmziegel und der Ziegelbruchstücke aus der Ausschachtung zwei Seitenbankette mit insgesamt vier Nischen aufgeschichtet. Auf ihnen ruhte ein erster horizontaler Stützbalken dieses Niveaus, während die anderen auf drei vertikalen, oben gegabelten Stützen am Rand der Bankette lagen. Lehmziegel zwischen beiden Balken könnten Indizien für eine ursprüngliche Überdachung der Nischen vor der Niederlegung der Bestattungen sein. Andererseits wiesen einige Partien des Kammerbodens Abnutzungserscheinungen durch das häufige Begehen von Personen auf, die mit der Beigabenniederlegung und der Aufstellung der Särge beschäftigt waren. In dem Raum wurden insgesamt 209 verschiedene Gefäße unterschiedlicher Größe und Oberflächenbehandlung geborgen, die in den Seitennischen und der zentralen Südnische sowie zwischen den Särgen standen. Wie die im Beigabendepot gefundenen Keramiken waren sie mit Hilfe von Modeln hergestellt, wiesen eine grobe Oberflächenbehandlung auf und ließen sich bestimmten Typen zuordnen. Eine allgemeine Klassifizierung unterscheidet 19 verschiedene Formen:

„Korpulente einfache Adoranten“: Figurengefäße mit der Darstellung einer Person mit robustem Gesicht, kugelförmigem Körper und eingeritzten Armen zu beiden Seiten des Bauches (24 Exemplare) (Abb. 183 links).

„Korpulente Adoranten mit detaillierten Ritzungen“: Ähnliche Figurengefäße mit mehr Details bei den Gliedmaßen und am Kopfputz, die in anderen Modeln hergestellt wurden (5 Exemplare) (Abb. 183 rechts).

„Adoranten mit linker Hand“: Figurengefäße einer sitzenden Person, die die linke Hand auf den Bauch und die rechte auf das Knie legt. Sie trägt einen zylindrischen Kopfputz und gehört zu den mittelgroßen Stücken (25 Exemplare) (Abb. 184 rechts).

„Große Adoranten“: Auffällig große Figurengefäße mit der Darstellung einer hockenden Person mit beiden Händen vor dem Bauch, einem Pektoral und einfachem Kopfputz. Trotz seiner einfachen Form ist das Gesicht ausdrucksstark (20 Exemplare) (Abb. 182 rechts).

„Adoranten mit Pektoral": Mittelgroße Figurenkrüge einer sitzenden Gestalt mit den Händen auf den Knien. Sie trägt ein gestuftes, gerastertes Pektoral und drei Schulterbänder mit rhombenartiger Innenzeichnung im Zentrum und schlangenähnlichen Motiven an den Seiten, die auch auf den Armen erscheinen (20 Exemplare).

„Sitzende einfache Adoranten": Mittelgroße Figurengefäße in Form einer sitzenden Gestalt, bekleidet mit einer kurzärmligen Tunika mit V-förmigem Halsausschnitt (48 Exemplare). Zehn von ihnen unterscheiden sich nur durch die leicht konkav eingezogene Kopfbedeckung (Abb. 185 links).

„Adelige Adoranten": Sorgfältig gearbeitete Figurengefäße mit roter Engobe, Bügelhenkel und leicht ausladendem Röhrenausguß in Form eines sitzenden Mannes mit gekreuzten Beinen und den Händen auf den Knien. Er trägt einen baskenmützenartigen Hut. Nase und Ohrläppchen sind durchbohrt. Seine ungewöhnliche Kopfbedeckung hat cremefarbene Bänder, die Handgelenke weisen ein Flachrelief auf, möglicherweise als zusätzliche Armbänder (Abb. 177, 178, 181 rechts). Ein Stück weicht durch die cremefarbene Engobe und die eingeritzten Linien auf dem Hut, an der Hüfte und auf beiden Seiten des Gesichts von den stereotypen Darstellungen ab.

„Adelige Adoranten mit runder Kopfbedeckung": Figurengefäße mit Bügelhenkelausguß und cremefarbener Engobe, runder Kopfbedeckung und ähnlicher Haltung wie bereits beschrieben. Der Dargestellte trägt ein kurzärmliges Hemd mit V-Ausschnitt (2 Exemplare) (Abb. 180 links).

„Adeliger Adorant mit eckiger Kopfbedeckung": Einzelstück, das – abgesehen von den auffälligen Seitenspitzen der Kopfbedeckung – den bereits beschriebenen ähnelt (Abb. 180 rechts).

„Sitzende Gefangene": Figurengefäße halbnackter Gestalten mit einfacher Kopfbedeckung, einem Seil um den Hals und entblößten Geschlechtsteilen (15 Exemplare) (Abb. 181 links).

„Hockende Gefangene": Kleine Figurengefäße, die den „Adoranten" des Opferdepots ähneln. Sie sind zwar in demselben Model hergestellt, tragen aber zusätzlich eine Schnur um den Hals (2 Exemplare).[23]

„Große Gefangene": Figurengefäße in Form einer unbekleideten sitzenden Gestalt mit einem Seil um den Hals und einfacher Kopfbedeckung. Bei den Geschlechtsteilen ist nur der Penis angegeben, was möglicherweise auf Kastration hindeutet. Alle weisen Brandverfärbungen auf (13 Exemplare) (Abb. 184 links).

„Gefangene mit runder Kopfbedeckung": Rote Figurengefäße in Form einer ähnlichen menschlichen Gestalt unter Verwendung derselben Model, aber mit kürzerem Hals (6 Exemplare) (Abb. 186 links).

„Anthropomorphe Gestalten": Mittelgroße Figurengefäße in Form einer menschlichen Gestalt mit flügelförmigen Augen, Ohrpflöcken und einem Pektoral mit flachen Ritzungen sowie eingeritzten Armen vor dem Bauch (6 Exemplare) (Abb. 186 rechts).

„Krieger": Mittelgroße Figurengefäße in Form einer stehenden Person mit einfacher Kopfbedeckung, dreieckigem Nackenschutz, Tunika und

185 Einfache sitzende Adoranten

186 Gefangener mit runder Kopfbedeckung und anthropomorphe Gestalt

187 Aufsicht der Nordwestnische mit Figurengefäßen in Form von Adoranten

einem Pektoral, das bis auf den Rücken reicht. Sie trägt eine Keule in der rechten und einen Rundschild in der linken Hand (10 Exemplare) (Abb. 182 links).
„Leguane": Dunkelgraue Bügelhenkelgefäße mit plastischer Modellierung des Motivs (2 Exemplare) (Abb. 179 rechts).
„Einfache Gefäße": Mittelgroßes Kugelgefäß mit kurzem Hals (1 Exemplar).
„Uhus": Rote Figurengefäße mit Bügelhenkelausguß, die einen stehenden Uhu darstellen. Details des Kopfes, des Körpers, der Füße und Flügel (2 Exemplare) sind durch Ritzungen angegeben (Abb. 179 links).
„Kugelgefäße ohne Hals": Abgeflachte Kugelgefäße mit weiter Öffnung und flacher Basis (4 Exemplare). Drei von ihnen tragen eine cremefarbene Bemalung – zwei mit Voluten und eines mit einem geometrischen Muster –, ihr Rand ist durchbohrt, um einen Deckel zu befestigen. Zwei sind groß, die beiden anderen mittelgroß. Zwei konvexe Deckel werden hier mit angeführt, weil sie zu den Gefäßen gehören (Abb. 176).
Fast alle diese Keramiken sind mit Darstellungen geschmückt, deren thematische Bandbreite in engem Bezug zum Gesamtbefund steht. Im Gegensatz zum Beigabendepot im oberen Teil des Grabes, in dem einfache Gefäße vorherrschten, ist bei den hier beschriebenen die Darstellung wichtiger als der Inhalt. Bei den vorgestellten 19 Varianten gleichen die ersten drei denen aus dem Beigabendepot und stellen damit einen direkten Bezug her.
Bei der Aufstellung der Gefäße in der Kammer fällt eine zweifellos symbolische Ordnung auf, obwohl die Stücke durch den Bodendruck und das einsickernde Erdreich zum Teil verschoben wurden und sich nicht mehr an ihrem ursprünglichen Aufstellungsort befanden.
In der Nordostnische wurden insgesamt 26 Gefäße gefunden: sieben sitzende Gefangene, ein korpulenter Adorant mit Ritzdekor, ein großer Gefangener, zwölf Adoranten mit Pektoral, ein einfacher sitzender Adorant, ein Krieger, eine anthropomorphe Gestalt, ein einfaches Gefäß und ein Kugelgefäß ohne Hals, das im Zentrum stand. Vor ihm saßen drei Gefangene mit dem Blick zur Kammer. Andere waren um das Kugelgefäß angeordnet, blickten aber in eine andere Richtung, während sich die Adoranten und andere Gestalten nach Süden orientierten. Der Krieger schien die Szene aus dem Hintergrund zu bewachen.
Die südöstliche Nische enthielt 23 Gefäße: fünf sitzende Gefangene, acht große Gefangene, einen Gefangenen mit runder Kopfbedeckung, einen Adoranten mit Pektoral, vier einfache sitzende Adoranten, einen adeligen Adoranten, zwei anthropomorphe Gestalten und ein Kugelgefäß ohne Hals und mit Deckel, das die Knochen eines vorderen Lamaoberschenkels enthielt. Im Zentrum lag eine Anhäufung von Lamaknochen, die sich ursprünglich wohl in einem inzwischen vergangenen Beutel befanden.
Keine der dargestellten Personen blickte zur Kammer, sie schauten seitlich der Hauptopfergabe auf das Kugelgefäß, als ob es sich um ein Ritual handelte. In dem Raum zwischen den Särgen unterhalb dieser Nische waren 43 Gefäße aufgestellt: drei sitzende Gefangene, vier kor-

pulente Adoranten mit Ritzdekor, vier große Gefangene, sieben Adoranten mit Pektoral, 20 einfache sitzende Adoranten, ein Krieger und ein adeliger Adorant mit eckigem Kopfschmuck sowie drei anthropomorphe Gestalten.

In der Nordwestnische standen insgesamt elf Gefäße: ein Gefangener mit runder Kopfbedeckung, sechs große Adoranten, ein einfacher sitzender Adorant, ein adeliger Adorant und zwei Kugelgefäße ohne Hals. Den meisten Raum nahmen die großen Adoranten ein. Zwei von ihnen richteten vom vorderen Rand aus ihren traurigen Blick auf den Hauptsarg (Abb. 165). Die beiden dahinter standen schräg, in der dritten Reihe schaute einer nach vorn, ein anderer nach hinten. Der Gefangene befand sich in der zweiten Reihe und blickte nach Süden, der sitzende Adorant in der Mitte der dritten Reihe schaute nach Norden. Die Kugelgefäße standen in der vierten Reihe, während ganz hinten der adelige Adorant über den Resten von drei vollständig vergangenen Kürbisschalen hockte. Es handelt sich dabei um das qualitätvollste Tongefäß der Gruppe, das noch seinen Ohrschmuck aus Kupfer trug und zur Kammer blickte.

Die Südwestnische enthielt 14 Gefäße: einen Gefangenen mit kreisförmiger Kopfbedeckung, sechs große Adoranten, vier sitzende einfache Adoranten, einen Krieger, einen adeligen Adoranten und einen Uhu. Die sitzenden einfachen Adoranten am Rand blickten auf den Sarg. In der zweiten Reihe folgten die großen Adoranten, die ebenfalls nach vorn blickten, dahinter alternierend die anderen Darstellungen. Der adelige Adorant stand in der letzten Reihe, vor der Rückwand fand sich neben Abdrücken von Kürbisgefäßen ein Uhu.

Unter dieser Nische und in dem Raum hinter dem Sarg des Standartenträgers fanden wir 86 Gefäße (Abb. 172): zwei hockende Gefangene, 24 korpulente Adoranten, 25 große Adoranten, 17 einfache sitzende Adoranten und sieben Krieger. Es handelt sich dabei um die größte, etwas zusammengedrängte Gefäßgruppe, die von einem Krieger bekrönt wurde. Dabei war eine konzentrische Anordnung der meisten Stücke zu erkennen, wobei auffiel, daß es sich fast ausschließlich um den Typus des „einfachen korpulenten Adoranten" und des „Adoranten mit linker Hand" handelte. Auch die „einfachen sitzenden Adoranten" waren zahlreich vertreten, während die Gefangenen deutlich seltener vorkamen. Hier fanden wir aber die größte Anzahl von Kriegern, als ob diese symbolisch und numerisch die Gruppe der Adoranten schützen sollten.

Die einzige Nische in der Südwand, am Kopfende des Herrschers, enthielt insgesamt sechs Steigbügelgefäße und eine Spondylus-Schale in der Mitte. Im Westen blickten zwei Leguane auf die Särge, auf der gegenüberliegenden Seite standen drei adelige Adoranten und ein Uhu. Die Leguane scheinen eng mit dem Bestattungsthema in Verbindung zu stehen, wie der schon mehrfach erwähnte „Leguan-Mann" beweist (Donnan/McClelland 1979), der den Verstorbenen in die Grabkammer zu senken hilft und in diesem Zusammenhang Muscheln trägt. Durch die „natürlichen" Voraussetzungen seiner Lebensgewohnheiten ist der Leguan geradezu prädestiniert als Bindeglied zwischen den Lebenden

188 Opfergefäße in der Südostecke neben dem Sarg

189 Detail der Gravur an der Basis der kleinen Goldkrone (Kat.-Nr. 149)

in der Oberwelt und der Unterwelt der Toten. Auch ihre biologischen Eigenschaften wurden zweifellos in Beziehung zur Wiedergeburt der Verstorbenen gesehen. Die adeligen Adoranten können ebenfalls auf die seitlichen Personen Bezug nehmen, während die Uhus mit ihren scharfen Augen das Reich der Dunkelheit beherrschen. Wir haben hier zweifellos wichtige Symbole des Totenkults vor uns.

Diese kurze Beschreibung verdeutlicht den symbolischen Gehalt der figürlichen Tongefäße, die in ihrer Anordnung eine Art szenische Aufführung des Totenkults zu präsentieren scheinen. Dabei wird deutlich, daß in unabhängigen Ensembles um zentrale Beigaben vor allem Gefangene, einige Adoranten und die seltsame anthropomorphe Gestalt agieren, die als „Felidenmensch" bezeichnet werden könnte.

Die „entgegengesetzten" Nischen und die westliche enthalten hauptsächlich Adoranten. Die rechte Seite (Osten), wo der Sarg des Kriegerbefehlshabers steht, könnte nicht nur mit dem positiven oder solaren Aspekt, sondern auch mit dem der militärischen und politischen Macht zusammenhängen. Die gegenüberliegende Seite, die dem Standartenträger zugewiesen ist, bezieht sich mit den Adoranten eher auf lunare, religiöse und zivile Aspekte sowie auf Begräbnisthemen. Bei dieser Interpretation stellt sich die Frage, ob es sich bei den Darstellungen um reale Individuen und Persönlichkeiten als Vasallen des Herrschers („Gefangene und Sklaven") und um Höhergestellte („adelige Adoranten") handelt, was möglicherweise auch im numerischen Verhältnis zum Ausdruck kommt. Ihre Umsetzung in Tonfiguren bedeutete dann eine Verewigung dieser Beziehungen.[24]

Wenn wir die Tongefäße in der Kammer mit denen des Opferdepots vergleichen, fallen grundlegende Unterschiede auf. Im Opferdepot bestand die Mehrzahl mit über 70 Prozent aus einfachen Behältern, die ausschließlich für die Aufnahme von Beigaben gedacht waren. Die restlichen verzierten und reliefierten Gefäße beziehen auch andere Themen mit ein, wobei Amputierte, Koka-Kauer und „menschliche Gesichtshälse" dominieren, die Zahl der Adoranten, Adeligen, Gefangenen und Musikanten ist geringer. Ausnahmen sind schließlich die Gefäße mit Uhu-, Hunde- und Leguandarstellungen. Damit ist die zugrundeliegende Idee die der Opferdarbringung und des Rituals, die mit dem Kupferschmuck, den Muscheln, Knochen und der menschlichen Bestattung in Einklang steht. Die Amputierten könnten symbolisch im Zusammenhang mit entsprechenden rituellen Darstellungen stehen, während die Koka-Kauer, „Halsgesichter", „Luftküsser", Adoranten, Adeligen, Gefangenen und Musikanten die gesamte hierarchische Abfolge widerspiegeln, die sich auf ihre spezifischen Funktionen im Leben bezieht und hier auf das Totenritual übertragen ist.

Offensichtlich ist die enorme Anzahl von nur für dieses transzendente Ereignis hergestellten Gefäßen Teil einer symbolischen Inszenierung, die in Einklang mit der Denkweise und der soziopolitischen Organisation der Moche-Gesellschaft stand.

Die mit dem Herrscher bestatteten Individuen hatten in ihrem Rang und ihrer Funktion zu seinem persönlichen Umfeld gehört, wie ihre

Schmuckstücke deutlich machen. Somit können wir hypothetisch von einem „Kriegerbefehlshaber" sprechen, der wahrscheinlich militärische Aktionen durchführte und für den persönlichen Schutz des Herrschers zuständig war. Der „Standartenträger" hatte mit heraldischen Symbolen und Ritualen zu tun und übernahm vielleicht protokollarische Funktionen, während die jungen Frauen wohl Ehefrauen oder Konkubinen waren, deren Position sich in ihrer speziellen Tracht ausdrückte. Hier bedeutete der Metallkopfputz wahrscheinlich den ersten Rang, während die Frau mit dem Pektoral eine untergeordnete Stellung oder andere Funktionen innehatte. Die dritte Frau ohne Schmuck gehörte wohl wie das Kind zum niederen Dienstpersonal. Dem Kind kam jedoch auch eine religiöse Bedeutung in der Erneuerung des Lebenszyklus und der Wiedergeburt zu. Die Aufgabe des „Wächters" oder „Soldaten" mit den amputierten Füßen, dem Helm und dem Rundschild war zweifellos, die Grabkammer zu bewachen und zu schützen.

ART, CHARAKTERISTIKA, BEDEUTUNG UND HERKUNFT DER GRABBEIGABEN DES „SEÑOR VON SIPÁN"

Insgesamt lassen sich die komplexen und unterschiedlichen Beigaben im Sarg des „Señor von Sipán" (Abb. 381) in vier Kategorien unterteilen: solche, die für den Totengebrauch bestimmt sind, und solche, die Zeichen der Macht und des Ranges sind oder im Kult verwendet werden. Zur ersten Gruppe gehören Kleidungs- und Schmuckstücke, die

190 Zeremonialbart und Scheiben aus vergoldetem Kupfer

191 Kupferne Halterungsbänder des Sarges (Kat.-Nr. 95–98)

ausschließlich für die Grablegung hergestellt wurden. So bilden die goldenen Nachformungen von Augen, Nase, Gebiß und Kinnschutz eine mehrteilige Totenmaske (Abb. 140, Frontispiz). Die Metallteile, die die Sinnesorgane ersetzen, bedeuten eine magisch-religiöse Transformation. Im Tod erhält der Herrscher ein neues, unvergängliches, göttliches und ewiges Gesicht. Die Goldscheibe oder Kopfstütze (Abb. 138) gehört wie die Holzbahre, die Umhüllungen und die Totentücher ebenfalls zur erstgenannten Kategorie. Die Gold- und Silberstücke im Mund und in den Händen (Abb. 197) wie auch die Spondylus-Schalen und Meeresmuscheln sind als *pago* (Totenobolus) zu betrachten, als Tribut an die Götter beim Eintritt in die Totenwelt.

Zu den Herrschaftsattributen zählt das Zeptermesserpaar aus Gold und Silber (Abb. 149, 153), das als Kriegssymbol gelten kann. Hierzu gehören auch die Steißschutze und Rasseln (Abb. 164–166), die wie die Scheibenkopfputze mit Zeremonialbart (Abb. 190) und die drei Miniaturwaffensätze (Kriegskeule und Rundschild) Bestandteile der Tracht hochgestellter Krieger waren.[25] Lanzenspitzen (Abb. 206), Dolch, Wurfpfeilsätze und die seltsame furnierte Scheibe (Abb. 328)[26] zählen ebenfalls zu dieser Gruppe.

Schmuckstücke, Embleme und andere Rangabzeichen waren die am häufigsten gefundenen Objekte. Die halbmondförmige Goldkrone war das auffälligste und am besten identifizierbare herrscherliche Symbol (Abb. 162, 163), zusammen mit dem Federkronenkopfschmuck (Abb. 196), den drei Paaren von Ohrpflöcken aus Gold und Türkis (Abb. 113, 117, 118), den Halsketten (Abb. 144, 146, 156, 198), Nasenschmuckstücken (Abb. 194, 195), Muschelpektoralen (Abb. 132, 137, 143, 201–203), dem Schuppenhemd (Abb. 377), dem Emblem mit erhobenen Händen (Abb. 131), dem Felidenkopfschmuck aus Baumwolle (Abb. 135) und den Silbersandalen (Abb. 199). Schließlich können die Standarten (Abb. 121–125) zu den Kultobjekten gezählt werden, da sie mit Kultbildern geschmückt waren, obwohl sie auch in militärischen Umzügen oder Präsentationen mitgeführt worden sein könnten.

Die vorgeschlagene Ordnung sollte nicht als endgültig betrachtet werden, da im Denken der Moche-Gesellschaft verschiedene Verwendungsformen, Funktionen und Bedeutungsinhalte miteinander verbunden gewesen sein können. Der Gesamtcharakter der Beigaben spiegelt aber offensichtlich den außerordentlich hohen Rang der bestatteten Person wider.

Von den nur für den Totengebrauch bestimmten Gegenständen abgesehen, wurde die gesamte komplexe Ausstattung auch zu Lebzeiten benutzt. Sie besteht aus Schmuck, Kronen und Emblemen, die von einem symbolreichen Code geprägt waren, der den Menschen jener Zeit genau bekannt war. Aufgrund ihrer Vielfalt kann kaum bezweifelt werden, daß sie für verschiedene wichtige und spezifische Aufgaben und Rituale bestimmt waren, die der Herrscher ausführen oder denen er vorstehen mußte. Aus der Mochica-Ikonographie wissen wir, daß es solche zyklisch wiederkehrenden Ereignisse gab, die als „Themen“ oder „Szenen“ bezeichnet werden.[27]

Die immer wieder auftauchende Dreiergruppe wie bei den Ohrpflöcken, den Hauptkopfputzen und den Halsketten läßt auf eine entsprechende Anzahl von zentralen Ereignissen im Kosmos der Mochica-Gesellschaft schließen, die darüber hinaus wahrscheinlich auch in der allgemeinen andinen Tradition zu finden sind.[28]

Zweifellos gibt es auch zusammengehörige Kleidungsprivilegien, etwa die halbmondförmige Krone, der Federbuschkopfputz, die Ohrpflöcke mit der Darstellung des „Kriegerherrschers", der Nasenschmuck, das Zeptermesser aus Gold und Silber, das Strahlenpektoral, besondere Halsketten, das Schuppenhemd, die beiden Schellen, der Steißschutz, die Türkisarmbänder und der Gürtel mit Schlangenköpfen. Dieses Ensemble ließ sich teilweise rekonstruieren und steht mit der höchsten hierarchischen Autorität des Herrschers und Gott-Königs in Verbindung, dem die zentrale Position in Bereichen wie „Opfer" und „Kämpfe" von Gefangenen zukommt.

Eine andere Symbolik könnte in den Ohrpflöcken mit der Darstellung der Löffelente, der kleinen Goldkrone, Federkopfputzen, der Kugelkette, dem runden Nasenschmuck, einem nicht erhaltenen Baumwollhemd, vielleicht dem Pektoral mit zoomorphen Motiven und anderen Schmuckstücken wie Armbändern gelegen haben, deren Gebrauch nicht exklusiv war. Die Ohrpflöcke werden vom Hauptakteur eines bekannten Reinigungs- und Fruchtbarkeitsrituals getragen (Hocquenghem 1987), bei dem die Teilnehmer Pfeile mit angebundenen Wasserpflanzen in die Luft werfen. Die heilige Löffelente steht auch mit der Flora und Fauna der Wasserquellen in Beziehung.

Eine dritte kultische Aufmachung schließlich setzte sich wahrscheinlich aus den Ohrpflöcken mit Hirschen, dem Kopfschmuck mit erhobenen Armen und seinem zugehörigen Federschmuck, der Halskette mit den Erdnußfrüchten, einigen der Muschelpektorale, einem Baumwollhemd und vielleicht dem silbernen Steißschutz zusammen. Der Hirsch ist ein Tier, das mit rituellen Treibjagden und Totenzeremonien in Verbindung steht (Hocquenghem 1987), während die Darstellung von Erdnußfrüchten mit ihrer Assoziation zu unterirdischer Reife in einer geschlossenen Schale, ihrer Widerstandsfähigkeit, ihrer langen Haltbarkeit und ihrem hohen Nährwert auf die Wiedergeburtsmythen und damit ebenfalls auf den funerären Aspekt hinweisen könnte. Diese Hypothese widerspricht nicht dem Dualitätsaspekt der Metallkombination, die uns wieder zu der Bedeutung des Gegensatzes Tag – Nacht und Leben – Tod bringt. Auch aus diesem Grund würde man als Pendant einen silbernen Steißschutz erwarten.

Andere Kleidungs- und Schmuckstücke sowie Embleme konnten zu verschiedenen Anlässen getragen werden oder anders zusammengestellt sein, wenn weniger wichtige Zeremonien es erforderten. Dies ist der Fall beim Schuppenhemd und der Scheibenhalskette, die beide beim „Seiltanz" getragen wurden. Wir haben bereits an anderer Stelle darauf hingewiesen, daß der raubkatzenartige Kopfputz aus Baumwolle (Abb. 135) in Beziehung zu den rituellen Wettläufen steht, während der mit Fuchskopf und Zeremonialbart (Abb. 190, 205, Kat.-Nr. 150–155)

192 Zeichnung eines Stoff-Fragments, das ursprünglich zu einem Umhang des „Señor" gehörte

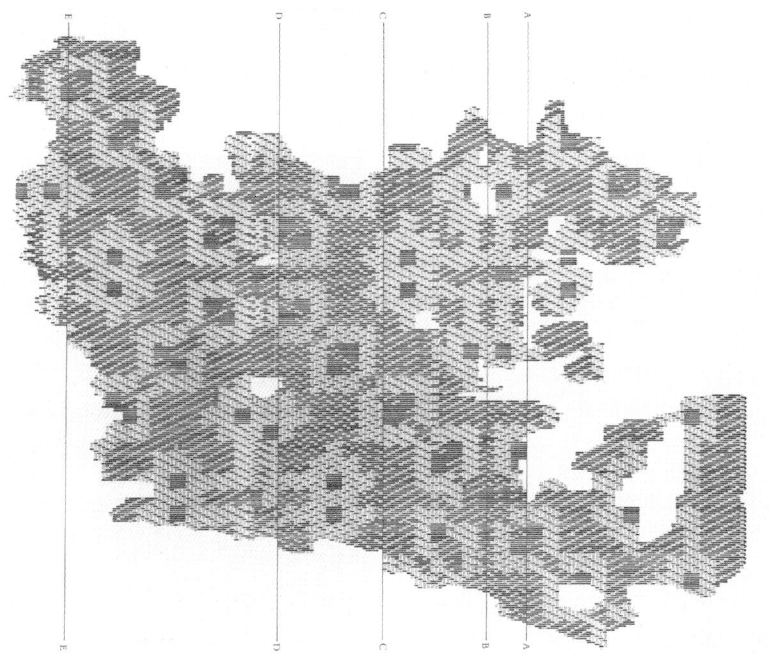

193 Umzeichnung des Musters auf dem Umhang des „Señor"

194/195 Zwei halbmondförmige Nasenschmuckstücke aus Goldblech (Kat.-Nr. 111)

bei Jagden und Zweikämpfen getragen wurde. Die Muschelpektorale gehören zu den am regelmäßigsten auftretenden Stücken. Wenn auch einige von ihnen ihr ursprüngliches Muster verloren haben, so zeigt doch bereits ihre Anzahl den vielfältigen Gebrauch, was auch für die Federbuschkopfputze, den Nasenschmuck und kleinere Objekte gilt.

Zusammen mit den beschriebenen Beigaben fanden sich auch Pinzetten, okarinaähnliche Musikinstrumente und andere „Erinnerungsstücke" aus dem Leben des Herrschers: Gastgeschenke, Kriegstrophäen und Andenken an die Männerweihung.

Traditionell hatten diese großartigen und komplexen, zu Lebzeiten vom Herrscher getragenen Schmuckstücke, Embleme und Kleider nach dem Tod dieselben Funktionen im Totenreich inne. Da sie direkt und untrennbar mit der Person und ihren speziellen Funktionen verbunden waren, konnten sie nicht vererbt werden. Bei der Übernahme der Macht mußte ein nachfolgender Herrscher erneut alle kultisch und politisch wichtigen und notwendigen Embleme für sich herstellen lassen. Hierfür benötigte er spezialisierte Handwerker und den Zugang zu verschiedenen exotischen Materialien, die häufig von weither herangebracht werden mußten. Dies war nur über ein komplexes Netz von kulturellen und Handelsbeziehungen möglich, die so weit entfernte Gebiete wie den Guayaquil-Golf in Ecuador, von wo die hochgeschätzten „Mullu"-Muscheln (Spondylus) und Meeresschnecken (Strombus) kamen, wahrscheinlich auch Chile (für den Lapislazuli) und den Cerro Sapo in Bolivien (für Sodalith) erschlossen. Die Türkise kamen wohl aus einer heute stillgelegten Mine in Südperu oder Bolivien, wie entsprechende Analysen von Proben aus der Moche-Zeit vermuten lassen (Ruppert 1983). Die besondere Wertschätzung des Materials wird in den qualitätvollen Mosaikarbeiten der Ohrpflöcke deutlich, bei denen bereits bearbeitete Türkise, die ursprünglich als Perlen getragen worden waren und deren Bohrlöcher man sorgfältig kaschiert hatte, wiederverwendet wurden (Abb. 113). Das hierfür benötigte Rohmaterial erwarb man im Tausch über verschiedene Zwischenhändler.

Die Herkunft des Goldes ist ebenfalls schwer nachzuweisen, da einheimische zeitgenössische Lagerstätten an der Nordküste bisher nicht lokalisiert werden konnten, was erneut zu einer Hypothese über noch unbekannte, vollständig ausgebeutete Minen, Tauschhandel oder Enklaven zur Ausbeutung der reichen Goldvorkommen in den Flüssen, wie denen des Chinchipe-Beckens im Ostbereich der Anden, führt. Mit seinem schmalen und flachen Hochland bildet das Lambayeque-Gebiet die der Küste am nächsten liegende Scheide zwischen dem Pazifik und dem atlantisch-amazonischen Flußbecken und nimmt damit eine wichtige strategische Position ein, die die vielen goldenen Beigaben in den Gräbern vom Formativum bis zur Lambayeque-Kultur erklären könnte. Das für die Körperbemalung oder die Bemalung der Verstorbenen benutzte Zinnober, ein Quecksilbermineral, stammte wahrscheinlich aus dem peruanischen hochandinen Zentralgebiet im heutigen Huancavelica (Petersen 1970).

Die für den Kopfschmuck benötigten Vogelfedern kamen von der Küste und aus dem Amazonasbecken. Silbervorkommen sind aus dem benachbarten Cajamarca-Hochland bekannt, und das Metall könnte über einen Tauschhandel von dort importiert worden sein. Arsenkupfer für Waffen und Schmuckstücke ist in Lambayeque selbst durch vorspanische Schürfstätten in unterirdischen Gängen bekannt. Somit wird klar, daß die Moche den eigentlichen Anstoß zu einer außergewöhnlichen Entwicklung der Metallbearbeitung gaben und damit eines der beiden Zentren in den Zentral-Anden schufen (Lechtman 1977). Die schon industriell zu nennende Kupferproduktion der auf die Lambayeque-Kultur folgenden Jahrhunderte ist somit ein direktes Erbe der Moche-Kultur.

Wie bei keiner archäologischen Aufnahme zuvor zeigen die geborgenen, meist aus Kupfer bestehenden Objekte fast vollständig die technische Bandbreite bei Legierungen, Oberflächenbehandlungen und Herstellungsverfahren wie Guß, Vergoldung, Intarsien, Treibarbeiten, Ziselieren und Ausschneiden. In Wohnvierteln aus der Moche-Zeit in der Nähe von Sipán konnten wir Werkzeug für die Metallbearbeitung und Schmelzreste finden.

Die verschiedenen organischen Materialien wie Baumwolle, Pflanzenfasern, Holz usw. waren sicherlich lokal verfügbar.

Während der langwierigen Dokumentation der zahlreichen Schichten des königlichen Totenbündels konnten verschiedene Reste von Baumwollstoffen geborgen werden, die zu den Umhüllungen, dem Futter der Metallstandarten, Kleidern, Kopfputzteilen oder Textilanhängern, Umhängen oder anderer Kleidung gehörten. Wegen des schlechten Erhaltungszustands war es schwierig, die Anzahl der Textilien zu bestimmen, abgesehen von den Teilen, die an Metallobjekten hafteten. Während der Restaurierungsarbeiten im Römisch-Germanischen Zentralmuseum in Mainz konnte Heiko Prümers vom Deutschen Archäologischen Institut ca. 20 zu unterschiedlichen Geweben gehörige Textilschichten mit 14 Fragmenten zählen, die den ausgebreiteten und zusammengefalteten Tüchern zwischen Körper und Holzbahre entsprachen. Es handelt sich dabei um Gewebe mit Leinen- und Schußripsbindung, einige davon mit Zierborten. Das Köpergewebe trägt ein Muster aus stilisierten Katzenfischen (Prümers 1995) (Abb. 192, 193).

Das verarbeitete Gold weist unterschiedlich hohe Karatwerte, Färbungen und Oberflächenbehandlungen auf, was auf verschiedene Vorkommen und/oder Legierungen schließen läßt. Das Metall mußte über die für die Herstellung kleiner Stücke wie Ohrpflöcke, Nasenschmuck, Perlen und sonstige Kostbarkeiten notwendige Geschmeidigkeit verfügen, während die größeren Arbeiten wie Rasseln, Steißschutze, halbmondförmige Kronen, Zeptermesser und andere größere Härte und Stabilität benötigten. Von diesen Qualitäten abgesehen, zeigen die paarweise oder als Ensembles gefertigten Stücke mit identischer Bearbeitung, daß sie gleichzeitig in den gleichen Werkstätten hergestellt wurden, was mit dem allgemein einheitlichen Stil übereinstimmt und die Existenz von potentiellen Erbstücken ausschließt.

196 Kupferhalterungen für Federbüsche (Kat.-Nr. 138–140)

An einigen Objekten zeigen sich Abnutzungserscheinungen, etwa an der Scheibenkette (Abb. 156), manche Teile wurden auch später hinzugefügt, z. B. bei der Kugelkette. Beim rechten Ohrpflock des Paares mit der Darstellung des Kriegerherrschers weicht ein Bein leicht vom anderen ab, als ob eines abhanden gekommen wäre und durch ein anderes ersetzt wurde (Abb. 113, s. auch S. 259, Abb. 372). Bei dem anderen Ohrpflock fehlt die Türkiseinlage des Rundschilds. Auch andere verlorengegangene Teilchen an Emblemen und Schmuckstücken des Herrschers lassen auf einen häufigen Gebrauch im Laufe seiner langen Regierungszeit schließen.

197 Drei massive Gold- und ein Silberbarren. Ursprünglich befanden sie sich im Mund, in der rechten Hand, auf dem Leib und in der linken Hand des „Señor" (Kat.-Nr. 126, 127)

Der Symbolwert des Goldes wurde mit der Sonne und den höchsten Attributen des Herrschers als Verkörperung des Strahlenwesens und der damit verbundenen Unvergänglichkeit in Beziehung gesetzt, was die Unterschiede in Färbung und Oberflächenbehandlung erklären könnte. So hat beispielsweise die halbmondförmige Krone im Vergleich zum Steißschutz oder den Rasseln einen leicht abweichenden Farbton. Technisch war die Goldschmiedekunst vollständig und perfekt entwickelt, wobei die präzise und gleichmäßige Oberflächenbehandlung ohne jegliche Hammerspuren bei großen Stücken wie der Krone oder dem Steißschutz unsere Bewunderung verdient. Das Aneinanderfügen von Metallblechen durch Löten oder Schmelzschweißung wurde abwechselnd je nach Dicke und Volumen der Stücke angewendet. Das Zusammenfügen der millimetergroßen Goldperlen an den Armbändern (Abb. 154, 155) und der Dégradé-Kugeln der Kette (Abb. 146) verdient höchste Bewunderung, da die Lötnähte kaum zu erkennen sind. Das Lötmetall des Zepters und der Erdnußkette besteht aus einer Dreikomponentenlegierung aus Gold, Silber und Kupfer, die einen niedrigen Schmelzpunkt hat, einen gleichmäßigen Farbton ergibt und das unauffällige Zusammenfügen der Teile ermöglicht. Alle Goldarbeiten bestehen aus gehämmerten, getriebenen und ausgeschnittenen Blechen. Die einzigen massiven Objekte sind die drei Goldbarren, was ausschließlich auf ihren speziellen Symbolgehalt zurückzuführen ist.

Zum Treiben von Reliefs und dreidimensionalen Objekten benötigte man Hartholzmatrizen oder solche aus massivem Kupfer, damit bei identischen Stücken die Unterschiede möglichst gering blieben. Die ausgeschnittenen Stücke zeigen Schnittspuren von kleinen Meißeln und Sticheln, die auch für Ritzungen und Ziselierungen verwendet wurden. Die Benutzung dieser Werkzeuge verlangte höchste technische Präzision, etwa bei den goldenen Details am silbernen Schaft des Zeptermessers des „Señor" (Abb. 149) oder der Fassung der kleinen goldenen Uhuköpfe am silbernen Knauf seines zweiten Zeptermessers (Abb. 152, 153). Zweifellos handelt es sich dabei um die qualitätvollsten und vielleicht ältesten amerikanischen Arbeiten in dieser Technik der Metallkombination.

Das Silber war ein Symbol für den Mond, das Weibliche, die Nacht und den Osten und steht immer komplementär zum Gold, mit dem es ein Paar bildet. Es wurde ebenfalls in gehämmerten, getriebenen, ausgeschnittenen und gelöteten Blechen verarbeitet. Bei der Herstellung

198 Silberne Halskette aus zehn Köpfen in gereinigtem und restauriertem Zustand

massiver und komplizierter Gegenstände, etwa bei den Zeptermessern, wurde wahrscheinlich die Technik der verlorenen Form angewandt und die Teile mit mechanischem Druck zusammengefügt. Mit Modeln hätte man solche kleinteiligen Arbeiten kaum ausführen können, während der Gebrauch von Matrizen bei der Herstellung identischer Stücke wie den Gliedern der Erdnußkette, den Rasseln und den Kolliers aus kleinen Köpfen jedoch vorausgesetzt werden muß. Die Pinzetten sind die einzigen Arbeiten aus vergoldetem Silber (Abb. 142).
Verschiedene Kupferobjekte sind mit einer extrem dünnen Goldschicht überzogen, die der Metalloberfläche einen besonderen Glanz verleiht. Diese Herstellungstechnik beruht auf einem mehrstufigen, technisch sehr komplizierten Verfahren, dessen Details noch nicht vollständig geklärt sind, das jedoch seit dem Anfang unserer Zeitrechnung existiert und zweifellos die herausragendste technische Errungenschaft der Moche im Bereich der Metallbearbeitung darstellt (s. auch S. 253ff.). Die Wirkung ähnelt der der Galvanoplastik, die erst durch die Entdekkung elektromagnetischer Quellen gegen Ende des 18. Jahrhunderts in Europa möglich wurde. Die Metallhandwerker in Sipán und anderen Küstentälern hatten eine Methode der Kupfervergoldung entwickelt, die auf ähnlichen Prinzipien beruhte. Sie lösten das Gold wahrscheinlich in einer Lösung aus Wasser und Korrosivmineralen wie gewöhnlichem Salz und Kaliumnitrat, die sie aus natürlichen Produkten gewannen, und Natriumhydrogenkarbonat, um den notwendigen Ph-Wert zu erzielen. Die sauberen Kupferstücke wurden dann in diese leicht kochende Lösung eingetaucht, so daß sich durch Elektrolyse eine feine Goldschicht auf der Kupferoberfläche bildete. Die folgende Erhitzung auf 500 bis 800 Grad verbindet dann das Gold endgültig mit dem Kupfer (Lechtman et al. 1982). Das Ergebnis zeigen die Stücke, die wir als „vergoldet“ bezeichnen und die im Grab von einer grünen Kupferoxidkruste bedeckt waren.
Einige Stücke, die wie reines Gold wirken, sind in Wirklichkeit Legierungen aus Gold, Silber und Kupfer. Dabei wurde die Oberfläche später mit Korrosivstoffen behandelt, um Kupfer und Silber zu entfernen, so daß das Gold durch die Erhitzung eine homogene Oberfläche erhielt. Eine detaillierte Beschreibung und Auswertung der gesamten Metallfunde aus dem Grab des „Señor“ wird in einer wissenschaftlichen Veröffentlichung erscheinen, sobald die metallurgischen und physikalischen Untersuchungen unter Leitung des Römisch-Germanischen Zentralmuseums in Mainz abgeschlossen sind (Alva et al., im Druck).
Reines Kupfer wurde meist zu Waffen, Federbuschhalterungen, Spannstäben für Pektorale oder Standarten und Teile kleiner Kopfputze verarbeitet. Der bei der Veredelung der Kupferoberfläche betriebene Aufwand hängt nicht nur mit der offensichtlichen Notwendigkeit zusammen, das Gold sparsam zu verwenden, sondern vermutlich auch mit seinen symbolischen und magischen Fähigkeiten, weniger wertvolles Metall in unvergängliches Gold zu verwandeln.
Die überragende künstlerische Qualität und die virtuose Technik der in dem Grab gefundenen Gegenstände stellen diese auf die höchste Stufe der

200 Kupferne Schlangenköpfe als Gürtelenden

199 Die silbernen Sandalen des „Señor“ (Kat.-Nr. 136, 137)

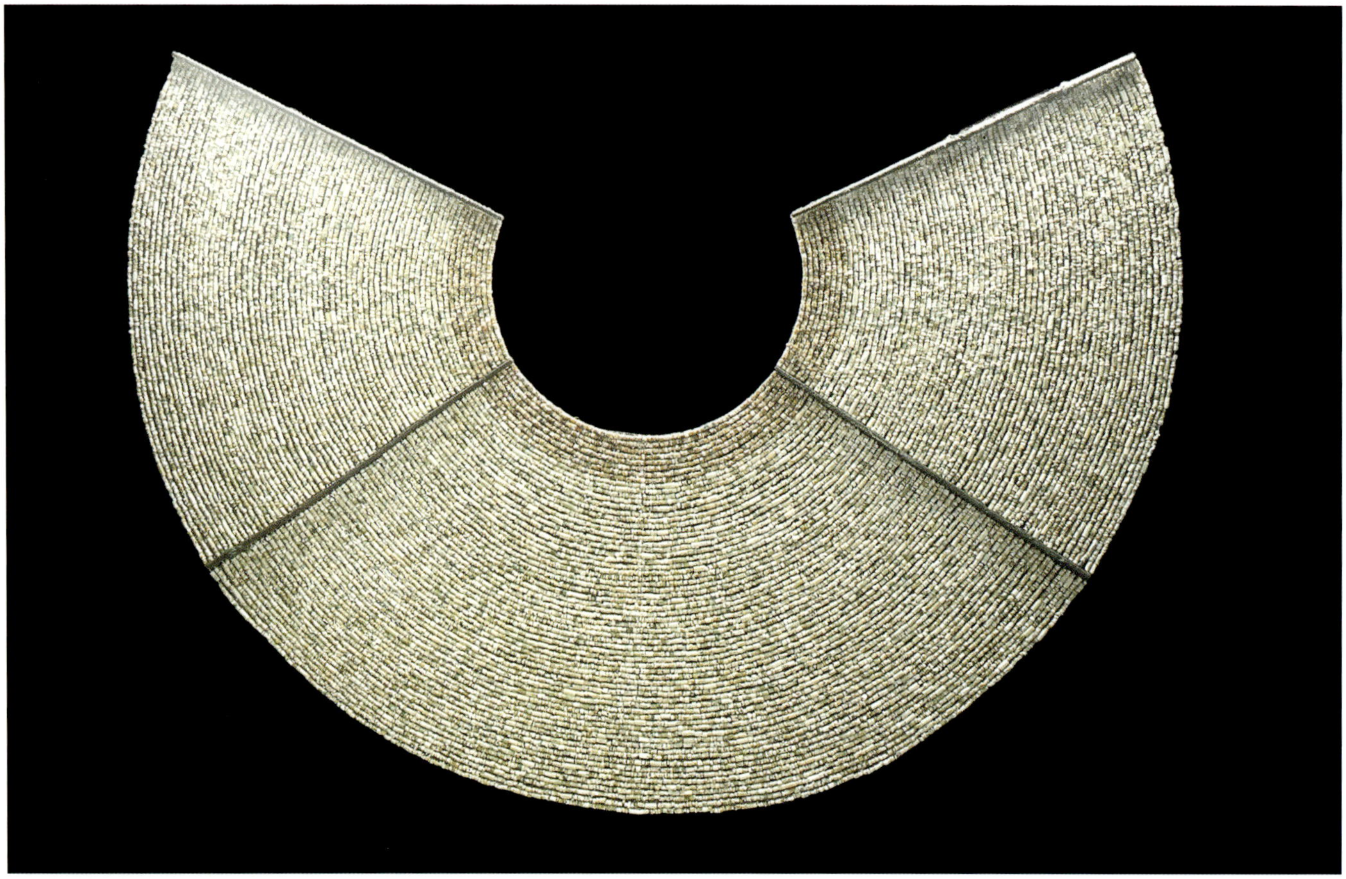

201 Pektoral aus Muschelperlen (Kat.-Nr. 146)

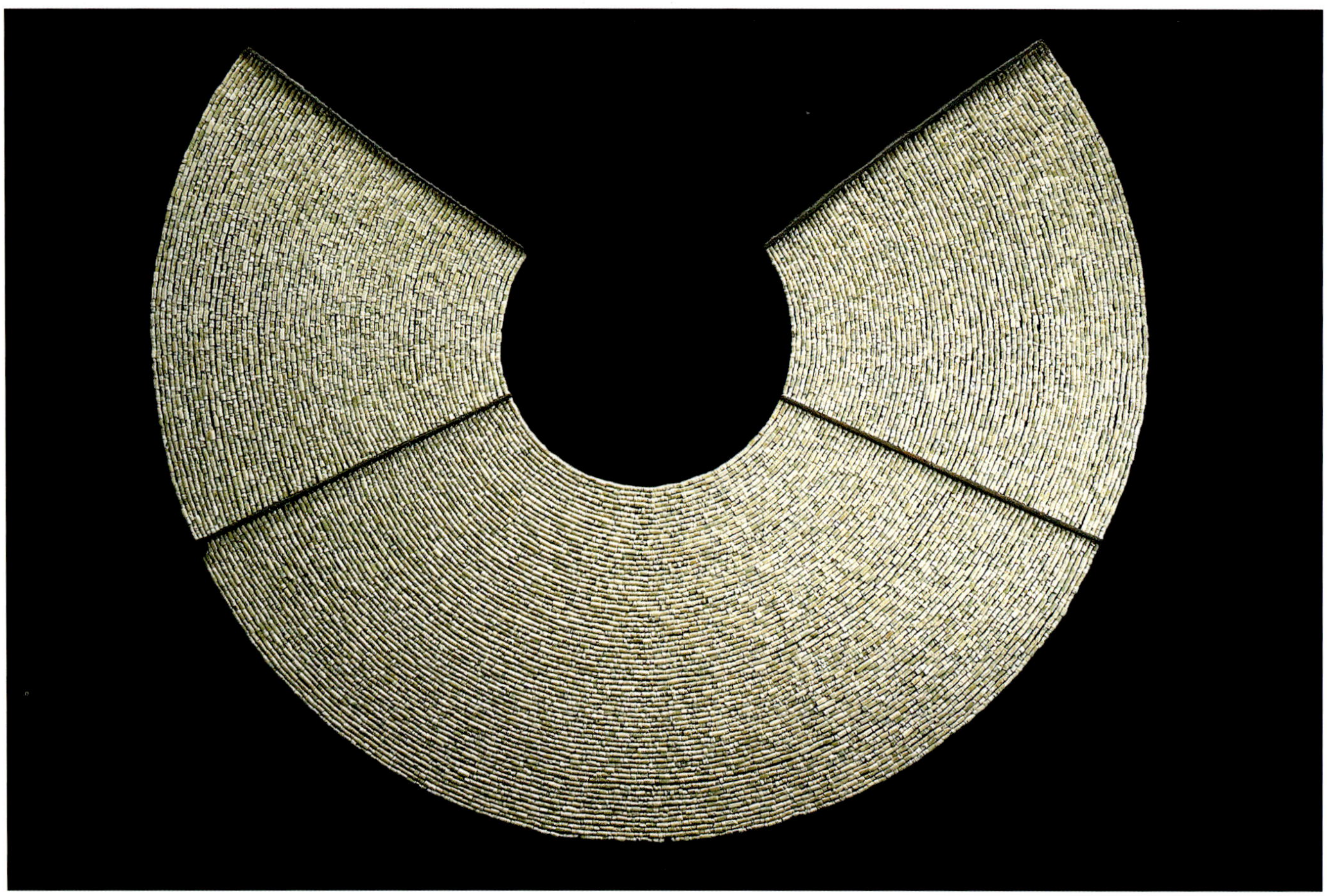

202 Pektoral aus weißen Muschelperlen (Kat.-Nr. 147)

203 (rechts) Pektoral aus Muschelperlen (Kat.-Nr. 104)

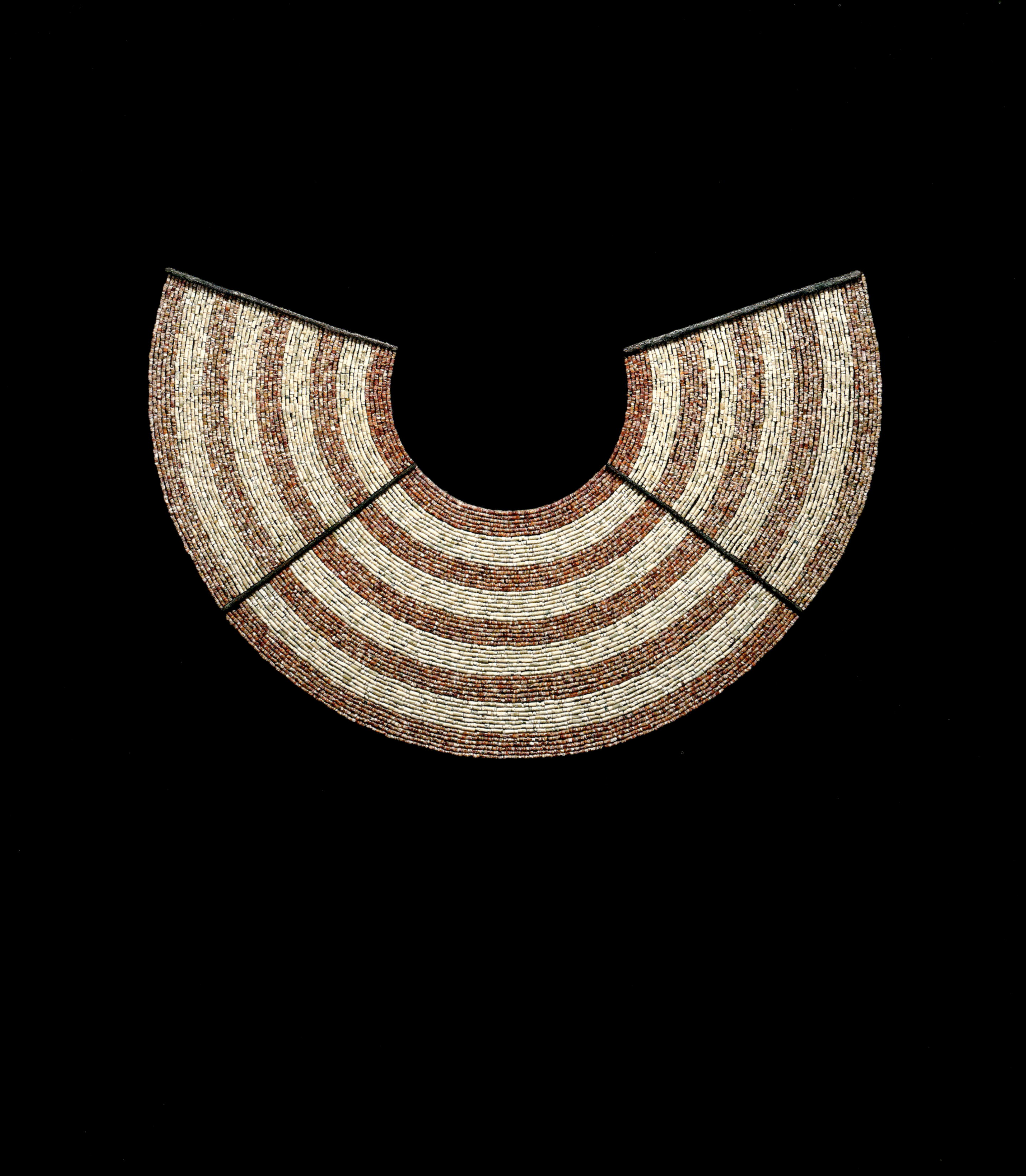

204 Kleine Rasseln aus Kupfer und vergoldetem Kupfer

Goldschmiedekunst und Metallbearbeitung Alt-Perus. Die herausragende ästhetische Gestaltung und die Anwendung verschiedener Techniken bei einigen Stücken sind einzigartige Neuerungen, die eine Periode höchster Blüte und klassischer Schönheit der Moche-Kunst spiegeln.
Die meisten Schmuckstücke und Embleme des Herrschers wie die Ketten, das Zeptermesser, die Schellen an den Kopfputzen und am Gürtel, die Steißschutze und Standartenanhänger tragen in ihrem Inneren Metallstückchen, die sie beim Gehen oder bei rhythmischen Bewegungen zu einer Art Musikinstrument machen.
Die Existenz der zuvor unbekannten Metallstandarten wirft die Frage nach ihrer Funktion auf, die entweder im heraldischen und/oder im religiösen Bereich zu suchen ist, d.h., es handelt sich bei ihnen um dynastische Rangembleme oder Kultbilder.
Die in verschiedenen Schichten und Positionen gefundenen elf Muschelpektorale waren ebenfalls Schmuckstücke von besonderer Bedeutung. Ihre erstaunliche Quantität und vielfältigen symbolischen Muster stehen in direkter Beziehung zum Rang des Herrschers und ihrer Präsentation in der Öffentlichkeit. Wie bereits an anderer Stelle erwähnt, handelt es sich bei ihnen um halbkreisförmige Kolliers, bei denen in mühsamer Kleinarbeit Tausende von winzigen zylindrischen Perlen aus weißen Schneckenschalen und/oder roten oder violetten Spondylus-Muscheln auf Baumwollfäden aufgezogen und von gelochten Kupferspannstäben gehalten wurden. Die Fertigung eines jeden Pektorals verlangte spezialisierte Arbeit und extreme Sorgfalt.
Für einen solchen Kragen mußten zunächst die pigmentierten Teile der importierten Muscheln mit Schnüren und Schleifmitteln in kleine Abschnitte zerteilt werden. Dann schnitt man eine Serie von dünnen Scheiben, die mit Stein- oder Quarzspitzen in der Mitte durchbohrt, auf eine Schnur aufgezogen und in einem letzten Schleifgang in ihre endgültige Form gebracht wurden. Der hohe Arbeitsaufwand läßt auf eine besondere Wertschätzung im alten Peru schließen, was später dazu führte, daß sie als kostbare Tauschobjekte gehortet wurden. Muscheln und Schnecken dieser Spezies werden häufig in den Mythen erwähnt, und sie stellten hochgeschätzte Tribute an die Götter und Opfergaben für die Ahnen dar.
Auf der Grabplattform und in der Nähe des Grabes fanden sich vereinzelt Muschelschalen als Opfergaben. In der Bauverfüllung bargen wir die Reste der Perlenherstellung, was darauf hinweist, daß die Schmuckherstellung in Zusammenhang mit der Funktion des Bauwerks stand.
Schließlich sind die wenigen erhaltenen, ausschließlich aus Baumwolle bestehenden Stoffreste Indizien für den Anbau dieser Pflanze, bei dem man weiße, beigefarbene und braune Fasern erhielt. Bei der Verarbeitung der Baumwolle kamen verschiedene Webtechniken zur Anwendung, durch die verschiedene Gewebe von grobem Stoff bis zu feinen Textilien mit flottierendem Schuß für die Fütterungen der Metallstandarten, die Hüllen für das Totenbündel und die feinen Kleidungsstücke des Herrschers entstanden. Die entsprechenden Auswertungen der Spezialisten werden uns zusätzliche Informationen liefern (s. Abb. 192, 193).

Unsere erste Vermutung, daß es sich bei dem von uns untersuchten Grab um die letzte Ruhestätte einer Persönlichkeit höchsten Ranges in der Mochica-Gesellschaft handelt, wurde durch den Inhalt des Sarkophags bestätigt. Nie zuvor war archäologisch ein ähnlich wichtiges Grab wissenschaftlich aufgenommen worden, von der großartigen künstlerischen Qualität der Beigaben ganz zu schweigen. Als wir den gesamten Befund geborgen und ausgewertet hatten, bestand kein Zweifel mehr, daß wir einen der bedeutendsten Männer seiner Zeit vor uns hatten.

Die hauptsächlich figürliche religiöse Kunst der Moche hat uns eine eindrucksvolle Zahl von Darstellungen überliefert, die sich auf wenige, immer wiederkehrende Themen oder Szenen konzentrieren (Donnan 1976; Hocquenghem 1978; Kutscher 1983; Larco 1938, 1939 u.a.), in denen reale und mythische Wesen wie Menschen mit Tierattributen, Phantasietiere oder -pflanzen, Früchte und anthropomorphe Objekte agieren. Zu den herausragendsten Akteuren aber gehört eine Person, die Opfergaben und Ehrenbezeugungen ihrem hohen Rang gemäß entgegennimmt und allen wichtigen Ereignissen oder Zeremonien vorsteht oder sie anführt. Überraschenderweise ähneln die dort dargestellten Attribute, Embleme und Insignien denen, die wir im Grab von Sipán gefunden haben. Die Wissenschaftler, die sich speziell mit der Ikonographie beschäftigen, nennen diese Person „Strahlenwesen" oder „Kriegerpriester" (Hocquenghem 1987; Donnan 1976). Wir nennen sie „Herrscher" oder „Señor" (in der Muchik-Sprache *siec*) in Anspielung auf ihre Doppelrolle, die der entspricht, die aus den soziopolitischen Verhältnissen der Nordküste bekannt ist und die im Spanischen *Señorío* (nach *Señor*, Herr, Herrscher) genannt wird.

Im Archiv der University of California in Los Angeles befinden sich mehr als 125 000 Fotos von Moche-Objekten aus Museen und Privatsammlungen der ganzen Welt, die Christopher Donnan, ein anerkannter Moche-Fachmann, in jahrzehntelanger Arbeit zusammengetragen und ausgewertet hat. Diese Unterlagen geben uns erste Hinweise zur Identifikation des hohen Würdenträgers, der einer besonders wichtigen Szene vorsteht, bei der es anscheinend um ein militärisches Ritual geht.

Es handelt sich dabei um das Thema der „Vorführung" oder der „Gefangenenopferung" die am vollständigsten in der Abbildung auf S. 149 zu sehen ist. In dieser zweiteiligen Darstellung stehen vier Hauptakteure auf einer oberen Ebene, wobei der linke besonders auffällt, da sich alle anderen Personen zu ihm wenden. Er trägt ein aufwendiges Ornat und einen konischen Helm, der mit einem halbmondförmigen Objekt bekrönt ist. Aus diesem, dem Kopf und den Schultern entspringen Strahlen, die in Schlangenköpfen enden. Ein halbmondförmiger Nasenschmuck und Ohrpflöcke mit Kugelbesatz am Rand vervollständigen seine Ausstattung. Das lange Hemd ist anscheinend mit Metallanhängern besetzt und verweist in seiner alternierend hellen und dunklen Färbung auf die Dualität von Gold und Silber. Vom Gürtel des Mannes

205 Rekonstruktion eines Kopfputzes mit Fuchskopf, seitlichen Scheiben und Zeremonialbart (Kat.-Nr. 150–155)

hängt ein großer Steißschutz mit breitem Blatt, vor seinen Füßen sitzt ein kleiner Hund.

Der Würdenträger hält einen Pokal in der linken Hand, der wahrscheinlich Blut enthält und ihm von der zweiten Person, einem „Vogelmenschen“ mit Flügeln, Kopfputz und Uhugesicht, gereicht wird, der in seiner Linken den zugehörigen Deckel trägt. Hinter ihm steht eine mit einer Tunika bekleidete Frau, die einen weiteren, mit einem Deckel verschlossenen Kelch hält und die als Priesterin identifiziert wurde. Ihr Kopfputz besteht aus zwei oben gezackten und mit Scheibenanhängern verzierten Aufsätzen und Zöpfen, die in Schlangenköpfen enden. Der vierte und letzte Akteur ist ein weiterer wichtiger Würdenträger mit einer halbkreisförmigen Krone, aus der zwei gebogene Blätter und ein Federbusch ragen. Er trägt runde Ohrpflöcke und ein Schuppenhemd. In der unteren Hälfte des Bildes, die von der oberen durch den langen geraden Körper einer mythischen zweiköpfigen Schlange getrennt ist, erkennt man zwei Gefangene, die von zwei Gestalten, einem „Raubkatzenmenschen“ und einer zweiten Person, zur Ader gelassen werden. Links steht eine Sänfte mit Strahlen an der Rückenlehne, die andeuten, daß diese dem Strahlenwesen im oberen Register gehört. In dieser Sänfte, deren Tragebalken in zwei Köpfen enden, sitzt ein raubkatzenartiges Wesen, möglicherweise eine Stoff- oder Metallfigur. Es ist an ein Zeptermesser gebunden, das demjenigen sehr ähnelt, das in der rechten Hand des Herrschers gefunden wurde. Ganz links schwebt eine „Ulluchu“-Frucht. Hier wird deutlich, daß es zahlreiche Parallelen zwischen dieser Darstellung und dem Grabbefund gibt.

Wir sehen also, daß in diesem komplexen ikonographischen Programm mythische, in Rang und Funktion verschiedene Wesen an einer realen oder imaginären Zeremonie teilnehmen, deren Bedeutung über das einfache Blutopfer hinausgeht und die deshalb eine tiefergehende Auswertung verdient.

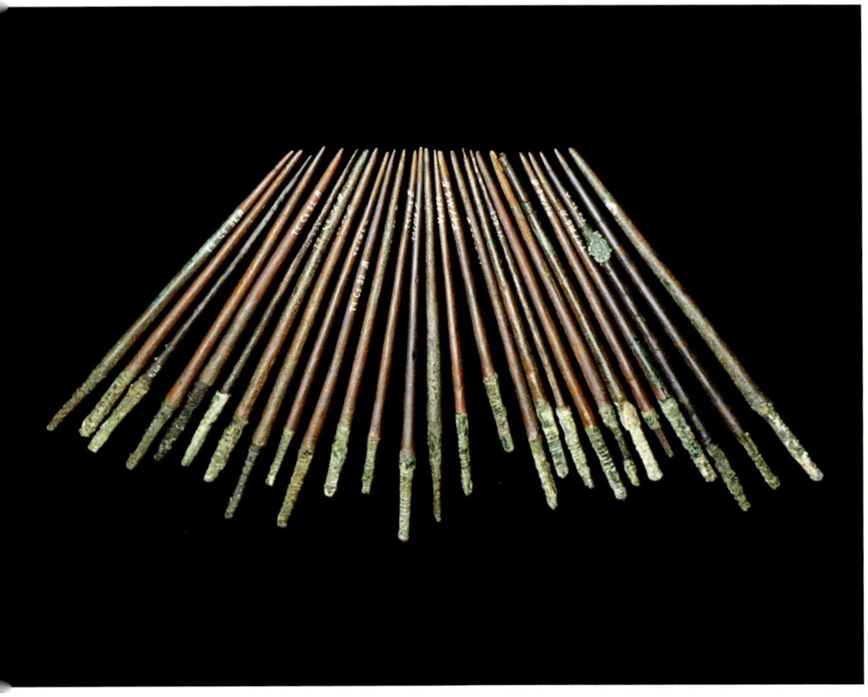

206 Pfeilspitzen aus dem Grab des „Señor“ (Kat.-Nr. 157–161)

Verschiedene Autoren bringen diese mit rituellen Zweikämpfen in Verbindung; kriegerische Auseinandersetzungen, Waffen, Embleme, Gefangennahmen und die darauffolgende Opferung der Besiegten wurden immer wieder in der Moche-Kunst dargestellt und müssen deshalb von besonderer sozialer Bedeutung gewesen sein. Es fällt jedoch auf, daß solche Auseinandersetzungen nicht in Form von großen Schlachten oder ungeordneten Angriffen stattfanden, sondern als Einzelkämpfe, hauptsächlich in Wüstengebieten. Die Krieger kämpften allein oder in Paaren mit konventionellen Waffen und wahrscheinlich nach strengen Regeln. Der Kampf endet gewöhnlich mit der Gefangennahme des Besiegten, wenn er vom Gegner Keulenhiebe erhält oder den Kopfputz bzw. den Helm verliert (Abb. S. 42).

Waffen und Kleidung werden als Trophäen vom Sieger fortgetragen. Der Besiegte muß ihm mit einem Strick um den Hals zum Prozeß und später zur Opferung folgen. In einigen Szenen zeigt die Haut der Krieger Muster, die an die Ritzungen auf den Tongefäßen in der Grabkammer erinnern. Dies läßt auf die Existenz von Kriegerkasten schließen, mit streng geregelten und zyklisch stattfindenden rituellen Kämpfen, deren

Tradition sich im Andenraum erhalten hat (Rowe 1946; Valcárcel 1946; Hartmann 1972; Alencastre/Dumézil 1953; Gorbak/Lischetti/Muñoz 1962).

Die Rangabzeichen, Insignien und anderen Funde mit auffällig militärischer Symbolik wie auch die Existenz von Begleitern, Waffen und entsprechenden Darstellungen im Grab lassen keinen Zweifel an der hohen militärischen Autorität des Herrschers. Wahrscheinlich lag seine Funktion unter anderem auch darin, Kämpfe, Verurteilungen und Opferungen zu leiten und damit reale wie mythische Aufgaben im religiösen und soziopolitischen Bereich in der Moche-Gesellschaft zu erfüllen. Wir haben bei der vergleichenden Auswertung jedoch auch Schmuckstücke, Embleme und Rangabzeichen des Herrschers entdeckt, auf denen andere Szenen wiedergegeben sind, in denen der Herrscher ebenfalls die Hauptrolle spielt. Darunter befindet sich das sogenannte Reinigungsritual (Hocquenghem 1987), bei dem reichgekleidete Personen Wasserpflanzen mit Pfeilschleudern in die Luft katapultieren. Bei einer dieser Darstellungen steht die Hauptperson mit Ohrpflöcken, auf denen eine Löffelente dargestellt ist, Pektoral mit Schlangenverzierung und Armbändern auf einer gestuften Plattform. In einer anderen Szene trägt sie eine halbmondförmige Krone mit Strahlen und einen Kopfputz, der in Schlangenköpfen endet. In diesem Ornat werden auch Trankopfer dargebracht, ebenso ist die „Ulluchu"-Frucht zu erkennen. Dieses mit der Fruchtbarkeit im allgemeinen und der der Flüsse im besonderen in Zusammenhang stehende Ritual läßt auf die Existenz von Fruchtbarkeits- und Reinigungszeremonien schließen.

Ein anderes wichtiges Thema ist die rituelle Hirschjagd, die möglicherweise mit der Unterwelt, mit Sühneopfern und Gedenkfeiern in Verbindung stand. In den naturalistisch wirkenden Szenen jagen hochgestellte, an ihrer Kleidung erkennbare Würdenträger mit Pfeilschleudern Hirsche, die von Hunden und Treibern in aufgespannte Netze getrieben werden (Abb. S. 236). Es handelt sich hierbei um heilige Jagden, die heute „chaco" genannt werden. Die Ohrpflöcke mit Hirschdarstellung, der Pfeilsatz und die Kopfputze mit einem Fuchskopf sind bei diesen Jagden wohl vom Herrscher getragen worden. Aus der Liste der beschriebenen Grabbeigaben wird außerdem deutlich, daß ein Großteil der Objekte auch mit diesen Riten in Beziehung stand.

Der in den obersten Schichten des Sarkophages geborgene baumwollene Kopfputz mit Winkelverzierung (Abb. 135) scheint von den Teilnehmern der rituellen Rennen getragen worden zu sein, wie die entsprechenden Darstellungen zeigen. Diese Läufe waren als Teil der Einführung in das Krieger- und Erwachsenenleben auch eine wichtige Etappe im Leben der Moche-Männer.

Sollte diese Deutung zutreffen, würde es sich bei dieser Kopfbedeckung um eine Art Jugenderinnerung des Herrschers handeln. Der gleiche Kopfputz wird aber auch beim „Bohnenspiel" getragen, bei dem mit bestimmten Zeichen versehene Bohnen in einer Art Orakel „gelesen" werden. Auch hier sieht man wieder die „Ulluchu"-Früchte, deren

207 Zylindrisches Armband oder Köcherrand mit Uhudarstellung

Reste erstmals unter den Grabbeigaben geborgen werden konnten und die erneut den speziellen Charakter des Herrschers betonen und ausschließlich mit seinem hohen Rang assoziiert werden.

In den Darstellungen der rituellen Tänze mit einem langen Seil tragen die männlichen Teilnehmer Schuppenhemden mit quadratischen Metallplättchen, die auch den Kopfputz bedecken. Die Hauptperson trägt einen Kopfschmuck mit halbmondförmiger Krone und Federbüschen, Ohrpflöcke, einen Steißschutz und ein langärmliges Schuppenhemd sowie eine Scheibenhalskette (Abb. S. 53). All diese Trachtteile kann man auch im Grabkontext wiedererkennen, und sie spiegeln so die besondere Rolle des Herrschers bei dieser wichtigen Zeremonie wider.

Den Satz der Strahlenkopfputze und seine mögliche Beziehung zum Militär, die in den Kampf- und Opferszenen deutlich wird, erkennt man auch bei der Person, die mit dem solaren Aspekt und dem Krieger in Verbindung steht, der die Ordnung nach dem Aufstand der Artefakte wiederherstellt, kommandiert vom „Vogelmenschen" oder „Herrn der Nacht". Diese wiederholte Anspielung auf die Aufrechterhaltung der Ordnung und des Gleichgewichts macht deutlich, daß dies wohl die sakrale Hauptfunktion des Herrschers gewesen ist. So wird die Dualität Gold – Silber bei verschiedenen Schmuckstücken und Emblemen verständlich, die die Idee des Gleichgewichts zwischen den beiden Hauptkräften, Elementen und entgegengesetzten Welten verkörpern. Durch diese Symbole wird die göttliche Macht und Verantwortung des Herrschers für die Aufrechterhaltung des Gleichgewichts der Welt mit ihren gegensätzlichen, aber doch komplementären Kräften wie Tag und Nacht, Tod und Leben, negativ und positiv, männlich und weiblich versinnbildlicht.

So wird der Herrscher real oder fiktiv bei jedem sakralen oder politischen Ereignis präsidiert haben, womit als bewiesen gelten kann, daß es sich bei der Gestalt in den Darstellungen nicht um eine rein mythische handelt, wie man früher dachte, sondern daß die Person, die wir in ihrem Grab entdeckten, gerade diese Ambivalenz verkörperte.

So haben wir nun die vielen Aspekte kurz untersucht und festgestellt, daß die Gegenstände, die Herrschaft, Macht, und Rang versinnbildlichen, Attribute der höchsten sozialen Stellung waren. Ihre spezielle Symbolik wird von den Vasenbildern bestätigt und läßt eine dreifache Macht erkennen: die politische, militärische und religiöse.

Der Herrscher besaß wahrscheinlich – wie in den soziopolitischen Strukturen des Andenraumes üblich – für seine Untertanen und in seinem historisch-räumlichen Kontext denselben hierarchischen und halbgöttlichen Rang wie ihn der Inka im *Tauantinsuyu*, dem Inkareich, innehatte. An der Spitze eines Regionalreiches übte er seine Macht im Rahmen der überlieferten Gebräuche und lokalen Traditionen im Lambayeque-Tal zwischen dem 2. und 3. nachchristlichen Jahrhundert aus. Sein Status und seine Machtbefugnisse wurden innerhalb einer als heilig geltenden Adelskaste weitervererbt, die wie in allen Gesellschaften Alt-Perus ihre Herrschaftsansprüche mit ihrer göttlichen Herkunft rechtfertigte.

208 Gesamtansicht des Grabes des Priesters bei der Freilegung

DAS GRAB DES PRIESTERS

Während wir im Grab des „Señor" arbeiteten, konzentrierte sich ein anderer Teil der Grabungsmannschaft auf die Oberflächenaufnahme und den Aushub in anderen wichtigen Abschnitten der Plattform. Mit dem Ziel, die Architektur genauer kennenzulernen und mögliche weitere Depots oder Gräber zu entdecken, begannen wir, den äußersten Südwesten der Plattform (Grabungseinheit II c) zu untersuchen. Die ersten Schichten dieser Einheit enthielten nur Füllmaterial und fragmentarisches Fundgut. Danach fanden wir Mauerreste, die möglicherweise zu oberirdischen Räumen gehört hatten. Direkt darunter zeichnete sich in der ungestörten Lehmziegeloberfläche ein regelmäßiger symmetrischer Füllungsbereich ab, der dem des ersten Grabes ähnelte. Mit dem Fortschreiten der Grabung erwies dieser sich als eine 4 x 4 Meter große Öffnung, die nach den Himmelsrichtungen orientiert war (Abb. 208).

In ihrer Nähe fanden wir als Opfergaben einen Lamaschädel, die Pfoten des Tieres sowie einige Opfergefäße. Aufgrund unserer jüngsten Erfahrungen und durch eine genaue Untersuchung der Seitenwände kamen wir schnell zu dem Schluß, erneut ein Grab gefunden zu haben. Nachdem wir die Verfüllung schichtweise zwei Meter tief abgegraben hatten und klar wurde, daß es sich erneut um eine sehr gleichmäßige Füllung aus körniger Erde mit Lehmziegelbrocken handelte, fanden wir einen weiteren Lamaschädel. Im westlichen Bereich zeigten sich wenige Zentimeter weiter unten Ablagerungen und elliptische Linien, die auf eine in der Nähe befindliche organische Substanz schließen ließen.

Kurze Zeit später kamen die Abdrücke eines vergangenen Rohrsarges zum Vorschein, der das Skelett eines jungen, mit dem Kopf nach Nor-

209 Gesamtansicht des Skeletts des Priesters mit seinen Rangabzeichen und Schmuckstücken

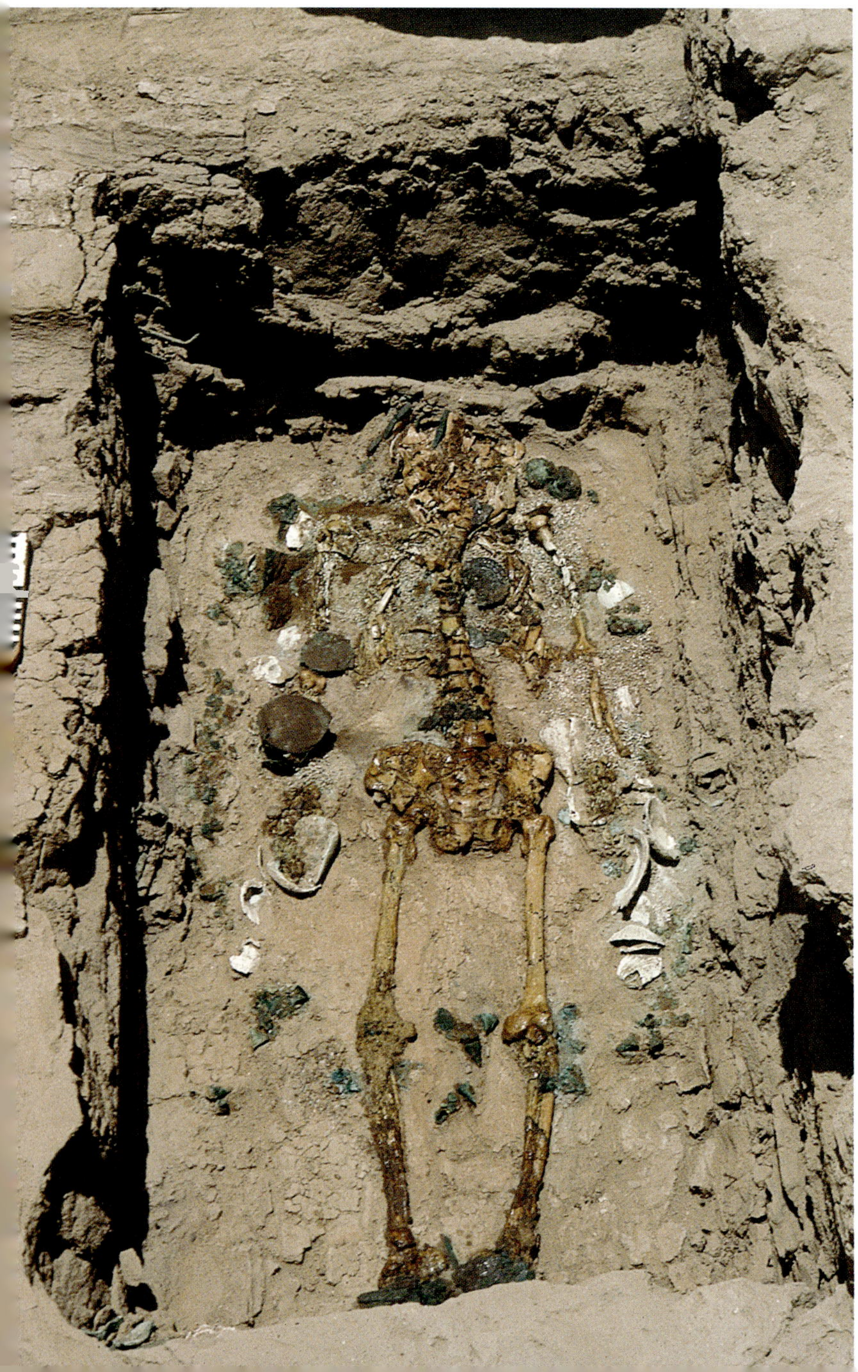

den ausgestreckt auf dem Rücken liegenden Mannes enthielt. Dem recht gut erhaltenen Skelett fehlten die Fußknochen, weil ihm die Füße vor der Grablegung mit einem sauberen Schnitt unterhalb der Knöchel amputiert worden waren. In seiner rechten Hand lag eine Tonschale, deren Griff in einem Kopf mit Verzierungen endete, die denen des Hauptohrpflockpaares des „Señor" entsprechen, so daß es sich wahrscheinlich um ein herrscherliches Attribut handelt. Im Hüftbereich fanden wir eine große halbmondförmige Kupferkrone, die im unteren Teil mit einem Relief in Form eines menschlichen Gesichts mit Ohrschmuck und einem der Krone ähnlichen Kopfputz geschmückt war. Ein Kupferstab als Griff eines Federfächers gehörte ebenfalls zur Ausstattung. Um den Schädel und im Hüftbereich konnten wir nach sorgfältiger Freilegung insgesamt 14 vergangene „mates" (Kürbisgefäße) ausmachen, die nur noch aus der Lehmfüllung im Inneren bestanden und äußerlich keinerlei Pflanzenreste mehr aufwiesen. Damit war klar, daß es sich wohl wieder um einen „Wächter" handelte, bei dem jedoch auffiel, daß er keine Waffen oder militärischen Embleme trug.

Während wir das Grab zeichneten und sicherten, wurde die Grabung im übrigen Bereich fortgesetzt. Es kam eine Füllung mit vollständigen und zerbrochenen Lehmziegeln in drei Schichten ans Licht, die oberste mehr oder weniger unregelmäßig, die zweite etwas homogener und schließlich die untere mit vollständigen Ziegeln im Bauverband als Teil eines Bodens. Unter diesem kamen die vergangenen Reste von Holzbalken als Dach einer Grabkammer zum Vorschein. In ihrem mittleren Bereich zeigte sich ab der ersten Ziegelschicht ein 80 Zentimeter breites Loch als Folge eines Einsturzes, das sich nahe dem Dach auf über 1,50 Meter in seiner nordsüdlichen Ausrichtung erweiterte. Die Ziegel aus der Grube, die für die Bestattung ausgehoben worden war, trugen Herstellermarken und hatten ursprünglich als Versiegelung der unteren Grabkammer gedient. Durch die Feuchtigkeit waren wie im Grab des „Señor" Sedimente eingedrungen und hatten die Kammer völlig ausgefüllt.

17 Algarrobo-Balken von 2,80–3 Metern Länge bildeten das Dach. Die vergangenen Hölzer von ursprünglich acht bis zwölf Zentimetern Durchmesser ruhten auf drei längsgelegten Balken im Osten und einem wesentlich dickeren im Westen. Durch das Eindringen der Sedimente hatte sich der 0,95 x 1,85 Meter große Sarg in der Kammer genau abgezeichnet. Im Unterschied zum Grab des „Señor" war der gesamte Deckel bis zur Hälfte des Sarginneren abgesackt, während die Kupferbänder an den Ecken oben geblieben waren. Eine sorgfältige Freilegung ließ erkennen, daß der Deckel aus drei Brettern von jeweils 25 bis 35 Zentimetern Breite bestand.

Wir standen also erneut vor einer intakten Bestattung, was zu Spekulationen über ein mögliches zweites Königsgrab führte. Die Form des Grabes, das Wächterskelett und die Grabkammer mit dem in der Mitte stehenden Sarg deuteten ebenso darauf hin wie die recht ähnliche Zeitstellung, denn auch dieses Grab war in der letzten Bauphase in die Plattform eingebracht worden.

Bei der Dokumentation des Sarginhalts gingen wir nach derselben Methode vor wie beim Grab des „Señor“, wobei wir feststellten, daß der Verstorbene und seine Beigaben ursprünglich in einen groben roten Stoff gehüllt waren. Unter den Abdrücken des Sargdeckels fanden sich die Reste eines ersten Baumwolltuches, das das Totenbündel umschloß. Darunter kamen Dutzende von Kupferplättchen zum Vorschein, die möglicherweise auf ein weiteres, inzwischen vergangenes Tuch in Form eines Schuppenumhangs mit Kegeln am Saum genäht gewesen waren. Es könnte sich dabei um ein Kleidungsstück oder eine Standarte gehandelt haben, die den Leichnam von den Schultern bis unterhalb der Knie bedeckte.

Bereits in dieser ersten Schicht des Totenbündels ließ sich erkennen, daß der darunterliegende Verstorbene ausgestreckt mit dem Kopf nach Süden ruhte. Zu beiden Seiten des Schädels lagen zwei große, runde Ohrpflöcke aus vergoldetem Kupfer mit Türkis- und Goldeinlagen von 10,5 Zentimetern Durchmesser, die durch die Bodensenkung und den Druck zerbrochen waren (Abb. 210, Kat.-Nr. 163, 164). Diese einzigartigen Schmuckstücke bestanden aus auf Holz montierten Metallteilen und Türkissteinchen. Jedes hat eine vergoldete Randleiste mit Drei-

210 Ohrpflöcke des Priesters aus vergoldetem Kupfer, Gold und Türkiseinlagen in gereinigtem und restauriertem Zustand (Kat.-Nr. 163, 164)

ecken und aufgesetzten Kugeln, die aus einem Stück ausgeschnitten und getrieben waren. Auf dem Türkismosaik, das den Hintergrund bildete, lag ein dünnes, schmales Goldband mit kegelförmigen Erhebungen. In der Mitte saß ein kleines goldenes Gesicht mit mandelförmigen Augen, geschlossenem Mund und Ohrpflöcken, das mit Hilfe winziger Nägel oder Klammern montiert war.

Ein ovaler Nasenschmuck aus Gold und Silber war vom Gesicht gerutscht (Abb. 217 links, Kat.-Nr. 166). Die silberne Hälfte hatte sich völlig zersetzt, nur die goldene war erhalten. Sie zeigt in Treib- und Ausschnittarbeit einen mit Keule und Schild bewaffneten Krieger mit Kopfputz und Nasenschmuck, der von einer kleineren, einfach gekleideten Gestalt mit erhobenen Armen begleitet wird. Nahe der Mitte ist eine dritte Gestalt, wahrscheinlich ein weiterer Krieger mit Schild, zu erkennen. Der untere Rand des Nasenschmucks ist mit Türkisperlen besetzt, die ursprünglich wohl von einer Kette stammten und in die konkaven Metallfassungen eingelegt wurden. Die silberne Hälfte hätte mit ähnlichen Türkisen besetzt sein müssen, die bei der Grabung jedoch nicht gefunden wurden, was darauf schließen läßt, daß dieser Teil mit einem anderen, heute vergangenen Material dekoriert war.

Rechts neben dem Kopf befand sich ein zweiter elliptischer, konvexer goldener Nasenschmuck, der dem aus dem Grab des „Señor" glich (Abb. 217 rechts, Kat.-Nr. 165). In seine Rückseite waren grob zwei Kriegskeulen ziseliert. Diese Verzierung war beim Tragen nicht sichtbar und könnte als symbolischer Schutz für den Träger gedacht gewesen sein. Um den Hals trug er eine Kette aus neun etwa sechs Zentimeter hohen Menschenköpfen aus vergoldetem Kupfer, die trotz der starken Oxidierung ein ausdrucksstarkes Gesicht mit geöffnetem Mund und weißen Zähnen aus geschnittenen und eingelegten Muschelschalen zeigen (Abb. 211, 212, Kat.-Nr. 168). Die weit vorstehende Nase und die Stirnfalten verleihen ihnen das Aussehen alter Männer.

Auf der Brust lag ein zweites Ensemble von Köpfen aus vergoldetem Kupfer, die in Größe, Stil und Erhaltungszustand den ersten entsprachen. Lediglich der Ausdruck der kleinen Gesichter unterscheidet sich durch die heruntergezogenen Mundwinkel, bei denen ebenfalls die Zähne sichtbar bleiben, und eine Einkerbung über der Stirn (Abb. 213, 214, Kat.-Nr. 167).[29] Wenig menschlich wirken die Ohren, die in dieser Form eigentlich mit mythischen Wesen assoziiert werden. Somit handelt es sich wohl um ein Paar symbolischer Schmuckstücke, deren Dualität auf Tod und Leben, auf zwei Gottheiten, die diese verkörpern, oder auf die Symbolik eines Zyklus Bezug nimmt. Jeder Kopf bestand aus zwei aneinandergelöteten Hälften mit seitlichen Bohrungen für die Schnüre, die zwischen den einzelnen Gliedern durch dünne Halterungszylinder liefen. Unter dieser Halskette befand sich eine Schicht von weißen Muschelperlen, die zu zwei Pektoralen mit entsprechenden kupfernen Spannstäben gehörten. Die unteren Perlen waren größer und bedeckten auch den Rücken des Skeletts.

Als diese Fundstücke geborgen waren, lag das Skelett fast frei (Abb. 209). Es handelte sich um einen etwa 35–45 Jahre alten, ca. 1,60 Meter

211 Vollständige Halskette mit lachenden menschlichen Gesichtern (Kat.-Nr. 168)

212 Einer der Köpfe in gereinigtem und restauriertem Zustand mit Zähnen aus Muschelkalk

213 Kopf aus vergoldetem Kupfer mit einem Totengesicht

214 Die vollständige Halskette in gereinigtem und restauriertem Zustand; ein Gesicht wurde im Originalzustand belassen (Kat.-Nr. 167)

großen Mann, wie die in der Grabung vorgenommenen Untersuchungen ergaben. Die Muskelansätze waren stark entwickelt, und es gab keine Krankheitszeichen oder solche für Unterernährung. Auf der Brust und dem rechten Arm lagen zwei Kupferscheiben mit Anhängern, die wohl Teile eines vergangenen Kopfschmucks gewesen sind. Neben der rechten Hand lag ein Metallbecher von zehn Zentimetern Durchmesser mit einem zugehörigen Deckel (Abb. 218). Dies erinnerte uns sofort an die häufig dargestellten Kelche in den Opferszenen oder bei rituellen Trankopfern zwischen dem „Strahlenwesen", dem „Kriegerpriester" oder dem „Señor", der offensichtlichen Verkörperung dieser Gestalten, und einer zweiten Person, der die in diesem Sarg bestattete entsprechen würde (Abb. S. 149). So bezeichneten wir diesen Mann als „Priester". Links vom Körper fanden wir zwei kleine halbkreisförmige Kupferrasseln, die denen aus dem Grab des „Señor" ähnelten und am Gürtel hingen oder mit Schnüren am Kopfputz befestigt waren. An beiden Handgelenken trug der Tote einfache Muschelarmbänder ohne Spannstäbe. Die nach unten gebogenen Füße steckten in Kupferschuhen mit schmalen zusätzlichen Metallbändern, die Zehen und Spann bedeckten und sich damit von den Sandalen des „Señor" (Abb. 199) unterschieden.

Der schlechte Erhaltungszustand ließ aber keine genaueren Details erkennen. Vier Kupfergriffe für Federbüsche konnten ebenfalls geborgen werden.

Um den Körper waren Spondylus-Schalen und Schnecken der Art *Conus fergussonii* und nahe den Füßen zwei vergangene Kürbisschalen verteilt. Zur Linken entdeckten wir kleine durchbohrte Schmuckobjekte, die wahrscheinlich zu zerfallenen Standarten oder Emblemen gehört hatten. Neben der linken Hand lag ein runder silberner Barren von zwei Zentimetern Durchmesser. Unter den Wirbel- und Hüftknochen fand sich ein 28,6 Zentimeter großer Steißschutz, der je zur Hälfte aus Gold und aus Silber bestand (Abb. 215, Kat.-Nr. 170). Bei seiner Bergung bemerkten wir, daß er am Griff durchbohrt war und sich Reste einer dicken Halteschnur erhalten hatten. Bei der Reinigung und Restaurierung dieses typischen Militäremblems wurde die komplizierte Herstellung der beiden Hälften deutlich, die mit sechs Metallnieten verbunden und verschweißt sind. Zum ersten Mal konnte damit ein bimetallisches Stück archäologisch dokumentiert werden, das in der Moche-Keramik häufig als zweifarbiger helldunkler Steißschutz wiedergegeben ist. Wie bei dem beschriebenen Nasenschmuck ist die Dualität – statt in zwei Objekten Ausdruck zu finden wie im Grab des „Señor“ – in demselben Stück vereinigt, was wohl mit dem niedrigeren Rang des „Priesters“ zusammenhängt.

Unter dem Körper und dem Steißschutz konnten wir die Reste von zwei 25 Zentimeter breiten Holzbrettern ausmachen, die anscheinend mit Baumwollschnüren und darunter angebrachten Querhölzern zu einer Bahre zusammengefügt worden waren (Abb. 383). Wie im Grab des „Señor“ diente sie zur Festigung des Totenbündels in seiner endgültigen Umhüllung. Auf diesen Brettern und unter dem Schädel lag ein 59,5 Zentimeter breiter Kopfputz aus vergoldetem Kupfer, der einen Uhu mit Türkisen und Muscheleinlagen in den Augen und ausgebreiteten Flügeln darstellte (Abb. 216). Der als Relief gearbeitete Vogelkörper wurde mit einer geschmiedeten und ausgeschnittenen Metallplatte verstärkt, die auch die Achse für die drei Flügelpaare bildet, an denen runde und tropfenförmige Metallplättchen hängen. Schmale rechteckige Bleche sollen die Federn wiedergeben. Diese beweglichen Anhänger funkelten beim Tragen sicherlich eindrucksvoll im Sonnenlicht. Im zentralen Bereich der geöffneten Flügel fanden sich Reste von Pflanzenfasern und sorgsam gefertigte Halterungen für Federbüsche, die wohl den Gesamteindruck noch steigerten. Auch ein solcher Kopfschmuck wird in der Moche-Ikonographie dargestellt, aber wir hatten das Privileg, ein echtes Stück und seine vollendete Herstellungstechnik bewundern zu dürfen. Unter der Bahre fanden sich erneut Stoffreste, dünne Anhänger aus vergoldetem Kupfer, einige Schnecken und Spondylus-Muscheln sowie Abdrücke von Federschmuck und die Spuren von drei Querbalken, die die Bodenbretter zusammenhielten.

Zu den Funden in der Nähe des Sargbodens gehörten zwei Griffe von Federbüschen und Fragmente aus Kupfer und vergoldetem Kupfer, die in verschiedene Formen geschnitten waren, jedoch keinen größeren

Stücken wie Kopfschmuck, Emblemen oder Standarten zugeordnet werden konnten.
Als wir den geleerten Sarg säuberten, zeigten sich die drei Bodenbretter. Wie beim Sarg des „Señor" lag das schmalere Mittelbrett frei, es muß aber ursprünglich verfugt gewesen sein. In Anbetracht dieser Besonderheiten und der Ähnlichkeit der Beigabenausstattung und der Umhüllungen mit denen im Sarg des „Señor" ist es auch möglich, daß der Sarg vor Ort und erst kurz vor der Niederlegung seines wertvollen Inhalts zusammengesetzt wurde.
In dieser Phase der Grabung und Dokumentation war endgültig klar, daß es sich um das Grab einer wichtigen Persönlichkeit der Mochica-Gesellschaft handelte, die im Rang jedoch der zuvor entdeckten untergeordnet war. In Menge und Qualität sind die Beigaben geringer, und sie unterscheiden sich von denen des „Señor", trotz der räumlichen und wohl auch zeitlichen Nähe. Die Datierung beruht auf der Ähnlichkeit des Grundrisses der Grabkammer und dem stratigraphisch-architektonischen Bezug im Randbereich des Zentralbaus.
Die Beigaben waren zwar nicht so aufwendig wie die des „Señor von Sipán", aber doch aufschlußreich für unsere Kenntnisse der Hierarchie in der Mochica-Gesellschaft, wobei sofort auffällt, daß in diesem Grab Angriffswaffen völlig fehlen. Die einzigen Militärembleme sind eher symbolischer Natur wie etwa der Steißschutz. Daher geht man wohl nicht fehl in der Annahme, daß diese Person ausschließlich religiös-rituelle Funktionen hatte, die sich deutlich von militärischen oder politischen unterschieden. Der zentrale Schmuck mit dem Uhu schafft die Verbindung zum „Vogelmenschen", der in der Ikonographie eine sekundäre, aber doch sehr wichtige Rolle spielt.
Beim Abtragen der Sedimente um den Sarg stellten wir fest, daß die Grabkammer wie erwartet der des „Señor" ähnlich war (vgl. Abb. 380, 382). In die Ost- und Westwand waren insgesamt vier Nischen eingelassen, die etwas breiter, aber weniger tief waren. Für ihre Errichtung wurden die Lehmziegel des ursprünglichen Baus wiederverwendet, andere stammten aus dem Aushub. Die etwas schmaleren Räume zwischen der Hauptbestattung und den Wänden bargen in den kompakten Ablagerungen weitere Bestattungen, deren erste Anzeichen im Westen und Norden gut sichtbare Rohrabdrücke waren, die von ehemaligen Sargdeckeln stammten.
Der erste Sarg war 1,60 Meter lang und 0,55 Meter breit. In seinem Inneren fanden wir das Skelett eines etwa 14–17 Jahre alten Jungen, der ausgestreckt mit dem Kopf nach Norden auf dem Rücken lag, also genau entgegengesetzt der Hauptbestattung. Er lag leicht schräg im Sarg, und seine einzigen Schmuckstücke waren zwei Kupferscheiben von neun Zentimetern Durchmesser mit Anhängern, die auf seiner Brust lagen und wahrscheinlich Teile eines Kopfputzes bildeten. Außerdem hatten sich Abdrücke von Kleidungsstücken oder Umhüllungen im Lehm erhalten (Abb. 219).
Der zweite Sarg stand nördlich quer zu Füßen der Hauptbestattung. Nachdem die ausgezeichnet erhaltenen Rohrabdrücke und Verschlüsse

215 Der Steißschutz des Priesters in gereinigtem und restauriertem Zustand (Kat.-Nr. 170)

216 Der Priester mit seinen wichtigsten Schmuckstücken (Rekonstruktion)

des Sarges dokumentiert worden waren, konnten wir feststellen, daß er kaum 1,30 Meter lang und 0,45 Meter breit war. Direkt unter dem Deckel zeichneten sich die Mündungen von 17 Kürbisgefäßen im Lehm ab, die inzwischen völlig vergangen waren und ursprünglich nicht mehr bestimmbare organische Substanzen enthalten hatten.

Einige Zentimeter tiefer kamen ein Kinder- und ein Hundeskelett zum Vorschein (Abb. 219). Der Hund lag zwischen dem Hüftknochen des Kindes und dem Sargende. Dort konnten wir überraschenderweise die feinen, zusammenhängenden Wirbelknochen einer Schlange freilegen, ein rätselhafter, nie zuvor gemachter Fund. Auf dem Kopf trug das 8–10 Jahre alte Kind eine zylindrische Kupferkrone mit organischen Schmuckanhängern. Auf der Vorderseite war im Relief ein rundes Gesicht angebracht, offensichtlich das eines Prinzen oder sein eigenes Porträt. Zu seiner Rechten lag ein klassisches abgeflachtes Steigbügelgefäß mit roter Bemalung. Das Dekor in Feldern zeigte Krebse. Am rechten Oberschenkelknochen fanden sich die Reste eines weiteren Kürbisgefäßes, in dem zwei kleinere steckten.

Bei der Freilegung des Ostbereichs der Grabkammer fanden wir keine Särge in den entsprechenden Niveaus. Einige Zentimeter tiefer traten jedoch die zusammenhängenden Knochen eines menschlichen Skeletts und eines Lamas zutage. Es handelte sich um eine junge, etwa 18–22 Jahre alte Frau, die ohne Beigaben auf dem Bauch parallel zum Priester und in derselben Ausrichtung lag (Abb. 382). Ihr rechter Arm lag ausgestreckt neben dem Körper, der linke war an der Schulter abgewinkelt mit erhobenem Ellenbogen, der gegen die Kammerwand drückte. So entstand der Eindruck einer hastigen und unsorgfältigen Bestattung, als ob die Verstorbene in den engen Raum geworfen worden wäre, als der Hauptsarg bereits in der Grabkammer stand. Dies könnten Anzeichen für ein Menschenopfer sein, das gleichzeitig mit der Versiegelung des Grabes stattfand.

Die Lamabestattung zu Füßen der Frau nahm die gesamte Nordostecke der Kammer ein. Das Tier ruhte mit ausgestreckten und gekreuzten Pfoten auf der linken Seite, was darauf hindeutet, daß es ursprünglich gefesselt war. Der leicht gebogene Körper war in den verfügbaren Raum mit der Brust zum Sarg eingepfercht. Ihm fehlten jedoch der Schädel und die Halsknochen, es war also ohne Kopf bestattet worden. Wahrscheinlich gehörte der Schädel, der weiter oben am Grabeingang lag, zu demselben Tier.

In dem engen Raum zwischen dem Hauptsarg und dem im Westen liegenden Mann bargen wir ein weiteres auf dem Rücken liegendes Skelett mit dem Kopf nach Süden. Es handelte sich um die Überreste einer 19–25 Jahre alten Frau, die wahrscheinlich in ein Tuch gewickelt gewesen war (Abb. 219). Ihr linker Arm war neben dem Körper ausgestreckt, der rechte lag leicht angewinkelt mit der Hand auf dem Bauch. Sie trug eine zylindrische Kupferkrone auf dem Kopf, die mit dem Relief eines menschlichen Gesichts mit einer Uhukette geschmückt war. Drei Paare gezackter Voluten, die an den klassischen halbmondförmigen Kopfschmuck genietet waren, vervollständigen das Stück.

217 Zwei goldene Nasenschmuckstücke aus dem Grab des Priesters (Kat.-Nr. 166, 167)

Obwohl sie etwas reicher als die zu Füßen des „Señor“ liegende Frau ausgestattet war, haben beide doch vieles gemeinsam, was auf ihren hohen Status hindeutet. Die Uhuköpfe verweisen hier sicherlich auf die symbolischen Attribute des Priesters. Auf dem Körper dieser Frau fanden sich ebenfalls Reste eines baumwollenen Umhangs, der bis zu den Oberschenkeln reichte und ursprünglich mit vergoldeten Kupferschuppen von etwa einem Zentimeter Durchmesser besetzt gewesen war. Außerhalb des Totenbündels standen zu ihren Füßen drei einfache Tongefäße.

In der Nische im Nordwesten der Grabkammer und im benachbarten Bereich wurden insgesamt 22 Tongefäße geborgen, wobei es sich um schmale, kugelige, einfache Gefäße mit kurzem Hals handelt. Andere haben mittellange Hälse, und eine dritte Variante ist langhalsig mit geraden Wänden. Das einzige Figurengefäß ist ein Adorant, der die Arme vor den Unterleib legt. Alle diese Keramiken zeichnen sich durch eine grobe Oberflächenbehandlung aus.

In der Südwestnische standen nur drei abgeflachte Kugelgefäße ohne Hals und ohne Bohrungen für die Befestigung eines Deckels. Zwei von ihnen waren mittelgroß (18 cm Durchmesser), das dritte war mit 22 Zentimetern Durchmesser etwas größer. Ihre rot engobierte Oberfläche war etwas sorgfältiger behandelt als die der anderen Gefäße.

Die nordöstliche Nische enthielt neun Gefäße, zwei schmale kugelige mit kurzem, drei weitere mit mittellangem und zwei mit langem Hals. Direkt hinter ihnen befand sich ein Kugelgefäß von 28 Zentimetern Durchmesser ohne Hals mit polierter Oberfläche, orangefarbener Engobe und weißen Farbspuren. Neben seinen Fragmenten lag der

218 Der Opferkelch mit Deckel in gereinigtem und restauriertem Zustand (Kat.-Nr. 169)

219 Um den zentralen Holzsarg fanden sich in Rohrsärgen die Skelette von zwei Frauen und einem Mann, außerdem ein Kind, ein Hund und eine Schlange. In der Ecke lag ein enthauptetes Lama, an den Seiten sieht man Nischen mit Opfergefäßen

zugehörige konvexe Deckel. An der Rückwand stand ein weiteres großes Kugelgefäß von 32 Zentimetern Durchmesser, das eine etwas sorgfältigere Oberflächenbehandlung aufwies. Es war auf dem Bauch mit vier horizontalen roten Linien bemalt, im oberen Teil waren vier Langusten oder Garnelen dargestellt.

In der Südostnische standen vier zerbrochene und unverzierte kugelförmige Gefäße ohne Hals mit einer den beschriebenen Stücken ähnlichen Oberflächenbehandlung und ohne Dekor. Auch hier konnten wir die Abdrücke von zwei vergangenen Kürbisgefäßen ausmachen.

In der nur 15 Zentimeter breiten zentralen Nische der Südwand waren zwei einzigartige, vergangene, rechteckige Kästen aufgestellt gewesen, der östliche aus Holz, der westliche aus Kupfer. Sie rahmten ein Figurengefäß mit einem skulptierten Leguan auf einem kugeligen Körper, das im Gegensatz zu dem im Grab des „Señor" jedoch rötlich statt grau war. Eine Spondylus-Schale gehörte ebenfalls zum Befund. Der einstige Inhalt dieser Kästen war nicht mehr auszumachen, sie erinnern jedoch sehr stark an Darstellungen der Einbalsamierung des Leichnams in der Moche-Kunst (Kutscher 1983, Abb. 161; Donnan 1978, Abb. 200). Dort besteht der Inhalt aus einer Art Paste in Brotform.

Wie unschwer zu erkennen ist, hat das Gesamtensemble der Gefäße Opfercharakter und ähnelt den Beigaben des „Señor", auch wenn es hier keine Personendarstellungen und deshalb keine szenischen Gruppen gibt. Eine Ausnahme stellen die Meerestiere und der Leguan dar, die mit dem Bestattungsthema in Verbindung stehen. Auch wenn man, wie bereits bemerkt, bei beiden Gräbern von derselben Bauphase sprechen kann, so muß es sich nicht um eine exakte Gleichzeitigkeit handeln.

Die vier Begleitpersonen gehörten wohl wie beim „Señor" zum engsten Gefolge des Priesters. Vielleicht war eine der Frauen seine Hauptfrau, eine andere eine Bedienstete, der junge Mann ein Diener. Die Bestattung des Kindes, der Schlange und des Hundes stand wahrscheinlich mit der Wiedergeburt und dem Eintritt ins Jenseits in Verbindung.[30]

Erstaunlicherweise zeigen die Frauenskelette keinerlei Spuren von zuvor erfolgter Verwesung oder Entfleischung. Es ist deshalb wahrscheinlich, daß die im Grab des „Señor" beobachteten Charakteristika, die mit den bildlichen Darstellungen übereinstimmen, auf die höchstrangigen Gräber beschränkt blieben und die spezielle Behandlung der Frauenleichen auch nur dort zur Anwendung kam.

Die Neunzahl der Köpfe an der Halskette stimmt nicht mit den Paar- und Dezimalgruppen bei den Grabbeigaben des „Señor" überein und könnte sich deshalb auf die Mondzyklen und ihre Verbindung zur Nacht beziehen. Andererseits besitzt nur der Priester als Repräsentant des „mythischen Uhu" einen Satz von Schmuckstücken und Emblemen, die seinen Rang und seine rituelle Identität genau festlegen (Abb. 216). Die formalen Unterschiede zwischen den beiden Gräbern und ihrer Ausstattung spiegeln auch die unterschiedliche gesellschaftliche Funktion der Bestatteten wider.

DAS GRAB DES ALTEN HERRSCHERS

VORLÄUFIGE UNTERSUCHUNGEN

Da die südliche Plattform, in deren Ostteil wir das Priestergrab gefunden hatten, verhältnismäßig wenig gestört war, entschieden wir, zwei parallele Grabungseinheiten im oberen zentralen Bereich anzulegen, IC und –IC (Abb. 221). Direkt unter der Oberfläche kamen einfache Bestattungen ans Licht, die durch Erosion und Feuchtigkeit stark gelitten hatten. Einige Zentimeter unter ihnen fanden sich Gruppen von Tongefäßen, Knochenreste von Lamas, die mit Opfergefäßen vergesellschaftet waren, und überraschenderweise Menschenknochen, die zu abgetrennten Gliedmaßen gehörten. Drei Schädel, Teile von Armen, ein Rumpf und ein Fuß wurden in der Nähe von zwei Abdachungen gefunden, die nach den Himmelsrichtungen (Ost-West und Nord-Süd) ausgerichtet waren (Abb. 222, 223).

Im äußersten Südosten der beiden Einheiten standen hinter einfachen Kugelgefäßen zwei seltsame parallele Reihen von Figurengefäßen, die Personen mit amputierten Armen darstellen. Die Vergesellschaftung mit den Menschenknochen ließ darauf schließen, daß die Gefäße Gefangene, Bedienstete, „eingeweihte" Opfer oder Amputierte wiedergeben, die am Ort der Opferzeremonien und Beigabenniederlegung aufgestellt wurden. Wir können hier wieder auf die bildlichen Darstellungen zurückgreifen, sowohl auf die Opferszenen als auch auf die der geschlechtlichen Vereinigung eines mythischen Wesens mit einer Menschenfrau, zu deren Füßen sich menschliche Gliedmaßen befinden, die während der Bestattungsfeierlichkeiten amputiert wurden.

Es bleibt zu fragen, ob diese Operationen dafür sorgen sollten, daß die Verstümmelten im Tode ausschließlich ihrem Herrn dienen konnten.

220 Das Grab des alten Herrschers von Sipán während der Ausgrabungsarbeiten

221 Die Ausgrabung im Südbereich der Plattform mit den obersten Schichten und Beigaben. Im Hintergrund eine der Pyramiden

Freiwillige Opfer dieser Art waren laut der Chronistenberichte in altperuanischer Zeit anscheinend häufig und entsprachen den religiösen Vorstellungen der andinen Bevölkerung. Andererseits hat ein armloser Mann auf einer Keramik auch mit der Reinigungszeremonie und vielleicht der Männerweihe zu tun, was eine weitere Deutungsmöglichkeit für die Amputierten in der Moche-Kunst ergibt. Diese wurden früher vorschnell mit einem besonderen Status und Strafen für Vergehen in Verbindung gebracht.

So sind diese auf der Grabplattform von Sipán durchgeführten Amputationen oder Menschenopfer nicht nur mit einem Ritus verbunden, sondern allgemein aus der besonderen Bedeutung des Heiligtums und seinen vielfältigen Ritualen zu verstehen.

Einer der Algarrobo-Balken der Abdeckung ließ darauf schließen, daß das Grab später noch einmal mit der Absicht geöffnet worden ist, neue Beigaben einzubringen. Sie bedeckten zwei Räume, in denen Dutzende von Kugelgefäßen, figürliche Keramik und Steigbügelgefäße mit Darstellungen von Adoranten, Kriegern und Musikanten standen. Offensichtlich gab es auch hier eine bewußte Anordnung, die auf eine mögliche symbolische Inszenierung hinweist, etwa Krieger, die in den Ecken Wache stehen. In einem separaten Bereich fanden sich Schmuckstücke und Miniaturkupferwaffen: Pfeile, Keulen und Schilde. Weitere befanden sich in einer Metallschale und auf einer Spondylus-Muschel. Zwei zusätzliche Ensembles waren in vergangenen Kürbisgefäßen neben Perlmuttmuscheln gelagert. Wir können hier aus Platzgründen keine genaue Beschreibung und Auswertung der komplizierten Beigabenanordnung geben, die möglicherweise als Ausstattung von mehreren Gräbern oder als nachträglich eingebrachtes Depot anzusprechen ist. Erst wenn die gesamte Plattform untersucht ist, kann eine entsprechende Interpretation sinnvoll sein.

222 Die Beigaben der obersten Schichten

223 Separat bestatteter Fuß

Es soll jedoch erwähnt werden, daß in beiden Grabungseinheiten im Südbereich oberflächlich auch Mauerreste mit zugehörigen Böden gefunden wurden, die teilweise von den beschriebenen Befunden gestört sind.

DAS GRAB DES KRIEGERS

224 Gesamtansicht des Kriegergrabes

Im mittleren Teil und an der Ostgrenze der Grabungseinheit –IC zeigte sich eine nord-südlich ausgerichtete Lehmziegelreihe, die zu einem einfachen offenen Grab in der Plattform gehörte, in dem ein 2 x 0,65 Meter großer Rohrsarg stand. Auf seiner vergangenen Oberfläche und an den Seiten waren noch Stoffabdrücke und Reste roter und weißer Farbe zu erkennen, die auf das ursprüngliche Vorhandensein einer verzierten Umhüllung hindeuten. Im Inneren des Sarges wurde das Skelett eines erwachsenen, ausgestreckt mit dem Kopf nach Süden liegenden Mannes freigelegt (Abb. 224), dessen Schädel mit Stoffresten und Kupferblechen bedeckt war. Zu beiden Seiten des Kopfes lagen runde Ohrpflöcke aus Holz und vergoldetem Kupfer mit Resten von Mosaikeinlagen. Um den Hals trug der Verstorbene ein Blech mit dreieckigen Einkerbungen und scheibenförmigen Anhängern, die ursprünglich zu einem Helm mit Zeremonialbart gehörten. Darunter lag ein kleiner kupferner Uhu mit ausgebreiteten Flügeln. Zwischen die Brustknochen waren Hunderte kleiner weißer Muschelperlen eines Pektorals gerutscht, auf dem Brustkorb lagen eine Kupfermaske und quadratische Bleche mit Anhängern und gezacktem Rand, die möglicherweise Teile von Emblemen waren.

Ein röhrenförmiger Stab und eine kleine Kappe waren Teile einer Keule. Auf dem Bauch fanden sich Stoffreste, drei Halterungen für Federbüsche und ein symbolisches Ensemble von Keule, Schild und

225 Die Oberfläche des Totenbündels des alten Herrschers von Sipán mit zahlreichen Kupfergegenständen

nicht identifizierbaren Metallplatten, die sich bis zu den Armen erstreckten. Wahrscheinlich handelte es sich bei ihnen ursprünglich um Standarten oder Schmuckstücke, zu denen auch einige Muschelfragmente gehören. Eine rechteckige Kupferplatte lag auf den Knien, an den Füßen fanden sich zwei Kupferbleche, die wohl als Schuhe dienten. Im Südteil wurden neben dem Schädel mehrere Metallfragmente geborgen, die zu einer Krone gehört hatten. Neben dem rechten Bein standen zwei Steigbügelgefäße aus der Frühphase des Moche-Stils. Eines war mit einem Mäanderrelief verziert, das als archaisierender Rückgriff auf die formativzeitliche Ornamentik betrachtet werden kann. An der Ostwand des Sarges stand eine Reihe von neun vollständigen und zerbrochenen Gefäßen sowie Reste von Kürbisgefäßen mit Miniaturgefäßen. Bei vier Keramiken handelte es sich um Figurengefäße, zwei Stücke waren bemalt. Im Südwesten fanden sich fünf weitere Gefäße mit ähnlichen Darstellungen neben zwei Lamaschädeln und Teilen der Läufe.
Die Beigaben dieses Grabes – Schmuckstücke, Embleme, Keramik usw. – unterscheiden sich deutlich von den beiden zuvor beschriebenen Grabausstattungen. Hier handelt es sich um die Grablege einer Person auf der dritten Stufe der gesellschaftlichen Hierarchie, einen Kriegerbefehlshaber, der in der Mochica-Gesellschaft einen niedrigeren Rang einnahm. Trotzdem hat dieser Fund eine besondere Bedeutung für unser Verständnis der komplizierten gesellschaftlichen Strukturen. Auch wenn dieser Befund aufgrund seiner stratigraphisch-architektonischen Situation nicht als gleichzeitig mit den zuvor beschriebenen Gräbern gelten kann, so ist der wahrscheinliche zeitliche Unterschied doch wohl nicht größer als eine oder zwei Generationen.

DER ALTE HERRSCHER UND SEINE BEIGABEN

Als wir die Grabungen fortsetzten, beschlossen wir, einen etwa 4 x 3 Meter großen Bereich im äußersten Norden zwischen den beiden Einheiten tiefer abzugraben. Damit wollten wir die noch unbekannten Architekturschichten an der Basis der zum oberen Zentralniveau gehörenden Südmauer untersuchen. Nachdem wir eine Schichtenfolge über etwa fünf Meter – von der heutigen Oberfläche aus gemessen – dokumentiert hatten, stießen wir auf einen Lehmboden, der zur ältesten Bauphase einer 6–8 Meter hohen Plattform gehörte.
Dieser Boden war merkwürdig eingesunken und deshalb wohl die Versiegelung eines darunterliegenden Raumes. Direkt unter ihm kamen zwei umgedrehte Kugelgefäße mit weißer Engobe zutage, die sich an den gebogenen Rändern einer Störung befanden, die die in Originallage erhaltenen Ziegel des darunterliegenden Baus geschnitten hatte. Etwa 80 Zentimeter unter den Gefäßen fanden wir andere ähnliche Keramiken, die aufrecht standen. Es handelte sich dabei um Gesichtshalsgefäße mit weißer Engobe, roter Bemalung und sorgfältiger Oberflächenbehandlung (Abb. 226, 227). Völlig überraschend jedoch schimmerte plötzlich im Zentrum der Einsenkung unter einer dunklen Erdschicht ein ernstes goldenes menschliches Gesicht in der Sonne

(Abb. 225). Es gehörte zu einer Verzierung auf dem Rücken einer goldenen Spinne. Schritt für Schritt reinigten wir die gewölbte Oberfläche von Pflanzenresten, auf denen insgesamt zehn gleiche Spinnen lagen (Abb. 228, 229). Sie bildeten eine höchst beeindruckende Halskette, die als letztes Teil auf dem aus hunderten von grün oxidierten Metallobjekten und anderen Schmuckstücken bestehenden Beigabenensemble niedergelegt worden war. Die Gefäße standen an den Seiten einer 1,60 Meter breiten Grube, die sich nach Süden fortsetzte. Aus diesem Grund mußte das teilweise freigelegte Grab wieder abgedeckt werden, um die sechs Meter mächtigen Schichten des anschließenden Sektors abzugraben, so daß nach einigen Wochen der gesamte Grabboden zu erkennen war. Es handelte sich um eine rechteckige Kammer von 1,70 x 2,60 Metern Größe, in deren Mitte das Totenbündel lag.

Die Freilegung des gesamten Bereichs brachte ein längliches, 2,30 x 0,80 Meter großes, dickes Bündel ans Licht, das von 17 Gefäßen im Westen und neun im Osten flankiert war (Abb. 225). Das beeindrukkende goldene Spinnenkollier ruhte auf dem Oberkörper. Im äußersten Süden zeichneten sich zwischen fragmentierten Kupferblechen die Schädelknochen ab, während der Körper unter zahllosen Metallobjekten versteckt war, die ursprünglich von einer inzwischen völlig vergangenen Umhüllung aus Pflanzenfasern bedeckt waren.

Auffällig waren die Maße dieses Grabes, die sich deutlich von denen des „Señor", des Priesters und des Kriegers unterschieden. Die Grabkammer war ursprünglich eine elliptische Grube gewesen, die an der Sohle in eine rechteckige Form überging. Es fehlten jedoch das Balkendach, die Wandnischen und der Sarg. Die bescheidene Größe sorgte aber dafür, daß die Füllung stabil blieb und das Grab deshalb besser erhalten war. Dies war das einfachste und älteste Grab. Vom Südbereich abgesehen, waren die Begrenzungen klar definiert, so daß dementsprechend keine Nebenbestattungen zu erwarten waren. Andererseits sprachen das Goldkollier und die Größe des Bündels nicht für das Grab einer in der Hierarchie weit unten angesiedelten Persönlichkeit.

Die langwierige Dokumentation entsprach der Vorgehensweise, die wir an den anderen Gräbern entwickelt hatten. Jeder Fund wurde freigelegt, gezeichnet, fotografiert und katalogisiert. Das Bergungsverfahren hing vom Erhaltungszustand ab. Viele Metallfragmente mußten einzeln oder in zusammenhängenden Gruppen gefestigt werden. Ständig waren wir darum bemüht, Schichten zu erkennen, die Rückschlüsse auf den Aufbau des Bündels erlaubten. Auf diese Weise wurden insgesamt 17 Gesamtpläne und 25 Detailzeichnungen erstellt. Jedes Objekt konnte damit sofort für Auswertung und Restaurierung erfaßt werden.

Unsere vorrangige Aufgabe war die Aufnahme und Bergung der 26 Gefäße, die das Bündel flankierten (Abb. 226, 227). Bei diesen Opfergefäßen handelte es sich um mittelgroße und große, 28–34 Zentimeter hohe Stücke, die einander sehr ähnlich sind und deshalb wahrscheinlich aus derselben Werkstatt stammen, in der sie ausschließlich für den Grabzusammenhang hergestellt wurden. Hierfür sprechen die einheitliche Magerung, die Oberflächenbehandlung und die Bemalung mit

226 Tongefäße in Form von Adoranten aus dem Grab des alten Herrschers von Sipán

227 Tongefäße mit „Hundegesichtshals" aus dem Grab des alten Herrschers von Sipán

228 Die Spinnenhalskette
in gereinigtem und restauriertem
Zustand (Kat.-Nr. 171–175)

hellroter Farbe auf weißem Grund. Stilistisch unterscheiden sie sich deutlich von den Keramiken der zuvor entdeckten Gräber.
Einschließlich der acht in der Füllung geborgenen Keramiken können folgende Typen unterschieden werden:
„Adoranten": Personen mit zylindrischer, an den Gefäßhals angepaßter Kopfbedeckung, Ohrpflöcken, Pektoral und Gesichtsbemalung (12 Exemplare) (Abb. 226). Neun Vasen haben einen Kugelkörper mit unterschiedlicher rötlich-brauner Verzierung auf weißem Grund, drei haben einen zylindrischen Körper mit leicht konvexen, trommelförmigen Seiten. Bei zwei Gefäßen besteht die Gesichtsbemalung aus einer Art Schnurrbart, zwei weitere tragen senkrechte parallele Bänder, die acht übrigen Kombinationen aus Dreiecken. Auf den Ohrpflöcken sieht man Tintenfische (7 Beispiele), Gitter (3 Beispiele) und Kreuze mit Punkten (2 Beispiele). Auf der Brust sind doppelte (1 Beispiel) und halbkreisförmige (1 Beispiel) Pektorale zu erkennen. Andere tragen zwei große, konzentrische Kreise mit Tintenfischen oder auffällige Rastermuster an den Seiten. Kleinere Unterschiede sind darauf zurückzuführen, daß der Dekor von Hand aufgetragen wurde.
„Hundegesichtshals": Auf dem Gefäßhals die Darstellung eines Hundekopfes mit erhobener Schnauze, kleinen Ohren an den Seiten und Faltenaugen (13 Exemplare) (Abb. 227). Die kugelförmigen Gefäße (12 Exemplare) sind mittelgroß, ein kleineres mißt 15 Zentimeter. Fünf der größeren tragen eine Art Strahlenpektoral aus hängenden Dreiecken, sechs einen halbkreisförmigen Schmuck, der Muschelketten nachahmt. Das kleine Gefäß und ein mittelgroßes sind mit Bändern und Punkten verziert (Abb. 227).
„Eulengesichtshals": Drei verschiedene Exemplare mit der stilisierten Darstellung eines Uhukopfes. Eines ist kugelförmig und trägt die Flügel in Negativmalerei auf dem Körper, was jedoch untypisch ist. Das zweite ist ein längliches, mit Körperdetails und ausgebreiteten Flügeln bemaltes Oval. Das dritte Gefäß ist leicht abgeflacht und scheint eine Kombination aus den beiden ersten zu sein.
„Ovalgefäße" (5 Exemplare): Es handelt sich dabei um große Gefäße mit leicht eingezogenem Hals und winkliger Verzierung (3 Beispiele) sowie um ein mittelgroßes Kugelgefäß mit Kreisen auf dem Körper.
„Bemaltes Kugelgefäß": 1 Exemplar mit geradem, sich nach oben erweiterndem Hals und einer Bemalung in Form von Rauten, Treppen- und Dreiecksmotiven.
Die beschriebenen Gefäße standen zu beiden Seiten des Bündels. Im Osten befanden sich drei Adoranten, ein Ovalgefäß, drei Hunde (zwei mit Strahlenpektoral und einer mit Schuppenbrustschmuck), ein weißer Uhu sowie der Uhu mit Negativverzierung. An der Westseite fanden sich sechs Adoranten, sieben Hunde, darunter auch die kleine Version, drei Ovalgefäße und ein Uhu.[31]
Obwohl es sich bei der Anordnung anscheinend nicht um szenische Tableaus handelt, muß man doch davon ausgehen, daß es einen dem Grab des „Señor" entsprechenden religiösen Kodex gab, da Personen und mythische Tiere als symbolische Begleiter zu betrachten sind. Bei

229 Die Rückseite einer der Spinnen mit getriebenen Wirbelmotiven und einem Schlangenvogel

230 Das Zeptermesser des alten Herrschers. Der Knauf stellt wahrscheinlich eine „Ullu-chu"-Frucht dar (Kat.-Nr. 178)

231 Pektorale, Masken und Embleme als Grabbeigaben

232 Eine Maske aus versilbertem Kupfer zwischen verschiedenen Metallobjekten des Totenbündels

233 Das vollständige Zeptermesser und ein Detailfoto des Knaufes mit der Darstellung einer menschlichen Gestalt mit aufwendigem Kopfschmuck (Kat.-Nr. 179)

diesen zahlenmäßig begrenzten Funden kann man davon ausgehen, daß die Diener, Hunde und Uhus, die mit dem Tod und den entsprechenden Vorstellungen verbunden waren, quasi als Ersatz für die späteren menschlichen Begleiter zu betrachten sind.

Aufgrund ihrer Charakteristika kann man die Hunde als zur Rasse der Nackthunde gehörig klassifizieren, die traditionell zu Heilzwecken und als Kälteschutz gehalten werden, da diese eine hohe Körpertemperatur haben. Auf den Gefäßen tragen sie Strahlen- oder Sonnenpektorale. Sollten sie symbolisch den Toten wärmen?

Nach der Entnahme der Gefäße hatten wir genug Raum, uns frei um das Bündel zu bewegen. Nachdem wir die Reste der Umhüllung aus Pflanzenfasern geborgen hatten, zeigte die erste Schicht Dutzende von kleinen quadratischen Metallplättchen, die ursprünglich auf einen Schuppenumhang aufgenäht waren. Als wir nun jedes Glied der Spinnenkette untersuchten, die durch den Bodendruck kaum beschädigt war, konnten wir die außerordentliche Schönheit der Goldschmiedekunst bewundern (Abb. 228, 229, Kat.-Nr. 171–175). Jedes Kettenglied war ein Meisterwerk aus sechs getriebenen, mit Filigran geschmückten und dann zusammengefügten Goldelementen.

Zunächst sieht man einen ruhenden Spinnenkörper in der Mitte eines Netzes, das aus strahlenförmig und konzentrisch angeordneten Drähten mit zahlreichen Schweißpunkten und mikroskopisch kleinen Verklammerungen besteht. Das naturgetreue menschliche Gesicht auf dem Spinnenleib zeigt außer einer Kugelhalskette, die den Tierkörper rahmt, keine besonderen Merkmale. Hier wird jedoch eine symbolische Dualität von Mensch und Spinne deutlich. Jedes Kettenglied trägt im Inneren des Körpers drei kleine Goldkugeln, die bei einer Bewegung klingen.

Die Metallbasis des Gesichts wurde mit dem zylindrischen Teil verklammert und dieses wiederum an der konkaven Basis befestigt, die die Rückseite der Kettenglieder bildet (Abb. 229). Diese ist mit einem Relief aus drei aufgerichteten, vogelköpfigen Schlangen mit gezacktem Körper geschmückt, so daß der Eindruck einer perfekten, nach links drehenden Flügelschraube entsteht. Es könnte sich dabei um ein Symbol für Wind, Wasser oder Bewegung handeln, das mit dem Spinnenmenschen und bei der Kette mit der Mondsymbolik in Verbindung steht.[32]

Unter den erwähnten Kupferplatten fanden sich einige größere Stücke, die durch den Bodendruck und die Oxidation stark angegriffen waren. Zwei scheibenartige Objekte, die mit einem gebogenen Blech mit eckigen und linsenförmigen Anhängern verbunden waren, konnten als Kriegerhelm mit Zeremonialbart identifiziert werden, die runde Platte war wahrscheinlich Teil einer Krone. Über der Körpermitte konnten drei umgedrehte Kupfermasken und die kleine, stark zerstörte Darstellung einer von Schlangenköpfen gerahmten Gottheit geborgen werden. Ganz im Osten fanden sich die Reste einer mit einem Vogelkopf verzierten hölzernen Pfeilschleuder (Abb. 262).

Unter einer Decke von quadratischen Plättchen lagen am Fußende im Norden die Reste von großen Kugelrasseln aus vergoldetem Kupfer.

Unter den Füßen befand sich ein beeindruckendes Ensemble von Waffen und militärischen Emblemen, die auseinandergenommen und verbogen waren. Es handelte sich hierbei um mindestens vier Lanzenspitzen, die Metallverkleidungen von Kriegskeulen, möglicherweise Schilde und eine Metallmaske mit fest geschlossenem, aggressiv wirkendem Mund.

Bereits in der ersten Schicht konnten wir Teile von mit vergoldetem Kupfer verkleideten Lanzen erkennen, die sich an der Ostflanke über die gesamte Länge des Bündels erstreckten. Auch sie waren an drei Stellen zusammengebunden und überraschenderweise verbogen. Bei diesen Beobachtungen stellte sich erneut die Frage nach dem militärischen Rang des Bestatteten.

Als die erste Schicht der Schmuckgegenstände geborgen war, zeigte sich auf dem höchsten Teil des Bündels und auf dem Rumpf eine Maske mit einem menschlichen Gesicht mit Nasenschmuck und halbmondförmigem, gestuftem Kopfschmuck – die klassische Darstellung einer hochrangigen Persönlichkeit. In der Nähe lag eine weitere Maske mit Ohrpflöcken und halbkreisförmigem Kopfschmuck, die Teil einer Kopfbedeckung gewesen sein könnte.

Zur Rechten deutete sich ein rundes goldenes Gebilde mit breiten, vertikalen, an den Enden zusammenlaufenden Rippen und mit einem horizontalen, erhabenen Band in der Mitte an (Abb. 230, Kat.-Nr. 178). Dies war der runde Knauf eines Zeptermessers mit einfachem Griff und flacher Klinge, die in der charakteristischen schrägen Schneide auslief. Obwohl die Ausführung einfacher ist als die der entsprechenden Stücke im Grab des „Señor“, hatte es wohl entsprechende Funktionen. Deshalb konnte es trotz der in einigen Details einfacheren Bestattung keinen Zweifel daran geben, daß es sich um einen Mann in vergleichbarer hierarchischer Stellung handelte. So entschieden wir uns, weil sein Grab das ältere war, den Verstorbenen den „alten Herrscher von Sipán“ zu nennen. Er war wohl tatsächlich der Vorgänger des „Señor“, nur einige Generationen älter. Der Knauf des Zepters sieht aus wie eine runde Frucht, und es handelt sich trotz der stilisierten Form wahrscheinlich um die mythische „Ulluchu“-Frucht, die mit Opferritualen in Verbindung stand (s. S. 79, 165, 196).

In der Nähe dieses Stückes fanden wir ein weiteres Zeptermesser aus gegossenem Silber, dessen Knauf aus einer stehenden menschlichen Gestalt mit einem aufwendigen Kopfschmuck besteht (Abb. 233, Kat.-Nr. 179). Dieser setzte sich aus einer halbmondförmigen Krone, zwei gestuften Seitenelementen und einem hohen Aufsatz aus zwei ausgeschnittenen Rechtecken mit beweglichen Anhängern in Form von menschlichen Köpfen zusammen. An den Seiten des Aufsatzes kriechen zwei Schlangen empor, die sich mit einem zweiköpfigen Tier treffen, das den Kopfputz bekrönt.

Seitlich des Bündels standen in der Mitte zwei Kupferschalen. Die rechte enthielt Erde und organische Rückstände, die linke Kalkpulver. Diese Substanzen haben in ihrer spezifischen Anordnung sicher symbolische Bedeutung und erinnern an den Kalkklumpen, der offensicht-

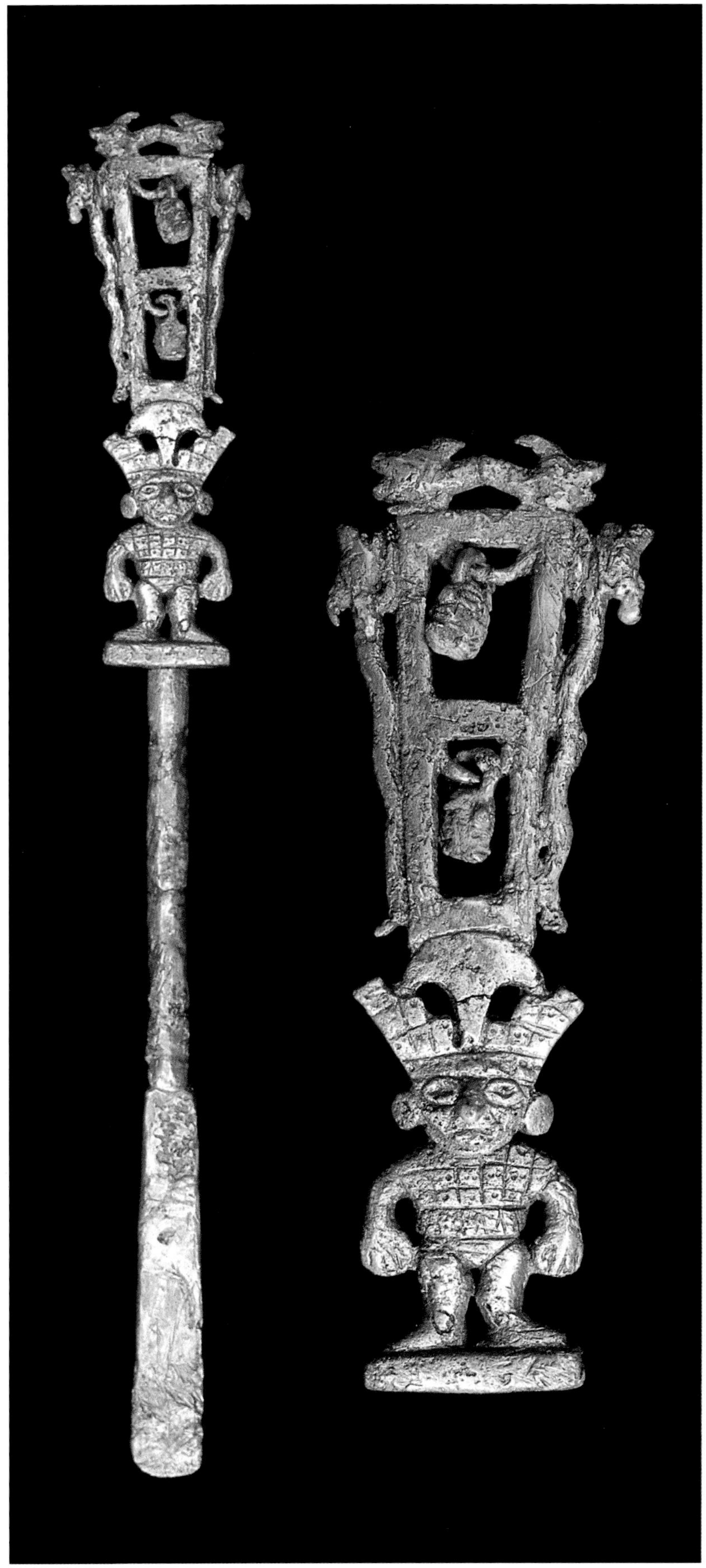

lich als Zusatz beim Kauen von Koka-Blättern für die leicht halluzinogene Wirkung benötigt wurde und zur Rechten des „Señor“ lag. Von den Blättern hatte sich nichts erhalten.

Unter einigen Metallfragmenten zeigte sich im mittleren Teil des Bündels überraschend das beeindruckende Antlitz eines raubkatzenartigen Tieres aus vergoldetem Kupfer mit Einlagen aus roten Muscheln für Zähne, Nase und Ohren (Abb. 282). Im Relief waren flügelförmige Augen, ein halbgeöffneter Mund mit heraushängender Zunge, eine Uhuhalskette und auf dem Kopf ein Gebilde wiedergegeben, das zunächst nicht genau zu identifizieren war. Den zugehörigen Körper dieser seltsamen Gottheit fanden wir erst mehrere Schichten tiefer, was darauf hindeutet, daß er bei der Niederlegung in zwei Teile zertrennt war. In der Nähe dieses Fundes lag auch ein Nasenschmuck aus einer rechteckigen Silberplatte mit diagonal angeordneten Reihen von Vogelköpfen, deren Augen mit Türkis eingelegt waren. Der Rand war mit an Ösen hängenden Scheiben dekoriert (Abb. 257).

234 Zwei Enthaarungspinzetten des alten Herrschers

Als die Metallteile auf der Brust und neben dem Schädel entfernt waren, zeigte sich unterhalb des Schädels ein stark oxidiertes kupfernes Gesicht, das entsprechend seinen Maßen und seiner Lage die Totenmaske des alten Herrschers gewesen sein muß (Abb. 239, Kat.-Nr. 185). Dieser Maske fehlte seltsamerweise die linke Augeneinlage, die rechte bestand aus Muschelschale. Außerdem trug sie einen Nasenschmuck und eine Halskette aus Uhuköpfen. Links vom Schädel kam ein zweites goldenes Fundstück zutage, ein raubkatzenhaftes rundes Tiergesicht von 6,4 Zentimetern Durchmesser mit Einlagen aus weißem Muschelkalk für die Zähne. Seitlich waren Bohrungen zu erkennen, was auf eine Halskette aus mehreren solcher Glieder hindeutete, die auch tatsächlich einige Schichten tiefer gefunden wurde. In der Nähe fanden sich zwei vom Gesicht geglittene Silberscheiben, die ursprünglich wohl auf den Augen gelegen hatten.

Im Bereich des Rumpfes fanden sich Dutzende von vollständigen und zerbrochenen Metallstücken, die wahrscheinlich zu größeren, heute zerfallenen Schmuckstücken gehört hatten, die wir erst im weiteren Verlauf der Grabung als solche erkennen konnten. In der folgenden Schicht erschien die halbplastische Darstellung eines aufrecht stehenden Kriegers aus vergoldetem Kupfer von 28 Zentimetern Höhe, der einen halbmondförmigen Kopfputz trug und dessen Hemd mit Anhängern verziert war (Abb. 235). Er trug einen Schild am linken Unterarm, die Hände umklammerten eine Kriegskeule in einer im Vergleich zu den bisher gefundenen Darstellungen sehr aggressiven Geste, was auf eine Aufgabe als Wachposten oder einen Angriff schließen läßt. Aufgrund der seitlichen Bohrungen kann man vermuten, daß er ursprünglich Teil einer Standarte war.

Auf der Mitte des Bündels lag ein Pektoral aus einfachen trapezförmigen, vergoldeten Kupfergliedern, die einen vollkommenen Halbkreis von 35 Zentimetern Durchmesser bildeten. Wenige Zentimeter nördlich fanden wir weitere Fragmente eines Scheibenhelms und einen Zeremonialbart aus Dreiecken, der Anhänger in Form von Metallplätt-

235 Der kleine Krieger aus vergoldetem Kupfer in gereinigtem und restauriertem Zustand (Kat.-Nr. 177)

236 Vergoldete Kupfermaske mit einer Halskette aus Uhuköpfen (Kat.-Nr. 180, 181)

chen trug. Ein weiteres zugehöriges Teil fanden wir zwei Schichten tiefer.

Am äußersten rechten Rand des Bündels konnte eine kleine silberne Pinzette (Abb. 234) und am linken mit den Lanzen eine Pfeilschleuder in gleicher Orientierung geborgen werden. Sie bestand aus Holz und trug Verzierungen in 17 Mäander- und Stufenfeldern. Der Kupfergriff, der mit Nägeln und Nieten sorgsam befestigt war, lief in einen seltsamen stilisierten Kopf aus. Der Schleuderhaken hat die Form eines Tierkopfes.

Zwischen anderen Objekten konnten wir drei kleine vergoldete Kupferplatten ausmachen, die mit ziselierten Krebsen geschmückt waren. In der Nähe fand sich das Fragment einer Metallpinzette mit einer ähnlichen, aber größeren Dekoration.

Bei der Bergung der Objekte um die Totenmaske legten wir drei halbkreisförmig angeordnete Reihen von Metallstücken frei, bei denen es sich um nebeneinanderliegende Pektorale oder eine zusammenhängende Arbeit gehandelt haben könnte (Abb. 239, Kat.-Nr. 185–189). Bei einer vorsichtigen Untersuchung konnten wir feststellen, daß die obere

Reihe aus schmalen, trapezförmigen Metallstreifen mit Querriefen bestand, die Muschelstücke nachahmen. Der zweite Halbkreis war aus Schlangenköpfen an ähnlichen Metallstreifen gebildet, in deren Mäulern kleine Schellen befestigt waren (Abb. 238). Der äußere Halbkreis bestand aus großen Voluten aus vergoldetem Kupfer, die sich nach links bzw. rechts einrollen und deren Ränder mit kleinen Kugeln besetzt sind. Unter der Maske lagen zwei Ohrpflöcke aus furniertem Silberblech mit Blattanhängern. Auf der Schädelbasis lag ein runder Goldbarren, der sich ursprünglich im Mund befunden hatte.

Im mittleren Teil des Bündels begannen sich Teile einer vergoldeten Kupfermaske abzuzeichnen, deren Augen aus weißer Muschelschale eingelegt waren und deren Pupillen aus rotem Stein bestanden. Erst nach der Abnahme von zwei weiteren Schichten stellten wir fest, daß es sich dabei um Teile einer Standarte oder eines Kultbildes in Form eines menschenköpfigen Krebses mit Krustentierkörper und menschlichen Beinen handelte (Abb. 285, Kat.-Nr. 182). Diese seltsame religiöse halbplastische Darstellung war aus mehreren Teilen zusammengesetzt und mit Muscheleinlagen verziert. Sie stellte wohl eine wichtige Gottheit dar, die in der Moche-Kunst häufig dem höchsten Gott gegenübersteht.

Einige verstreute dreieckige Bleche waren Teile von Kopfputzen, andere quadratische gehörten wohl zu Standarten. Darunter fand sich eine weitere Metallmaske, die sich nach der Restaurierung als Silberarbeit entpuppte und mit 23 Zentimetern Höhe ein menschliches Gesicht zeigt, das dem auf dem Spinnenkollier ähnelt und vielleicht dieselbe Person darstellt (Abb. 236, Kat.-Nr. 180, 181). Sie trug eine Kette aus Uhuköpfen, runde Ohrpflöcke mit Scheibenanhängern und einen halbrunden Kopfputz mit einem Uhukopf im Zentrum. Seltsamerweise fehlte auch bei diesem Gesicht die Türkiseinlage des linken Auges.

In derselben Schicht fanden sich im äußersten Norden des Bündels insgesamt 20 vollständige und zerbrochene Kugelschellen aus vergoldetem Kupfer mit einem Durchmesser von neun Zentimetern (Abb. 287, Kat.-Nr. 193–196). Nach ihrer Restaurierung zeigte sich, daß sie auf beiden Seiten mit ziselierten und getriebenen spiralförmigen Motiven verziert waren. Zwei der Ziselierungen könnten auch die Arme eines Tintenfisches oder ein Wassersymbol wiedergeben. In den bildlichen Darstellungen der Moche hängen solche großen Schellen an Stäben, die den Marschrhythmus bei Zeremonien, Umzügen oder religiösen Ritualen vorgeben.

Mit Blick nach Süden fand sich zur Linken des Verstorbenen ein getriebener vollplastischer Fuchskopf aus Kupferblech, dessen im halboffenen Maul hängende Zunge ursprünglich über einen komplizierten Mechanismus bewegt werden konnte (Abb. 237). Er war Bestandteil eines Kopfschmucks, wie er in ähnlicher Form im Grab des „Señor" gefunden wurde (Abb. 205).

In der folgenden Schicht konnten wir schließlich den Körper des Krebsdämons bergen (Abb. 285) und stellten dabei fest, daß sein umgedreh-

237 Fuchskopf aus Kupfer mit beweglicher Zunge (Kat.-Nr. 183)

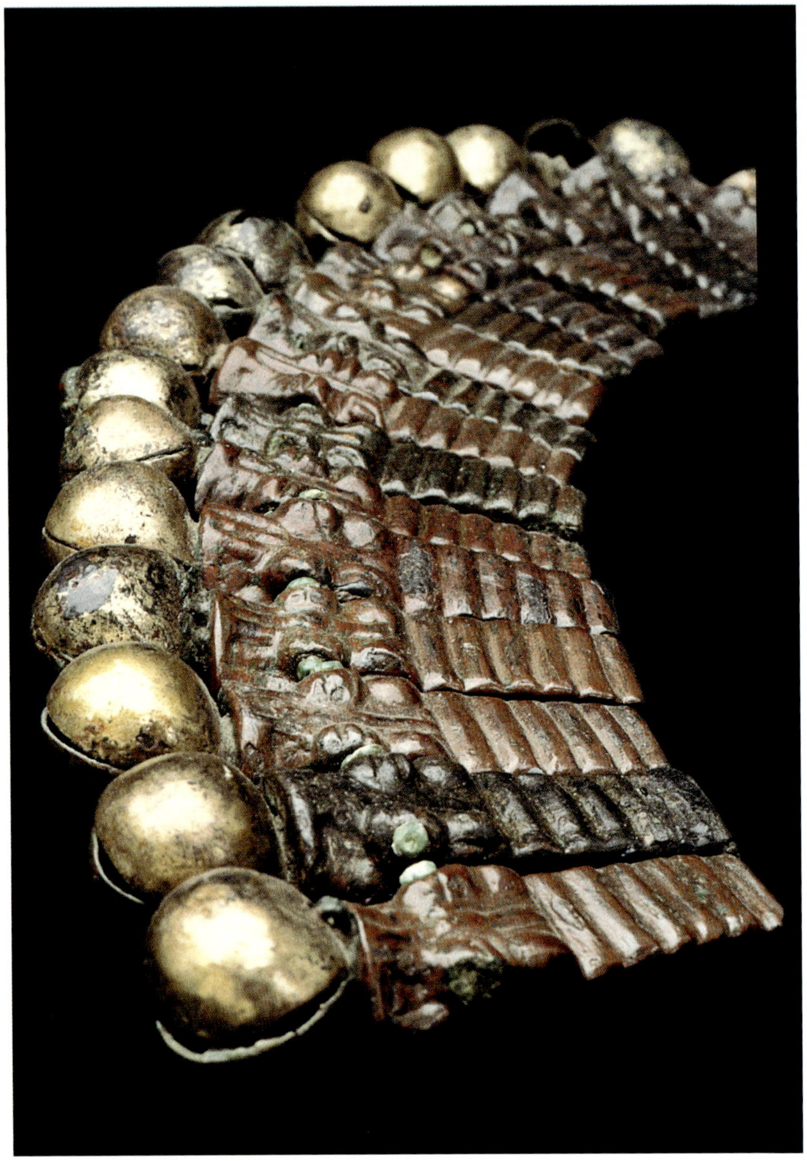

238 Die Schlangenköpfe mit Goldschellen im Maul in gereinigtem und restauriertem Zustand

239 Mehrteiliges Pektoral aus Kupfer, vergoldetem Kupfer und Silber mit Tintenfischtentakeln, Schlangenköpfen und Nachahmungen von geschnittenen Muschelschalen, das die Totenmaske umrahmte (Kat.-Nr. 185–189)

tes linkes Bein 25 Zentimeter weiter westlich lag. Auf der gegenüberliegenden Seite fanden wir die erste halbkreisförmige Goldrassel mit der ausgeschnittenen Darstellung der höchsten Gottheit, die den im Grab des „Señor" gefundenen entsprach, mit acht Kugelschellen am Rand (Abb. 278, Kat.-Nr. 225–229). Sie ist mit 16 Zentimetern Breite kleiner und weist minimale stilistische Unterschiede auf, wenn man etwa die Füße vergleicht. Vergoldete Kupferkegel, einfache Platten, Metallbänder und Bleche mit „Ulluchu"-Darstellungen im Norden waren möglicherweise Reste von gefalteten und übereinandergelegten Standarten.

Unter dem Krebsdämon befand sich der Körper des katzenartigen Raubtiers, dessen Kopf wir in einer der oberen Schichten geborgen hatten (Abb. 282). Er hatte einen menschlichen Brustkorb und menschliche Gliedmaßen, Füße und Hände waren jedoch außerordentlich detailliert zu angriffslustigen Raubtierpfoten mit spitzen Krallen geformt. Als wir die bewußt getrennten Teile wieder zusammenfügten, konnten wir uns eine Vorstellung von der Größe und dem erschreckenden Aussehen der Skulptur machen.

Formal und stilistisch ist dieses Stück in der andinen Archäologie einzigartig, nie zuvor war ein ähnliches gefunden worden. Trotzdem mußte es sich bei ihm um ein bekanntes und sehr verehrtes Kultbild der Mochica des Lambayeque-Gebietes handeln. Zwei Jahre später und nach der Restaurierung können wir nun besser seine tiefe symbolische Bedeutung und seine ursprüngliche Großartigkeit verstehen, worauf später noch einmal eingegangen werden soll.

Nach der Bergung der beschriebenen Stücke und anderer Fragmente konnten wir uns endlich einen vollständigen Eindruck von dem dreireihigen Pektoral aus imitierten Muschelschalen, Schlangenköpfen und stilisierten Fangarmen machen, das – um die Totenmaske gelegt – den verblüffenden Eindruck eines menschenköpfigen Tintenfisches mit vier Fangarmen nach links und vier nach rechts vermittelt (Abb. 239). Ein Großteil der Stücke ist jetzt gereinigt und restauriert, und man kann erkennen, daß die beiden oberen Reihen aus Silber und die Schellen in den Mäulern der Schlangen wie auch die Fangarme des Tintenfisches aus vergoldetem Kupfer bestehen. So bestätigt die harmonische Kombination der Metalle die Zusammengehörigkeit der einzelnen Elemente.

Die beeindruckende Wirkung dieses Schmuckstücks und seine beachtliche Größe (90 Zentimeter) werfen die Frage nach seiner Funktion auf. War es nur für den Grabzusammenhang bestimmt, oder wurde es bereits zu Lebzeiten vom alten Herrscher bei Zeremonien und bestimmten Anlässen getragen?

Unter den mittleren Fangarmen fanden wir eine weitere figürliche Darstellung von beachtlicher Größe (Abb. 241). Es handelte sich um einen stehenden Mann mit erhobenen Armen und zu Fäusten geschlossenen Händen, nach außen weisenden Füßen und runden und dreieckigen Metallplättchenanhängern auf der Brust und am Gürtel. Das runde Gesicht, die Ohrpflöcke, die konischen Augen und der Hut ließen kei-

240 Gesamtansicht der Schicht mit der vergoldeten Kupferstandarte mit der zentralen Darstellung der „Ulluchu“-Gottheit

nen Zweifel: Es handelte sich um dieselbe „Ulluchu"-Gottheit, die wir bereits auf den Standarten des „Señor" gesehen hatten. Quadratische Kupferplättchen umgaben auch diese aus verschiedenen Teilen zusammengesetzte Figur. Zu ihren Füßen befanden sich gebogene und gerade Metallbänder oder Platten mit der Darstellung der mythischen „Ulluchu"-Frucht. All diese Teile gleichen eindeutig den Standarten, die ursprünglich auf ein Baumwollfutter aufgenäht waren, das sich nicht erhalten hat.

Als wir diese Stücke bargen, fanden wir überraschenderweise unter den Metallplatten mit der Darstellung der „Ulluchu"-Frucht eine echte Frucht, die durchbohrt und mit Fäden am Stoff befestigt gewesen war (Abb. 240). Endlich hatten wir die Möglichkeit, sie analysieren zu lassen, denn der Erhaltungszustand war verhältnismäßig gut. Es gab keinen Zweifel, daß es sich um die rätselhafte kleine geriffelte Frucht mit Stiel handelte, die den Knauf des Zeptermessers des alten Herrschers bildete (Abb. 230). In der Moche-Kunst steht sie in den wichtigsten Szenen häufig mit Opfern und Kämpfen in Zusammenhang, aber bisher wußte man nicht, um welche Frucht es sich genau handelte. Einige Wissenschaftler hatten sie für eine Kürbis-, Avocado- oder Papayafrucht gehalten. Die jüngste Hypothese bringt sie mit *Cariaceaea* (Papaya) in Verbindung, die die Blutgerinnung hemmt und so bei der Opferung von Gefangenen das Blut flüssig hält (Wassén 1985–1986). Die heute ausgestorbene Frucht, die wir gefunden hatten, war jedoch hart und kleiner. Die vorläufigen Bestimmungsversuche von D. Ugent und F. León scheinen sich auf die Familie der *Meliaceaea* zu konzentrieren, deren Früchte eher giftig oder sogar tödlich sind. Diese Wirkungsweise stimmt nicht mit der bisher vermuteten überein. Ihr besonderer Wert wird durch die Niederlegung unter den Metallplatten betont, deren Dekor gerade diese Frucht zeigt.

Als wir Teile des tintenfischförmigen Pektorals abhoben, sahen wir auf den Schultern die Reste eines Strahlenpektorals aus schmalen Dreiecken mit einer Scheibe an einem Ende und zwei Bohrungen an der Basis. Direkt auf der Brust lagen im Halbkreis skulptierte Silberköpfe von unterschiedlicher Größe und Mimik, die in vollendeter Technik aus zwei getriebenen und aneinandergelöteten Hälften gearbeitet waren und ursprünglich drei Ketten gebildet hatten.

Das erste Ensemble zeigte ein Phantasiewesen mit schmalen Augen und gefährlich aussehendem, katzenartigem Maul (Abb. 242). Mund und Augen waren mit roten Spondylus-Muschelstücken ausgelegt, was ihre Ausdruckskraft noch verstärkte. Eine zweite Gruppe bestand aus kleineren Gesichtern mit pagenkopfähnlicher Frisur und halb geöffnetem Mund mit Zähnen aus Spondylus-Splittern, der jedoch nicht so katzenhaft wirkte wie der erste (Abb. 243). Die letzte Gruppe setzte sich aus mittelgroßen Köpfen zusammen, die eindeutig menschliche Züge zeigen (Abb. 244). Etwas unterhalb dieser Kettenglieder entdeckten wir die Rückseite von Goldköpfen mit ähnlicher Frisur.

Als die kupferne Totenmaske geborgen war, legten wir die großartigsten Schmuckstücke des alten Herrschers frei (Abb. 245, 247, Kat.-Nr. 209,

241 Die quadratische Standarte aus vergoldetem Kupfer in gereinigtem und restauriertem Zustand (Kat.-Nr. 191)

242 Silberner Kopf mit Muscheleinlagen. Der Kopf ist Teil einer Halskette aus zehn Gliedern (Kat.-Nr. 197)

243 Zwei Silberköpfe von einer der Halsketten des alten Herrschers (Kat.-Nr. 198, 199)

244 Fünf Silberköpfe von der dritten Halskette des alten Herrschers

210): Zwei runde Ohrpflöcke aus Gold mit drei konzentrischen Reliefbändern und Blattanhängern glänzten kaum verschmutzt in der Sonne. Einer der beiden war leicht gedreht, bewahrte noch anhängende Stoffreste und hatte auf der Rückseite einen oxidierten Pflock aus vergoldetem Kupfer. Diese Ohrpflöcke lagen in der Nähe eines weiteren Paares aus Silber, die wir schon vorher neben der Totenmaske bemerkt hatten. Auch hier wird erneut die Dualität der beiden Metalle deutlich. Zwischen ihnen befand sich ein kleiner ovaler, konvexer goldener Nasenschmuck mit silberkugelbesetztem Rand (Abb. 246).

Direkt darunter waren vier runde, katzenartige Köpfe aus Gold zu erkennen, die zu einer Kette gehörten, die bereits in den Schichten darüber aufgetaucht war (Abb. 247, 258). Um den Schädel lagen weitere Köpfe aus vergoldetem Kupfer, die wahrscheinlich Teile eines Kopfputzes oder einer Kette gewesen waren. Nach der Entfernung der Fragmente von verschiedenen Standarten entdeckten wir im unteren Bereich des Körpers Reste eines Baumwollumhangs, der mit vergoldeten Kupferplättchen besetzt gewesen war und bis zum äußersten Norden des Bündels reichte, was an ähnliche Kleidungsstücke in den beiden zuvor gefundenen Gräbern erinnerte.

Als wir diese königliche Bekleidung des alten Herrschers geborgen hatten, fanden wir in Höhe der Hüft- und Oberschenkelknochen fünf runde Rasseln aus vergoldetem Kupfer von 8,6 Zentimetern Durchmesser, die aus einem ausgeschnittenen, getriebenen und zusammengefalteten Blech bestanden, an dessen Rand 16 Kugeln mit innenliegendem Klangkörper gelötet waren (Abb. 277, Kat.-Nr. 237–241). Zwei von ihnen waren miteinander verbunden, so daß sie am Gürtel oder an einem Kleidungsstück befestigt werden konnten. Neben ihnen lagen einfache, stark oxidierte Steißschutze (Abb. 253). Diese militärischen Abzeichen mit langer Blattklinge liefen in ein gefaltetes, ausgeschnittenes Blech mit sieben Kugeln am Rand aus, im Bogen des Aufsatzes sind zwei nach außen blickende Leguane zu erkennen (Abb. 279, 280, Kat.-Nr. 204–208).

Westlich hiervon entdeckten wir zwei Silberrasseln mit der Darstellung des *Ai-Apaec* oder „Kopfabschneiders“, wie wir sie bereits zuvor in ähnlicher Größe und Form gefunden hatten. Unter den ersten Metallfragmenten kamen verschiedene Gruppen von dreieckigen Muschelstücken mit Bohrlöchern an der Basis zum Vorschein. Einige waren halbkreisförmig angeordnet, andere lagen scheinbar ungeordnet übereinander. Sie müssen ursprünglich drei auffällige Pektorale gebildet haben und lagen ausgebreitet oder zusammengefaltet über dem rechten Bein. Eins bestand aus schmalen, spitz zugeschnittenen weißen Meeresschneckenschalen, die in eine Kugel an der Spitze ausliefen (Abb. 249). Ein anderes war aus ähnlichen, aber breiteren Streifen gefertigt, die in stilisierte Fisch- oder Schlangenköpfe mit vier sorgfältig ausgeschnittenen Voluten ausliefen (Abb. 250, Kat.-Nr. 242). Die Augen waren aus roter Muschelschale eingelegt und mit Harz befestigt. Als wir den Verlauf der Baumwollfäden untersuchten, konnten wir eine dritte Gruppe von trapezförmigen, schmalen Muschelstücken erken-

245 Das Hauptohrpflockpaar des alten Herrschers mit beweglichen Metallblattanhängern (Kat.-Nr. 209, 210)

246 Goldener Nasenschmuck mit silbernen Kugeln

nen, die die zuvor beschriebenen ergänzte. Das Pektoral war so aufgefädelt, daß letztere Glieder halbkreisförmig eng um den Hals lagen, während sich die anderen auf der Brust elegant und harmonisch öffneten. Bei dieser Tragweise ergab sich wahrscheinlich ein großartiger Strahleneffekt.

Links fand sich eine weitere Ansammlung kleiner rechteckiger weißer und violetter Spondylus-Muschelstücke mit einer horizontalen Kerbe, die wie zwei aneinandergefügte Röhrchen wirkten (Abb. 268, Kat.-Nr. 244). Sie bildeten das vierte Pektoral mit einem Gerüst aus durchbohrten Kupferspannstäben. Dank der sorgfältigen Aufnahme konnte der Dekor dieses Schmuckstücks aus Treppen- und Volutenmustern rekonstruiert werden.

In der folgenden Schicht fanden wir einen Großteil der Hauptschmuckstücke direkt auf dem Skelett des alten Herrschers, dessen Knochen jetzt fast völlig sichtbar waren. Im Schulterbereich und auf den Oberschenkeln zeigten sich dünne durchbohrte Kupferstäbe neben unzähligen weißen und roten Muschelperlen, die auch zwischen die größeren Stücke geglitten waren und zu insgesamt fünf Pektoralen gehört hatten. In Höhe des Halses lag ein zweiter ovaler Nasenschmuck aus oxidiertem Silber mit getriebenen Halbkugeln am Rand. Ein sorgfältig ausge-

schnittenes Goldblech zeigte einen zentralen Fischkopf mit gezackten Seitenvoluten, die in Vögelköpfe ausliefen (Abb. 248).

Der Rand eines breiteren Nasenschmucks hatte bereits einige Schichten weiter oben unsere Neugier geweckt. Als wir ihn bargen, sahen wir eine kleine menschliche Gestalt, die von den zerdrückten Muschelperlen eines Pektorals bedeckt war (Abb. 251, Kat.-Nr. 211).

Es handelte sich um eine Miniaturplastik aus Gold und Silber, die einen Kriegerbefehlshaber darstellt. Am linken Unterarm trägt er einen Schild, in der rechten Hand eine Keule. Er ist mit einem Schuppenhemd aus Türkisplättchen und einem kurzen goldenen Hüfttuch bekleidet. In seiner Nase steckt ein halbmondförmiger Nasenschmuck, der dem zuvor geborgenen ähnelt und den Mund bedeckt. Die Türkiseinlagen lassen seine Augen ausdrucksvoll wirken, die Pupillen bestehen aus schwarzem Stein. Zwei Ohrpflöcke mit Türkiseinlagen gehören ebenfalls zu seiner Ausstattung, aber vor allem die auf dem Kopfband angebrachte große Krone verleiht der Darstellung ihre Pracht. Sie besteht aus einem in der Mitte sitzenden Uhu mit einem doppelten Paar ausgebreiteter Flügel mit beweglichen Metallanhängern, die mit Klammern befestigt sind und die Federn des Vogels nachahmen. Das obere Flügelpaar ragt weit über die rechteckige silberne Unterlage hinaus,

247 Neben dem Schädel und auf der Brust lagen die wichtigsten Rangabzeichen: Ohrpflöcke, Halsketten, der Nasenschmuck und Pektorale

248 Nasenschmuck aus geschnittenem Goldblech mit Schlangenfisch und Schlangenvögeln

249 Pektoral aus geschnittenen
Meeresschnecken und Muscheln

250 Pektoral aus Muschelstücken, weißen Meeresschnecken und Spondylus-Muschel mit Darstellungen des Schlangenfisches. Die Reste von Baumwollfäden zeigen seine ursprüngliche Form (Kat.-Nr. 242)

251 Der Hauptnasen-
schmuck des alten
Herrschers mit der
Miniaturskulptur eines
Militärbefehlshabers mit
Uhukopfschmuck
(Kat.-Nr. 211)

252 Nasenschmuck des alten Herrschers aus Silber mit Goldauflagen und Türkiseinlagen in gereinigtem und restauriertem Zustand (Kat.-Nr. 212)

253 Gesamtansicht der Schicht direkt über dem Skelett. Rechts sieht man die wenigen erhaltenen Stoffreste. Im Zentrum befinden sich Rasseln, Steißschutze und in Einzelteile zerfallene Pektorale

was dem Schmuckstück seine überwältigende Schönheit verleiht. Der Nasenschmuck muß dem alten Herrscher beim Tragen majestätische Würde verliehen haben. Wahrscheinlich ist hier der Herrscher selbst dargestellt, und so wird das Stück zu dem den Verstorbenen am deutlichsten auszeichnenden Emblem, da eine dem „Señor" entsprechende Krone nicht gefunden wurde. Zweifellos handelt es sich hier um eines der großen Meisterwerke der Goldschmiedekunst Altamerikas.

Die plastische Figur des Kriegerbefehlshabers ist aus verschiedenen Teilen zusammengesetzt und steht auf einem runden Podest mit zwei seitlichen Rampen, was überlieferten Darstellungen der höchsten Hierarchiestufe in der Moche-Kunst entspricht.

Unter diesem Nasenschmuck lag eine Kette aus zehn runden, goldenen Raubkatzenköpfen (Abb. 258, Kat.-Nr. 215–219). Jeder Kopf hat einen Durchmesser von 6,3 Zentimetern und ist aus zwei Hälften zusammengesetzt. Die Vorderseite ist im Halbrelief getrieben und zeigt ein Raubtiergesicht mit flügelförmigen Augen und halbgeöffnetem Maul, in dem lange Zähne aus Spondylus-Muscheln zu sehen sind. Ihre Farbe changiert von Rosa bis Weiß, was wohl auf die lange Lagerung im Boden und Pilzbefall zurückzuführen ist, der von uns festgestellt werden konnte. Nur bei einem Kopf, der mit dem Gesicht nach unten und deshalb geschützt gelegen hatte, war die ursprüngliche rötliche Farbe erhalten geblieben. Die Augen bestanden wohl aus einer organischen Substanz, aber nur die Reste eines Klebers waren an einigen Stellen nachzuweisen.

Auf der Rückseite der Köpfe befindet sich eine ziselierte und getriebene spiralförmige Verzierung, die aus alternierenden Flügeln und Schlangen mit gezacktem Rücken besteht, die einen Vogelkopf mit doppelter Federkrone haben (Abb. 255). Dieses Motiv ähnelt zwar dem auf der Rückseite der Glieder der Spinnenkette (Abb. 229), es gibt jedoch einige Unterschiede – etwa die Anzahl der Flügelarme und das Detail der doppelten Federkrone –, denen eine besondere Bedeutung zukommen könnte. Zweifellos handelt es sich hierbei um Stücke mit vielschichtiger Symbolik.

Etwas unterhalb dieser Köpfe kamen zwischen den Muschelperlen weitere abweisende, hagere Gesichter von alten Männern zutage (Abb. 254, 259, Kat.-Nr. 220–224). Obwohl sie fast 2000 Jahre im Boden gelegen hatten, waren der Glanz und die Pracht des hochkarätigen Goldes erhalten geblieben, abgesehen von einigen kleinen Beulen, die durch den Bodendruck entstanden waren. Ursprünglich hatten sie die dritte goldene Halskette des alten Herrschers gebildet, wie die anderen aus zehn Gliedern bestehend, die durch kleine Röhren voneinander getrennt wurden. Durch diese Röhrchen und die Bohrlöcher seitlich an den Köpfen waren die Baumwollfäden gelaufen. Diese Köpfe hat man in einer Matrize hergestellt, kleine Unterschiede sind auf eine nachträgliche Überarbeitung oder spätere Verformungen zurückzuführen. Sie wurden ebenfalls aus zwei Teilen mit einer Silberlötung zusammengefügt und hatten ursprünglich Einlagen aus organischem Material in den Augenhöhlen.

Unter einem der silbernen Ohrpflöcke befand sich ein weiterer ovaler Nasenschmuck aus Gold und Silber, der in konzentrischen Ovalen alternierend mit Voluten, ausgeschnittenem Goldblech und Kugeln aus Gold und Silber verziert war (Abb. 256).
Als der Nasenschmuck mit dem Kriegerbefehlshaber geborgen war, erschien direkt darunter ein weiterer, der diesem in Form und Größe glich (Abb. 252, Kat.-Nr. 212). Auf eine rechteckige Goldplatte, die mit einem Silberband mit Scheibenanhängern eingefaßt war, hatte man ein menschliches Gesicht mit großen runden Ohrpflöcken, Nasenschmuck und Strahlenpektoral montiert, das von erhobenen Armen gerahmt wurde. Seine Augen waren mit Türkisen, die Pupillen in Gold eingelegt, auf dem Kopf saß eine auffällige Silberkrone mit zwei großen, nach außen weisenden Federbüschen mit rechteckigen goldenen Anhängern. In der Mitte des Kopfbandes prangte ein goldenes menschliches Gesicht, das an eine bekannte Gestalt der Moche-Ikonographie erinnert, den sogenannten „mythisch-anthropomorphen Ahnen" (Hocquenghem 1987) oder „Person D" (Donnan 1978). Am Kupferoxid auf seiner Rückseite klebten zwei kleine, schlichte Nasenschmuckstücke. Sie waren leicht gewölbt und trapezförmig, das eine aus Gold, das andere aus einer Kombination von Gold und Silber in zwei dreieckigen Feldern.
In derselben Schicht und auf dem Unterkörper des alten Herrschers lagen die meisten der in Halbkreisen angeordneten klassischen goldenen und silbernen Rasseln mit dem Bild des *Ai-Apaec* oder „Kopfabschneiders" (Abb. 278, 281, Kat.-Nr. 225–229). Im ersten Grab hatten wir zwei goldene Rasseln gefunden, hier entdeckten wir zehn, was erneut die symbolische Bedeutung der Anzahl der Schmuckstücke deutlich macht. Wie zu erwarten, waren die Silberrasseln genaue Pendants der goldenen (Abb. 269, Kat.-Nr. 230, 231).
Auf den Oberschenkeln, d.h. auf der „falschen" Körperseite, die nicht der Tragseite entsprach, fand sich ein weiteres Rangabzeichen, ein goldener Steißschutz (Abb. 261, 264, Kat.-Nr. 232). Dieser war mit 22,6 Zentimetern Höhe nur etwa halb so groß wie das entsprechende Stück im Grab des „Señor von Sipán", zeigte aber dasselbe Motiv, wobei der halbkreisförmige Bogen, in dem der *Ai-Apaec* steht, jedoch statt mit zehn nur mit acht Halbkugeln besetzt ist (vgl. Abb. 166). Die Unterschiede sind nicht nur numerischer, sondern auch stilistischer Art. Die Klinge ist schmal und nicht so stark gebogen wie beim Steißschutz im Grab des „Señor". Außerdem fehlt der in dem Halbkreis stehenden Gottheit die Uhuhalskette, und sie wurde in derselben Matrize wie die Rasseln hergestellt (vgl. Abb. 281). Da sich kein entsprechendes silbernes Pendant fand, muß man annehmen, daß das Stück zu den etwas kleineren, oxidierten silbernen Steißschutzen in Beziehung stand, die auf den Beinen gefunden wurden (Abb. 263). Diese schlossen nach oben mit einem gefalteten Blech mit sechs Halbkugeln am Rand ab.
An diesem Punkt der Dokumentation beschlossen wir, einen Teil der bereits geborgenen Stücke wieder an ihren Fundort zurückzulegen, um ein illustratives Gesamtbild zu erhalten (Abb. 264). So entstand eine beeindruckende, prachtvolle Inszenierung: Insgesamt 56 goldene

254 Getriebene goldene Köpfe mit Greisengesichtern

255 Die Rückseiten der raubkatzenartigen Köpfe mit Wirbelmotiven

256 Nasenschmuck mit Filigranarbeit aus Silber und Gold

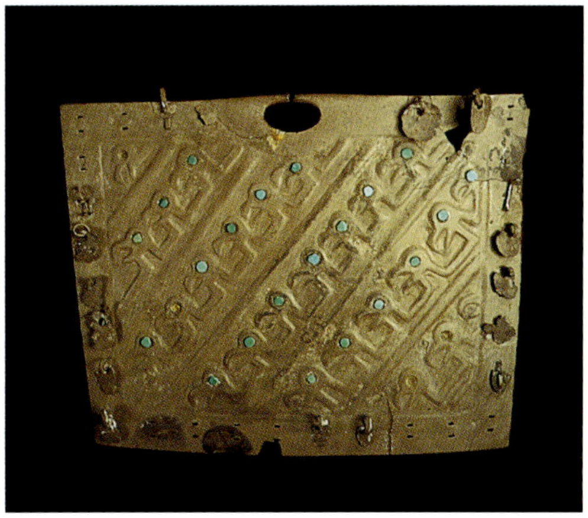
257 Nasenschmuck aus getriebenem Silber mit der Darstellung von Vogelköpfen

258 Zehn goldene raub-
katzenartige Köpfe mit
Muscheleinlagen, die die
Glieder einer der Halsketten
des alten Herrschers bildeten
(Kat.-Nr. 215–219)

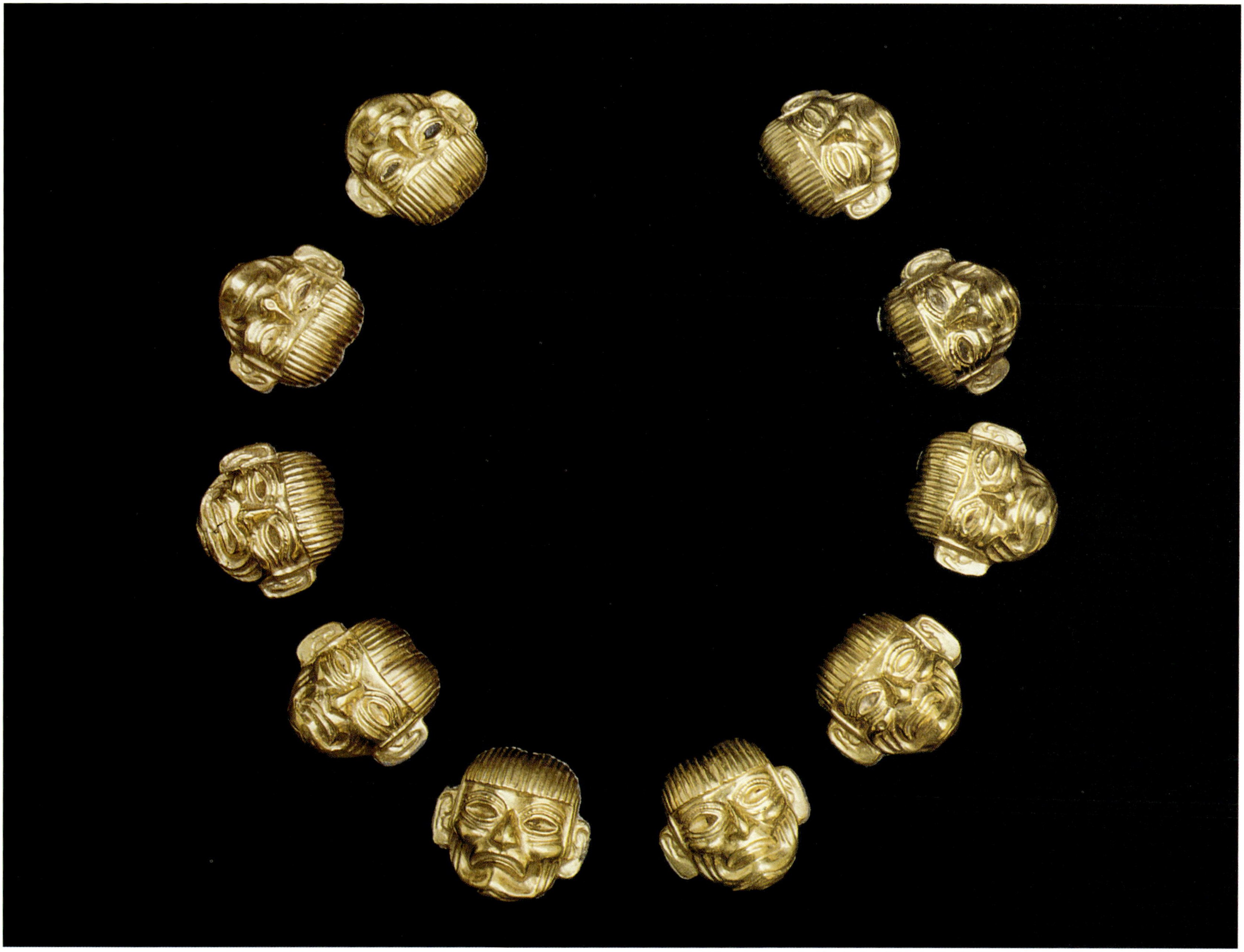

259 Halskette aus zehn goldenen Köpfen (Kat.-Nr. 220–224)

260 Kleine Köpfe aus vergoldetem Kupfer, die wahrscheinlich an Kleidungsstücke genäht waren

261 Der goldene Steißschutz des alten Herrschers in gereinigtem und restauriertem Zustand (Kat.-Nr. 232)

262 Holz- und vergoldete Kupferteile einer Pfeilschleuder

263 Ensemble von silbernen Steißschutzen in gereinigtem und restauriertem Zustand. Sie konnten aufgrund der starken Oxidierung nicht getrennt werden

264 Gesamtansicht des Grabes mit den wichtigsten Rangabzeichen des alten Herrschers

Schmuckstücke und Dutzende von Objekten aus Silber und vergoldetem Kupfer, gerahmt von farbig bemalten Tongefäßen, bedeckten die Knochen des alten Herrschers.
In der nächsten Grabungsschicht sahen wir uns dem Skelett gegenüber. Auf beiden Beinen lagen noch die Reste des zuletzt beschriebenen Pektorals, das ein weiteres prächtiges aus 61 schmalen, zu einem Kreis angeordneten Muschelgliedern bedeckte. Dies war eines der schönsten Schmuckstücke, die wir bisher gefunden hatten. Jedes weiße Glied war sorgfältig ausgeschnitten und stellte den langen Körper eines Katzenfisches dar, auf dem rote Muscheleinlagen die Details betonten und den Eindruck einer sich windenden Silhouette mit Rückenflossen erweckten, so daß insgesamt der überraschende Effekt schwimmender Fische entstand (Abb. 265, 266).
Mit der folgenden Schicht legten wir schließlich das gesamte Skelett des alten Herrschers frei, das auf dem Rücken ausgestreckt lag. Der Schädel war leicht nach links geneigt und durch den Bodendruck zerbrochen. Auf seiner Basis fanden wir zwei weitere runde Goldbarren. Die besser erhaltenen Knochen des Körpers waren in ihrem anatomischen Zusammenhang vorhanden und zeigten, daß die linke Schulter im Vergleich zur rechten leicht hochgezogen war. Die neben dem Körper ausgestreckten Arme waren leicht angewinkelt. Die Knochen der rechten Hand umschlossen noch den rechteckigen Nasenschmuck aus Silber, die der linken einen runden Silberbarren, der genau dem entsprach, der in derselben Lage beim „Señor“ gefunden worden war.
Als wir die beiden Unterarme reinigten, entdeckten wir millimetergroße Perlen aus Gold, Türkis, Lapislazuli und Spondylus, Reste von Armbändern mit einem komplizierten Muster, das auf den ersten Blick nicht zu erkennen war. Die Perlen lagen zwischen goldenen Stäben.
Nach Auskunft des Anthropologen handelte es sich um einen ca. 45–55 Jahre alten Mann, der etwa 1,62 Meter groß war. Sein Gebiß zeigte starke Abnutzungserscheinungen ohne pathologische Schäden wie Karies oder Abszesse. Nur an einigen Fußknochen, an den Ellbogen und an der Wirbelsäule fanden sich Anzeichen von Gicht.
Am linken Unterschenkel war bereits in den oberen Schichten ein Stoffballen zu sehen gewesen, der Bodensalzen und Feuchtigkeit getrotzt und sich als einziger Teil der ursprünglichen Umhüllung erhalten hatte. Aber auch unter dem Skelett fanden sich vereinzelte Stoffreste, die mit verschiedenen Webtechniken hergestellt worden waren (Abb. 253). Beide Funde stellten höchste Ansprüche an die Dokumentation, mit der ihre Vielfalt, Größe und Funktion bestimmt wurde. Susana Meneses, eine der verantwortlichen Mitarbeiterinnen der Grabung, verbrachte mehrere Wochen mit einem Handstaubsauger, Pinseln, Papierbögen, Lupen und Netzen, um die verschiedenen Stoffe zu erkennen und mit der Hilfe von zwei erfahrenen Zeichnern aufzunehmen. Gleichzeitig dokumentierten Luis Chero und andere Grabungsteilnehmer jeden Knochen und zeichneten sie im Maßstab 1:1, um so einen Plan zu erstellen, der ihre Lage im Grab genau festhielt und eine spätere Bergung erleichtern würde.

Eine einfache, aber zweckmäßige Methode zur Dokumentation der Stoffe, die nach der Entnahme der Knochen erschienen, war das Zeichnen eines Plans im Maßstab 1:1 mit Hilfe konventioneller Farbstifte. Mit dieser Technik war es möglich, acht verschiedene Reste von Umhängen und Stoffen in verschiedenen Webtechniken zu bestimmen, von denen einige mit außerordentlichen Stickereien geschmückt waren, die wirkliche Meisterwerke der Moche-Textilkunst darstellen. Sie gehörten zu Totenhüllen, Kleidungsstücken und Standartenfuttern. Die eindrucksvollsten Verzierungen waren miteinander verschlungene Schlangenköpfe und eine einzigartige Darstellung, in der mythische Wesen wie der „Leguan-Mann" und ein Hund zu erkennen sind, die eine Sänfte tragen, in der wohl eine wichtige Person sitzt. Wahrscheinlich handelt es sich dabei um eine Szene aus dem Bestattungsritual, möglicherweise den Transport des Herrschers in die Welt der Toten (Abb. 271).

265 Detail des Schlangenfischpektorals

Rechts unter dem Körper lagen darüber hinaus zwei Metallstandarten mit der klassischen Darstellung der „Ulluchu"-Gottheit. Die Bildseiten wiesen nach unten und erinnerten so an die entsprechende Positionierung der Bilder im Grab des „Señor", die vielleicht die Vierteilung oder vertikale Dualität symbolisieren, die Welt der Lebenden und die Welt der Toten.

Unter den Schädelknochen lagen zehn kleine Köpfe aus vergoldetem Kupfer, die wohl zu einer Kette oder zu einem Kleidungsstück gehört hatten (Abb. 260), auf der gegenüberliegenden Seite befand sich der letzte Silberkopf einer der Halsketten. Schließlich konnten auf der linken Seite eine Silberrassel, ein silberner Steißschutz und zwei runde vergoldete Rasseln geborgen werden.

Unter den Stoffresten auf der rechten Seite lagen weitere Lanzen, die mit den zuvor freigelegten ein Bündel von insgesamt zwölf Exemplaren bildeten. Es handelt sich um Angriffswaffen mit einem etwa zwei Zentimeter dicken Holzschaft, der sorgfältig mit vergoldetem Kupferblech verkleidet war. Ihre Länge hatte zwischen 1,70 und 1,80 Metern gelegen. Auf den beiden äußeren steckten noch die zugehörigen Kupferspitzen, die jedoch sorgfältig umgebogen waren. Die Spitzen der anderen Lanzen waren abmontiert worden und ebenfalls verbogen (Abb. 272). Das Unbrauchbarmachen dieser Waffen (auch andere zu Füßen des Bündels waren unbenutzbar) sollte wohl die rituelle Aufhebung ihrer Macht symbolisieren.

Einige dicke Baumwollseile lagen unter den Stoffschichten und hatten wahrscheinlich dazu gedient, das Totenbündel ins Grab hinabzulassen. Dort fand sich auch ein Paar rechteckiger Metallsandalen, die aber verblüffenderweise nicht zu den Füßen des alten Herrschers paßten. Etwas weiter nördlich lagen zu beiden Seiten des Bündels acht Spondylus-Muscheln auf dem Boden der Grabkammer und im äußersten Westen der Schädel eines Lamas, das wahrscheinlich bei der Bestattung geopfert worden war.

Erst jetzt konnte man die Reste von aneinandergebundenen Rohrstäben erkennen, die eine breite, stabile Bahre gebildet hatten. Sie

266 Pektoral aus geschnittenen Muschelstücken mit roten Einlagen. Jedes Glied stellt einen Schlangenfisch dar (Kat.-Nr. 243)

267 Das Armband des alten Herrschers mit Darstellungen des Schlangenfisches aus Gold-, Türkis-, und Muschelperlen (Rekonstruktion von Segundo González im Brüning-Museum, Lambayeque) (Kat.-Nr. 233, 234)

268 Pektoral aus rechteckigen Spondylus-Stücken, auf dem Voluten als Wassersymbol dargestellt sind. Da einige der Glieder vergangen waren, konnte es nur unvollständig rekonstruiert werden (Kat.-Nr. 244)

269 Eine der Silberrasseln in gereinigtem und restauriertem Zustand (Kat.-Nr. 230, 231)

270 Strahlenpektoral aus vergoldetem Kupfer (Kat.-Nr. 184)

sollte nicht nur die Beigaben tragen, sondern auch den Körper und das Totenbündel in seiner ursprünglichen Position halten. Somit entsprach sie den Bahren, die wir zuvor im Grab des „Señor" und dem des Priesters gefunden hatten.

Nun waren wir endlich am Boden der Grabkammer angelangt, wo wir nur die Abdrücke von zwei Geweben aus Pflanzenfasern erkennen konnten. Eine der Stoffbahnen hatte das Bündel vollständig bedeckt, wie wir schon zu Beginn seiner Freilegung feststellen konnten. Bei dem anderen handelte es sich wohl um eine Art feingeknüpfte Matte. Der Boden war mit Lehm verputzt und mit einem roten Pigment bestreut, wahrscheinlich Zinnober, eine Farbe, die im alten Peru eine besondere religiöse Bedeutung besaß.

Als wir den südlichen Bereich des Raumes untersuchten, den einzigen Sektor, dessen Abgrenzungen noch nicht bestimmt waren, fanden wir hinter einer Ziegelreihe eine rechteckige Füllung, deren Länge der Breite des Grabes entsprach. Zwischen den Erdklumpen kamen Knochenreste zum Vorschein, die zu dem vollständigen erhaltenen Skelett einer jungen Frau gehörten, die 16–18 Jahre alt gewesen war. Sie lag schräg auf dem Bauch ausgestreckt mit dem Kopf nach Osten und den Füßen nach Westen. Der Körper war leicht auf den linken Arm gestützt, der andere Arm lag etwas abgespreizt, und die Fußknochen waren so gekreuzt, daß man an eine Fesselung denken konnte.

An ihrer rechten Seite, auf dem Arm und gestützt vom Hüftknochen, fand sich das Skelett eines Lamas mit angezogenen Pfoten, das auf seiner linken Seite lag. Der Kopf war auffällig nach hinten gebogen, als sei dem Tier bei der Opferung genau an der Stelle, an der es jetzt lag, die Kehle durchgeschnitten worden.

Die Frau war ohne jegliches Schmuckstück beigesetzt worden, und die Fundlage erweckte den Eindruck, als sei auch sie direkt bei der Bestattung geopfert worden. Die junge Frau und das Lama waren die einzigen Begleiter des alten Herrschers. Sein Grab unterschied sich, wie wir bereits festgestellt haben, deutlich von den zuvor untersuchten Grabkammern; es war nicht nur kleiner und einfacher, ihm fehlte auch der Sarg und die verschiedenen Nebenbestattungen. Dennoch waren die Beigaben außerordentlich reich und komplex, mit beeindruckend vielen Schmuckstücken, Emblemen und Metallarbeiten, die teilweise denen des „Señor" entsprachen. Deshalb konnte kein Zweifel daran bestehen, daß es sich um einen Mann vom selben Rang wie dem des „Señor" handeln mußte.

Die Unterschiede erklären sich im wesentlich daraus, daß das Grab des „Señor" jünger war als das des alten Herrschers und daß die Komplexität der reichsten vorspanischen Elitegräber, die wir bisher kennen, beständig wuchs. Wenn die Bestattung des alten Herrschers das erste Grab in der Plattform von Sipán war und die des „Señor" das letzte der Dynastie, haben wir Anfangs- und Endpunkt einer Entwicklung vor uns, deren Veränderungen nicht nur den Wandel innerhalb der Bestattungsriten bei den Moche spiegeln, sondern auch wichtige Neuerungen in den religiösen Vorstellungen und in der soziopolitischen Struktur.

271 Fragment eines verzierten Stoffes von der Totenkleidung

272 Verkleidungen von Keulen aus Kupfer und vergoldetem Kupfer, die beim Totenritual absichtlich zerdrückt wurden

273 Quadratische Standarte aus vergoldetem Kupfer in gereinigtem und restauriertem Zustand

274 Runde Standarte in gereinigtem und restauriertem Zustand. Dargestellt ist die „Ulluchu“-Gottheit, umgeben von „Ulluchu“-Früchten (Kat.-Nr. 192)

275 Halbmondförmiger goldener Nasenschmuck (Kat.-Nr. 213)

276 Gottheit und Anhänger aus Schlangenköpfen, die ursprünglich zu einem Kleidungsstück gehörten

DIE BEDEUTUNG DER GRABAUSSTATTUNG

Wir konnten bei der Dokumentation und Bergung des Grabinhalts des alten Herrschers feststellen, daß er wie seine Nachfolger mit all seinen vielgestaltigen und prächtigen Besitztümern beigesetzt wurde, so daß wir die Beigaben wie die des „Señor“ interpretieren können, indem wir uns auf vier Gruppen konzentrieren: Objekte, die ausschließlich für die Bestattung hergestellt wurden, sowie solche Gegenstände, die auf Herrschaft, Rang und Kult hindeuten.

Zur ersten Kategorie können wir folgende Funde zählen: die naturgetreue Maske mit Uhuhalskette (Abb. 236), die Barren aus Silber und Gold für Augen, Mund und Hände, die Rohrbahre, Spondylus-Muscheln, Keramik (Abb. 226, 227) und die Umhüllungen wie auch die Totentücher und wahrscheinlich das Tintenfischpektoral (Abb. 239).

Zur zweiten Gruppe zählen das Zeptermesserpaar aus Gold und Silber (Abb. 230, 233), die verschiedenen Steißschutze (Abb. 261, 279, 280), die Rasseln mit der Darstellung des *Ai-Apaec* in Silber und Gold (Abb. 269, 278, 281), die Scheibenhelme mit Zeremonialbart, der Fuchskopf (Abb. 237), die Figur des Kriegers mit Keule (Abb. 235), die beiden Pfeilschleudern (Abb. 262), die zwölf vergoldeten Lanzen sowie die verbogenen Waffen und Militärembleme (Abb. 272).

Die wichtigsten Rangabzeichen scheinen uns die folgenden zu sein: die Zehnerzahl der Glieder der drei Gold- und drei Silberketten (Abb. 228, 258, 259) die Paare der Gold- und Silberohrpflöcke (Abb. 245, 247), der Kopfputz aus zwei Federbüschen, das Pektoral mit trapezförmigen Gliedern aus vergoldetem Kupfer, das Strahlenpektoral mit dreieckigen Gliedern aus vergoldetem Kupfer (Abb. 270), die beiden Silberpektorale, die Muscheln bzw. Schlangenköpfe nachahmen (Abb. 239), das Ensemble der zehn Nasenschmuckstücke aus Gold, Silber und der Kombination der beiden Edelmetalle (Abb. 246, 248, 251, 252, 256, 257), die Pektorale aus kleinen Muschelstücken (Abb. 249, 250), die Rundschellen aus vergoldetem Kupfer (Abb. 277) und der Schuppenumhang,

277 Runde Rassel aus vergoldetem Kupfer in gereinigtem und restauriertem Zustand (Kat.-Nr. 237–241)

278 Eine der Goldrasseln des alten Herrschers mit der Darstellung des *Ai-Apaec* (Kat.-Nr. 225–229)

die Armbänder (Abb. 267), die vier Pektorale aus Muschelschalen (die beiden strahlenförmigen Pektorale, eines mit rechteckigen Plättchen, Abb. 268, das andere mit Katzenfischen, Abb. 266) sowie die Metallsandalen.

Schließlich können folgende Fundstücke als Kultgegenstände angesprochen werden: die Masken aus vergoldetem Kupfer (Abb. 236), wahrscheinlich Teile von Kultbildern, die verschiedenen symbolträchtigen Figuren auf Standarten wie die kleinen Gestalten, Schlangen, die Raubkatzengottheit (Abb. 282) und der menschenköpfige Krebs (Abb. 285) sowie auch die Gruppe der fünf Metallstandarten, auf denen die „Ulluchu"-Gottheit dargestellt ist (Abb. 241, 273, 274). Hinzu kommen wohl noch einige der meist vergangenen Kleidungsstücke und die Pinzette für die Körperpflege (Abb. 234).

Wie bei der Grabausstattung des „Señor" sollte der Gebrauch, die Funktion und die Bedeutung dieser vielfältigen Güter sinnvoll miteinander zu verbinden sein, so daß sie bei spezifischen öffentlichen, militärischen und repräsentativ-herrscherlichen Zeremonien eingesetzt werden konnten. Die dreifache Autorität, die beim „Señor" in der Gesamtheit der Embleme, Schmuckstücke und Ausstattungsgegenstände zum Ausdruck kommt, hat hier ihren institutionellen Vorläufer gefunden, was daraus zu schließen ist, daß ein Großteil der Objekte trotz des beachtlichen zeitlichen Unterschieds bei beiden Verstorbenen auftaucht. Vorläufig kann man davon ausgehen, daß diese Zeitspanne nicht weniger als fünf Generationen beträgt.

Sehr wichtig ist die Tatsache, daß der dreifache Funktionsgehalt sich gerade in den wichtigsten und auffälligsten Rangabzeichen zeigt, den Gold- und Silberketten, die auch mit den drei wichtigsten liturgischen Aspekten des Moche-Universums verbunden sind.

Die katzenartigen Raubtiere könnten als Machtsymbol auf den Rang innerhalb der Hierarchie hindeuten, was fast der gesamten andinen Tradition entspricht. In den bildlichen Darstellungen gehören sie zu Szenen wie der „Strahlen"-Darbietung, Opferzeremonien, Kämpfen

und der Wiederherstellung der Ordnung. Auch die Zeptermesser, der goldene Steißschutz, die Rasseln, die Strahlenkopfputze und Waffen stehen in diesem Zusammenhang. Das Ensemble der Spinnen mit dem Menschenkopf auf dem Rücken und die neun Kugeln der Halskette spielen auf die Mondzyklen an wie auch die Wirbelmotive und die Schlangenvögel, denen bei Orakeln oder Fruchtbarkeitsriten ebenfalls eine vielfältige Bedeutung zugekommen sein kann. Bei diesen Ereignissen kamen wohl auch die Pfeilschleuder mit Vogelkopf, die Katzenfischpektorale und andere zum Einsatz. Die Kette mit den Altmännergesichtern könnte die realistische Variante der Gottheit darstellen, die als „Faltengesicht" bekannt ist und die im Bestattungsritual auftaucht.

Die Silberketten sind Teil einer anderen wichtigen Trias, die offensichtlich der der drei Goldketten entspricht. Die Variationsbreite der skulptierten Köpfe reicht von naturgetreuen Menschengesichtern bis zu eindeutig katzenartigen Raubtieren, und sie verkörpern auch die mythische Verwandlung vom Menschen zum Raubkatzenmenschen; wahrscheinlich waren die Köpfe mit den drei wichtigen großen Ritualen verbunden. Ein Ausstattungsteil, das möglicherweise auch mit anderen, aus bildlichen Darstellungen bekannten rituellen Handlungen in Verbindung stand, war beispielsweise die Schuppentunika, die beim Seiltanz getragen wurde. Der Helm mit Zeremonialbart und Fuchskopfschmuck kam dagegen unter anderem bei Kämpfen und bei der rituellen Jagd zum Einsatz.

Im übrigen entsprechen die Ausstattungsgegenstände in Form und Bedeutung im allgemeinen denen des „Señor", was ihre Bedeutung, ihren Status, ihren persönlichen, nicht vererbbaren Gebrauch, ihre Herstellung und stilistische Einheitlichkeit angeht. Bei der Metallbearbeitung sind einige auf das höhere Alter zurückzuführende Unterschiede festzustellen, etwa, daß es deutlich weniger vergoldete Gegenstände und statt dessen mehr bimetallische Verbindung von Gold und Silber an einem Schmuckstück gibt.

Beim Grab des alten Herrschers fällt auf, daß eine zentrale goldene Kopfbedeckung, die der im Grab des „Señor" entsprechen würde, fehlt. Die einzige Krone mit Kopfband und zwei offenen Federbüschen besteht aus vergoldetem Kupfer. Sie kennzeichnet den Träger als eines der wichtigen mythischen Wesen der Mochica-Ikonographie. Man könnte auch vermuten, daß es zu jener Zeit noch keine Goldkrone gab, wie sie seinem Rang entsprochen hätte, darüber hinaus mag es auch Kronen aus organischem Material gegeben haben, die nicht erhalten sind. Außerdem fällt auf, daß die im Grab des „Señor" gefundenen zahlreichen Halterungen von Federbüschen hier völlig fehlen.

Die meisten Schmuckstücke haben zehn Glieder, was, wie bereits bemerkt, als konstanter Faktor Symbolcharakter für die hohe hierarchische Stellung der Herrscher hat. Die Dualität der Rangabzeichen ist hier nicht durch eine Verbindung der beiden Metalle ausgedrückt, sondern durch das immer wiederkehrende Nebeneinander von Gold und Silber.

279 Steißschutz aus vergoldetem Kupfer mit zwei Leguanen auf sieben Kugeln

280 10 Steißschutze mit Leguan-Darstellungen (Kat.-Nr. 204–208)

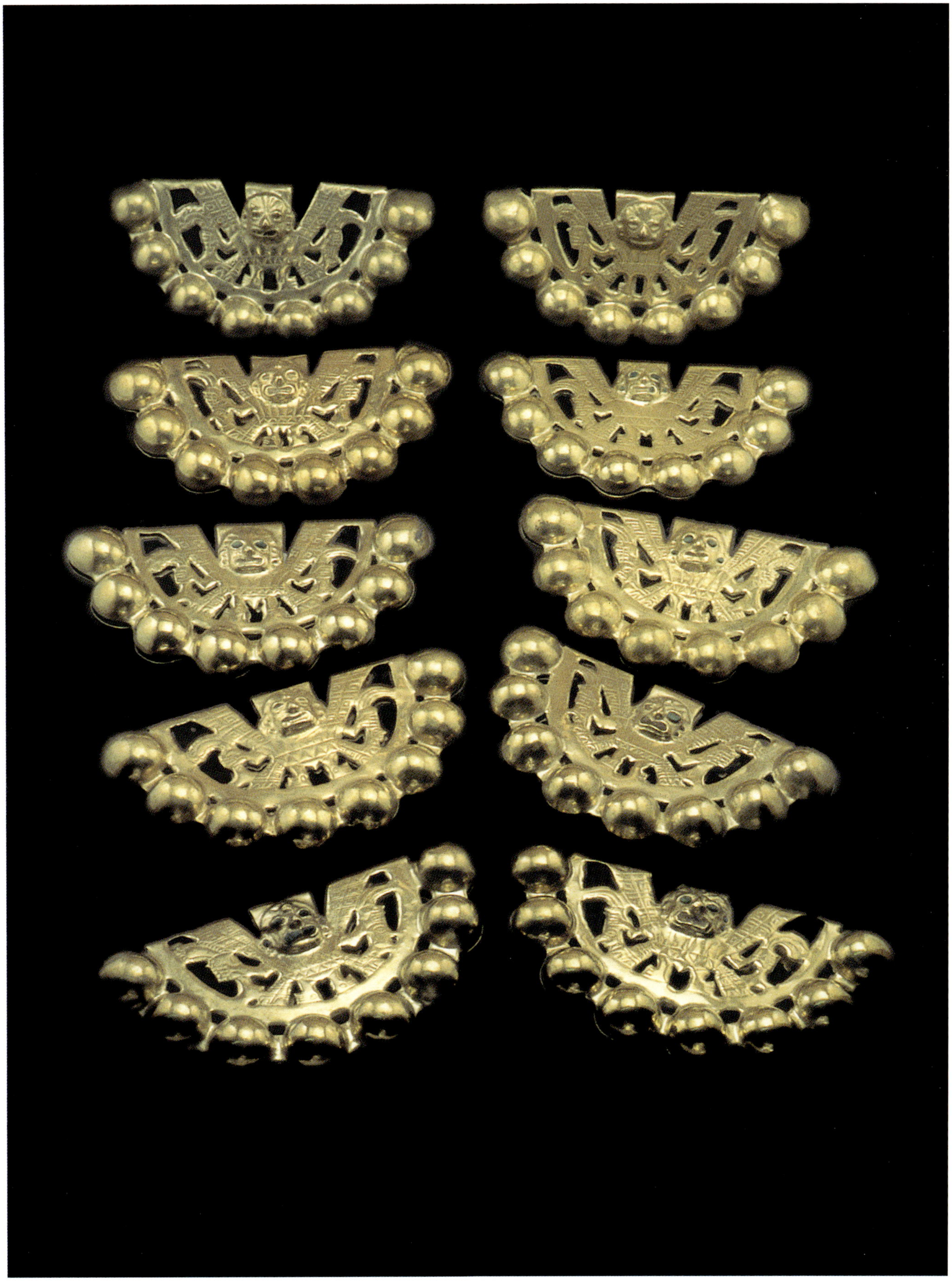

281 10 Goldrasseln aus der Grabausstattung des alten Herrschers (Kat.-Nr. 225–229)

Die Grabausstattung des alten Herrschers ist auch ikonographisch vergleichsweise aufwendiger und facettenreicher als die des „Señor". Durch Form und Größe sticht die Vielfalt der Bilder von Gottheiten oder deren Attributen hervor. Drei von ihnen stellen die wichtigsten mythischen Wesen dar: die anthropomorphe Raubkatze, den Krebsdämon und die „Ulluchu"-Gottheit. Andere Darstellungen oder kleinere Figuren waren wohl von geringerer religiöser oder kultischer Bedeutung, etwa die naturgetreuen Masken und die kleinen Figuren mit Schlangen.
Die anthropomorphe Raubkatze, die wir mit dem der Mochica-Sprache entlehnten Begriff als *Rac* bezeichnen wollen, gehört zu den allegorisch seltsamsten religiösen Symbolen der Moche-Kunst (Abb. 282). Diesem rätselhaften Wesen mit Menschenkörper und Raubtierkopf, -gliedmaßen und -krallen kommt in seiner Mischgestalt eine besondere hierarchische Stellung in der Mythologie zu. Trotz der Sprödigkeit des Metalls hat sie in der künstlerischen Ausgestaltung als Relief einen erstaunlich plastischen Ausdruck gewonnen. Die nach vorn gerichteten Pfoten mit ihren spitzen Krallen in Angriffsstellung verleihen dem Bild die Anmutung des Schwebens. Der mit einem Dreiecksmuster geschmückte Gürtel und die Uhuhalskette stehen normalerweise nur Gottheiten oder hochstehenden Personen zu. Im Gesicht springen die Nase und das Maul mit seinen Zähnen aus roten Muschelschalen und der herausgestreckten Zunge hervor. Die flügelförmigen Augen verleihen dem Gesicht eine stilistisch ungewöhnliche, aber ausdrucksstarke Note. Sie sind charakteristischer für die spätere Lambayeque-Kultur, finden sich aber auch in den Gesichtern der Goldhalskette mit Felidenköpfen (Abb. 258). Die Unterschiede zwischen rechter und konkaver linker Pupille lassen auf eine metaphorische Bedeutung schließen, die an das Fehlen der linken Augeneinlage bei den beiden Masken aus demselben Grab erinnert. In schamanistischen Vorstellungen werden dem rechten Auge extrasensorische Fähigkeiten zugesprochen, es ist das „sehende" Auge.
Zu beiden Seiten des Mundes befinden sich seltsame rechteckige Streifen, die entweder stilisierte Schnurrhaare einer Katze oder ein nicht identifizierbares Element darstellen. Das Relief auf der Stirn und die beeindruckende hohe Krone auf dem Kopf sind die wichtigsten symbolischen Attribute dieser Gottheit. Es handelt sich um drei außergewöhnliche Varianten der mythischen zweiköpfigen Schlange, die als der Schlangenfisch, der Schlangenvogel und der schlangenartige Felide angesehen werden können, die selten gemeinsam in der Moche-Kunst dargestellt sind. Jedes Attribut für sich betrachtet könnte sogar die Vermutung wecken, daß sie unterschiedlich zu datieren sind, denn die beiden erstgenannten tauchen bereits in verhältnismäßig frühen Epochen auf, während das letztgenannte später erscheint. Der eckige, ziselierte Schlangenfisch könnte auch als stilistische Variante des Katzenfisches oder Rochens bezeichnet werden. Der Schlangenvogel hat den typischen gezackten Rücken mit hochgereckten Falkenköpfen, die in den Wirbeln auf der Rückseite der Spinnen- und Felidenhalsketten erneut erscheinen (Abb. 229, 255). Dieses Motiv findet sich auch auf den

283 Menschlicher Kopf mit Ohrpflöcken aus vergoldetem Kupfer. Ursprünglich war er wohl Teil eines Kopfputzes (Kat.-Nr. 176)

282 Der vollständige Felidendämon in gereinigtem und restauriertem Zustand (Kat.-Nr. 190)

285 Der Krebsdämon aus vergoldetem Kupfer in gereinigtem und restauriertem Zustand (Kat.-Nr. 182)

bemalten und reliefierten Mauerfriesen der Huaca de la Luna (Mondpyramide) im Moche-Tal und in El Brujo im Chicama-Tal.
Die Felidenschlange oder zweiköpfige Himmelsschlange ist mit ihrem gebogenen Körper und den Plättchenanhängern als prächtige Krone das hervorstechendste Element. Dieses prachtvolle Tier trägt fünf Volutenpaare auf dem Rücken, die – Wasser symbolisierend – symmetrisch nach links und rechts weisen. Dieser Aufsatz wurde separat hergestellt und später montiert.
Die beiden seitlich vorstehenden Felidenköpfe mit halbgeöffneten Mäulern und heraushängender Zunge wiederholen die Mimik des Gesichtes. Hier muß darauf hingewiesen werden, daß ähnlich große zweiköpfige Schlangen in der Moche-Kunst gewöhnlich die Milchstraße oder den Himmel darstellen. Wie bereits erwähnt, trennt eine solche Schlange auch zwei symbolische Ebenen (Abb. S. 149). Wir können daher diese Trias als Ausdruck von drei kosmogonischen Stufen oder metaphorischen Ebenen verstehen, die diese mächtige Gottheit verkörpert oder beherrscht, nämlich den Himmel in Form der Felidenschlange, den Wind als Schlangenvogel und das Wasser als Schlangenfisch. Dabei behält jede dieser Ebenen ihre Elemente und Eigenschaften bei, der Regen oder das Himmelswasser als Voluten, der Wind und die Blitze in den Zacken des Rückens und die Doppelbedeutung Fluß – Meer in dem Katzenfisch und/oder Rochen.
Sicherlich stehen wir hier vor einer äußerst wichtigen mythologischen Darstellung, die uns einen unschätzbaren Schlüssel zum Verständnis der Mochica-Gedankenwelt gibt.
Die Darstellung könnte eine der wichtigsten Gottheiten des Mochica-Pantheons meinen, eine Art kosmischen Wächter oder die Stufe einer schamanistischen Verwandlung, wie sie in fast allen amerikanischen Mythen auftaucht.
Der Krebsdämon (Abb. 284), den wir dem eben beschriebenen Wesen entsprechend mit dem Mochica-Begriff *Lang* bezeichnen wollen, ist ein weiteres ausdrucksstarkes Bild, das wie die anthropomorphe Raubkatze halbplastisch ausgearbeitet ist und durch getriebene Metallteile und flache, runde Muscheleinlagen den Körper eines Krustentiers mit erhobenen Scheren und vorquellenden Augen zeigt. Die Beine und der Kopf hingegen sind die eines Menschen. Diese Figur trägt eine siebengliedrige Uhuhalskette, Anhänger in den Ohren und einen halbmondförmigen Kopfputz mit zwei seitlichen Voluten. Die ausdrucksstarken Augen haben Einlagen aus niedrigkarätigem Gold. Im Gegensatz zur zuvor beschriebenen Figur ist hier ein in einen Krebs verwandelter Mensch dargestellt. Dieses Sujet ist in der klassischen Moche-Kunst mit Meeresszenen verbunden, in denen eine ähnliche Gottheit mit „Faltengesicht“ und „Schlangengürtel“ Fische fängt oder sich im Kampf mit der anderen Gottheit befindet, als Teil eines Mythenzyklus, der in Beziehung zu Wasserquellen und zum Meer steht. Dabei fällt auf, daß diese Figur in der frühen Moche-Kunst, wie hier, allein auftritt.
Die „Ulluchu“-Gottheit (Abb. 273, 274) ist ohne besondere symbolische Attribute im wesentlichen als menschliches Wesen wiedergegeben

284 Der Krebsdämon in Fundlage

286 Metallstandarte in gereinigtem und restauriertem Zustand

und in den Königsgräbern von Sipán zum erstenmal als solche identifiziert worden. In beiden Grabzusammenhängen zeigen die Standarten – von geringen Variationen abgesehen, wie etwa der Uhuhalskette bei den Darstellungen im Grab des „Señor" – eine Gestalt mit erhobenen Armen, Armbändern, einem Hemd mit Metallanhängern und einem Gürtel mit dreieckigen Plättchen, einem runden Gesicht mit hervorquellenden konischen Augen, Nasenschmuck, halbrunden Ohrpflöcken mit ziseliertem Gesicht und einer baskenmützen- oder visierartigen Kopfbedeckung. Fast immer wird sie von den mythischen „Ulluchu"-Früchten gerahmt. Die einzelnen Platten, die die Metallstandarten bildeten, waren auf ein Baumwollfutter aufgenäht. In beiden Gräbern lagen diese Standarten nach oben blickend auf dem Körper und nach unten schauend unter ihm.

Die immer wieder aufscheinende Beziehung zu den „Ulluchu"-Früchten, die erstmals als echte Früchte hinter den entsprechenden Darstellungen aus Metall gefunden wurden, unterstreicht deren besondere Bedeutung, die erst nach der Bestimmung der Eigenschaften dieser Pflanze abgeklärt werden kann. Vorläufig spekulieren die Botaniker, die mit diesem Problem befaßt sind, über stark giftige bis tödliche Substanzen, weshalb sie möglicherweise eine symbolische Bedeutung bei den Initiationsriten hatte oder in bildlichen Darstellungen direkt auf den Tod anspielt. Die mystische Versenkung der dargestellten Wesen erinnert auch an die von zu Opfernden oder Einzuweihenden, sie könnte sich jedoch ebenso auf den Schamanenflug beziehen. Bevor wir diese faszinierenden Überlegungen abbrechen, sollte noch daran erinnert werden, daß eine „Ulluchu"-Frucht sehr wahrscheinlich auch an dem goldenen Zeptermesser, dem wichtigsten Rangabzeichen des alten Herrschers, zu sehen ist (Abb. 230).

Zu den besonderen Stücken von hoher symbolischer Bedeutung gehört auch das Tintenfischpektoral, das mit Todesmythen und den damit

287 Kugelschellen aus vergoldetem Kupfer in gereinigtem und restauriertem Zustand (Kat.-Nr. 193–196)

zusammenhängenden Seereisen in Verbindung steht (Abb. 239). Die silbernen, Muschelschalen imitierenden Schlangen mit den vergoldeten Kupferkugeln im Maul könnten auf Sühneopfer zur Erlangung von Fruchtbarkeit hindeuten. Das beeindruckende und technisch aufwendige Pektoral mit den Darstellungen des Katzenfisches (Abb. 266) bezieht sich auf Quellen, Bewässerungskanäle und das Steigen des Wasserstandes der Flüsse, die den Wüstenboden der Nordküste fruchtbar machen und damit den Lebensunterhalt der Mochica garantierten.

Häufig findet sich auch die Darstellung des *Ai-Apaec* oder „Kopfabschneiders", des Herrn über Leben und Tod, auf Rasseln, Strahlenpektoralen und Nasenschmuck (Abb. 281).

Die Verzierungen auf den Rückseiten der Felidenköpfe und Spinnen bestehen aus Wirbelflügeln und aufgerichteten Schlangen mit Vogelköpfen (Abb. 229, 255). Bei den Felidenköpfen tragen die Vögel eine doppelte Federkrone und sind paarweise dargestellt, was auf den Wind oder fließendes Wasser hindeuten könnte. Die Darstellungen können darüber hinaus als Meeresschnecken interpretiert werden. Mythische Tiere dieser Art bekrönen auch die raubkatzenartige Gottheit, die auf der goldenen Nasenplatte des „Señor" zu sehen ist (Frontispiz). Bei den Spinnen hingegen fehlt den drei Vogelwirbeln diese Krone, weshalb sie vielleicht nur auf den Wind anspielen. Diese Art Vogelkopf taucht in der Mochica-Kunst auf Pfeilschleudern auf, was dann mit dem Lufttransport, in diesem Fall der Pfeile, zusammenhängt (vgl. Abb. 262).

Die aus Punkten gebildeten Voluten auf den Schellen (Abb. 287) könnten sich symbolisch auf Wasser und Regen beziehen, während die Leguane auf den Steißschutzen aus vergoldetem Kupfer auf die Sonne anspielen.

Diese kurzen Erläuterungen sind nur vorläufig und sollen zu einer tiefergehenden Diskussion über die Deutungsmöglichkeiten der reichen Symbolik der Moche-Kunst anregen.

KONSERVIERUNG UND RESTAURIERUNG

Seit dem Beginn unserer Arbeit in Sipán mußten wir uns ständig mit dem ernsten Problem der Erhaltung der Metallobjekte auseinandersetzen, die den Großteil der Funde ausmachten. Bereits die ersten Schichten von Schmuckstücken im Sarg des „Señor von Sipán" führten uns dieses Problem dramatisch vor Augen. Die hauptsächlich aus Kupfer, vergoldetem Kupfer und Silber bestehenden Funde waren durch korrosive Zerstörungsprozesse stark angegriffen. In vielen Fällen hatte sich das Material vollständig in Kupferoxide und Carbonate aufgelöst. Der elektrochemische Zerstörungsprozeß, begleitet von chemischer Korrosion, war tiefgreifend und mußte zwangsläufig zu einer vollständigen Zersetzung der Stücke führen, wenn er nicht durch sofortige Konservierungsmaßnahmen aufgehalten wurde.
Die personellen und ausrüstungstechnischen Beschränkungen sowie der Mangel an entsprechender Erfahrung machten ein Projekt dieser Größenordnung in Peru zunächst undurchführbar. Deshalb richteten wir ein Gesuch an die internationale wissenschaftliche Gemeinschaft, deren Vertreter aus Deutschland, Polen und den Vereinigten Staaten von Amerika unsere Grabung besuchten. Alle stimmten darin überein, daß möglichst sofort mit den komplizierten Konservierungs- und Restaurierungsarbeiten begonnen werden müsse.
Im Oktober 1987 besuchten Peter Schauer und die Restauratorin Maiken Fecht vom Römisch-Germanischen Zentralmuseum in Mainz auf Bitten des Museumsdirektors Konrad Weidemann und dank der Vermittlung von Michael Tellenbach die Grabung, erkannten ihre Bedeutung und erwogen die entsprechenden Hilfsmöglichkeiten. Unmittelbar danach schlug das Mainzer Museum dem Nationalen Kulturinstitut in

Lima ein Abkommen vor, nach dem es die vollständige Restaurierung der Fundstücke dieses Grabes als Hilfeleistung des deutschen Staates für Peru und zur Erhaltung des Weltkulturerbes übernehmen wollte. Damit wurden die bereits bestehenden guten Beziehungen zwischen unserem von dem Deutschen Hans Heinrich Brüning gegründeten Museum in Lambayeque und der Bundesrepublik Deutschland weiter gefestigt.
Nachdem alle juristischen Fragen und die Art der Zusammenarbeit mit den Außenministerien von Peru und Deutschland geklärt waren, konnte Ende des Jahres 1988 der „Señor" von Sipán mit seiner gesamten Beigabenausstattung den Atlantik überqueren, um sich in die erfahrenen Hände der Restaurierungs- und Konservierungsfachleute zu begeben (Abb. 288). Nachdem diese Arbeiten erfolgreich abgeschlossen waren, kehrte er in den ersten Märztagen 1993 nach Peru zurück (s. Aufsatz Fecht u.a., S. 252 ff.).
In der Zwischenzeit wandte man komplizierte Techniken an, die den Zerstörungsprozeß mit Erfolg aufhielten und zu einem Großteil den ursprünglichen Glanz der einzigartigen Stücke wiederherstellten, wie wir ihn heute bewundern können. Als Teil des Hilfsprogramms wurden zwei peruanische Restauratoren ausgebildet, so daß in Peru im Brüning-Museum in Lambayeque ein einfaches Labor eingerichtet werden konnte, in dem unsere Techniker die in Mainz begonnene Arbeit fortführten (Abb. 289).
Die überwältigende Menge, Vielfalt und künstlerische Qualität der Grabfunde stellte uns nicht nur vor die Aufgabe, Techniken der Dokumentation und Bergung, sondern auch solche der Konservierung, des präventiven Schutzes und der Magazinierung zu entwickeln. Ohne sie wäre eine erfolgreiche Restaurierung unmöglich gewesen. Ein Großteil der Stücke wies neben Rissen auch Korrosionsschäden auf und war durch den Bodendruck und die Sedimentablagerungen verzogen. Hinzu kam der Salz- und Chloridgehalt des Bodens, der durch das Aufbringen von Dünger auf die Felder und vielleicht auch durch nachträgliche Reaktionen auf den ursprünglichen Vergoldungsprozeß sowie durch die Zersetzung der Weichteile der menschlichen Körper und der organischen Substanzen der Grabausstattung noch zerstörerischer wirkte (Abb. 290, 291).
Darüber hinaus muß erwähnt werden, daß die angewandten Konservierungs- und Restaurierungstechniken auf verschiedenen Ebenen ansetzen und auch verschiedene Ziele verfolgen, von der Absicht, dem Objekt sein ursprüngliches Aussehen zurückzugeben, bis zur Anwendung reiner Präventivmaßnahmen. Jeder archäologische Fund hat seine eigene Problematik und muß seinen künstlerischen und technischen Charakteristika entsprechend individuell behandelt werden. Es bleibt zu hoffen, daß Archäologen und entsprechend ausgebildete Wissenschaftler mit ihren gemeinsamen Anstrengungen erfolgreich sein werden.
Nach der Ausbildung von zwei Restauratoren und mit einer entsprechenden Grundausstattung konnte 1990 unser kleines Labor im

288 Restaurierungs- und Konservierungsarbeiten im Römisch-Germanischen Zentralmuseum, Mainz

289 Peruanischer Restaurator bei der Arbeit an den Schmuckstücken des alten Herrschers im Labor des Brüning-Museums, Lambayeque

290 Silberner Steißschutz im Originalzustand

291 Der Steißschutz nach Reinigung und Konservierung

Brüning-Museum beginnen, die einzigartigen Gold- und Silberfunde aus dem Grab des alten Herrschers zu restaurieren.
Im Jahre 1992 kam ein Abkommen mit der spanischen Agentur für Internationale Zusammenarbeit zustande, das es uns ermöglichte, die Ausbildung unserer Restauratoren zu vervollständigen und die Ausrüstung des Labors zu verbessern. In den letzten Jahren unterstützten uns zeitweise fünf spanische Restauratoren mit ihrer Berufserfahrung und ihrem Organisationstalent. Gleichzeitig wurden neue Geräte installiert, die unser Labor zu einem richtungweisenden Pionierzentrum für die Region und ganz Peru machten. Seit 1993 genießen wir die finanzielle Unterstützung des Unternehmens Backus & Johnston, die eine ständige Laborarbeit möglich macht.
Eine kurze Bilanz läßt den enormen Fortschritt erkennen, den eine motivierte Gruppe von Arbeitern machte, die in den ersten Jahren trotz der vorhandenen Schwierigkeiten mit Talent und Geschick fast vollständig vergangene Türkismosaike wieder zusammensetzte, mit der Fingerfertigkeit antiker Goldschmiede Goldbleche glattzog und die Schmuckstücke aus vergoldetem Kupfer reinigte, die wir heute in ihrem alten Glanz bewundern können (Abb. 311, 312).
Der zurückgelegte Weg zeigt auch die Einstellung zum archäologischen Fundstück, die aus der Notwendigkeit entstand, nicht nur ein Kunstwerk zu retten, sondern auch die historischen Zeugnisse einer mehr als 1000 Jahre alten Kultur zu bewahren. Dieses Bemühen bestimmte die letzten Etappen dieser fruchtbaren Zusammenarbeit und führte zu einer reflexiven und wertenden Haltung vor jedem archäologischen Objekt, in der versucht wurde, eine Art „Philosophie“ der Restaurierung zu entwickeln. Mit ihr wurden unter Berücksichtigung jeder greifbaren Information über Herstellung und ursprüngliche Funktion die Grenzen der restauratorischen Einwirkung bestimmt, mit dem Ziel, den Fund für kommende Generationen zu erhalten.

292/293 Zwei Phasen der Restaurierungsarbeiten: restauriertes Stück und Originalzustand

Die vorläufige Behandlung der Stücke im Feld war ausschlaggebend als praktisches Verbindungsglied zwischen archäologischer Grabungsarbeit, Konservierung im Labor und Ausstellung im Museum. Heute beginnen die Rettungsmaßnahmen in dem Augenblick, in dem ein Objekt bei der Grabung zutage tritt, mit dem Ziel, die sofort einsetzenden schnellen Veränderungen aufzuhalten, gefolgt von einer direkten Überführung und Lagerung unter kontrollierter Luftfeuchtigkeit, die etwa bei 40 Prozent liegen sollte. Daran schließt sich die technische Behandlung an, die aus einer Oberflächenuntersuchung, der sorgfältigen mechanischen Reinigung unter dem Mikroskop, dem Auftragen chemischer Substanzen zur Verhinderung der Korrosion und schließlich dem Schutz durch Isolierlösungen besteht. Jeder Schritt dieses langen Arbeitsprozesses wird detailliert auf verschiedenen Karteikarten für Grabung, Restaurierung und museographisches Inventar festgehalten. Hier sind wichtige Daten wie Abdrücke von vergangenen Materialien, Knochenspuren, Herstellungstechnik und Hinweise auf den Gebrauch durch den ehemaligen Besitzer festgehalten. Natürlich endet die Restaurierung nicht beim gereinigten, konservierten, ausgewerteten und für die Ausstellung vorbereiteten Objekt. Ab diesem Zeitpunkt beginnt die „passive“ Erhaltung durch ständige Feuchtigkeits- und Temperaturkontrolle und den Schutz gegen Umwelteinwirkungen, die zur Reaktivierung der Korrosion führen können. Somit endet die Sorge für einen archäologischen Fund niemals.
Das beste Beispiel für die gewonnenen Resultate sind die wundervollen Schmuckstücke, Embleme und Ausstattungsteile, die in diesem Buch vorgestellt werden, ebenso wie die Ausstellung *Königsgräber von Sipán* in Lima und jetzt in Bonn, die – dank der gemeinsamen Anstrengung für die Menschheit gerettet – den Glanz, die technisch überragende Qualität und die tiefgründige Symbolik dieser Kulturschätze präsentiert.

ANDERE GRABFUNDE

Während der Grabungen in den Einheiten IC und – IC, in denen Beigabendepots und später das Grab des alten Herrschers von Sipán gefunden wurden, konnten wir im freigelegten Südostabschnitt des Nordprofils am Übergang zur Einheit ID eine beachtliche Störung von drei Metern Breite erkennen, die von der Oberfläche ausging. Da sich damit die Möglichkeit eines weiteren Grabfundes aus der letzten Phase eröffnete, entschlossen wir uns zu einer Probegrabung, um ihre mögliche Ausdehnung nach Süden bestimmen zu können.
In den ersten Schichten zeigte sich der obere Rand einer 6 x 5,50 Meter großen Grube, die bis auf etwa 3,50 Meter Tiefe einheitlich verfüllt war. In einem Teil fanden sich horizontale Abdrücke von Pflanzenfasern, die sich über ein Drittel der Grabungsfläche verteilten. Zu beiden Seiten zeichneten sich drei Nischenpaare ab, die zerbrochene Tongefäße und Knochen von Kameliden enthielten (Abb. 294). In ihnen erkannten wir Vorläufer der entsprechenden Einbauten im Grab des „Señor" und des Priesters. Sie gehörten wohl zu einer Grabkammer von ansehnlicher Größe. Gespannt hofften wir, in den folgenden Schichten auf den zentralen Inhalt zu stoßen. Aber Schicht für Schicht und Zeichnung für Zeichnung wurden Befunde wie Teile von gestörten Böden und weiter südlich einige polierte, recht große Steine aufgenommen, die eine Grabkammer von beträchtlicher Größe zu bilden schienen. Einige Zentimeter tiefer fanden sich unzusammenhängende Knochenreste. Nun mußten wir einsehen, daß die Kammer wohl schon vor vielen Jahrhunderten zerstört worden war, vielleicht sogar in einer späteren Phase durch die Mochica selbst, worauf die große Anzahl von Mochica-Scherben hinweist, die sich in den Füllungen fanden.
In denselben Schichten erschloß sich uns dann auch die komplizierte Situation dieses Befundes. In einigen Bereichen zeigten sich feine Unterschiede in der Textur und kaum sichtbare Ränder von dicht aufeinanderfolgenden oder gleichzeitigen Störungen, die unerklärlicherweise zur Zeit der Moche-Kultur entstanden waren. Die Aufnahme und stratigraphische Beurteilung erforderten äußerste Sorgfalt, da in vielen

Fällen bei einer jüngeren Störung die Ausschachtungen einer kurz zuvor erfolgten erneut benutzt wurden. Die einzige sichere Methode bestand in der ständigen Kontrolle der Profile und schichtweiser Abtragung, was grabungstechnisch in diesem Sektor der bisher schwierigste Eingriff in Sipán war. Die Untersuchung der feinen Veränderungen im Boden und in den Baubefunden, die einen komplizierten kulturellen Prozeß bei der Entstehung der Plattform spiegelten, war jedoch als Erfahrung unschätzbar.

Die Grabung mußte langsam bis auf etwa vier Meter Entfernung vom Plattformrand nach Süden erweitert werden (Abb. 294). Unter den belassenen Stegen zeigte sich im Zentrum der Grabung und weit unterhalb der oberen Kammer in sechs Metern Tiefe eine 3,50 x 2,80 Meter große Grube, deren Ränder aufgrund einer aus Süden kommenden Teilstörung nur schwer auszumachen waren. Etwas mehr als einen Meter tiefer fanden wir leicht in nördliche Richtung verschoben die Knochenreste von drei Personen, die gleichzeitig auf demselben Niveau bestattet worden waren. Die ursprünglich nebeneinander liegenden, lang ausgestreckten Skelette lagen schräg, bei zweien wies der Kopf nach Westen, bei einem nach Osten. Die ständige Bodenfeuchtigkeit und Baumwurzeln hatten diese Befunde stark gestört, von organischen Resten blieben nur Schatten erhalten, einige Metallfragmente waren fast völlig zersetzt.

Die erste Person, offenbar ein junger Mann, lag im Norden auf seiner linken Seite. Zwischen seinen fragmentierten Knochen konnten wir drei Paare von goldenen Ohrpflöcken mit Türkismosaik bergen. Ein weiteres Paar hatte einen Pflock aus vergoldetem Kupfer mit demselben Mosaik auf einer vergangenen Holzscheibe. Seltsamerweise lagen diese Stücke wie auch die anderen Beigaben aus organischem, inzwischen vergangenem Material auf dem Brustkorb.

Zwei besonders qualitätvolle Ohrpflöcke bestanden aus der klassischen Scheibe mit einem Rand aus elf Fuchsdarstellungen, die aus zwei getriebenen und miteinander verlöteten Hälften gefertigt waren.

Die meisten Funde aber waren durch Wurzelwuchs, der einige der Stücke verschob, ebenso wie das zentrale Mosaik zerdrückt und verstreut. Nur sorgfältiges Zeichnen und die Bergung der millimetergroßen Fragmente erlaubten unseren Restauratoren, die Originalform und die außergewöhnliche Mosaikarbeit dieser qualitätvollen Schmuckstücke wiederherzustellen (Abb. 298, Kat.-Nr. 245, 246). Das Metall mußte geglättet und das Mosaik auf einer modernen Unterlage dem Original entsprechend erneut zusammengesetzt werden. Die so rekonstruierten Mittelbilder zeigen einen Krieger im Profil mit halbmondförmigem Kopfputz, Nasenschmuck, Uhuhalskette und Rasseln am Gürtel. In einer Hand hält er einen Fußkelch, aus dem gezackte Voluten aufsteigen, in der anderen einen Rundschild. Die Haltung der Krieger und die damit verbundenen Symbole deuten auf Opferrituale hin.

Die Ränder des zweiten restaurierten goldenen Ohrpflockpaares mit Türkismosaik waren mit 24 angelöteten Halbkugeln mit eingelegten runden Türkisperlen geschmückt (Abb. 297, Kat.-Nr. 247, 248), von

294 Die Ausgrabung des vierten Großgrabs

295 Restaurierter Ohrpflock aus vergoldetem Kupfer mit Türkismosaik: Hirsch mit Pfeil im Rücken

296 Vogelkopf aus vergoldetem Kupfer in gereinigtem und restauriertem Zustand. Wahrscheinlich der Knauf eines Zepters (Kat.-Nr. 249)

297 Ohrpflockpaar aus Gold mit Türkismosaik aus Grab 4: Krieger mit Wurfpfeilen (Kat.-Nr. 247–248)

298 Ohrpflockpaar aus Gold mit Türkis und Lapislazuli: Zwei Krieger in Opferhaltung, der Rand ist mit getriebenen Fuchsdarstellungen verziert (Kat.-Nr. 245, 246)

denen einige wiederverwendet waren, wobei man die Bohrungen jedoch sorgfältig verschlossen hatte. Die zentrale Darstellung aus Türkismosaik und Goldblech zeigt einen Krieger mit Kopfputz, Ohrpflökken, Nasenschmuck und einer Tunika mit kegelförmigen Goldanhängern am Saum. In einer Hand hält er ein Pfeilbündel, in der anderen einen quadratischen Schild.

Das dritte goldene Ohrpflockpaar (Abb. 299) war etwas größer, entsprach jedoch insgesamt den beiden anderen, etwa in den angelöteten Kugeln am Rand oder dem einfachen, unvollständigen Mosaik aus hellgrünem Stein.

Vom letzten Paar konnte nur der linke Ohrpflock rekonstruiert werden (Abb. 295). Die spärlichen Kupferreste wurden auf eine Holzscheibe montiert, wodurch die ganze Schönheit dieses größten Stücks des Ensembles wiedergewonnen werden konnte. Das zentrale Mosaikbild zeigt die grazile Gestalt eines laufenden Hirsches, in dessen Rücken ein Pfeil steckt. Die Türkissteinchen passen genau aneinander und sind technisch perfekt vor den Hintergrund aus hellgrünem Stein montiert. Der Rand weist an der Vorderseite konkave Vertiefungen auf, in die Türkisperlen eingelassen sind. Die zentrale Darstellung erinnert an eines der Ohrpflockpaare im Grab des „Señor“ (Abb. 118, 119) und steht wohl in Zusammenhang mit den rituellen Jagden.

Von den übrigen Fragmenten konnten einige zu einem beeindruckenden Vogelkopf aus vergoldetem Kupfer zusammengesetzt werden, der ursprünglich wohl den Knauf eines nicht erhaltenen Zepters oder Emblems bildete (Abb. 296, Kat.-Nr. 249).

In der Mitte war eine junge Frau bestattet, die ebenfalls auf ihrer linken Seite lag. Außer einigen Stoffresten, die auf eine Umhüllung schließen lassen, war sie ohne Beigaben. Die dritte Person in dieser Gruppe war ein erwachsener, etwa 50–55 Jahre alter Mann, der ausgestreckt auf dem Rücken lag. Auf Brust und Bauch waren übereinander wahrscheinlich vier Pektorale aus Spondylus-Muschelperlen niedergelegt, einige davon zusammengefaltet.

Um sie zu bergen, verwendeten wir viel Zeit auf die bewährten Grabungsmethode, das Schichtenzeichnen und die Abnahme kleiner Teile auf Platten, da die Fundlage es nicht gestattete, harzgetränktes Papier zu verwenden. Zwischen diesen Pektoralen fanden sich auch zwei Goldscheiben mit einfachem Türkismosaik, deren Ränder mit getriebenen Kugeln besetzt waren. Kleine Bohrungen ließen vermuten, daß es sich dabei wahrscheinlich um Teile eines Kopfputzes handelte.

Auf den Knochen erkannten wir Stoffabdrücke und Kupferplättchen, die wohl zu einem Schuppenumhang gehört hatten. Alle drei Personen hielten in den über den Hüftknochen ausgestreckten Händen große Spondylus-Muscheln.

Als wir die komplizierte Befundaufnahme abgeschlossen hatten, spekulierten wir über die Orientierung, die Anordnung der Schmuckstücke und die Randlage in einer Grube, die noch größer zu sein schien. Dabei zogen wir die Möglichkeit in Betracht, daß diese Verstorbenen die Nebenbestattungen eines nahegelegenen Hauptgrabes

299 Unvollendetes goldenes Ohrpflockpaar mit einfachem Türkismosaik aus Grab 4

waren. Falls dies zutraf, mußte es sich um den Hofstaat einer weiteren wichtigen Person von besonders hohem Rang handeln.
Bei der Suche nach einer Antwort auf diese Fragen waren wir zu einer neuen Erweiterung nach Süden gezwungen, die uns viele Monate Arbeit bei der Abgrabung eines 5 x 8 Meter großen Blocks kostete, in dem wir die oben beschriebenen Gräber fanden. Erst ein Jahr später konnten wir sicher sein, daß die Bestattungen und die darunterliegende Grube eine Einheit bildeten und Teil der verschiedenen, sich überlagernden Grabbefunde und Störungen waren, die diesen Grabungsbereich kennzeichneten (Abb. 294).
In den untersten Schichten trafen wir auf eine typische Verfüllung, die etwa einen Meter mächtig war und auf einem Boden auflag, auf dem die Abdrücke von sorgfältig aneinandergefügten Rohrstäben und Holzreste erkennbar waren. Sie bildeten ein Rechteck von 2,20 x 1,10 Metern Größe. Darauf fanden wir Fragmente eines groben Stoffes mit rotem Pigment und aufgenähten Plättchen aus vergoldetem Kupfer in verschiedenen Größen.
Im äußersten Süden stießen wir auf eine außergewöhnliche Gruppe von etwa 80 Miniaturgegenständen wie Schilde, Keulen, Kronen und kleine Ausstattungsobjekte aus Kupfer und vergoldetem Kupfer. Im Zentrum lagen größere, durch Salze und Bodenfeuchtigkeit stark zerstörte Metallfragmente, bei denen es sich um etwa sechs Kronen oder Kopfputze handelte. Die Rohrstäbe, Stoffe und Beigaben sowie das Holz wiesen keinerlei Anzeichen von Störungen auf und gehörten wohl zu den abschließenden Zeremonien des Totenrituals. Dies ließ auf ein Grab schließen, das wir nun mit einiger Zuversicht erwarteten. Zu unserer Überraschung und Enttäuschung zeigten sich aber nach sorgfältiger Freilegung im Plan 68 unserer Grabung nur eine zehn Zentimeter dicke sandige Verfüllung und die letzten im Originalverbund liegenden Lehmziegel des Bauwerks. Drei Schichten tiefer stießen wir auf den gewachsenen Boden.
So kam das verblüffende und rätselhafte Ende einer schwierigen Grabung. Trotz der Nebenbestattungen, der Beigaben und der intakten Schmuckstücke existierte das erwartete Hauptgrab nicht.
Bei dem ungestörten Befund handelte es sich nicht um die Abdeckung, sondern um den Boden einer leeren Grabkammer. Die Abfolge von Störungen für ihre Wiederbenutzung könnte darauf hindeuten, daß das Hauptgrab kurz nach der Bestattung durch verschiedene Beisetzungen von geringerer Bedeutung in Mitleidenschaft gezogen wurde. Von diesen hatten sich nur einige intakt erhalten, während andere durch ähnliche Eingriffe gestört worden waren. Es ist möglich, daß in diesem jüngeren Bereich der Plattform nur Bestattungen von Personen niederen Ranges vorgenommen wurden, die für das Kollektiv und seine Erinnerungen ohne Bedeutung waren und nachfolgenden Beisetzungen Platz machen mußten, weil der Raum in der Nähe der Hauptgräber und des wichtigsten Teils des Heiligtums sakrosankt war.
Fast zwei Jahre dauerten die Grabungsarbeiten in diesem Bereich, und sie gaben uns die unersetzliche Möglichkeit, bis zu fünf Störungshori-

300 Silberner Nasenschmuck mit Goldauflagen (Kat.-Nr. 257)

301 Darstellungen mythischer Fischwesen aus Grab 8 (Kat.-Nr. 251–253)

zonte einer komplizierten Entwicklung zu beobachten, die von kurz nach dem ersten Bauabschnitt bis zum letzten dauerte und das gesamte Bauwerk mit einbezog. Die Kammer an der Sohle der Hauptstörung entsprach in der Qualität wohl dem Priestergrab. Die genauen Pläne erlaubten es auch, zwei Bauphasen zu bestimmen, die älter als die erste, mit dem Grab des alten Herrschers in Zusammenhang stehende sind. Die gewonnenen Daten gaben auch Anlaß, den komplexen Toten- und Grabkult der Mochica neu zu bewerten. Die gewonnene Erfahrung und die reiche archäologische Dokumentation, die mehr als 250 Pläne und Profile umfaßt und eine monographische Darstellung verdient, haben den Material- und Zeitaufwand absolut gerechtfertigt.
In den letzten Jahren wurden die archäologischen Untersuchungen fortgeführt, und sie haben neue wichtige Erkenntnisse zur Architektur sowie weitere Gräber aus verschiedenen Epochen und unterschiedlichen Gesellschaftsschichten erbracht, die im folgenden kurz vorgestellt werden. Eine ausführliche Veröffentlichung der gewonnenen Ergebnisse soll bald erfolgen.

GRAB 5

Bei diesem Grab handelt es sich um eine etwa vier Quadratmeter große Grube im südlichen Zentralbereich der Plattform. Im Füllmaterial kamen einige Tongefäße über den Resten eines Rohrsarges zutage, in dem ein erwachsener Mann auf dem Rücken ausgestreckt in Süd-Nord-Ausrichtung lag (Abb. 302, 385). Auf dem Körper fanden sich verschiedene Schmuckstücke, Ausstattungsgegenstände und Beigaben wie eine Kupfermaske, Nasenschmuck, Verkleidungen von Kriegswaffen, eine halbmondförmige Krone oder Kopfputz, ein Kupferband, ein Musikinstrument in Form einer Panflöte, 32 Gefäße und eine einzigartige Pfeil-

302 Bestattung eines Kriegers in einem vergangenen Rohrsarg

303 Die zeichnerische Aufnahme des Daches von Grab 8

schleuder aus geschnitztem Holz mit Türkis- und Muscheleinlagen. Dieses Grab gehörte wohl einem Krieger, der zusätzlich als Musikant beschäftigt war, wie dies auch in bildlichen Darstellungen zu finden ist.

GRAB 7

Die Ränder dieser Grabkammer hatten wir in der unteren Schicht des Nordabschnitts der zentralen Plattform erkannt, wo starke Störungen durch Raubgrabungen und Erosion auftraten. Unter der Abdeckung befand sich ein 3,50 x 1,70 Meter großes Grab. In der Mitte lagen zwei Jugendliche, die ursprünglich in Rohrsärgen bestattet worden waren, auf denen Lamaköpfe, Ton- und Kürbisgefäße ruhten. Der junge Mann trug Muschelperlenarmbänder, eine Kupferscheibe und einen Kopfputz; dort, wo sich die Füße befinden sollten, entdeckten wir zwei Hälften einer Metallscheibe. Die Fußknochen fehlten jedoch, was auf eine rituelle Amputation schließen läßt. Weitere Metallfragmente lagen unter dem Körper.

Die Beigaben der jungen Frau bestanden aus einer Kupferkrone mit einem Gesicht in Treibarbeit, einer Halskette aus Muschelperlen, einer rechteckigen Platte und drei Figurengefäßen.

Zwischen den Rohrsärgen lagen zwei enthauptete Lamas und drei Schalen. Aufgrund der Charakteristika dieses Grabes kann man schließen, daß es sich um eine wichtige Bestattung mit Opfercharakter handelte.

GRAB 8

Dieses Grab wurde ebenfalls im Nordteil der Plattform ausgegraben. Die oberen Ränder waren aufgrund einiger Störungen nur schwer auszumachen, die Kammer maß jedoch 6,20 x 5,40 Meter (Abb. 303). In fünf Metern Tiefe kamen unter einer Abdeckung aus 25 vergangenen Holzbalken fünf Nischen mit Beigaben zum Vorschein. In der Mitte

304 Die beiden Bestattungen in Grab 8

305 Gesamtansicht von Grab 10

standen zwei Rohrsärge, umgeben von 124 Opfergefäßen (Abb. 304). Das Skelett der Hauptbestattung gehörte einem erwachsenen Mann, der mit vier Schichten von Schmuckstücken und Kupferemblemen bedeckt war, unter denen ein Kopfputz mit Fuchskopf, zwei halbmondförmige Kronen mit Voluten und mythischen Tieren (Abb. 307, Kat.-Nr. 254), Metallplatten, Schilde, Teile von Pektoralen und Keulen, zwei kupferne Nasenschmuckstücke, ein goldener Nasenschmuck, Lanzenspitzen und zwei einzigartige Metallstandarten oder Kultbilder mit der Darstellung eines anthropomorphen mythischen Fisches, der einen Mann am Schopf packt (Abb. 301, Kat.-Nr. 251–253), besonders hervorzuheben sind.
Der östliche Sarg enthielt unzusammenhängende Knochen sowie Schmuckstücke, Waffen und Ausstattungsgegenstände, die jedoch eine gewisse bewußte Ordnung erkennen ließen. Zu ihnen gehörten eine Krone mit Voluten, Teile von Metallkopfputzen, eine Kupfermaske, ein Zepter, eine Keule, Militärembleme und vier Tongefäße. Offensichtlich handelt es sich in diesem Fall um die Sekundärbestattung einer Person, die ursprünglich an einer anderen Stelle beigesetzt gewesen war. Zwei weitere Knochenhäufchen fanden sich im Westteil der Grabkammer. Wahrscheinlich war dies die Bestattung eines wichtigen Militärbefehlshabers, der zusammen mit seinem Vorgänger und zwei Begleitern beigesetzt wurde.

GRAB 9

Diese Bestattung lag im Südostteil der Plattform, zwischen dem Grab des „Señor" und dem des Priesters. In einer 2,05 x 0,85 Meter großen Kammer wurde ein Totenbündel gefunden, das aus verschiedenen Schichten von Schmuckstücken, Emblemen und Ausstattungsgegenständen bestand, welche die Knochen eines erwachsenen Mannes bedeckten. Unter anderem wurden drei halbmondförmige Kronen aus

306 Silberner Nasenschmuck mit aufgelegten Figuren aus Grab 8 (Kat.-Nr. 258)

Kupferblech, eine Kampfkeule, eine Maske mit Muscheleinlagen, ein Tongefäß, eine rechteckige Standarte aus vergoldeten Metallplatten, vier Kopfputze oder Kopfbedeckungen, Metallfragmente eines Schuppenumhangs, gefaltete Silberplatten, eine Rassel und zwei Ohrpflöcke aus Kupfer mit Anhängern gefunden. Neben den Knochenresten lagen fünf Kampfkeulen und zwei Muschelpektorale. Auf dem Gesicht ruhten zwei rechteckige Nasenschmuckstücke aus Silber und Gold, die nach der Reinigung und Restaurierung ihre außerordentlich hohe künstlerische Qualität zeigten und von großem handwerklichen Können zeugen. Die Darstellungen auf ihnen sind von tiefer Symbolik. Auf einem der beiden ist ein Kriegerbefehlshaber opfernd vor der „Priesterin" oder „weiblichen Gottheit" zu sehen (Abb. 300, Kat.-Nr. 257), auf dem anderen sieht man zwei fast identische Gestalten, die zu schweben scheinen und aus deren Rücken jeweils ein Baum mit kleinen, hängenden Früchten wächst (Abb. 306, Kat.-Nr. 258).
Darüber hinaus fanden wir eine Halskette aus Silberköpfen, eine weitere mit Erdnußfrüchten, zwei ungewöhnliche röhrenförmige Objekte mit Reliefverzierung (Abb. 308, Kat.-Nr. 259, 260), 23 Tongefäße, Lanzenspitzen und andere, noch nicht identifizierte Stücke. Wahrschein-

307 Kupferkrone mit Gesicht und zwei mythischen Tieren aus Grab 8 (Kat.-Nr. 254)

lich handelte es sich bei dem Verstorbenen um einen wichtigen Militärbefehlshaber, dessen Grab den frühesten Bauphasen zuzurechnen ist.

GRAB 10

Dieses Grab lag im Südwestbereich der Plattform und mißt 3,20 x 2 Meter. Unter einer Abdeckung stand ein Rohrsarg mit den Knochen eines männlichen Jugendlichen, dessen Kopf ungewöhnlicherweise im Norden lag (Abb. 305). Zu den wenigen Beigaben gehörten metallene Schuppen von einem Kleidungsstück, Opfergefäße und Spondylus-Muscheln. Nördlich lagen das Skelett eines Lamas und ein Ensemble von 103 einfachen Kugelgefäßen. In den Seitennischen der kleinen Grabkammer wurden einfache Keramiken, Kamelidenknochen und zehn kleine Tonmasken geborgen.

308 Silbernes Objekt aus Grab 9 (Kat.-Nr. 259, 260)

Susana Meneses/Luis Chero

DIE ARCHITEKTUR

Die Architektur ist eine der herausragenden kulturellen Leistungen, an der über lange Zeiträume die gesamte Gesellschaft mitwirkt und die so genau die Charakteristika und Veränderungen in der sozialen Organisation spiegelt.

In Sipán ergab sich aus der außergewöhnlichen Kombination von Elitegrabfunden mit einem Sakralbau, die im Osten der großen pyramidalen Baukörper plaziert sind, zum ersten Mal die Möglichkeit, diese Situation für die Erstellung einer Chronologie zu nutzen, die alle materiellen Zeugnisse dieser wichtigen Epochen in der Mochica-Gesellschaft einbezieht. Bisher war unser Verständnis im wesentlichen auf stilistische, ikonographische und vereinzelte Bauuntersuchungen beschränkt. Wie bei keinem anderen Baudenkmal finden wir hier unterschiedlich große Grabkammern als Bestandteile eines komplexen Bauprozesses, dessen Analyse den Schlüssel zu einer räumlich-chronologischen Ordnung birgt. Diese Auswertung wurde durch eine sorgfältige Aufnahme und Dokumentation ermöglicht, die die formalen Charakteristika und Grundfunktionen des Baus festhielten.

Die Bergung des Grabes des „Señor“ brachte zum ersten Mal die Erkenntnis, daß die untersuchte Plattform zur Aufnahme bisher unbekannter Elitegräber diente (Abb. 309).

Eine sorgfältige Beobachtung der durch die Gräber gestörten Bauteile, die topographische Oberflächenaufnahme und die Oberflächenuntersuchungen, die Auswertung der Pläne und Profile jeder Grabungseinheit und jeder Schicht, ebenso wie die Untersuchungen und Profilzeichnungen der Gräber und der Störungen, zeigten, daß die Plattform vollständig aus aufeinandergeschichteten Lehmziegelblöcken besteht[33], was der klassischen Mochica-Bauweise bei Großprojekten entspricht.

In einigen Bereichen wurden jedoch auch Verfüllungen aus losem Baumaterial verwendet. Darüber hinaus waren mit den Lehmziegeln besondere Befunde vergesellschaftet, etwa Böden, mögliche Fassaden, Erosionsablagerungen und Schichten aus organischen Substanzen, die das Vorhandensein von verschiedenen Bauphasen vermuten ließen. Dabei war offensichtlich, daß diese komplexen Strukturen durch die Öffnung und nachfolgende Verfüllung der Grabkammern gestört worden sind, was die an sich schon schwierige Aufgabe der Unterscheidung von verschiedenen Bauabschnitten zusätzlich erschwerte. Ein weiteres Moment der Verwirrung waren die Raubgräberlöcher und große, jüngere Gruben.

Um dieses komplizierte Neben- und Ineinander von Bau- und Grabbefunden zu ordnen, wurde eine Feinerkennungsmethode entwickelt, bei der jede noch so geringe Unregelmäßigkeit registriert wurde, etwa auffällige Unterschiede des Füllmaterials, der Böden, Ablagerungen, sonnengetrockneten Lehmziegel und Lehmverputze. Diese wurden später zu größeren Komplexen zusammengefaßt, wobei vier allgemeine Kategorien aufgestellt werden konnten:

a) Der ursprüngliche Bau, der aus Lehmziegelblöcken, Kammern und Füllschichten, Böden, Lehmverputzen und Fundamenten besteht.

b) Der zur Grabarchitektur umfunktionierte Bau aus verschiedenen Materialien, die der kurz zuvor geöffneten Grabkammer hinzugefügt wurden, um Wände, Bänke, Estriche, Stützelemente, Abdeckungen und Verfüllungen zu bilden.

c) Die rekonstruierte, ergänzte Architektur, bei der die durch Grabeinbauten oder Erosion beschädigten Bauteile wieder in den Originalzustand zurückversetzt wurden.

d) Natureinwirkungen, die die Verwitterung des Bauwerkes verursachten, etwa Niederschlagsablagerungen, Erosion und Filterschichten.

Die Auswertung dieser Kategorien erlaubte es, zunächst sechs Bauphasen zu unterscheiden, die nach dem Erreichen der untersten Schicht auf acht erweitert wurden. Zu jeder dieser Bauphasen gehörten vollendete und überlagerte Baukomplexe in aufeinanderfolgenden Anbauten mit ähnlichen Merkmalen (Abb. 386).

Wir haben beschlossen, in bezug auf die fertiggestellten Bauteile von Bauphasen und nicht von Bauabschnitten zu sprechen, da wir annehmen, daß es zu Beginn kein großes, genau definiertes Bauprojekt gab, das über mehrere Generationen hinweg fertiggestellt wurde. Die Veränderungen bei der Nutzung, die Strukturierung des Baumaterials und die Wiederholung von Bauplänen in verschiedenen aufeinanderfolgenden Phasen sprechen dafür.

Diese schrittweisen formalen Veränderungen haben kulturelle Gründe oder sind als Reaktionen auf Naturereignisse zu verstehen.

Nach unserem vorläufigen Schema (Abb. 386) gab es in Phase 1 eine einfache rechteckige Plattform von sechs Metern Höhe (vom gewachsenen Boden aus gemessen) mit zwei vorgelagerten Stufen im Norden. Nach Bauabschluß hat man sie mit einer dicken, gelblichen Tonschicht verputzt, die zweimal erneuert wurde.

309 Luftbildaufnahme der Plattform während der Grabungen

310 Die Anordnung der Lehmziegel mit Herstellermarken

311 Zeichnung eines der Bauniveaus mit Details der Bautechnik, Mauern, Umbauten und der Anordnung der markierten Ziegel

Der Komplex des ersten Baukörpers barg zwei ältere Bauphasen, die kürzlich in den unteren Schichten der Grabungseinheit ID erkannt wurden und die wir –1 und –2 nannten. Form und Größe dieser Bauten sind noch unbekannt.

Im äußersten Süden betrug die Höhe des ältesten Bauwerkes 2,50 Meter. Sein Baumaterial waren ausschließlich flache, rechteckige, mittelgroße Ziegel unterschiedlicher Zusammensetzung, die mit Tonmörtel gebunden und zu quadratischen Blöcken von etwa 1,5 Metern Seitenlänge aufgeschichtet waren. Diese lagen auf einer sandigen Schicht, die als Fundament direkt auf den gewachsenen Boden folgte.

In Phase –1 verdoppelte sich die Höhe des ersten Baus fast exakt. Sie wurde unter Verwendung von Lehmziegeln unterschiedlicher Zusammensetzung und Größe errichtet, was auf eine heterogene Herstellung hindeutet. Die so entstandenen Blöcke sind etwas schmaler als die der ersten Phase. Hier fanden sich die größten und dicksten Lehmziegel der gesamten Plattform.

Die grau gefärbten Böden sind in beiden Bauten deutlich abgenutzt.

Auf diesen Bauphasen (–1 und –2) liegt der Block der Phase 1 von nur einem Meter Höhe aus regelmäßigen Ziegeln in sorgfältiger und einheitlicher Blockbautechnik. In dieser Zeit hat man die Grube für das Grab des alten Herrschers ausgehoben, das auf der ursprünglichen Oberfläche angelegt und danach mit dem erwähnten gelblichen Boden versiegelt wurde. Dazwischen lag eine feine Schicht mit organischem Abfall, in dem sich auch einige Menschenknochen befanden, die nicht mit dem Grabbefund zusammenhängen (Abb. 314). Das Grab der drei Bestatteten in Grabungseinheit ID mit der überraschenderweise leeren Grabkammer gehört zu einer späteren Veränderung in derselben Bauphase.

Phase 2 besteht aus einem Bau, der im Süden etwa um einen und im Norden um vier Meter erhöht wurde. Im Norden vor dem höchsten Niveau der Plattform befand sich eine gestufte lehmverputzte, gelb bemalte Fassade.

Verglichen mit dem Vorgängerbau wirkt die Bautechnik in ihrer Kombination von wenigen Lehmziegelblöcken und kleinen Füllkammern mit wiederverwendeten Lehmziegeln sowie Aushub und Abfall verhältnismäßig planlos. Im zentralen Bereich wurde die Blockbauweise aus statischen Gründen weitergeführt.

Der entsprechende Boden war aufgrund langer Feuchtzeiten mit starken Niederschlägen, die zu einem Absacken der Verfüllungen der beiden folgenden Phasen führten, deformiert. Nur ein weniger bedeutendes, noch nicht erforschtes Grab ist dieser Phase zuzurechnen. Der hohe Anteil an Holzkohle und Asche in den Verfüllungen wird oft fälschlich als Herdstellen und somit als Besiedlungsnachweis in Perioden „teilweiser Auflassung“ gedeutet. Eine solche Interpretation ist bei derartigen Großbauten mit ritueller Funktion aber kaum überzeugend (Abb. 314).

In Phase 3 wuchs der Bau, besonders im Süden und im zentralen Bereich der Plattform, erneut in die Höhe, während man einen Durchgang mit Bänken und Pfostenreihen für ein langes Dach beließ. In diesem Bauabschnitt setzt wahrscheinlich eine qualitätvoll gearbeitete Zwischenstufe an, bekrönt von einem kleinen Oberbau auf dem höchsten Punkt. Diese Bauteile waren wie die Nordfassade gelb bemalt. Die gesamte Anlage war offensichtlich starken Regenfällen ausgesetzt, deren Einwirkungen an den Fassaden zu beobachten sind, den Bau als solchen aber kaum betrafen. Klare Indizien für diese Niederschläge sind in den Nord- und Südprofilen zu erkennen.

Das Baumaterial dieser Phase bestand aus ähnlichen, gleich großen Lehmziegeln in regelmäßigen Blöcken. Im Südsektor finden sich auch ausgedehnte Bereiche mit regelmäßigem, festem Füllmaterial, das wohl von einem nahegelegenen abgerissenen Bau stammte. Zu dieser Phase gehört das Kriegergrab mit Rohrsarg, Kupferschmuckstücken und die Tonflöte (Abb. 302, 385).

In Phase 4 wurde der gesamte Bau erneut maßgeblich erhöht. In der Südplattform wurde der Durchgang beibehalten und leicht aufgestockt, so daß er die Seitenbänke überdeckt. Den vermittelnden Bereich dieses Sektors bilden zwei Stufen.

Auch an der Nordwand veränderte sich die Fassade, die nun 2,50 Meter weiter nach vorn gesetzt ist, mit einem stabilen Tonfundament deutlich erhöht wird und mit einem feinen, farbig bemalten Lehm verputzt ist, wie rote, weiße, schwarze und gelbe Farbreste zeigen. An der höchsten Stelle des Zentralbereichs erhob sich ein komplexer Sakralbau mit Verzierungen in Form von Tonköpfen, deren Fragmente wir in den Füllungen der unteren Plattform fanden und die denen auf dem Kupferzepter entsprechen (Abb. 88, 89).

In bezug auf das Volumen und die Bautechnik wie auch im Hinblick auf die Qualität des Baumaterials und des Verputzes war diese Bauphase die wichtigste und am sorgfältigsten geplante Veränderung.

Als Baumaterial wurden mittelgroße einheitliche Lehmziegel mit „Herstellermarken" verwendet, die sich verhältnismäßig häufig in den Blöcken finden. Sie waren sorgfältig aufgeschichtet und verraten eine detaillierte Planung (Abb. 310). Mit Tonmörtel verbunden, bildeten sie stabile Blöcke, die durch Baufugen voneinander getrennt sind. In einigen freiliegenden Oberflächen zeigen sich vereinzelt Fülläume im Zentrum von konzentrisch verlegten Quadratblöcken.

An das Ende dieser Epoche gehört das ausgeraubte Grab. Die Phase 4 erlitt die gravierendsten Schäden an Fassaden, Mauerkronen und Böden durch außerordentlich heftige Küstenniederschläge, die durch den „Niño" hervorgerufen wurden. Sie verursachten auch Einstürze und Ablagerungen, die in den Schichten der folgenden Phase erhalten sind. Dieses meist in einem Vierteljahrhundertzyklus auftretende Naturphänomen (ENSO – El Niño Southern Oscillations) ist auf das Vordringen der wärmeren Meeresströmung zurückzuführen und mit gewaltigen Niederschlägen in der sonst ariden Küstenregion verbunden.

Die Wandmalereien wurden vollständig vom Regen zerstört und setzten sich in bis zu 0,25 Meter mächtigen Ablagerungen ab, in denen noch Fragmente mit Motiven in roter Farbe zu erkennen sind, die einst die

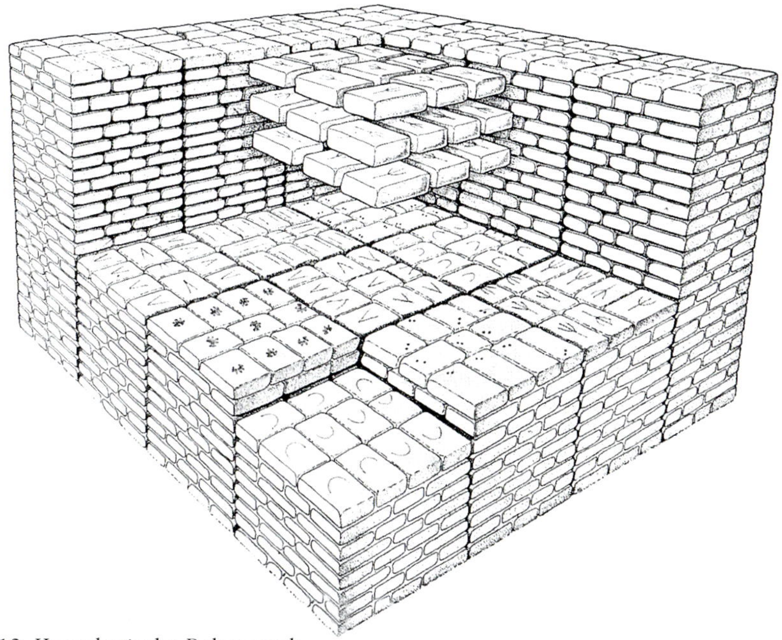

312 Hypothetische Rekonstruktion der klassischen Mochica-Bauweise mit Ziegelblöcken in festgelegter Größe und Baufugen, die bei Erdbeben für Flexibilität sorgten

313 Das Skelett des Wächters in einer Seitennische der Südostwand über dem Dach der Grabkammer (Mitte links)

Grundfarbe der Mauern bildete. Die Fragmente stammen von den zentralen Nord- und Südwänden.
Anzeichen von Zerstörungen waren auch in den Profilen der Grabungseinheit –IC zu beobachten, wo ebenfalls klare Indizien für stehendes Wasser im Korridor vorlagen, das zu einer deutlichen Verformung der Böden und der Ziegel der darunterliegenden Architektur geführt hatte.
Somit muß in Phase 5 eine allgemeine Restaurierung und Erweiterung des von der „Niño"-Katastrophe beschädigten Baus erfolgt sein. Die Nordfassade wurde leicht nach vorn gesetzt, im Süden wurden erneut Bänke aufgeschichtet, vor deren Bau ein nivellierter Boden mit den Resten eines eindrucksvollen Brandopfers und der Niederlegung von Miniaturgefäßen angelegt wurde. Auf dem Verputz hat man erneut vielfarbige Motive mit den gleichen Farbtönen wie beim Vorgängerbau angebracht.
Allgemein wurden die älteren Bauformen, -materialien und -techniken beibehalten. Der Verputz wurde auch hier durch heftige Niederschläge beschädigt, was sich wiederum an einer typischen Abfolge von Ablagerungen und Erosionsspuren an den dekorierten Mauern ablesen läßt.
Die 6. und letzte Phase schloß die Bautätigkeit ab und legte die Sakralfunktion der Plattform fest. Das Niveau wurde im Süden erhöht und bedeckte den Korridor mit einem gleichmäßigen Boden und zwei Stufen. Im zentralen Bereich wurde der kleine Oberbau deutlich erweitert und erhöht. Trotz des heute stark beschädigten Bereichs können noch zwei Niveaus und die Reste einer möglichen Rampe nach Osten erkannt werden, ebenso wie Dachreste in den oberen Schichten.
Die Nordfassade wurde ebenfalls in zwei aufeinanderfolgenden Bauabschnitten nach vorn erweitert, um die Niederschlagsbeschädigungen auszubessern. Da entsprechende Farbreste nicht gefunden wurden, muß angenommen werden, daß sie nicht bemalt war.
In diesem letzten Abschnitt verlieren das Baumaterial und die Technik, verglichen mit den früheren Bauphasen, an Qualität. So sind die Lehmziegel kleiner und in hohen, unregelmäßigen Blöcken verbaut, was den Eindruck von Flüchtigkeit vermittelt.
Die Nord- und Südschichten wurden mit langen, parallelen Querwänden und klumpigem Füllmaterial hochgezogen.
Der Baukern dieses letzten Architekturkomplexes wurde für die 5 x 5 Meter große Grabkammer des „Señor" und in der südlichen, tiefergelegenen Stufe – um den hierarchischen Unterschied zu verdeutlichen – für die Bestattung des Priesters noch einmal geöffnet. Auch die „Nischenkammer" in Grabungseinheit ID und die zahlreichen Beigaben und flacheren Gräber von untergeordneter hierarchischer Stellung gehörten zu dieser Periode.
Es gibt keine Hinweise auf spätere Überbauungen und Schutzmaßnahmen, ebenso ist ungeklärt, aus welchem Grund der Bau seine Sakral- und Grabfunktion verlor. Es scheint sich dabei nicht um eine plötzliche Veränderung gehandelt zu haben, wie die Oberflächenbeigaben in den verschiedenen Sektoren der Plattform und Scherben aus späteren

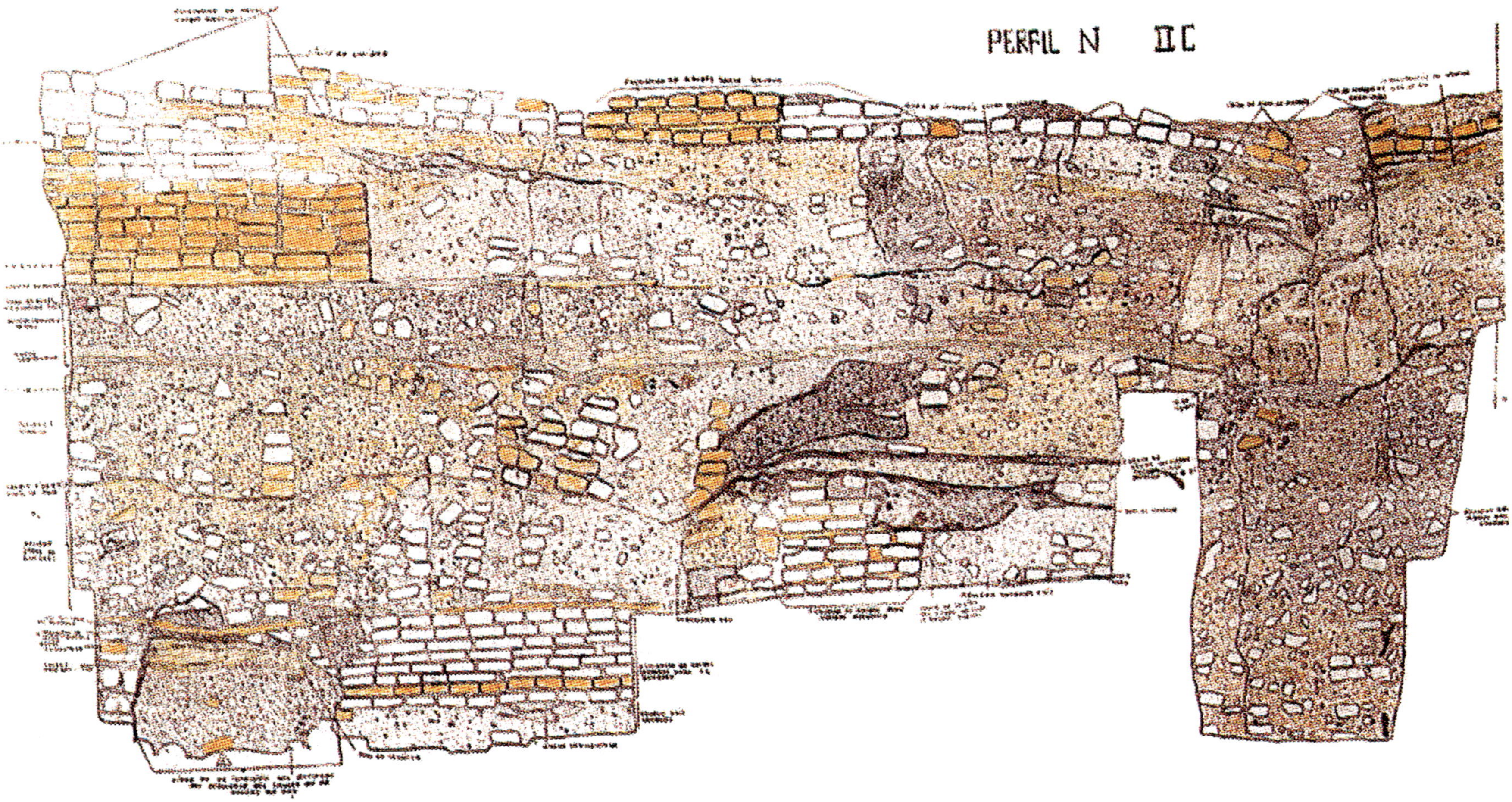

314 Profilzeichnung in Ost-West-Richtung mit Verfüllungen und verschiedenen Böden

Phasen der Mochica-Kultur zeigen. Man könnte eher an eine Verlagerung der Gräber besonders hochstehender Persönlichkeiten aus dynastischen Gründen in andere Bereiche des Komplexes oder in ein anderes Heiligtum im selben Tal denken.
Die außerordentlichen Befunde und die Neuordnung des Bauplans lassen auch darauf schließen, daß sich die Bauphasen an den speziellen Vorgaben für geheiligte Gräber und den damit verbundenen sakralen Funktionen ebenso wie an den starken Beschädigungen durch besonders heftige „Niños" orientierten.
Da es sich um langsame Veränderungen bei einem verhältnismäßig kleinen Bau in einem großen Baukomplex handelt, könnte man dies als eigentümliches und typisches Beispiel betrachten. Insgesamt lassen sich unsere Ergebnisse zu drei großen Bauprojekten zusammenfassen, deren Abfolge sich auch in der Mochica-Gesellschaft im Tal spiegelt:

Das erste Projekt besteht aus den Bauten –2, –1 und 1, die am Beginn der Bautätigkeiten im Zeremonialzentrum stehen. Diese schließen auch den ersten Bau der angrenzenden Pyramide ein. Die gute Qualität mit solider Blockbildung läßt auf die Existenz einer aufkommenden lokalen Gruppe mit einer frühen hierarchischen Ordnung und den Beginn der Dynastie schließen, die optimalen Zugang zu Baumaterialien und gute technische Kenntnisse besaß. Die außergewöhnliche Grabausstattung des alten Herrschers ist ein klarer Beleg hierfür.

Die Phasen 2 und 3 stellen ein weiteres zusammenhängendes Projekt dar, bei dem der Bau nur wenig wuchs und eine geringere Qualität aufwies, was mit einer gewissen Krise bei der Materialbeschaffung und einem zeitweiligen Nachlassen der Organisationsfähigkeit in Zusammenhang stehen könnte. Dies war vielleicht auf lange Dürreperioden zurückzuführen. Diese Schwierigkeiten spiegeln sich auch in der mangelnden Qualität der Gräber.

Das dritte Projekt besteht aus der explosiven und krönenden Entwicklung der Phasen 4 und 5, die mit einem mäßig starken Niño einsetzt, der die Wirtschaft und die soziopolitische Struktur wieder stärkte. Man zeigt erneut großes Interesse an sorgfältig gearbeiteten Bauwerken und sorgfältigem Verputz, und es beginnt die Tradition der vielfarbigen Wandmalereien, die sich stark vom einfachen gelblichen Grund der vorangegangenen Perioden unterscheidet (Abb. 315).

Das Baumaterial zeichnet sich durch gute Qualität aus, die Lehmziegel tragen häufig Markierungen (Abb. 310, 311), die mit bestimmten Blockeinheiten in Verbindung stehen und auf eine stabile Arbeitsorganisation schließen lassen. Die größte Katastrophe dieser Epoche ist ein Niño-Einbruch im 2. nachchristlichen Jahrhundert, dessen erhebliche Schäden durch einen sofortigen Neu- und Umbau in der Phase 5 behoben wurden.

Die vielseitigen und außergewöhnlichen Funde im Grab des Priesters, des „Señor" und im ausgeraubten Grab zeugen von diesem Höhepunkt der architektonischen Entwicklung.

Die dem „Mausoleum" benachbarten Großbauten von Sipán zeigen zwei Grundformen, die wir als „Pyramide" und „massive Plattform" bezeichnen und die auch bei anderen zeitgleichen Monumenten zu beobachten sind. Die erste ist mit häufigen Umbauten auch im frühesten Bauabschnitt verbunden. Dabei ist offensichtlich, daß diese Bauwerke nicht als ein über mehrere Generationen hinweg durchgeführtes Projekt angesprochen werden dürfen, sondern auf die wechselnden Anforderungen im Kult reagierten und wie vielleicht alle Zeremonialzentren der Zeit längere Entwicklungszyklen der Moche-Gesellschaft spiegeln. So ist etwa das nahegelegene Pampa Grande aufgrund seiner äußeren Struktur als spätes Beispiel für ein kultisches Zentrum zu betrachten.

Diese kurze Darstellung der Problematik ist die vorläufige Fassung einer fortlaufenden Auswertung der Architektur Sipáns und ihrer lokalen und regionalen Bezüge. Die ausführliche Darstellung soll einer speziellen Monographie vorbehalten bleiben.

315 Fragmente von farbigen Wandmalereien, die die Fassade der Ostpyramide schmückten

DAS AUSGERAUBTE GRAB

Walter Alva

Seit einigen Jahrzehnten hat die Gegend um Sipán den Schwarzmarkt mit archäologischen Funden im Mochica-Stil aus lokalen Raubgrabungen oder Plünderungen in den Nachbardörfern versorgt. Der älteste Fall war der Verkauf eines kupfernen Zeptermessers, das in der Arbeit von Antze bereits 1930 mit einem Foto veröffentlicht wurde.
Zwischen 1965 und 1974 wurden die ausgedehnten Gräberfelder, die das Heiligtum umgeben, zum Großteil geplündert. Die geraubten Stücke, vor allem Keramik und Metallobjekte, speisten den Antiquitätenhandel in diesen Jahren und waren für Sammler offensichtlich die einzige Quelle für Moche-Arbeiten aus der Gegend. Nach 1986 verstärkte sich die Grabräubertätigkeit erneut. Organisierte Banden suchten die Fundstellen in diesem und in benachbarten Gebieten systematisch heim, ermutigt und unterstützt von der großen Nachfrage nach Altertümern, die das schwierige Problem der Grabräuberei für die nationale Archäologie hauptsächlich entstehen läßt. Aufgrund ihres Ausmaßes, der weiten Verbreitung und des Fehlens notwendiger logistischer Ressourcen waren die Möglichkeiten einer effektiven Kontrolle so gering, daß unsere Rettungsversuche meist scheiterten. Nach der Flucht der Grabräuber blieben auf der Oberfläche nur verstreute Knochenreste und Scherben aus den Gräbern übrig.
Nachdem die umliegenden Gräberfelder fast vollständig geplündert waren, begann eine der unerschrockensten, aus 8–10 in der Branche gut bekannten Personen bestehenden Banden Ende 1986 in den großen Baukomplex von Sipán, der als Huaca Rajada bekannt ist, einzudringen. Die Nähe zu dem Dorf Sipán und der befahrbare Weg dorthin hatten bislang solche Übergriffe verhindert.

Die Berichte der verschiedenen Zeugen sind widersprüchlich: Von einer Zusammenarbeit zwischen den Bandenmitgliedern und einigen Dorfbewohnern, aber auch von direkter Gewaltandrohung durch die Grabräuber war die Rede. Wie dies auch gewesen sein mag, die Plünderungsaktion begann in den weniger sichtbaren Bereichen mit Hilfe tiefer Gruben – was der gängigen Arbeitsweise der Raubgräber entspricht –, mit denen sie rücksichtslos und planmäßig das Monument schändeten. Diese Aktivitäten haben absolut nichts mit dem manchmal gepriesenen schlafwandlerischen Instinkt oder der hochgelobten Geschicklichkeit der Grabräuber zu tun, die von einigen Verteidigern der Raubgräberei als Rechtfertigung gern angeführt werden. Die verheerenden Folgen liegen auf der Hand. Deshalb war es klar, daß eines dieser großen und tiefen Löcher schließlich zu einem Grab führen mußte. Soweit wir in Erfahrung bringen konnten, scheinen die Raubgräberaktivitäten von der Entdeckung eines ersten Grabes mit einigen Goldobjekten im äußersten Osten der Plattform angespornt worden zu sein. Der Südbereich blieb verschont, da sich die Anwohner eines nahegelegenen Hauses, die um die Sicherheit ihrer Wohnung bangten, den Grabräubern entgegenstellten, was zu einer Auseinandersetzung mit der Familie führte. Der sofortige Verkauf der ersten Stücke konsolidierte das „Unternehmen" und regte das Interesse an der Zerstörung des Ost- und Nordbereiches in den Monaten von Dezember 1986 bis in die ersten Monate des darauffolgenden Jahres an. Die Plünderer stellten sogar einen Wächter an, der ihre „Eigentumsrechte" an den Löchern sichern sollte. In der zweiten Februarhälfte gruben sie bereits in der Nordwestecke. Dort stießen sie in einem der tiefen Löcher auf ein vorgelagertes kleineres Grab und schließlich auf die Balkendecke der Grabkammer, die in den Nächten vom 20. bis zum 23. Februar geplündert wurde.

Die Tiefe des Grabes und das verdächtige Verhalten der Grabräuber erregten das Interesse einiger Anwohner, vor allem der Kinder und zufälliger Zeugen.

So verbreitete sich die Nachricht von der letzten „Baumine" und vereinte in der letzten Nacht eine größere Gruppe von Anwohnern, die sich den sagenhaften Schatz nicht nur ansehen, sondern daran teilhaben wollten. Teile waren bereits von den Anführern der Bande entnommen worden. Diese begannen nun, völlig hemmungslos und ausschweifend ihren unerwarteten Reichtum zu feiern. Viele Bewohner Sipáns erhielten Säcke mit Aushub, den sie zu Hause durchsieben konnten, um Gold- und Türkisperlen auszulesen und mit einigem Glück sogar kleinere Gold- oder Kupferstücke zu finden.

Das Goldfieber war ausgebrochen, und die Plünderer wollten ihre Suche in derselben Nacht abschließen. Ein Kind, das zufällig Zeuge der Ereignisse war, beschrieb uns detailliert, wie plötzlich am Boden einer sieben Meter tiefen Grube glänzende Goldstücke von oxidiertem Metall getrennt wurden. Sofort wurden die Funde in Säcke verpackt, das Auto eines der Bandenchefs kam zur Grabung, und die Beute wurde in mehreren Fuhren zu seinem zwei Kilometer weiter nördlich liegenden Haus gebracht. Unser Informant berichtete uns auch von einem Goldblech, einem Steißschutz und Rasseln, die er später bei unserer Grabung im Grab des „Señor" wiedererkannte. So konnte für uns kein Zweifel bestehen, daß es sich bei dem geplünderten Grab um die Bestattung einer Person vom gleichen Rang handelte, wie wir sie später mit wissenschaftlichen Methoden ausgruben.

Nachdem mit Hilfe der Anwohner die Raubgrabung abgeschlossen worden war und man sich an der Beute berauscht hatte, kam es nun zum Streit über die Frage, wie sie verteilt werden sollte. Auf dem Höhepunkt der Plünderungsaktion mußte die Bande zusätzliche Arbeitskräfte einsetzen, die in der kritischsten Nacht soviel Geld wie sonst in einem Monat verdienten. Naturgemäß kam es dabei zu Streitigkeiten unter den Unzufriedenen. Die vier Brüder, die die Bande kommandierten, stellten aber bald den Frieden wieder her und behielten den größten und besten Teil der Beute für sich.

Diese Tatbestände wurden schnell bekannt, was am 25. Februar zu einer polizeilichen Ermittlung führte, bei der einige Verdächtige verhört wurden. Sie erbrachte, daß tatsächlich kleine Goldstücke als Bezahlung für Essen und Getränke in den Dorfkantinen benutzt worden waren. In derselben Nacht beschloß der Staatsanwalt, mit Polizisten im Haus der Hauptbeteiligten eine Durchsuchung durchzuführen, bei der insgesamt 23 archäologische Fundstücke beschlagnahmt wurden, die zwischen dem Geschirr im Eßzimmer versteckt waren. Da die Brüder die Flucht ergriffen hatten, wurde vorläufig ihre alte Mutter festgenommen.

Um Mitternacht rief der Vizepolizeichef, Oberst Edilberto Temoche, im Museum an und bat mich, bei einer sofortigen Prüfung zugegen zu sein und eine Expertise abzugeben. Damals war nicht vorauszusehen, daß damit der Plünderei Einhalt geboten und archäologische Untersuchungen eingeleitet werden konnten. Auf der Polizeistation konnte ich perplex die außergewöhnlichen beschlagnahmten Stücke begutachten, die aufgrund ihrer charakteristischen Kennzeichen nur Beigaben aus einem kürzlich geplünderten fürstlichen Mochica-Grab sein konnten (Abb. 76, 77, 78).

In den frühen Morgenstunden des 26. Februar wurde die Wohnung erneut durchsucht und Dutzende von während der Plünderung mutwillig zerbrochenen Stücken aus vergoldetem Kupfer sichergestellt, die zu Schmuckstücken gehört hatten, aber zum Abfall geworfen worden waren, da man ihnen keinen kommerziellen Wert mehr zumaß. Keiner der geflüchteten Plünderer konnte festgenommen werden, ihre Familie hatte jedoch bereits die besten Anwälte der Gegend für ihre Verteidigung kontaktiert.

In den darauffolgenden Tagen erfuhr man von dem heimlichen Verkauf der umfangreichen Beute in Chiclayo, Trujillo und Lima. Diese Situation hielt die lokale Polizei in ständiger Bereitschaft, während der laufenden Untersuchung wollte man möglichst viele der geraubten Stücke zurückerlangen. Bei einer dieser Operationen kam es zu einem bedauerlichen Zwischenfall, bei dem einer der Plünderer tödlich verletzt

316 Das ausgeraubte Grab zu Beginn unserer Untersuchungen

317 Zeptermesser aus Gold und Silber mit der getriebenen Darstellung eines Kriegerbefehlshabers aus dem ausgeraubten Grab (Privatsammlung)

wurde, was die ohnehin gespannte Lage noch schwieriger machte. In der Zwischenzeit kamen Händler und Sammler aus Peru und anderen Ländern direkt nach Chiclayo, ohne auf die „normale" Heimlichtuerei des Schwarzmarktes Rücksicht zu nehmen, was Angebot und Nachfrage bedeutend in die Höhe trieb. Leider konnte die lokale Polizei jedoch keines Beweises habhaft werden, der für ein Eingreifen notwendig gewesen wäre. Nur wenige Wochen später gab es einen Skandal in Los Angeles, als man eine internationale Schmugglerbande festnahm, wobei unter vielen archäologischen Funden auch Metallobjekte aus Sipán sichergestellt werden konnten. Dieser Tatbestand führte zur Einleitung eines langen Wiedererlangungsprozesses seitens der peruanischen Regierung.

Die meisten Stücke aus dem Grab befinden sich jedoch in einer Privatsammlung in Lima. Die entsprechenden Fotos, die indirekt an uns weitergeleitet wurden und die hier abgebildet sind, erlauben dem Leser, sie mit den bereits beschriebenen Objekten vom selben Fundort zu vergleichen. Wie jeder archäologische Fund, der aus einer Raubgrabung stammt, ist auch diese Gruppe aus ihrem ursprünglichen Fundzusammenhang gerissen und hat damit ihren Wert als historisches Dokument fast vollständig verloren, da eine entsprechende Auswertung und Deutung nicht mehr möglich ist. Einzeln oder als Gruppe sind sie nur noch für stilistische Vergleiche und technische Analysen von Nutzen.

Im Fall von Sipán können wir jedoch mit Hilfe der genauen Dokumentation der intakten Gräber ungefähr den gestörten Gesamtkontext rekonstruieren, um so einen Überblick über alle Grabfunde, ihre Chronologie und ihre Bedeutung zu erlangen. Ansonsten wüßten wir nur von Stücken in Privatsammlungen, die niemals die historischen Erkenntnisse gebracht hätten, die wir in Sipán gewonnen haben.

Die Objekte in den Sammlungen sind normalerweise Einzelstücke, die als Kunstwerke behandelt werden und damit nur einen ausschnitthaften Blick auf die allgemeine Geschichte zulassen. Dies ist auf die Auswahl zurückzuführen, die mit der gewaltsamen Ausgrabung beginnt und mit dem Erwerb des Sammlers entsprechend seinen ästhetischen Vorstellungen endet. Darüber hinaus hat es sich inzwischen auf dem Schwarzmarkt eingebürgert, als Herkunftsbezeichnung für Mochica-Objekte Sipán anzugeben, um so den Preis in die Höhe zu treiben und den Verkauf zu beschleunigen. Unter diesen Gesichtspunkten haben wir versucht, eine möglichst repräsentative Auswahl an Fotos von Stücken zu reproduzieren, die mit Sicherheit aus dem Ende Februar 1987 ausgeraubten Grab stammen.

DIE GESTOHLENEN GRABBEIGABEN

Eine allgemeine Betrachtung der fotografierten Stücke läßt verschiedene Ensembles von Rangabzeichen und Herrschaftsemblemen erkennen, die in etwa denen des „Señor" und des alten Herrschers entsprechen. Damit wird offensichtlich, daß es sich um die Grabausstattung einer Person auf gleicher hierarchischer Stufe handelt, zweifellos gehörte sie einem anderen Herrscher der gleichen Dynastie. Viel ist über die anscheinend größere Zahl an Metallobjekten aus diesem Grab spekuliert worden, was nur bedingt zutrifft, denn wir verfügen über beweiskräftige Indizien, die auf eine Plünderung verschiedener Gräber unterschiedlicher Rangordnung hinweisen.

Die halbmondförmige Goldkrone (Abb. 321) ist kleiner als die des „Señor". Sie besteht aus einem ausgeschnittenen Goldblech mit jeweils drei Seitenvoluten und war wohl der Hauptkopfputz und das wichtigste Rangabzeichen des Verstorbenen. Auch dieser Kopfputz läßt sich mit dem eines mythischen Wesens der Moche-Kunst vergleichen. Leider wurde später ein stilistisch nicht zugehöriger Uhukopf aufmontiert, der offensichtlich nichts mit dem ursprünglichen Stück zu tun hat. Ein goldenes Schmuckstück hatte die Form eines menschlichen Kopfes (Abb. 318), ein entsprechendes Pendant wurde von der Polizei beschlagnahmt. Aufgrund typischer Details und wegen der seitlichen Bohrungen kann man darauf schließen, daß beide zu einem beeindruckenden Kollier gehörten, dessen übrige Glieder verschollen sind. Unsere Nachforschungen haben als vorläufiges Resultat ergeben, daß wahrscheinlich mehrere solcher Köpfe existierten, die an verschiedene Privatsammler verkauft wurden. Da solche Stücke in den wissenschaftlich dokumentierten Gräbern normalerweise in Zehnergruppen auftauchen, kann man annehmen, daß zwei weitere Köpfe mit ähnlichen Gesichtszügen, die jedoch kleiner sind und eine andere Kopfbedeckung tragen, ebenfalls Teile desselben Ensembles waren (Abb. 337, 338). In den stilistischen und technischen Details entsprechen sie sich auch, so daß anzunehmen ist, daß sie mit derselben Matrize hergestellt wurden. Das Muster auf dem Kopfputz dieses letztgenannten Paares wiederholt das Schlangenfischmotiv auf dem Muschelpektoral und einem der Stoffreste aus dem Grab des alten Herrschers. Einheimischen Zeugen zufolge fehlten dem Kopf die Einlagen aus Lapislazuli oder Sodalith, die die andere Köpfchen im Grab des alten Herrschers schmückten, was wohl eine religiöse Bedeutung hatte. Leider hat der Sammler aus ästhetischen Gründen die ehemals existierende Pupille ersetzt und die andere ergänzt.

Auf einem Goldblech (Abb. 319) ist ein im Halbrelief gearbeiteter Krieger mit Keule und Rundschild montiert. Er trägt ein Schuppenhemd, Nasenschmuck und eine Halskette mit einer Erdnußfrucht und kleineren, runden und röhrenförmigen Gliedern. Es ist problematisch, über die ursprüngliche Form oder moderne Ergänzungen zu spekulieren. Wahrscheinlich hatte er dieselbe Funktion wie der im Grab des alten Herrschers gefundene Krieger aus vergoldetem Kupfer (Abb. 235). Seine herausragende Qualität macht ihn zweifellos zu einem der großartigsten Funde aus dem ausgeraubten Grab.

Ein kleines Metallobjekt aus vergoldetem Kupfer muß – was sehr ungewöhnlich ist – massiv in der Technik der verlorenen Form hergestellt worden sein und stellt einen Vogelkrieger mit einer in eine abgerundete Klinge auslaufenden Keule dar (Abb. 320). Auf seinem Rücken ist eine Öse angebracht. Laut unseren Informanten muß es mehrere solcher

318 Goldener Kopf aus einer Raubgrabung (Privatsammlung)

319 Goldblech mit der halbplastischen Figur eines Kriegerbefehlshabers (Privatsammlung)

320 Massive Miniaturfigur eines Kriegers mit Vogelhelm aus vergoldetem Kupfer, wahrscheinlich Teil eines verlorenen Emblems, aus dem ausgeraubten Grab (Privatsammlung)

321 Halbmondförmige Goldkrone mit Voluten und getriebener Darstellung von Händen. Der Uhukopf wurde später vom Sammler hinzugefügt und entspricht nicht dem Originalzustand (Privatsammlung)

Stücke gegeben haben. Aufgrund des stilistischen Vergleichs mit den später registrierten Funden aus der geplünderten Grabkammer können wir annehmen, daß es sich bei diesen Statuetten um Anhänger handelte, die an einem vergangenen Holzzepter befestigt waren.

Vergleichbar ist das Zeptermesser als wichtigstes Herrschaftsemblem aus demselben Grab (Abb. 317). Wenn man von geringen stilistischen Unterschieden und der einfacheren Darstellung absieht, ähnelt es in der Größe, der Form des Goldknaufs, der Technik und der Metallkombination der Klinge stark dem Objekt, das in der rechten Hand des „Señor" gefunden wurde (Abb. 147). Die auf dem Knauf wiedergegebene kleine Gestalt entspricht dem triumphierenden Kriegerbefehlshaber mit Doppelkopfputz, Schild und Keule, an der erbeutete Waffen befestigt sind; an seinem Gürtel hängt ein Fuchs. Wie bei dem Stück aus dem Grab des „Señor" sind auf dem Rand im Relief runde Metallblattanhänger wiedergegeben. Es handelt sich also um eine Person von militärischem Rang. Auf dem Foto ist zu erkennen, daß dem Griff und der Klinge die Verzierungen fehlen, möglicherweise sind sie durch die starke Korrosion zerstört worden. Vielleicht tauchen sie nach einer kompetenten Restaurierung aber auch wieder auf.

Die kleine Türkisskulptur mit Krone, Arm und Gesicht aus Gold hat wohl ursprünglich zu einem der großartigsten Stücke aus dem geplünderten Grab gehört, vielleicht zu inzwischen zerstörten Ohrpflöcken oder Nasenschmuckstücken (Abb. 322). Sie zeigt einen Kriegerbefehlshaber mit halbmondförmiger Krone und Waffen, der denen auf den Ohrpflöcken des „Señor" ähnelt (Abb. 113).

Das goldene Pektoral aus 31 schmalen, trapezförmigen Gliedern ist das vollständigste unter den vier im Februar 1987 von der Polizei beschlagnahmten Stücken (Abb. 329). Jedes Glied ist aus zwei Blechen getrieben und auf der Rückseite mit Silber verlötet. Es handelt sich dabei um eine Imitation ähnlicher Kettenglieder aus Muschelstücken, wie man sie in diesem Grab fand. Aber auch im Grab des alten Herrschers entdeckte man ein entsprechendes Stück aus Silber (Abb. 239). Wie bei zwei anderen Pektoralen (Abb. 323, 324) muß man seine Großartigkeit bewundern, und das Ensemble entspricht so dem dreifachen Schmucksatz der höchstrangigen Gräber.

Das zweite Pektoral (Abb. 323) besteht aus 33 schmalen, dreieckigen Goldstreifen, die in Kugeln auslaufen, auch hier wird das großartige Muschelpektoral des alten Herrschers nachgeahmt (Abb. 249). Das Strahlenmotiv ist ebenfalls ein Hinweis auf den höchsten Rang. Vier Glieder des Schmuckstücks wurden den Grabräubern abgenommen, ebenso vier des dritten Pektorals (Abb. 334), was die Beuteverteilung unter den Grabräubern beweist. Das Foto des letztgenannten Pektorals zeigt 52 in der Seitenansicht leicht gebogene, schmale Glieder, die in Gold geschnitten Meeresschneckenschalen imitieren.

Eine runde Goldperle gehörte zu einem anderen Schmuckstück (Abb. 332). Auf ihrer Oberseite sitzt ein winziger Frosch auf einer im Relief dargestellten Wasserpflanze, die von Halbkugeln umgeben ist. Dieses Motiv war ein Fruchtbarkeitssymbol und vermutlich an Schmuck-

stücken dargestellt, die bei den Reinigungsriten getragen wurden. Zwei einander ähnliche Goldperlen könnten Pflanzenteile darstellen (Abb. 333). Alle drei beschriebenen Stücke sind Glieder von Halsketten.
Ein einzigartiger, leicht konischer Zylinder aus Goldblech war wohl ein Arm- oder Fußreif (Abb. 324). Auf ihm sind in feinem Relief zwei identische, einander gegenüberstehende Männer dargestellt. Sie tragen Lanzen, Standarten, barettähnliche Hüte mit Schellen, Ohrpflöcke, Nasenschmuck und Ringe an der Nasenspitze. Die Lanzen zeigen am oberen Ende einen Querriegel und einen halbmondförmigen Aufsatz, möglicherweise handelt es sich bei der furnierten Kupferscheibe aus Grab des „Señor" um einen solchen Querriegel (Abb. 328). Die dargestellte Standarte ähnelt den Metallfunden aus dem Kriegergrab 5 (Abb. 302). Zwischen den beiden Gestalten fliegen ein frontal dargestellter Uhu und ein Falke, d.h. Tiere, die mit Tag und Nacht in Verbindung stehen. Somit scheint es sich bei dieser Darstellung um eine rituelle Szene mit tieferem Bezug auf eine Dualität zu handeln, möglicherweise besteht ein Zusammenhang mit den mythischen Zwillingen. Die Bilder sind so gearbeitet, daß der Träger sie problemlos betrachten kann. Die Bohrungen an den Rändern lassen darauf schließen, daß der Zylinder auf organisches Material aufgesetzt oder -genäht war, von dem leider nichts erhalten ist.
Auch das Kollier aus Dégradé-Kugeln (Abb. 325) ähnelt sehr einem entsprechenden Fund aus dem Grab des „Señor" (Abb. 146). Eine andere Halskette aus röhrenförmigen Perlen zeigt vollendete Darstellungen des Schlangenfischs (Abb. 331), wie sie auch im Grab des alten Herrschers gefunden wurden. Ihr heutiges Aussehen verdankt sie den ästhetischen Vorstellungen des Sammlers, was auch für das kostbare goldene Erdnußkollier zutrifft (Abb. 330). Die unterschiedlich großen Glieder, die denen aus dem Grab des „Señor" gleichen (Abb. 144), wurden aus zwei getriebenen und aneinandergelöteten Hälften hergestellt. Zwei ähnliche mittelgroße Kettenglieder und ihr silbernes Pendant vom selben Kollier wurden uns von der Polizei übergeben, die sie bei den Raubgräbern beschlagnahmt hatte. Mit Hilfe dieser Stücke konnten wir auch technische Untersuchungen durchführen und die Silberlötung analysieren, die der Herstellungstechnik des entsprechenden Kolliers im Grab des „Señor" sehr ähnlich war. Aufgrund der unterschiedlichen Größe und der standardisierten Anzahl der Kettenglieder in den wissenschaftlich erforschten Gräbern und anhand der aus dem geplünderten Grab gewonnenen archäologischen Erkenntnisse kann man davon ausgehen, daß sie aus mehr als einem Grab stammen. Andererseits besteht kein Zweifel daran, daß jede Gruppe ein symbolisches silbernes Pendant hatte, das wegen seines schlechten Erhaltungszustands und dem geringeren ästhetischen und Marktwert weggeworfen worden ist. Dieses Kollier ist somit ein treffendes Beispiel für die tiefe Kluft, die Wissenschaftler und Sammler trennt.
Von dem einzigen Ohrpflockpaar aus dem Grab befindet sich eine Hälfte in der erwähnten Privatsammlung (Abb. 326), das Pendant wurde in Lima von der Polizei beschlagnahmt, als es gerade an einen

322 Miniaturskulptur aus Türkis und Gold, wohl Teil eines zerstörten Schmuckstücks (Privatsammlung)

323 Pektoral aus schmalen, dreieckigen Gliedern, die in Goldkugeln enden (Privatsammlung)

324 Goldener Zylinder mit der Darstellung von zwei Kriegerbefehlshabern mit Waffen und Standarten (Privatsammlung)

Sammler verkauft werden sollte. Später übergab man es dem Museum in Lambayeque (Abb. 327). Bei den Ohrpflöcken handelt es sich um Goldscheiben aus zwei furnierten und gelöteten Hälften mit goldkugelbesetztem Rand und Metallblattanhängern. Auf der Rückseite befindet sich der geklammerte und gelötete röhrenförmige Pflock. Technisch und stilistisch fällt die Ähnlichkeit mit dem Paar des alten Herrschers (Abb. 245) und auch mit dem einzigen rechteckigen Nasenschmuck der Sammlung auf. Es ist jedoch nicht auszuschließen, daß andere Ohrpflockpaare mit Mosaiken bei der hektischen Plünderung zerstört wurden.

Zu den merkwürdigsten Goldschmiedearbeiten aus dem geplünderten Grab gehört eine Flöte mit nur drei Löchern, die in bewundernswerter Technik gerollt und geschweißt ist (Abb. 339). Dieses erlesene Stück muß wohl zur musikalischen Unterhaltung des Herrschers gedient haben.

Das letzte Stück in dieser Fotosammlung ist ein klassisches Goldmesser mit halbmondförmiger Schneide und feinen Ziselierungen, die als Zentralmotiv das Gesicht einer von zwei Felidenschlangen flankierten Gottheit darstellen (Abb. 336). Über dem Kopf sind drei übereinandergestaffelte Schlangenfischköpfe zu sehen, was kompositorisch an die goldene Nasenplatte des „Señor“ erinnert (Frontispiz). Wahrscheinlich gab es auch ein entsprechendes Pendant aus Silber.

Es gibt über die fotografierten Stücke hinaus noch weitere Goldobjekte in der Sammlung, etwa drei Rasseln mit der Darstellung des *Ai-Apaec* oder „Kopfabschneiders“, die stilistisch und in der Größe denen des alten Herrschers ähneln. Die Dorfbewohner erinnerten sich, daß insgesamt zehn solcher Stücke unter die Plünderer verteilt wurden. Eines von ihnen befindet sich in der Sammlung Cardoen in Chile, wohin auch ein Fuchskopf aus vergoldetem Kupfer gelangte.

Im Antiquitätenhandel tauchten in den letzten Jahren darüber hinaus Dutzende von Fälschungen auf, bei denen als Herkunftsort das geplünderte Grab von Sipán angegeben wurde, womit man die Berühmtheit Sipáns auszunutzen versuchte. Dieser Tatbestand hat zusätzlich zu Spekulationen über einen sagenhaften Schatz aus diesem Grab beigetragen. Viele Sammler bewahren bis heute stolz einige dieser Fälschungen auf. Außerdem hält sich hartnäckig ein Gerücht über Goldsäcke, Schatzhorte und heftige Auseinandersetzungen zwischen den Plünderern. Wenn es auch heute unmöglich ist, etwas über die tatsächlichen Begleitumstände des Raubes in Erfahrung zu bringen und Informationen über den vollständigen Inhalt des Grabes zu bekommen, so beweisen doch die dank des erfolgreichen polizeilichen Eingreifens wiedererlangten Stücke und andere im Kunsthandel und in Privatbesitz aufgetauchte Objekte, daß sie ein beklagenswertes Zeugnis archäologischer Raubgräberei sind, nämlich aus dem Zusammenhang gerissene Einzelstücke, die wie die Fragmente eines zerstückelten Körpers nie mehr zusammengesetzt werden können.

DIE AUFNAHME DES AUSGERAUBTEN GRABES

Bei der Fortsetzung der Feldarbeiten entschlossen wir uns im Jahre 1990, eine systematische Grabung im Bereich des ausgeraubten Grabes zu beginnen, um zusätzliche Information über seine Merkmale und seinen Kontext in der Plattform zu gewinnen und so Vergleichsmöglichkeiten zu den anderen Gräbern zu bekommen.

Die Einheit wurde als –IZ bezeichnet und erstreckte sich teilweise auch auf den Sektor –IA. Die obersten Schichten zeigten eine Folge von Ablagerungen aufgrund starker Regenfälle und Böden, die zu den letzten Bauphasen gehörten. Wie zu erwarten war, hatten die Grabräuberlöcher die oberen Schichten stark gestört, hinzu kamen die Erosionsschäden an der Nordwestfassade der Plattform.

In den wenigen intakten Bereichen wurden der Schädel und die Fußknochen eines geopferten Lamas entdeckt, wie sie wohl auf der gesamten Plattform niedergelegt worden waren, auch einige Pfostenlöcher konnten dokumentiert werden. Einige Zentimeter tiefer bestand der Aushub aus einer körnigen Füllung und losen intakten und zerbrochenen Ziegeln. Direkt unter dieser Schicht wurde der Boden eben, und es zeichneten sich kleine Verfüllungskammern ab, die von Ziegeln begrenzt wurden. Sie ließen sich in den folgenden Schichten besser erkennen und waren zwischen 3 x 2 und 1 x 1 Meter groß.

In etwa 2,50 Metern Tiefe, gemessen vom höchsten Punkt der Südseite, tauchte in einer dieser Kammern die Bestattung eines sitzenden Erwachsenen mit den Händen auf den Knien auf. Die Beigaben bestanden aus vier einfachen ovalen Gefäßen.

Das unregelmäßige und tiefere Grabräuberloch maß etwa 6,50 Meter. Zwei Schichten tiefer im Nordbereich und vor der Grube kam eine Wand mit Resten von roter, schwarzer und weißer Farbe zum Vorschein, die in Ost-West-Richtung verlief und die farbig bemalte Nordfassade der Bauphase 4 darstellte, die später aufgrund der Erweiterung der Anlage überbaut wurde. Nun lagen die West- und Südprofile offen und zeigten bei sorgfältiger Überprüfung die Originalverfüllung des Grabes im oberen Teil, die fast neun Meter in Ost-West-Richtung und 4–5 Meter in Nord-Süd-Richtung maß. Die Verfüllungskammern entpuppten sich somit als Teil der Abdeckung des Grabes, das sich in den unteren Schichten langsam auf fünf Meter verkleinerte, wie man an den Rändern sehen konnte, die nicht von der Grabräubergrube beschädigt waren und uns somit die Möglichkeit gaben, die Originalform zu rekonstruieren (Abb. 335).

In den Verfüllungen des Nordostbereichs fanden wir eine aufrecht stehende kupferne Lanzenspitze, die symbolisch diese Ecke des Grabes schützte. Im Süden, in fünf Metern Tiefe vom höchsten Punkt der Plattform aus gemessen, legten wir einen kleinen Sektor mit nur drei vergangenen Holzbalken frei, die sich ursprünglich von Osten nach Westen über den gesamten Grabungsbereich erstreckten und die spärlichen Reste einer großen ersten Abdeckung der geplünderten Grabkammer waren. Darunter setzte sich die körnige Verfüllung fort, und etwa 50–80 Zentimeter tiefer zeigte sich eine einheitliche Schicht aus

325 Halskette aus goldenen Dégradé-Kugeln (Privatsammlung)

326 Goldener Ohrpflock mit Metallblattanhängern; das Pendant wurde von der Polizei beschlagnahmt (Privatsammlung)

327 Goldener Ohrpflock mit Metallblattanhängern, der von der Polizei beschlagnahmt wurde und sich heute im Brüning-Museum befindet (Kat.-Nr. 261)

328 Furnierte Kupferscheibe aus dem Grab des „Señor“

329 Pektoral aus getriebenem Goldblech, das Muschelstücke imitiert, aus dem ausgeraubten Grab (Privatsammlung)

kleinen Steinen. Direkt unter dieser Steinschicht entdeckten wir die Abdrücke einer zweiten Überdachung. Aufgrund dieser Daten kamen wir zu der Überzeugung, daß der offene Grabraum an den bereits existierenden Bau angepaßt wurde, der eine mehr oder weniger rechteckige Form hatte, die sich an der Sohle auf 6,50 x 4 Meter verkleinerte.

Das Dach überspannte zwei Räume, einen Hauptraum mit der zentralen Bestattung und einen zweiten, wahrscheinlich mit einer östlichen Zusatzkammer. Beide waren durch unregelmäßige Störungen und die Tunnel der Grabräuber zerstört.

Nach der sorgfältigen Freilegung konnten wir die Hauptkammer rekonstruieren, die etwa 3,50 x 3,50 Meter maß und vier Seitennischen aufwies, die kaum mehr zu erkennen waren. Ein weiterer Raum lag im Süden, dort, wo wir am Anfang der Grabung den Kupferstab und andere kleinere Beigaben geborgen hatten. Als wir den Kammerboden untersuchten, konnten wir die fast völlig vergangenen Reste von 5–8 Zentimeter dicken Holzbrettern freilegen, die einen 1,50 x 2,50 Meter großen, in Süd-Nord-Richtung stehenden Sarg gebildet hatten. Diese Abdrücke zeichneten sich ohne weitere Spuren vertikal zwischen den Ziegeln ab.

Damit deutete sich überraschend die Möglichkeit an, daß der zerstörte Sarg keinen Boden gehabt hat oder eine Art Zwischenstufe darstellte, während er einen Deckel gehabt haben könnte. Diese Kennzeichen stellen ihn zwischen den Sarg des alten Herrschers und den des „Señor“. Die seltsame Stellung der Bretter kann als direkter Vorläufer des vollständigen Sarges im Grab des „Señor“ angesehen werden und ist wahrscheinlich das erste Indiz für diese Art von Schutz für das

330 Halskette mit Gliedern in Form von goldenen Erdnußfrüchten aus dem ausgeraubten Grab (Privatsammlung)

331 Halskette aus zylindrischen, getriebenen Goldgliedern aus dem ausgeraubten Grab (Privatsammlung)

Totenbündel. An der Südwestseite zeigte sich eine Reihe von kreisförmigen Verfärbungen, die auf vergangene Holzstäbe oder -zepter hindeuten, an denen vielleicht einige der Metallgegenstände gehangen hatten, die von den Grabräubern verkauft wurden. Dort muß sich die Hauptbestattung eines weiteren Herrschers befunden haben, der mit seinen Schmuckstücken, der Kleidung und seinen Emblemen Opfer eines tragischen Schicksals wurde. Wir konnten an diesem trostlosen Ort keine weiteren Informationen erlangen.

Schließlich sei noch erwähnt, daß sich unter den am Morgen des 26. Februar 1987 aufgelesenen Resten auch ein Fragment des Oberkiefers eines Mannes in fortgeschrittenem Alter befand. Wir wissen nicht, ob dieser Knochen dem Herrscher oder einem seiner Begleiter gehörte, aber falls er vom Herrscher stammt, wäre seine Langlebigkeit eine Erklärung für die große Menge an Beigaben.

Auf der Höhe des Daches der Grabkammer und weiter nach Osten fand sich in der Verfüllung ein Bereich, der der Zerstörung entgangen war. Dort erschienen parallele Rohrabdrücke, die nach unserer bisherigen Erfahrung zu wahrscheinlich vier Rohrsärgen gehört haben könnten. Der erste im äußersten Norden stand in Ost-West-Richtung und enthielt das Skelett eines Mannes, der auf dem Rücken ausgestreckt lag, die Arme an den Seiten, der linke Fuß fehlte (Abb. 335 links), was auf eine rituelle Amputation hindeutet, wie sie auch im Grab des „Señor“ beobachtet wurde. Der Schädel war mit einem Schmuckstück aus Kupferblech und mit Stoffresten bedeckt, wohl die Überbleibsel eines Kopfputzes. Auf der Brust lag eine halbmondförmige Krone aus Kupferblech mit Voluten an den unteren Rändern und dem Relief eines Gesichtes im Zentrum, die

332 Goldenes Schmuckstück mit einem Frosch, der auf einer Wasserpflanze sitzt. Ursprünglich wohl Teil einer Halskette aus dem ausgeraubten Grab (Privatsammlung)

333 Goldene Schmuckelemente in Pflanzenform. Ursprünglich wohl Glieder einer Halskette aus dem ausgeraubten Grab (Privatsammlung)

ähnliche Schmuckstücke aus Gold nachzuahmen schien. Darüber hinaus fanden sich auf der Brust vom Bodendruck zerbrochene Gefäße, unter denen ein feingearbeitetes Gefäß mit Standring und gestuftem Rand, cremefarbener Engobe und roter Bemalung mit einem menschenköpfigen Tintenfisch hervorstach. Die anderen Keramiken waren ein Griffnapf (*canchero*), eine Schale und ein nur fragmentarisch erhaltenes Steigbügelgefäß. Der Griffnapf ist in Magerung und Engobe mit den Keramiken aus dem Grab des alten Herrschers vergleichbar.

Die anderen drei Särge standen in Längsrichtung und parallel zur Hauptbestattung der unteren Kammer. Der benachbarte Sarg war teilweise von den Raubgräbern zerstört worden, nur der innere Teil des Brustkorbs war erhalten geblieben. Ursprünglich hatte sich im Sarg eine auf dem Rücken ausgestreckt liegende Person mit den Füßen nach Norden und ohne Beigaben befunden, abgesehen von einem teilweise erhaltenen baumwollenen Umhang mit Metallblattanhängern aus vergoldetem Kupfer. Es handelte sich um eine Frau, die uns an die Begleiterinnen des „Señor“ erinnerte.

Das dritte Grab lag östlich hiervon, wobei der Verstorbene entgegengesetzt, d.h. mit dem Kopf nach Süden, und ungewöhnlicherweise auf dem Bauch ausgestreckt beigesetzt war. Die Beigaben zeigen, daß der Sarg bei der Bestattung umgekippt wurde. In der Nähe des Schädels fanden sich einige Kupferschmuckstücke, wohl Reste eines Kopfputzes. Auf dem Rücken lag ein großes Pektoral aus doppelten quadratischen Muschelstücken mit Kupferspannstäben, ein einzigartiges Stück, das einem der Beispiele aus dem Grab des alten Herrschers ähnelt, wenn man von den Spannstäben absieht. An seiner rechten Seite lag eine beeindruckende hölzerne Kampfkeule, die 1,60 Meter lang war, einen klassischen pilzförmigen Kopf hatte und deren langer Schaft in eine gebogene Lanzenspitze auslief. Diese Waffe vermittelt uns eine gute Vorstellung von ihrer Größe, ihrer Verwendung und ihrer vielseitigen Einsetzbarkeit im Kampf. Auf dem rechten Bein lag darüber hinaus eine Lanzenspitze ohne Stab. Links vom Schädel standen zwei figürliche Steigbügelgefäße. Eines hat eine rote Oberfläche und stellt einen Uhu mit Muscheleinlagen auf dem Körper dar, das andere hat die Form einer sitzenden menschlichen Gestalt mit den Händen auf den Knien und zylindrischer Kopfbedeckung. Sie trägt Ohrpflöcke und einen Nasenschmuck aus Kupfer, was an die „adeligen Adoranten“ in der Grabkammer des „Señor“ erinnert. Am linken Knie stand das dritte Steigbügelgefäß in Form eines schwarzen Leguans mit eckigen Muscheleinlagen. Unter dem rechten Oberschenkelknochen lagen die Fragmente eines weiteren rötlichen Gefäßes.

Die Darstellungen auf diesen Keramiken waren mit denen der bereits erforschten Gräber verwandt. Die beschriebene Bestattung entspricht der des jungen Kriegers, der zum Gefolge des „Señor“ gehörte.

Die letzte Bestattung lag in geringem Abstand zu den beiden anderen und war nach Süden ausgerichtet. Es handelte sich um das vollständige Skelett einer auf dem Rücken liegenden Frau mit ausgestreckten Armen und ohne erkennbare Schmuck- oder Kleidungsbeigaben.

Insgesamt entsprechen die vier Bestattungen denen von weniger wichtigen Begleitern. Wir zweifeln nicht daran, daß es andere, heute zerstörte gab. Die Beisetzung einer wahrscheinlich bedeutenderen Persönlichkeit in der zusätzlichen Kammer war von unten gestört worden (Abb. 335), vier weitere befanden sich wohl über dem Dach der zentralen Kammer, was die von uns dokumentierten Schmuckstücke in den königlichen Gräbern erklärt.

Es kann auch nicht ausgeschlossen werden, daß die Grabräuber darüber hinaus weitere kleinere Bestattungen in den oberen Schichten der Füllung zerstört haben. Als wir die Freilegung des Südprofils auf etwa zwei Meter Tiefe erweiterten, fanden sich die Reste vergangener Balken, so daß wir eine Teilerweiterung in Angriff nahmen, um deren Funktion und mögliche Beifunde zu bestimmen. Nachdem mehrere Füllschichten aus Lehmziegeln und Erde entfernt worden waren, konnten wir ein Dach aus in Ost-West-Richtung parallel verlegten Stämmen erkennen, vor dem eine Person in sitzender Position in einer kleinen Seitenkammer bestattet worden war, der ein Dutzend einfache Kugelgefäße beigegeben waren. Die elf Balken überdeckten ein Areal von 4 x 2 Metern. Unter ihnen lagen zwei kleine, jeweils 1,50 x 0,80 Meter große rechteckige Räume, die durch einen 60 Zentimeter breiten Zwischenraum getrennt waren und insgesamt 70 Gefäße bargen. 24 davon waren einfache Gefäße mit kurzem geradem Hals, eines hatte einen langen Hals, eines eine ausladende Lippe, zwei hatten einen abgeflachten Kugelkörper und einen kurzen, geraden Hals, eines einen Kugelkörper mit hohem, leicht ausladendem Hals; außerdem fanden sich 21 ovale Gefäße mit kurzem Hals, 14 mit langem Hals und fünf Figurengefäße mit kurzem, leicht gebauchtem Hals in Form von hockenden Personen mit den Händen auf dem Leib, ausgestattet mit Ohrpflöcken, kurzem Pektoral und einer Tasche über der Schulter. Von kleinen Unterschieden abgesehen, erinnern sie an die „Adeligen" im Gefäßdepot des „Señor". Diese Keramiken standen in einer Reihe an der Rückwand des Ostraums. In beiden Depots fanden sich hinter den Gefäßen Knochenreste von Lamas in vergangenen Kürbisgefäßen. Offensichtlich handelte es sich um dieselbe Anordnung wie in den oberen Beigabendepots der Herrschergräber.

Diese kurze Beschreibung soll nur einen allgemeinen Eindruck von unserer sorgfältigen Aufnahme des ausgeraubten Grabes vermitteln. In einem späteren Bericht werden wir eine ausführliche Beschreibung mit allen Daten und Zeichnungen vorlegen. Aus dem hier gegebenen Bericht geht jedoch klar hervor, daß dieses außergewöhnliche ausgeraubte Grab einem Fürsten gehörte, der in der Dynastie denselben Rang innehatte wie der „Señor" und wohl dessen Vorgänger und der Nachfolger des alten Herrschers war. Die stratigraphische Lage im Grabbau, die Bestattungsweise und die Beigaben bestätigen diese chronologische Mittlerstellung.

334 Goldenes Pektoral, dessen Glieder Meeresschneckengehäuse nachahmen, aus dem ausgeraubten Grab (Privatsammlung)

335 Die Sohle der Grabkammer. Im Süden haben sich die Skelette von vier Begleitern erhalten

336 Goldenes Messer („tumi") mit der ziselierten Darstellung einer Gottheit und zweiköpfiger Schlangen aus dem ausgeraubten Grab (Privatsammlung)

337/338 Goldene Köpfe mit Einlagen. Ursprünglich wohl Glieder einer Halskette aus dem ausgeraubten Grab (Privatsammlung)

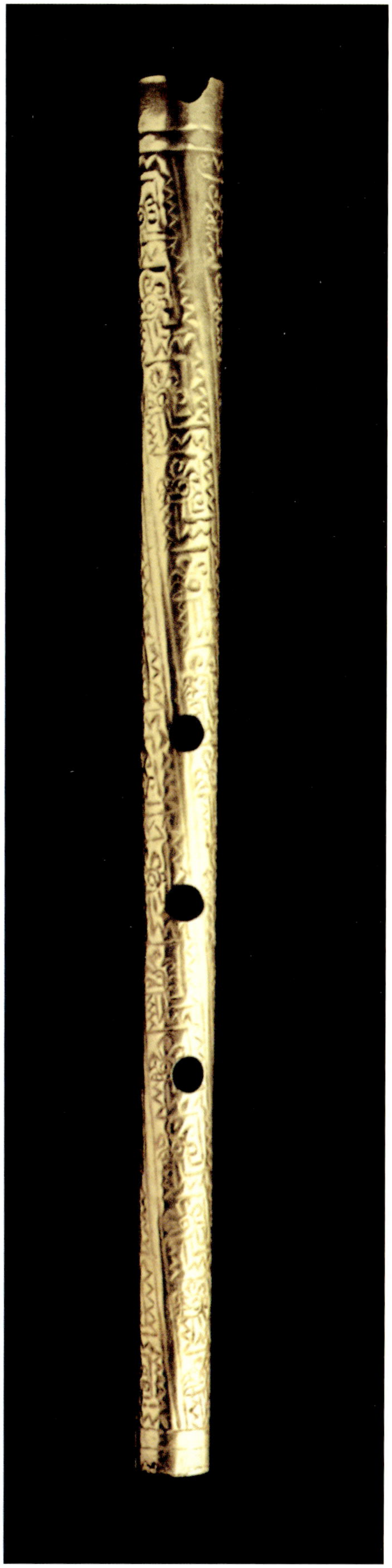

339 Goldene Flöte mit getriebenen Verzierungen aus dem ausgeraubten Grab (Privatsammlung)

JÜNGERE WIEDERBESCHAFFUNGEN

Die aus der zu Beginn des Jahres 1987 in den Herrschergräbern von Sipán durchgeführten Raubgrabung und aus der Zeit vor unserem Eingreifen stammenden Gegenstände lösten einen skandalösen internationalen Schwarzhandel aus, dessen Untersuchung von seiten der staatlichen peruanischen Behörden und anderer Länder die Dimensionen der Plünderung und das damit verbundene Geflecht von Hehlern aufdeckte und bis heute aufdeckt. Den Anfang machte der nordamerikanische Zoll im Jahre 1988, als in Los Angeles nachgewiesen werden konnte, daß eine große Gruppe von Sammlern mit einem Schmugglernetz in Verbindung stand, das von David Swetnan geleitet wurde. Die sofort angemeldeten peruanischen Ansprüche erlaubten nur die Rückführung von Stücken anderer peruanischer Kulturen, während über das Schicksal zweier einzigartiger Arbeiten aus vergoldetem Kupfer aus Sipán noch nicht entschieden wurde. Juristische Probleme führten dazu, daß man die nordamerikanische Regierung um Hilfe angehen mußte, was zur Verabschiedung eines Bundesgesetzes zur sofortigen Einschränkung der Einfuhr von Kulturgegenständen aus Sipán in die USA führte. Dieses Gesetz wurde vom Informationsbüro der Vereinigten Staaten (Agencia de Informaciones de los Estados Unidos) unterstützt, trat im Mai 1990 in Kraft und wurde 1994 bis 1997 verlängert. 1997 kam es zu einem Abkommen zwischen beiden Ländern, das zu einer ständigen Überwachung der archäologischen Funde aus Sipán und des gesamten peruanischen Kulturerbes führte – ein wichtiger Schritt im Kampf gegen den illegalen Handel mit Kulturgütern.
1993 verabschiedete der peruanische Kongreß das Gesetz Nr. 26282 („Sipán-Gesetz"), das die Erhaltung des Monuments und den definitiven

340 Halskette mit dreieckigen goldenen Gliedern, auf die silberne Tüllen montiert sind. Von Sotheby's zurückgegeben (Kat.-Nr. 262)

341 Halskette aus Türkisperlen mit drei goldenen Anhängern. Von Sotheby's zurückgegeben (Kat.-Nr. 263)

Schutz seines kulturhistorisch wertvollen Inhalts sichern soll. Das Trauma der Plünderung, die Identifikation der geraubten Objekte und der enorme Unterschied zur zuverlässigen Information aufgrund wissenschaftlicher Untersuchungen führte in Peru und der Welt zu einem ernsthaften Nachdenken über den Wert archäologischer Befunde für die Kenntnis der gemeinsamen Vergangenheit und zu dem Bewußtsein, daß historische Zeugnisse geschützt werden müssen. In den letzten Jahren haben Polizei und Zoll zahlreiche Fälle von illegalem Antiquitätenhandel aufgedeckt und unter anderem auch einige Stücke aus der Raubgrabung von Sipán sichergestellt.

1995 beschlagnahmten nordamerikanische Zollbeamte eine Ladung von 208 archäologischen Objekten wie Stoffen, Tongefäßen und Metallarbeiten, die aus Peru mit dem Bestimmungsort Europa kamen. Unter ihnen befanden sich vier Metallschmuckstücke aus Sipán. Ein Raubkatzenkopf aus vergoldetem Kupfer entsprach bis ins Detail dem Ensemble, das zunächst von der Polizei bei den Raubgräbern beschlagnahmt worden war, so daß man davon ausgehen kann, daß die Stücke mit derselben Matrize hergestellt wurden (vgl. Abb. 77).

Ein weiteres beschlagnahmtes Stück ist eine 18 x 10 Zentimeter große goldene Ritualrassel mit der Darstellung des *Ai-Apaec*, die stilistisch den Stücken aus dem ausgeraubten Grab entspricht (Abb. 342). Ein 13 Zentimeter hoher Fuchskopf belegt die Existenz dieses charakteristischen Kopfputzes, wie man ihn bereits aus den Herrschergräbern kannte (vgl. Abb. 205, 237), auch für das ausgeraubte Grab.

Schließlich muß noch ein Pektoral aus 150 runden Perlen und zehn Kegeln erwähnt werden, das wohl ursprünglich Teil eines größeren

342 Rassel aus der in Miami beschlagnahmten Sammlung

343 Rückseite des Steißschutzes, der von den Händlern zerschnitten wurde

344 Goldene Rassel, die vom FBI in Neumexiko beschlagnahmt wurde

Schmuckstücks war und seine jetzige Form eher der Phantasie des Händlers verdankt.
1996 präsentierte der Auktionskatalog von Sotheby's in New York unter anderem vier Goldarbeiten, die aus Sipán stammen konnten. Eine sofortige Beschwerde von seiten der peruanischen Regierung, gestützt durch das erwähnte Bundesgesetz, ermöglichte die Erstellung eines technischen Gutachtens und die spätere Rückgabe von drei Goldobjekten, zwei von ihnen aus dem ausgeraubten Grab: Eine Halskette mit schmalen, dreieckigen goldenen und silbernen Gliedern (Abb. 340, Kat.-Nr. 262), die man mit den strahlenförmigen Pektoralen vergleichen kann (Abb. 270). Eine weitere Halskette (Abb. 341, Kat.-Nr. 263) besteht aus drei Goldanhängern mit den typischen Wirbelmotiven aus Sipán (Abb. 229, 255). Auch hier entspricht die Kombination mit Türkisperlen dem persönlichen Geschmack des Händlers.
Die wichtigste Rückführung war jedoch der Steißschutz aus dem ausgeraubten Grab (Abb. 345). FBI-Beamte in Philadelphia konnten nach sorgfältigen polizeilichen Ermittlungen ein weitläufiges Händlernetz aufdecken und dabei dieses Stück beschlagnahmen, als es auf dem Schwarzmarkt angeboten wurde. Dieser Fall belastete einige kubanische Nordamerikaner, einen Diplomaten der panamesischen Regierung und Peruaner, die diese illegale Ausfuhr ermöglicht hatten.
1998 übergab die nordamerikanische Regierung offiziell dieses spektakuläre, 68 Zentimeter hohe und 1300 Gramm schwere Goldobjekt, das zweifellos eines der wichtigsten Herrschaftsembleme der Mochica-Fürsten war. Es ähnelt dem Objekt, das im Grab des „Señor" geborgen wurde (Abb. 166), so daß auch hier bestätigt werden konnte, daß der im ausgeraubten Grab bestattete Verstorbene ein weiterer Herrscher derselben Dynastie war, wahrscheinlich der unmittelbare Vorgänger des „Señor".
Kürzlich besuchte das FBI das Museum „Palacio de los Gobernadores" in Neumexiko und stellte drei Mochica-Arbeiten sicher, von denen zwei, Leihgaben eines Sammlers, von der peruanischen Regierung zurückgefordert wurden. Eine von ihnen ähnelt einer typischen Rassel aus dem ausgeraubten Grab (Abb. 344), die genau der entspricht, die vom Zoll in Miami beschlagnahmt wurde (Abb. 342). Das andere Stück ist ein einzigartiger Affenkopf aus Gold mit Türkiseinlagen als Augen und einer Nase aus Lapislazuli (Abb. 346). Ursprünglich gehörte der Kopf zu einer Halskette, die übrigen Glieder werden wohl noch auf dem Schwarzmarkt angeboten.
Die Verpflichtung, das in Sipán geraubte Kulturgut wiederzubeschaffen, soll in Zukunft dazu führen, daß alle Funde zusammengetragen werden, damit der wirklich überwältigende Glanz dieser altperuanischen Kultur in dem im Bau befindlichen Museum „Königsgräber von Sipán" in Lambayeque erstrahlen kann.

345 Goldener Steißschutz, der vom FBI in Philadelphia beschlagnahmt wurde, aus dem ausgeraubten Grab

SCHLUSSBETRACHTUNGEN

Die archäologischen Untersuchungen in Sipán haben zu wertvollen neuen Erkenntnissen über die Moche- oder Mochica-Gesellschaft geführt, zum Wiederaufgreifen von Fragestellungen und zu neuen Perspektiven für die Interpretation der gewonnenen Daten. Der Baukomplex und seine einzelnen Bereiche können nun als eines der wichtigsten Zeremonial- und Machtzentren ihrer Zeit betrachtet werden.

Die Grabplattform, auf die sich unsere Untersuchungen konzentrierten, hat die ganze Komplexität bisher völlig unbekannter Elitegräber in der andinen Archäologie aufgezeigt.

Wenige Großbauten oder Fundstellen haben bisher die außergewöhnliche Möglichkeit geboten, einen Komplex von Gräbern höchsten Ranges in einem einzigen Sakralbau zu dokumentieren. Die Bedeutung dieses großartigen und bisher einzigartigen Fundes liegt aber nicht darin, daß er eine bestimmte Situation quasi „eingefroren" festgehalten hat, sondern darin, daß es sich hier um den Schauplatz eines komplexen und bedeutenden historischen Prozesses handelt, der einen der herausragendsten Aspekte im Leben alt-andiner Gesellschaften dokumentiert. So bieten die Gräber eine aussagekräftige Synthese ihrer Sozialstruktur, ihres religiösen Denkens sowie ihrer künstlerischen und technischen Errungenschaften.

Da ein Großteil dieser Zeugnisse der nationalen Vorgeschichte unwiderruflich verloren ist, stellt Sipán heute die erste und vielleicht letzte Gelegenheit dar, die bisher noch weitgehend unbekannte Welt der Mochica kennenzulernen und wiedererstehen zu lassen.

Die Informationen über die komplexen Bauelemente, den Wandel und die Beschädigungen der Architektur, die diese Gräber liefern, ermöglichen eine erste konzentrische, horizontale Strukturierung der Hierarchie der bestatteten Personen, die vom Herrscher mit dreifacher Machtposition bis zu den Kriegerbefehlshabern und einfachen Opfern reicht; der Priesterkaste kam dabei wohl die zweitwichtigste Stellung zu. Eine vertikale Kategorisierung bezieht sich auf die chronologische Aufeinanderfolge der Befunde mit den zu erwartenden Varianten innerhalb des vorhandenen Kontexts.

So kann die Plattform als eine Art königliches Mausoleum für mehrere Generationen von Mochica-Herrschern im Lambayeque-Tal und in seiner Umgebung gelten. Bisher hat kein archäologisch untersuchtes Grab einen solchen Reichtum, solche Komplexität und Aussagekraft aufgewiesen. Die verschiedenen Bauphasen, die wir an dem Sakralbau festgestellt haben, spiegeln sowohl den rituellen als auch den funktionellen Wandel und markieren zeitlich die Folge der Ereignisse, die von der Ausschachtung des Grabes des „Señor“ als letztem Einbau im Zentrum der Plattform krönend abgeschlossen werden. Die Charakteristika und der Inhalt dieser Prunkanlage spiegeln so das Niveau der regionalen Entwicklung. Zu seinen Lebzeiten muß der Hauptbestattete an der Spitze der lokalen Mochica-Gesellschaft gestanden haben, die wohl wie ein Königreich oder Fürstentum (*Señorío*) organisiert war.

Die Ähnlichkeit zwischen den Rang und Macht anzeigenden Schmuckstücken, Emblemen und Kleidungsstücken und den Darstellungen in der Mochica-Kunst liefert den Beweis, daß die dargestellten Personen, die bislang als mythische Wesen interpretiert wurden, tatsächlich existiert haben. So wird ihre Stellung als Halbgott und ihre politisch-religiöse Macht deutlich, was zu der Hypothese führt, daß ähnliche Strukturen im gesamten Gebiet der Mochica-Kultur von Piura bis Huarmey vorherrschten, wo es ähnliche Systeme von klar unterschiedenen sozialen Klassen und eine geregelte dynastische Abfolge in den mehr oder weniger unabhängigen Fürstentümern und lokalen Eliten gab. Diese teilten Religion, Gebräuche und Sitten, was von formal übereinstimmenden Kultbildern, Abzeichen und Rangemblemen bezeugt wird. Die Produkte des lokalen Kunsthandwerks, etwa die Keramiken, konnten sich jedoch voneinander unterscheiden. Dies zeigt sich auch bei vereinzelten Schmuckstücken aus Raubgrabungen in anderen Tälern, die dem Material aus Sipán funktionell und stilistisch entsprechen, was letztlich zur Identifikation entsprechender hierarchischer Positionen führt.

Aus Loma Negra im Piura-Tal stammt eine wichtige zusammenhängende Gruppe von Fundstücken, die sich heute im Metropolitan Museum of Art in New York befindet. Es handelt sich dabei vor allem um Nasenschmuckstücke und Teile von Kopfputzen in hervorragender Goldschmiedearbeit, mit der Tendenz, Gold und Silber zu kombinieren, und in außerordentlicher ikonographischer Vielfalt. Zu den typischen Motiven gehören der „Kopfabschneider“, die doppelköpfige Schlange, Spinnen und Köpfe aus vergoldetem Kupfer, darüber hinaus gibt es Zeptermesser, Masken, zu Kopfputzen gehörende Fuchsköpfe und andere Objekte, die inhaltlich und formal denen im Grab des alten Herrschers entsprechen. Bis vor wenigen Jahren vermutete man, daß

346 Goldener Affenkopf, der in Neumexiko beschlagnahmt wurde

347 Anwohner auf dem Weg zum Grab des „Señor von Sipán“

diese Objekte aufgrund ihrer Zahl und Qualität zu einem „Opferdepot“ gehörten. Nach den in Sipán gewonnenen Erfahrungen können wir jedoch mit Sicherheit davon ausgehen, daß es sich um die Grabausstattung von Mochica-Herrschern aus diesem Tal handelte, deren Gräber in den 60er Jahren geplündert wurden.
Aus dem Baukomplex von Pampa Grande, wie Sipán im Lambayeque-Tal gelegen, stammt ein Ensemble von sieben kleinen Raubkatzen aus Gold (Lechtman et al. 1975), die ursprünglich Teile einer Kette waren und technisch den Arbeiten aus Sipán entsprechen. Ihr Stil und die vielleicht zufällige Entdeckung an der Basis des Großbaus bestätigen unsere kürzlich gemachte Beobachtung, daß man bei diesem Ruinenkomplex möglicherweise an eine frühere Belegung als die bisher vorgeschlagene Phase Moche V (Spät-Mochica) denken muß.
1988 wurde ein ungeheuer reiches Mochica-Grab in einem Hügel namens La Mina nahe dem Dorf Jequetepeque im gleichnamigen Tal geplündert, so daß nur wenige außergewöhnliche Figurengefäße in Form von Uhus und Raubkatzen archäologisch sichergestellt werden konnten. Es handelte sich um eine 3 x 2 Meter große Grabkammer mit Lehmziegelwänden, die mit mehrfarbigen geometrischen Stufen- und Volutenmustern bemalt sind (Narváez 1994). Diese Motive, die Keramik und die Zeugenaussagen über die bemerkenswerte Menge und Qualität von Goldschmuck und Emblemen, die sofort auf dem internationalen Schwarzmarkt verschwanden, machen deutlich, daß die ausgeraubte Grabkammer bezüglich ihrer Ausstattung und im Hinblick auf den Rang des dort Bestatteten nur mit den Prunkgräbern von Sipán verglichen werden kann. Mit diesen ist sie, wie auch Loma Negra, in etwa zeitgleich, und sie legt damit Zeugnis für einen frühen und unerwarteten Höhepunkt der Mochica-Kunst an der Nordküste ab.
Aus der Huaca de la Luna (Mondpyramide), einem der wichtigsten Zeremonialzentren der Mochica-Kultur im Moche-Tal nahe Trujillo, stammen zwar wenige, aber sehr qualitätvolle Metallarbeiten wie Goldmasken mit Einlegearbeiten und Bemalung sowie ein Fuchskopf aus vergoldetem Kupfer. Wahrscheinlich handelt es sich dabei um Funde aus Gräbern der höchsten Gesellschaftsschicht, die bereits während der Kolonialzeit den verheerenden Grabräuberaktivitäten zum Opfer gefallen sein könnten. Damals wurden in einer Art systematischer „Bergwerksarbeit“ große Teile dieses Bauwerks und vor allem die Huaca del Sol (Sonnenpyramide) zerstört. Die Berichte aus dem 16. Jahrhundert über die geplünderten „Schätze“ sind hierfür beredte Zeugnisse (Zevallos 1994).
Die Arbeiten von Rafael Larco im Chicama-Tal erbrachten keine solchen Prunkgräber. Dennoch sind in seinem Museum einige einzigartige Schmuckstücke aus Gold mit eingelegten Halbedelsteinen zu bewundern, die aus Pur Pur im Virú-Tal stammen und wahrscheinlich in ähnlich wichtigen Gräbern gefunden wurden.
Im selben Tal fand sich auch das sogenannte Priesterkrieger-Grab, das vor Sipán als wichtigstes Mochica-Grab betrachtet wurde, das man archäologisch erforscht hatte (Evans 1947). Im Bautypus entspricht es

den Grabkammern des „Señor“ und des Priesters. Auch die geopferten Begleitpersonen – ein Krieger, ein Kind und Frauen –, die Rohrsärge und einige Embleme wie der Metallkopfputz mit Fuchskopf, drei Zepter oder Holzstäbe, ein Nasenschmuck aus vergoldetem Kupfer mit der Darstellung des Schlangenvogels und Kopfputze aus Federbüschen ähneln denen in Sipán. Trotz der wenigen Metallgegenstände und der kaum mit der Pracht Sipáns vergleichbaren Gesamtausstattung handelt es sich bei der zentralen Bestattung um eine Person von hohem Rang. Vielleicht war sie ein Priester, wenn man von der Funktion und vom Symbolgehalt der Embleme ausgeht, den Anhängern an den Holzstäben und der selten zu findenden militärischen Ausrüstung.

Bei derart eingeschränkten Vergleichsmöglichkeiten bleibt nur zu hoffen, daß künftige Forscher ähnliche Befunde in anderen Tälern untersuchen können, um damit die Beziehungen zwischen den einzelnen Herrschaftsbereichen genauer zu bestimmen. Solche Beziehungen sind aufgrund der geographischen Nähe und der gemeinsamen wirtschaftlichen Basis in der Landwirtschaft wahrscheinlich. Die Existenz verschiedener Zeremonial- und/oder Machtzentren in jedem der Täler bezeugt eine lokale Dynamik, an der alle teilhatten, was aber nicht unbedingt bedeutet, daß es sich um einen übergreifenden Großstaat oder andere Formen territorialer Ausdehnung handelt, wie häufig angenommen wird.

Die in Sipán gewonnenen Erkenntnisse führten nicht nur dazu, die traditionelle und bisher fast allgemein akzeptierte Vorstellung von einer Randlage Lambayeques im Mochica-Bereich mit einer späten strategischen Enklave des südlichen Machtbereichs in Pampa Grande aufzugeben. Sie liefern auch neue Grundlagen für eine vergleichende Gesamtbewertung im Hinblick auf ein integrales Verständnis der Mochica-Kultur. Die neuen Erkenntnisse, die in den Prunkgräbern gewonnen wurden, müssen im komplexen lokalen Zusammenhang mit Sakralbauten, weitläufigen Siedlungen, Kunsthandwerkszentren, Befestigungen, einfachen Gräberfeldern und anderen wichtigen zeitgleichen Zentren in Lambayeque und anderen Tälern gesehen werden.

Unsere Beobachtungen haben eine überraschende und bisher kaum bekannte Dichte von Mochica-Siedlungen fast im gesamten Tal von Chongoyape bis zum Meer nachgewiesen. Cuculí, La Cría, La Puntilla, Pampa Grande, Pacherres, Caballo Blanco, Pátapo, Saltur, Santa Rosa, Ventarrón, Coyus, Pomalca und San José sind nur einige der wichtigsten Orte. Die Besiedlung war im südlich gelegenen Zaña-Tal sogar noch dichter, dort sind alle Stilstufen repräsentiert. Hier sind als wichtige Fundorte Bebederos, San Luis, Nueva Arica, Chumbenique, Motete, Songoy, La Viña, Cafetal, Huaca Blanca, Mata-Indio, Potrero, Corbacho, La Otra Banda, Ucupe Pueblo, Chaquiras, Limón und Lagunas zu nennen. Dieses Phänomen setzt sich auch in den südlichen und nördlichen Tälern des Lambayeque-Flußsystems fort und zeigt deutlich, daß die bisher vorherrschende, irreführende und abwertende Einstellung lediglich auf unvollständigen Informationen beruhte. Wir hoffen, diese weitreichenden Ergebnisse in Kürze umfassend darstellen zu

348 Anwohner und Schüler besichtigen das Grab des „Señor von Sipán“

349 Vier goldene Anhänger, die geschnittene Muschelstücke nachahmen und von der Polizei beschlagnahmt wurden

350 Halskette aus goldenen Perlen, die von der Polizei in Chiclayo beschlagnahmt wurde

können und zu einem Bild der gemeinsamen Tradition mit parallelen Entwicklungen zu kommen, das wahrscheinlich auf alle Täler im Mochica-Einflußbereich übertragbar ist.
Um noch einmal auf die in Sipán gewonnenen Daten zurückzukommen: Dort zählen die hauptsächlich aus Metallobjekten bestehende Grabausstattung und die großartige Goldschmiedekunst zu den auffälligsten Entdeckungen. Hier tauchen zum ersten Mal die Tendenz zur Dreidimensionalität, neuartige Embleme, Kultbilder und Kleidungsstücke mit speziellen Darstellungen auf, die es uns gestatten, das liturgische Universum der Mochica zu ordnen und den Rang wie die Hierarchie der bestatteten Personen zu definieren.
Die bevorzugte Verwendung von Metallschmuckstücken und -emblemen, die schließlich die gesamte Ausstattung dominierten, erweist sich nun als ein lokales Kennzeichen, das sich auch im Piura-Tal mit Fundstellen wie Loma Negra und Vicús findet, denn dort kamen in den 60er Jahren bei Raubgrabungen beeindruckende Mengen von Gegenständen aus Kupfer und vergoldetem Kupfer zutage (Disselhoff 1972). Dies hängt mit dem Zugang zu Minen und mit der frühen, professionellen Entwicklung der Metallbearbeitung zusammen, deren Produkte – entgegen der bisher vorherrschenden Meinung – nicht hauptsächlich zu den Machtzentren des hypothetisch expandierenden Mochica-Staates im Moche- und Chicama-Tal gelangten.
Die geborgenen Funde entsprechen weitgehend der traditionellen Klassifizierung der Moche-Kunst, die bisher anhand der Keramik und vereinzelter Objekte aufgestellt wurde. Die raffinierte Ästhetik der Metallbearbeitung war zweifellos der Höhepunkt ihrer Entwicklung, der stilistisch den frühen und mittleren Phasen der Kultur, d.h. Moche I bis III, entspricht, was frühe, beachtliche Fertigkeiten in der Produktion, eine solide Sozialordnung und eine tiefe Religiosität widerspiegelt. Dies trifft auch für andere Befunde und/oder Baukomplexe desselben kulturellen Umfelds wie Loma Negra, Ucupe, La Mina, Dos Cabezas, El Brujo und Huaca de la Luna zu. Die Ausstattung des alten Herrschers, das geplünderte Grab und die ältesten Bauphasen der Plattform gehören zu den herausragenden Zeugnissen dieser Epoche, die zu bemerkenswerten theologischen und politischen Änderungen führen und im Grab des „Señor" ihren prägnantesten Ausdruck finden. Hier scheint die ikonographische Vielfalt und Religiosität einer deutlichen Bevorzugung der weltlichen soziopolitischen Belange zu weichen, die in den Rang- und Machtemblemen und der szenischen Dramaturgie der Grabkammer mit Beigaben und Begleitern zum Ausdruck kommt.
In diesem Zusammenhang wird das Vorhandensein von lokalen Verwaltungshierarchien und hochspezialisierten Werkstätten verständlich, die Voraussetzung für höchste handwerkliche Qualität und ein weitläufiges Netz von wirtschaftlichen und kulturellen Beziehungen waren. Auf diese Weise wurden fast alle in Altperu bekannten Techniken und Verfahren der Metallbearbeitung und Goldschmiedekunst entdeckt, die dann von anderen Kulturen weiterentwickelt wurden. Darüber hinaus konnten wir überzeugend die Herkunft und die Routen exotischer oder

hoch geschätzter einheimischer Produkte wie Erze, Federn, Gold, Zinnober und Pflanzensamen sowie solcher Waren, die auf Fernhandel schließen lassen, wie Schmucksteine aus Chile und Bolivien und Muscheln aus Ecuador, bestimmen. Offensichtlich wurden diese Aktivitäten von der herrschenden Elite kontrolliert, geschützt und initiiert. Die wirtschaftlichen Grundlagen und die natürlichen Ressourcen jeder territorialen Einheit erlaubten es, den Entwicklungsgrad und die besonderen Merkmale jedes dieser Gebiete sowie deren Beziehungen und Handelskapazitäten zu rekonstruieren. Das Lambayeque-Gebiet befindet sich in einer strategisch äußerst günstigen Lage zwischen den Ost- und Westabhängen der Anden. Zu ihm gehören außergewöhnlich große und produktive landwirtschaftliche Nutzflächen, und außerdem verfügte man über metallurgische Kenntnisse, die eine wichtige Rolle in dem dort stattfindenden historischen Prozeß spielten.
In Sipán konnte auch erstmals eine überraschende Übereinstimmung zwischen bildlichen Darstellungen und materiellen Funden festgestellt werden, beispielsweise den zu Lebzeiten getragenen Rang- und Machtemblemen, die das hohe Ansehen der die Mochica-Gesellschaft beherrschenden Männer widerspiegeln. Diese Übereinstimmungen liefern darüber hinaus einen zuverlässigen Schlüssel zur hierarchischen Einordnung jeder Person in ihrer entsprechenden zeitlichen Situation, zusätzlich können so auch Änderungen in der sozialen Organisation, im religiösen Leben und in den künstlerischen Vorstellungen festgestellt werden. Auf dem Höhepunkt der dynastischen Strukturen und der sich ausdifferenzierenden hierarchischen Unterschiede läßt sich folgende Ordnung feststellen:

1 Der Herrscher (*siec*) an der Spitze des lokalen Machtgefüges mit dreifacher, d.h. militärischer, religiöser und herrscherlicher Autorität, die an den strahlen- oder sonnenartigen Symbolen und der Zehnzahl der wichtigsten Schmuckstücke abzulesen ist.
2 Der Priester mit eng begrenzten religiösen Funktionen und einem Rang, der mit dem Mondkult und der Neunzahl verbunden ist.
3 Kriegerbefehlshaber und/oder „Ritter", die an ihrer Kleidung, den Waffen und Emblemen zu erkennen sind.
4 Zivile Würdenträger, Hilfspersonal der Priester sowie „Soldaten" oder „Wächter", die den beschriebenen Hauptfunktionären zur Seite stehen.
5 Handwerker und Spezialisten, die wahrscheinlich zu bestimmten Familien oder Kasten gehörten.
6 Das einfache Volk mit verschiedenen Funktionen im Produktionsprozeß.
7 *Yanas* oder Dienstpersonal, das allen anderen gesellschaftlichen Klassen untergeordnet ist.[34]

Vor unseren Untersuchungen kannte man nur drei „soziale Klassen", die sich durch die Form ihrer Gräber und die entsprechenden Beigaben voneinander unterschieden (Topic 1992). Diese Dreiteilung wurde – erstaunlicherweise aufgrund der Ergebnisse in Sipán – auf vier Klas-

351 Vier goldene Glieder einer Halskette, die sich hauptsächlich im Besitz von Privatsammlern befindet (s. Abb. 334)

352 Fragment einer Schnitzarbeit aus Meeresschneckenschale

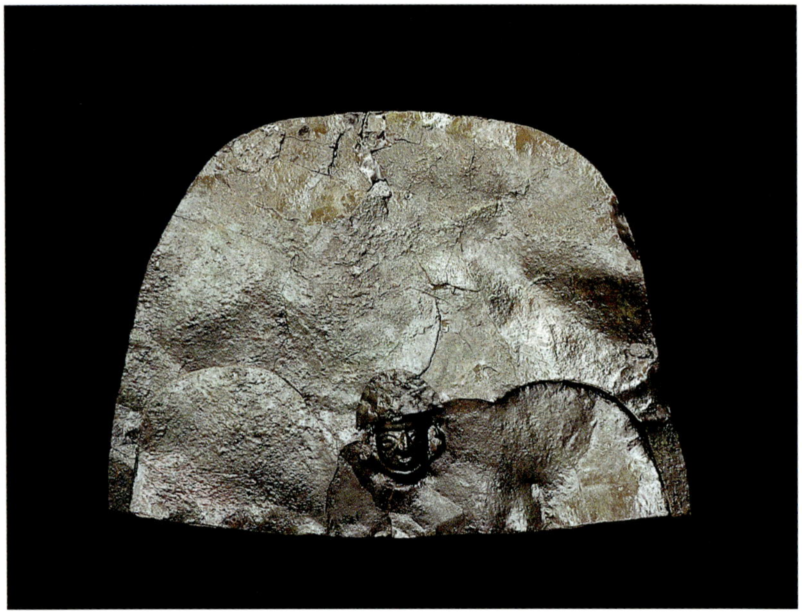

353 Kupferkrone aus dem Beigabendepot des „Señor“

354 Fragment der vergoldeten Kupferkrone, die mit dem Kupferzepter in dem ausgeraubten Grab gefunden wurde

sen erweitertet (Shimada 1994), wobei die unteren Schichten unserer Einteilung entsprechen, die oberen jedoch zusammengefaßt sind.

Von dem bekannten Grab im Virú-Tal abgesehen, das zur Kategorie 2 gehört, sind in der Huaca de la Luna solche der Klasse 4 mit Schmuckstücken gefunden worden, die wohl mit rituellen Wettläufen zu tun haben (Donnan/Mackey 1978). Vor kurzem wurde in San José de Moro im Jequetepeque-Tal von Donnan und Castillo (1994) das komplexe Grab einer Frau von besonderem religiösen Rang ausgegraben, die wahrscheinlich als Priesterin in wichtigen rituellen Szenen erscheint und der damit ein Rang unter dem eines Priesters zukommt. Auf der anderen Seite haben wir in der Grabplattform von Sipán und in anderen Männergräbern in der Umgebung immer wieder Waffen gefunden, die auf einen untergeordneten militärischen Rang als Soldaten hindeuten.

Das häufige Auftreten symbolischer und/oder realer kriegerischer Auseinandersetzungen spiegelt sich in den zahlreichen Befestigungsanlagen in der näheren Umgebung und an strategisch wichtigen Orten in anderen Tälern. Einige von ihnen könnte man fast als militärische Anlagen mit Wohnbereichen bezeichnen, etwa in Cerro Chepén oder auf den Hügeln in der Nähe von Sipán.

Da es wenig wahrscheinlich ist, daß diese Auseinandersetzungen mit großen Eroberungszügen in Verbindung standen, hatten diese militärischen Gruppen wohl eher die Aufgabe, die Macht zu erhalten sowie die lokale Ordnung und das Gleichgewicht zwischen den verschiedenen Herrschaftsbereichen zu bewahren. Offensichtlich handelte es sich um komplexe Gesellschaften mit einer geregelten staatlichen Organisation, die kulturelle Beziehungen miteinander pflegten und deren Funktionsweise und Strukturen man besser kennen müßte, um eine überflüssige und voreilige Typisierung zu vermeiden, die sich meist an westlichen Denkmodellen orientiert.

Die Vielfalt und der Reichtum an rituellen Gerätschaften, Schmuckstücken und Rangemblemen, die in allen Herrschergräbern Sipáns zu finden waren, bewahren in ihrer Symbolik trotz zeitlicher und struktureller Veränderungen grundsätzlich eine Kontinuität. Einige der besonders geschätzten Bildmotive könnten auf die lokale Dynastie schließen lassen, beispielsweise die Standarten mit der „Ulluchu“-Gottheit, deren symbolischer Wert durch das Vorhandensein der echten Früchte noch betont wird. Zu diesem tiefgründigen Gedankengut gehören auch der Vogelschnabel und kleine, in Metallbehälter eingeschlossene Früchte.

Offensichtlich sind alle Darstellungen Teil eines komplexen Symbolgefüges im rituellen und mythologischen Bereich. Das Tragen von Schmuckensembles und Emblemen ist mit einer Vielzahl von Zeremonien oder öffentlichen Veranstaltungen verbunden, denen die Herrscher vorstanden. Dabei ging es um mindestens drei immer wiederkehrende Hauptereignisse im Laufe des Jahres, bei denen religiöse und politische Gedenkfeiern von besonderer Wichtigkeit abgehalten wurden. In diesem Zusammenhang verbindet sich der Einsatz der Symbole mit einer komplexen Liturgie, Gestik und Riten, die zu einer Verwandlung der Hauptpersonen führten, die nach Rang und Ursprung auch Herrscher über die mythischen Wesen waren, die sie verkörperten. Ein Großteil der bereits seit langem bekannten bildlichen Darstellungen bezieht sich auf diesen Aspekt, während andere mythische Ereignisse schildern.

Die Bildsprache dieser Schmuckstücke zeigt eine Kombination von figürlichen und stilisierten Elementen, bei der Darstellungen von Früchten, Tieren und realen Personen auf eindeutige Symbole wie die Erdnuß (Wiedergeburt), die Raubkatze (Macht), Leguane (Sonnenenergie), Uhus (Nacht) sowie die alten und jungen menschlichen Gesichter (Lebenszyklen) anspielen. Diese Doppeldeutigkeit ist bei einigen Einzelobjekten erstaunlich, da sie dem Betrachter real erschienen, vom Benutzer aber als abstrakte Symbole verstanden wurden, deren metaphorische Inhalte man bewußt verwendete. Dies zeigt sich etwa bei den Spinnen- und Felidenhalsketten und ihrem symbolischen Vokabular, das sich auf die Elemente, bestimmte Prozesse und kosmische Mächte bezog – so bedeuteten Voluten beispielsweise Wasser, Stufen Berge, Wirbelmotive Wind und Punkte Regentropfen.

So erkennen wir hier also die Denkstrukturen der Mochica und ihr Verständnis des Universums als eine Abfolge verschiedener Ebenen, vor allem aber als eine Dualität und ein Komplementärprinzip von Einheit und Gegensatz, das seit den Anfängen eine bis heute lebendige andine Tradition hat. In Sipán drückt sich diese Vorstellung in einer klaren Symbolsprache sowie in Rang- und Machtemblemen aus, die mit der Funktion der Herrscher verbunden sind, die als Verkörperung übernatürlicher Kräfte in der Welt die Pflicht hatten, das Gleichgewicht und den kosmischen Austausch zu gewährleisten. Nicht umsonst legen in den Chroniken die Hinweise auf Mythen nahe, daß diese Aufgabe mit dem Opfertod des Herrschers enden konnte, wenn Katastrophen die Weltordnung bedrohten und er sich als ohnmächtig erwies.

Die Grabkammer spiegelt in Form und Ausrichtung die Weltordnung wider. Die vier quadratischen Kammern und die verschiedenen Schichten, in denen Begleiter, Beigaben, Embleme und die komplexe Ausstattung angeordnet sind, richten sich an einer Hauptachse aus: dem Körper des Herrschers. Wie ausführlich beschrieben wurde, hatte jedes Element seinen Platz in dieser harmonischen Organisation, die die mit dem göttlichen Charakter und der facettenreichen Autorität des Hauptbestatteten verbundenen Symbole einschließt. Insignien, echte und Scheinwaffen wie auch Figurengefäße deuten auf Heldentaten hin, aus Ton geformte Untertanen sind Akteure in einer geschlossenen dramaturgischen Bestattungsinszenierung.

Die Grabkammer selbst kann als privater Raum, als eine Art ewige Wohnstätte betrachtet werden.[35]

Die Kultbilder zeigen die Hauptgottheiten oder mythische Wesen, die aus der religiösen Kunst der Mochica mehr oder weniger bekannt sind, etwa den „Kopfabschneider“, eine Frühform des *Ai-Apaec* (Larco 1939), oder den „mythischen Ahnen“, die zweiköpfige Schlange und

355 Kupferkrone mit zentralem Kopf und Schlangen aus Grab 8

356 Köpfe aus vergoldetem Kupfer aus dem Grab des alten Herrschers nach der Reinigung und Konservierung

357 Figurengefäß, das einen Würdenträger mit Schmuckstücken und Kleidung zeigt, die denen aus dem Grab des „Señor" ähneln (Privatsammlung)

den Krebsdämon. Andere, etwa der Felide mit menschlichen Attributen oder die „Ulluchu"-Gottheit, waren hingegen bisher unbekannt und sind somit nur für das Pantheon von Sipán typisch. Dies gilt auch für einige Tiere oder ihre Eigenschaften wie Uhus, Leguane, Eidechsen, Falken, Hunde, Katzenfische, Schlangen, Spinnen und Tintenfische, die wohl als niedere Gottheiten oder Dämonen anzusehen sind, wobei ihnen allen jeweils ein bestimmter Platz im Symbolgefüge zukommt.

Ai-Apaec ist in der Moche-Ikonographie aller Epochen ein in verschiedenen mythischen Zusammenhängen regelmäßig auftauchender Hauptdarsteller. Im Grabkontext erscheint er jedoch nur in zwei Formen auf Rasseln, Steißschutzen, Kettengliedern, einem Kopfputz und auf Nasenschmuck. Er wird meistens mit Opferdarbringungen und Machtsymbolen in Verbindung gebracht. Seine Beziehung zu Verstorbenen und zur zyklischen Wiedergeburt, zur Kosmogonie, zu Ackerbau und Fruchtbarkeit sollte jedoch neu überdacht werden. Auf seinem wichtigsten Kopfschmuck sieht man Voluten, in einem anderen Fall begleiten ihn Schlangen, beides deutet auf Wasser hin.

Die zweiköpfige Schlange verweist auf das Himmelsgewölbe und seine Elemente. In verschiedenen Darstellungen ist diese Personifikation als mythisches Tier dargestellt, das Opfergaben entgegennimmt, und sie erscheint über *Ai-Apaec* oder einem in Kampfrüstung stehenden Herrscher. Sie überdauert als Motiv auch in späteren Kulturen, etwa in Lambayeque, Chimú und Chimú-Inka, wo ihr dieselbe Rolle als Götterwohnsitz oder Trennlinie zwischen menschlicher und göttlicher Sphäre zukommt.

Der Krebsdämon ist eine rätselhafte Meeresgottheit und in den bildlichen Darstellungen häufig Gegenspieler des *Ai-Apaec* in einem bisher unbekannten mythischen Kontext. Der Felidendämon mit seinen komplexen Eigenschaften war wohl ein Wesen mit vielfältiger kosmogonischer Macht, etwa in der Art des *Illapa*, des Donnergotts der Inka, der in späteren Epochen die atmosphärischen Erscheinungen hervorrief und beherrschte. Die „Ulluchu"-Gottheit ist aufgrund ihrer Nähe zur Todesthematik wohl als Totengott anzusehen, andere einfachere und weniger komplexe Darstellungen wie die Köpfe als Glieder von Halsketten zeigen wahrscheinlich Zwischenzustände bei Verwandlungsprozessen (Metamorphosen).

Da die Mochica eine Agrargesellschaft waren, ist die beständige Sorge um die Fruchtbarkeit und ihre Beziehung zum Leben durchaus verständlich, die in Bildern, Symbolen und Metaphern zum Ausdruck kommt.

Eine vorläufige Bewertung der in den verschiedenen Grabkontexten erscheinenden Gottheiten läßt auf hierarchische Ordnungsprinzipien und eine ständige Veränderung schließen, die offenbar mit Zyklen in Zusammenhang standen, die man auch an den Überbauungen in Sipán und bei den meisten anderen Großbauten der Mochica-Kultur beobachten kann. Diese Feststellung führt zu der Hypothese, daß die Veränderungen weniger funktionsbedingt waren oder auf formalen Neuerungen im Ritual beruhten, sondern wahrscheinlich aufgrund großer mythischer Zyklen der Zeiterneuerung stattfanden, die von den Göttern festgelegt wurden und sich materiell in der Erweiterung und Erneuerung der Sakralarchitektur ausdrückten. Diese Zyklen werden in Sipán in drei Phasen deutlich: Die erste steht mit frühen Versionen des *Ai-Apaec* mit Volutendiadem, dem zweiköpfigen Schlangenfisch, Wirbelmotiven, dem Schlangenvogel und Uhus in Verbindung, zu einer Zeit, als die Tempelanlagen gelb bemalt waren; die vergesellschaftete Keramik ist den Phasen Moche I und II zuzuweisen. In der zweiten Phase zeigen sich keine wesentlichen Änderungen, aber in der dritten kommt erneut ein wichtiger und umfassender Wechsel zum Tragen, bei dem sich die Darstellungen von Gottheiten auf wenige beschränken und realistischer aussehen, was offensichtlich mit Veränderungen der politischen Struktur zusammenhängt. Weitere Neuerungen sind die Mehrfarbigkeit von Wänden und rote Fassaden; stilistisch fällt diese Zeit mit den Phasen Moche III und IV zusammen. Ein weiterer Abschnitt zeigt sich im letzten Bauwerk, dessen besondere Merkmale mit den wahrscheinlich zugehörigen Gräbern noch unbekannt sind. Wahrscheinlich datiert er jedoch in eine neue Dynastie, die einer späteren Zeit angehört. Das bis heute definierte Pantheon Sipáns ist zeitlich etwas jünger als die Begräbnisplätze Loma Negra oder La Mina.

Wie wir gesehen haben, veränderte sich die in geschlossenen Befunden auftretende Keramik mit der Zeit auch im Bedeutungsgehalt. Im Vergleich zur traditionellen Mochica-Keramik fallen die lokale Abwesenheit „klassischer" Formen und der Hang zur Wiederholung bei geringer künstlerischer Qualität auf. Es handelt sich dabei um spezielle Grabkeramik, die als solche in den Prunkgräbern von numerischer und symbolischer Bedeutung für den Kult ist. Form und Oberflächenbehandlung stehen also hinter der Bedeutung und dem Inhalt zurück. Jedes Grabensemble ist in der Regel durch eine einzige Ware gekennzeichnet, nur einige charakteristische Gefäße weisen auf verschiedene gleichzeitige Stile hin, die – beim Späten Formativum beginnend – bis zu den Perioden Moche II bis III weiterlaufen, wobei auch anachronistische Beispiele vorkommen. Der Baukomplex und die Fundstellen in der Umgebung lieferten Scherben aller Stilphasen, die trotz ihrer Vergleichbarkeit mit der Keramik anderer Gegenden auffällige lokale Besonderheiten aufweisen.

Die Charakteristika und Details der zahlreichen komplexen Keramikfunde, die in Sipán geborgen und bestimmt werden konnten, und ihre Vergleichbarkeit mit Funden aus dem Lambayeque-Raum läßt auf eine von der südlichen Tradition unterschiedliche Entwicklung schließen, was bereits von Wissenschaftlern wie Kroeber (1925), Kosok (1959, 1965), Schaedel (1951) und Shimada (1994) erkannt wurde. Diese territoriale Aufteilung könnte – gestützt durch die geomorphologischen Unterschiede der Täler und die natürlichen ökologischen Grenzen – auch die Siedlungsgebiete großer ethnischer Gruppen mit ihren verschiedenen Sprachen in den Tälern der Anden markieren, wie sie in den Chroniken (Calancha 1638) erwähnt werden: die Mochica-Sprache zwischen Motupe und Jequetepeque und das Quingnam weiter im Süden.

358 Fragment eines Figurengefäßes aus dem Zaña-Tal, wahrscheinlich einer der Herrscher von Sipán mit seinen Schmuckstücken (Erdnußfrucht- und Felidenhalskette)

Aufgrund der Auswertung dieser und anderer in den letzten Jahren gewonnener Daten über diese beiden Bereiche wollen wir eine Einteilung in vier Gebiete mit paralleler Kulturentwicklung vorschlagen:

1 Das nördliche Zentralgebiet, das die Täler von Jequetepeque, Zaña, Lambayeque und La Leche umfaßt.
2 Das südliche Zentralgebiet mit den Tälern Chicama, Moche, Virú, Chao, Santa und Nepeña.
3 Der nördliche Bereich, unter dem hauptsächlich das Piura-Tal mit den benachbarten Gebieten verstanden wird.
4 Der südliche Bereich mit den Tälern Casma, Culebras und Huarmey.

Diese regionalen Unterschiede sind bereits in der Formativzeit angelegt und leben in den großen späteren Kulturepochen Lambayeque und Chimú fort, die auf die Mochica-Kultur folgen.

Insgesamt läßt sich so die kulturelle Chronologie des durch unsere Untersuchungen faßbaren nördlichen Zentralbereichs in drei Hauptepochen teilen: a) die Frühzeit, die den Perioden Moche I und II entspricht, b) die mittlere Zeit mit der Stilphase Moche III und der Frühzeit von Phase IV und c) die Spätzeit mit der auslaufenden Periode Moche IV und der dekadenten Phase Moche V.

Die wertvollen in Sipán gewonnenen Ergebnisse eröffnen weitreichende Möglichkeiten für eine Neubewertung der Mochica-Kultur und zeigen neue Facetten ihrer hochstehenden Gesellschaft, ihrer Entwicklung und ihrer Kunst. Damit wird deutlich, daß erst konkrete und umfassende, aus der Feldarbeit gewonnene Erkenntnisse zusammen mit ikonographischen und anderen Studien neue Interpretationen und Diskussionen ermöglichen. Eine Kultur, ein Volk und seine Leistungen werden wieder zum Leben erweckt.

Anmerkungen

1 Persönliche Mitteilung von J. Zevallos Quiñones.
2 Die hypothetische Rekonstruktion in Abb. 81 beruht auf topographischen Geländeaufnahmen und Feldbeobachtungen und ist der erste Versuch, die ursprüngliche Bauform zu ermitteln.
3 In aktuellen und zukünftigen systematischen Untersuchungen sollen zusätzliche Daten zur Baugeschichte, Technik, Bauphasen und -funktionen gewonnen werden.
4 Hierbei kamen verschiedene Linsen zur Anwendung; die Fotos wurden von einem speziell errichteten Gerüst aus aufgenommen. Das Fotoarchiv umfaßt mehr als 400 Horizontalansichten, Profile und etwa 6000 andere Aufnahmen.
5 Seine Form entspricht der von vier anderen Goldobjekten, die von der Polizei beschlagnahmt wurden, und zeigt, daß die Mochica-Goldschmiede dieses Original kopiert haben.
6 In der Moche-Ikonographie kennt man Darstellungen eines ähnlichen mythischen Tieres, das mit dem Mond in Verbindung steht. Bei dem beschriebenen Stück handelt es sich hingegen um eine außergewöhnliche Variante, die nur sehr selten zu finden ist. Bei erotischen Sujets oder der Darstellung der geschlechtlichen Vereinigung wird dieses Tier normalerweise durch eine Person ersetzt (Hocquenghem 1987, S. 62).
7 Ähnliche Stäbe erscheinen im Zusammenhang mit Ritualen oder Prozessionen.
8 In der Kampagne von 1989 gruben wir systematisch die gesamte Einheit aus und untersuchten die ausgeraubte Kammer.
9 Dieses Material und später gefundenes wurde in Plänen im Maßstab 1:10 aufgenommen. Das Nordende der Grabungseinheit wurde als Kontrollprofil für spätere Arbeiten belassen, wobei die Unversehrtheit der zutage kommenden Stücke stets vorrangig war.
10 Als Fortführung dieser Sitte könnten die in großen Mengen hergestellten Miniaturgefäße aus Gräbern der Lambayeque-Kultur gelten, die als *crisol* (Schmelztiegel) bezeichnet werden.
11 Die häufigen Darstellungen von Bohnen in verschiedenen Zusammenhängen in der Moche-Kunst sowohl mit Markierungen als auch anthropomorph haben zu verschiedenen Deutungen geführt; man hat sie beispielsweise als Schriftsystem oder Teile eines Wahrsagespiels gedeutet (Vivante 1941; Kutscher 1950).
12 Hocquenghem 1987; Donnan 1978; Kutscher 1983.
13 Die Untersuchungen ergaben eine Datierung von 260 ±90 n. Chr. (Beta 23147).
14 In den Gefäßmalereien findet sie sich häufig in Verbindung mit Fauna und Flora im Uferbereich von Flüssen (Kutscher 1983, S. 51) oder auch an Schmuckstücken hochgestellter Persönlichkeiten (Hocquenghem 1987, S. 285). Sie gehört zur Familie der Threkiornithidaea der Ordnung Eiconiformes mit der Artenbezeichnung *Ajaia ajaia*.
15 Später stellten wir fest, daß es sich um Federschmuck in einer Art Fächer handelte.
16 Solche Kalkkegel oder -brote sind an der Nordküste häufige Grabbeigaben. In der Moche-Kunst stehen sie auch in Beziehung zu Heilungsriten oder der Aufbahrung des Verstorbenen (Donnan 1976, S. 129).
17 Dieser Begriff geht auf Larco Hoyle zurück (1938, S. 39).
18 Wenn man die ursprüngliche Lage der Muscheln genau betrachtet, kann man in jedem Dreieck die stilisierte Darstellung einer Eidechse erkennen, die sich zur Mittagszeit sonnt, weshalb sie wahrscheinlich symbolisch mit den „Strahlen" des Pektorals in Verbindung steht.
19 Aufgrund dieser Gebißeigenschaften haben wir die Möglichkeit ausgeschlossen, daß es sich dabei um einen Nackthund (*viringo*) handelt.
20 Die Chronisten überliefern, daß im alten Peru die Frauen eines wichtigen Mannes und andere ihm Nahestehende es für ihre Pflicht und eine große Ehre hielten, bei seinem Tod mit ihm bestattet zu werden.
21 Die Knochen der Begleitpersonen wiesen keinerlei Anzeichen von Gewalteinwirkung auf. Wahrscheinlich trat der Tod durch die Einnahme von Gift oder das Durchschneiden der Kehle ein.
22 In den ältesten Chroniken wird die Haltung von Aasvögeln in den Heiligtümern erwähnt.
23 In einigen Fällen könnte die Schnur um den Hals die symbolische Unterordnung der niedrigsten sozialen Stufe bedeuten.
24 Diese Deutung erinnert uns an die Terrakottafiguren der Nekropole des Qin-Herrschers Shihuangdi in Lintongxian, Prov. Shaanxi, China († 210 v. Chr.).
25 Die Kombination von Keule und Rundschild ist in dieser Form häufig mit dem Thema Krieg verbunden.
26 Das singuläre Metallobjekt wurde schließlich als Endzier einer Keule gedeutet.
27 Larco 1945; Kutscher 1950; Hocquenghem 1987; Donnan/Clelland 1979.
28 Diese ungewöhnliche Triade haben wir auch bei den rituellen Objekten der wenigen bekannten formativzeitlichen Grabbefunde identifiziert.
29 In der formativzeitlichen Kunst der Nordküste bezeichnen heruntergezogene Mundwinkel das Antlitz von Verstorbenen.
30 Hier sei an das Grab in Virú erinnert (Strong/Evans 1952), dessen Besitzer ebenfalls als hochrangig in der Mochica-Gesellschaft gilt. Auch dort wurde ein Kind neben einem alten Mann als Hauptbestattung beigesetzt. Kinderopfer bei wichtigen Anlässen werden auch von Chronisten erwähnt (Calancha 1638).
31 Die Erde aus diesen Gefäßen wurde für spätere Auswertungen aufbewahrt. Eines der Gefäße enthielt eine beachtliche Menge an Miniaturschmuckstücken, -waffen und -emblemen aus Metall wie auch lose Perlen von Pektoralen.
32 Darstellungen von Spiralen oder Hakenkreuzen sind wohl durch Naturbeobachtungen bei Wasserstrudeln oder Windspiralen angeregt. Dabei muß erwähnt werden, daß sich die entsprechenden Motive in den andinen Kulturen, also auf der südlichen Erdhalbkugel, wie bei der Spinne nach links drehen, während sie in den Kulturen der nördlichen Halbkugel rechtsdrehend sind.
33 Die Unterschiede bei der Herstellung der Lehmziegel zeigen die unterschiedliche Bodenbeschaffenheit in der Nähe der Bauwerke. Durch sie entstanden kleinere Gruben, aber auch größere, etwa der künstliche See im Süden der massiven Plattform.
34 Die sogenannten Gefangenen sind spezielle Begleiterscheinungen der Ritualkämpfe, der dort geltenden Regeln und des Ausgangs dieser Kämpfe und gehören damit zu den Gruppen 3 und 4.
35 Hier sei darauf hingewiesen, daß in frühen kolonialzeitlichen Quellen die Ureinwohner die Gräber ihrer Würdenträger als Häuser oder Wohnungen bezeichnen (persönliche Mitteilung von Susan Ramírez H.).

Maiken Fecht/Susanne Greiff/Christian Eckmann

BETRACHTUNGEN ZUR HERSTELLUNGSTECHNIK DER METALLFUNDE AUS DEM FÜRSTENGRAB VON SIPÁN

Bereits während der Bergung der Objekte aus den Gräbern von Sipán wurde deutlich, daß sich die Erforschung und Erhaltung dieses herausragenden Fundkomplexes nur durch umfangreiche Restaurierungs- und Konservierungsmaßnahmen, begleitet von naturwissenschaftlichen und technischen Untersuchungen, durchführen ließ.
Durch den Einsturz der Grabkammer war der ursprünglich 85 Zentimeter hohe Sarkophag des „Señor von Sipán" auf wenige Zentimeter zusammengepreßt worden. Viele der Metallobjekte wurden dabei erheblich beschädigt, so daß sich viele Gegenstände nicht geschlossen bergen ließen. Ein wichtiger Aspekt der Restaurierung war also, mit Hilfe der sorgfältigen Dokumentation des Ausgräbers Walter Alva das Puzzle an Gegenständen zu komplettieren und sie ihrem ursprünglichen Kontext wieder zuzuordnen.
Aufgrund der großen Fundmenge konnten die erforderlichen Maßnahmen nur in gut ausgerüsteten Werkstätten mit einem größeren Mitarbeiterstab in Angriff genommen werden. Das Römisch-Germanische Zentralmuseum in Mainz bot seine Unterstützung an, worauf eine peruanisch-deutsche Zusammenarbeit zur Restaurierung, Konservierung und wissenschaftlichen Auswertung des Fundkomplexes zustande kam.
Im Zuge der Restaurierung konnten, unterstützt durch Röntgenaufnahmen sowie mikroskopische und naturwissenschaftliche Untersuchungen, interessante Erkenntnisse zur Technik der Metallbearbeitung gewonnen werden. Die Vielfalt der Fertigkeiten, mit denen die Handwerker Objekte herstellten, Einzelteile verbanden und verzierten, soll in den nachfolgenden Abschnitten dargelegt und anhand einiger Funde exemplarisch erläutert werden. Bemerkenswert sind insbesondere die Vergoldungstechniken, die eine Eigenheit südamerikanischen Kunsthandwerks dieser Zeit darstellen und auf dem europäischen Kontinent in dieser Form nicht zur Anwendung kamen.
Die Metallobjekte aus Kupferlegierungen boten nach der Ausgrabung das typische Bild archäologischer Bodenfunde: Die Oberflächen waren mit dicken Korrosionsprodukten behaftet. Die überwiegende Anzahl dieser Metallgegenstände war äußerst brüchig, so daß manche von ihnen bereits vor der Restaurierung gefestigt werden mußten. Dies bedeutete besonders im Falle der, papierdünnen Schuppen, die in Unmengen zum Besatz textiler Träger verwendet worden waren, einen enormen Zeitaufwand. Die Freilegung der antiken Originaloberfläche innerhalb der Korrosionskruste erfolgte mechanisch mit Schabern und Skalpellen, bei höherkarätigen Legierungen auch mit Unterstützung chemischer Mittel. Silberobjekte mit hohem Anteil an Kupfer in der Legierung wurden mit einem seinerzeit gerade neu entwickelten Verfahren, dem Wasserstoff-Niederdruckplasma, behandelt. Hier übernimmt atomarer Wasserstoff die Funktion eines Reduktionsmittels.

359 Vorder- und Rückseite der Augenbleche der Totenmaske; oben die mattbelassene, unten die polierte Oberfläche

Als die viereinhalb Jahre dauernden Restaurierungsarbeiten abgeschlossen waren, wurde das Fundmaterial den peruanischen Kollegen im März 1993 wieder übergeben und nach Peru zurückgebracht. Einige wenige Fundstücke aus Metall und Stoff, deren Bearbeitung zu diesem Zeitpunkt noch nicht abgeschlossen war, blieben vorerst in Mainz und werden nun anläßlich der Bonner Ausstellung ihrem ursprünglichen Fundzusammenhang wieder zugesellt, wo sie eindrucksvoll die Geschicklichkeit der präkolumbischen Handwerker illustrieren.

DAS VERGOLDEN

Im frühgeschichtlichen Europa wandte man zur Veredelung von Oberflächen die Blattvergoldung und die Plattierung an, bei der das Gold in dünnen bis hauchdünnen Folien mechanisch auf die Gegenstände aufgebracht wird. Eine weitere Variante war die Feuer- oder Amalgamvergoldung. Quecksilber vermag nämlich Gold und andere Edelmetalle zu einer pastösen Amalgamlegierung zu lösen, die auf die Objekte aufgetragen wird. Durch das anschließende Erhitzen verdampft ein großer Teil des Quecksilbers und hinterläßt eine goldreiche Oberflächenschicht. Diese Vergoldungstechniken waren den Andenvölkern unbekannt.

Die Goldschmiede der präkolumbischen Kulturen haben andere hochentwickelte Vergoldungstechniken angewandt, mit denen sie ihren Wunsch nach polychromen Metalloberflächen auf besondere Weise zu verwirklichen wußten. Die Verwendung unterschiedlicher Metallfarben diente primär dem Ausdruck politischer Macht und religiöser Verehrung des Herrschers. Daß dabei der tatsächliche materielle Wert der Edelmetalle zugunsten einer Polychromie in den Hintergrund trat, hat später auch die spanischen Konquistadoren überrascht, denn nicht alles, was golden glänzte, war reines Gold. Die mochezeitlichen Handwerker verwandten nämlich u.a. Kupferlegierungen mit unterschiedlichen Anteilen von Gold oder auch Silber, die als „Tumbaga" bezeichnet werden.

Diese Tumbaga-Legierungen enthalten je nach gewünschtem Farbton lediglich 10–50 Prozent Edelmetall, im übrigen jedoch Kupfer. Die Oberflächen der so gefertigten Objekte wurden durch das Herauslösen der Kupferanteile aus der Oberfläche veredelt. Hierzu hat man die bereits fertigen Gegenstände oxidierend erhitzt und nachfolgend abgebeizt. Saure Beizen können aus Mineralsalzen, wie sie in den Wüsten Chiles und Perus vorkommen, sowie aus Pflanzensäften, z.B. aus der Rhabarberpflanze oder dem in Südamerika heimischen Sauerklee, gewonnen werden.

So bleiben das edlere Gold und auch Silber zurück und reichern sich durch häufiges Wiederholen dieses Prozesses nach und nach an, wobei eine Schicht von wenigen Micrometern (d.h. einige tausendstel Millimeter) für die beabsichtigte optische Wirkung bereits ausreicht. Abschließend wurde diese dünne Goldoberfläche poliert, Rück- bzw. Innenseiten der Objekte aber matt belassen (Abb. 359). Da das Vergol-

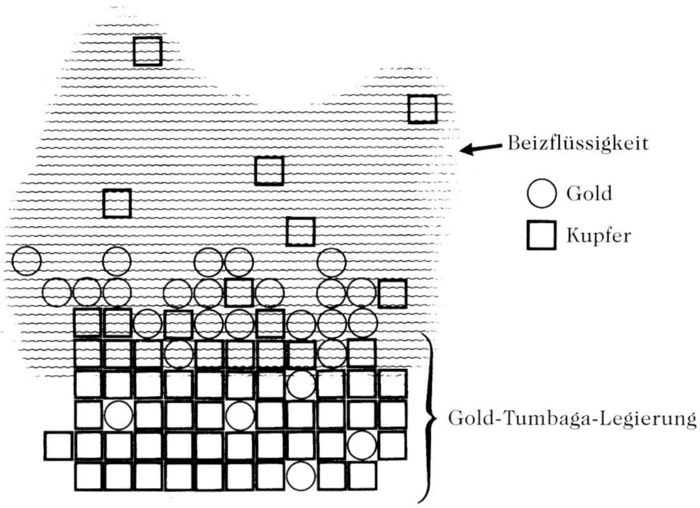

360 Ein Objekt aus einer goldhaltigen Kupferlegierung („Tumbaga") wird in einer Beizflüssigkeit behandelt.
Kupfer und Kupferverbindungen lösen sich dabei bevorzugt heraus, und das Gold wird an der Oberfläche angereichert

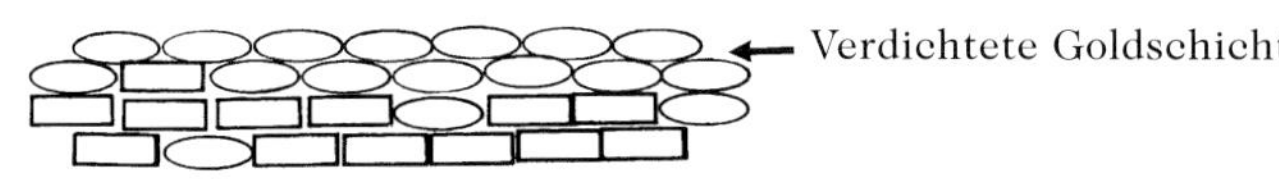

361 Um die poröse Goldschicht am fertigen Blech zu verdichten, ist der letzte Arbeitsschritt die Politur des Werkstücks. Man erhält eine dünne glänzende Goldschicht auf der Oberfläche

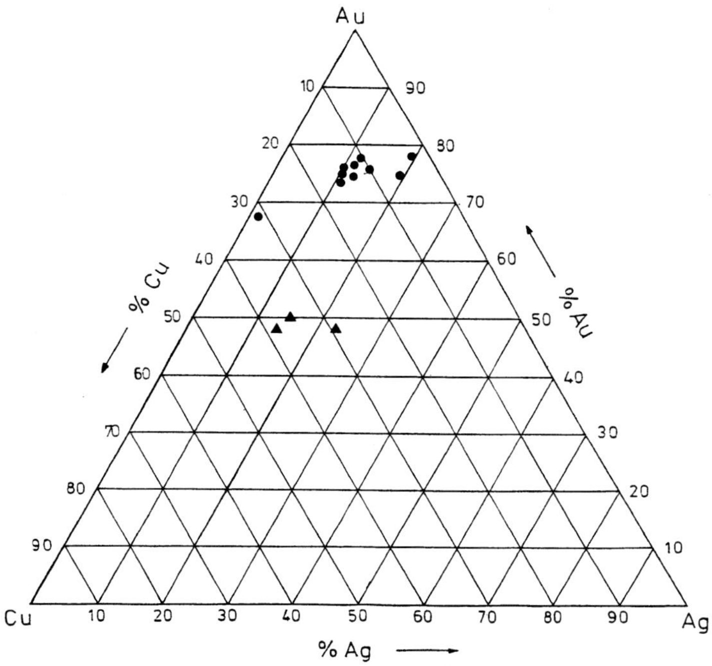

362 Die EDAX-Analyse zeigt die Zusammensetzung der Oberfläche verschiedener Gold-Tumbaga-Objekte (●). Deutlich niedriger ist der Goldgehalt der drei Barren (▲)

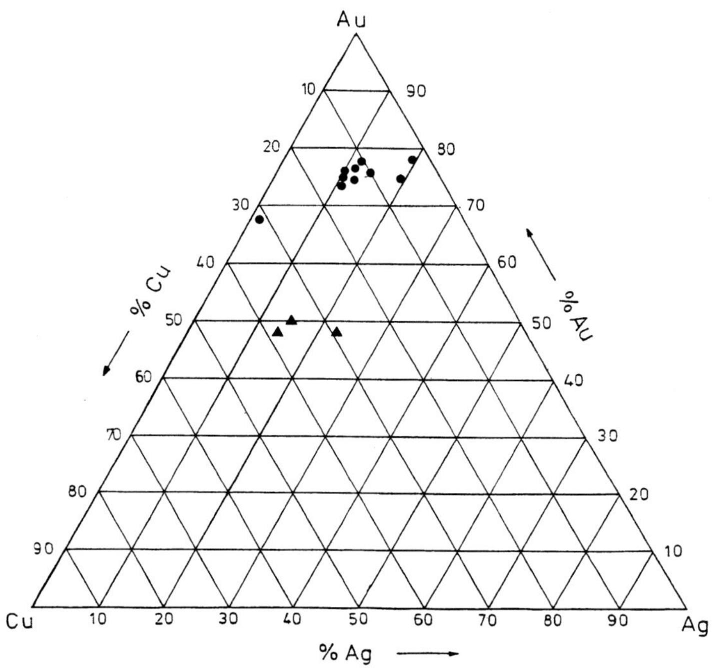

363 Die EDAX-Analyse zeigt die Zusammensetzung der Oberfläche verschiedener Silber-Tumbaga Objekte (●). Deutlich niedriger ist der Silbergehalt des Barrens (▲)

den hier mit einem Verlust von Kupfer einhergeht, wird diese Methode technisch als „Abreicherungsvergoldung" oder „mise-en-couleur-Vergoldung" bezeichnet (Abb. 360, 361).
Diese Techniken und das Wissen um ihre Anwendung standen bereits den mochezeitlichen Metallbearbeitern zur Verfügung, wie sich bei näherer Untersuchung der Funde aus Sipán herausgestellt hat. In diesem Zusammenhang sind drei Gold-Tumbaga-Barren aufschlußreich, die als Grabbeigaben niedergelegt wurden (Abb. 197). Sie ermöglichen den Vergleich zwischen Rohmaterial und fertigen, oberflächenveredelten Objekten. Chemische Analysen zeigen, daß die Anteile von Edelmetall an der Oberfläche bei den Barren im Durchschnitt bei 48 Prozent Gold und 10–20 Prozent Silber liegen; deutlich niedriger als die der abgereicherten Objekte, deren Goldanteil an der Oberfläche 70–80 Prozent beträgt.
Analog hierzu fiel der Vergleich der bearbeiteten Silberobjekte mit einem Silberbarren aus (Abb. 362, 363).
Aus den Untersuchungen einiger Metallplättchen eines Schuppenhemdes geht hervor, daß sich bereits mit sehr niedrigkarätigem Gold-Tumbaga blaßgoldene Oberflächen erzielen lassen. Im Kernbereich der Schuppen befand sich die ursprüngliche Tumbaga-Legierung mit nur 7 Prozent Gold, 2 Prozent Silber und 90 Prozent Kupfer. Die Oberfläche hingegen wies 60 Prozent Gold, 20 Prozent Silber und 20 Prozent Kupfer auf und zeigte einen Goldton mit leichtem Grün- oder Rotstich.
Bei Gegenständen aus höherkarätigem Gold-Tumbaga mit einer Zusammensetzung des Kernmaterials von ca. 40 Prozent Goldanteil und 10–20 Prozent Silber wurden mit dieser Veredelungstechnik hingegen schöne goldgelbe Oberflächen erzielt.
Bei Objekten aus höherkarätigem Silber-Tumbaga mit ca. 40 Prozent Silberanteil und geringem Goldanteil ließen sich Oberflächen erzielen, die annähernd wie Feinsilber aussehen.
Eine weitere Technik der Oberflächenveredelung war die sogenannte „stromlose galvanische Vergoldung".[1] Auch hier spielten Mineralsalze eine entscheidende Rolle. In einem Gemisch aus Alaun, Salpeter und Kochsalz kann Gold oder Goldfolie aufgelöst werden. Gold ist als Edelmetall normalerweise chemisch kaum angreifbar; in einer Lösung bestimmter Salze, ähnlich wie sie auch im „Königswasser" (ein Gemisch aus Salpetersäure und Salzsäure) vorkommen, läßt sich dies jedoch erreichen. In diese goldhaltige „Suppe" wird ein Objekt aus einer Kupferlegierung getaucht, und aufgrund elektrochemischer Austauschprozesse scheidet sich dann auf der Oberfläche des Gegenstandes eine sehr dünne Goldschicht ab.
Auch wenn im einzelnen nicht immer einfach zu entscheiden ist, ob die eine oder andere Vergoldungsmethode angewandt wurde, deuten doch die bisherigen Untersuchungen der Metallfunde aus dem Grab des „Señor" darauf hin, daß nur die Abreicherungsvergoldung zum Einsatz kam. Die prachtvollen Zeugnisse mochezeitlichen Kunsthandwerks haben wir jedenfalls Goldschmieden zu verdanken, die sich gekonnt dieser „chemischen Tricks" zu bedienen wußten.[2]

Gießen, Schmieden, Ziselieren

Mochezeitliche Toreuten haben Legierungen verschiedener Zusammensetzung selbst erzeugt, in Barren ausgegossen und zu Halbzeugen wie z.B. Blechen, Flachbändern und Drähten weiterverarbeitet.

Eine große Zahl von Funden ist aus Blech in Treibziselierung hergestellt worden. Der Begriff Treiben steht für die plastische Umformung eines Werkstücks, was sowohl mit einem Hammer als auch unter der Verwendung von Punzen erfolgen kann. Das anschließende Herausarbeiten von Details wird ausschließlich mit Punzen durchgeführt und Ziselieren genannt. Ebenso viele Gegenstände dürften aber auch durch Schmieden aus Barren erzeugt worden sein, und somit gehörten beide Techniken gleichermaßen zum beständig ausgeübten Handwerk.

Das plastische Modellieren erfolgte bei Einzelstücken mittels geeigneter Kittmassen, bei der seriellen, jeweils übereinstimmenden Fertigung mit Hilfe von Matrizen. Diese bestanden vermutlich aus Holz und waren nicht bis ins letzte Detail vorgeformt; leichte Abweichungen an den einzelnen Stücken machen deutlich, daß die diffizileren Einzelheiten häufig im Anschluß individuell durch Ziselierung ausgeführt wurden.

Mit Modellierpunzen, die gewölbte Bahnen hinterlassen, wurden plastische Darstellungen herausgearbeitet, die häufig von Linien eingefaßt sind. Diese sogenannten Binnenzeichnungen wurden mit Schrotpunzen ausgeführt, die mehr oder weniger spitz zulaufende, keilförmige Enden haben. Die Linien sind mitunter so scharfkantig, daß leicht der Eindruck entsteht, es handele sich bei ihnen um Gravuren (Abb. 364). Die „spanabhebende" Technik des Gravierens kam im Gegensatz zur „materialverdrängenden" Ziselierung bei den Moche jedoch nicht zum Einsatz.

Auch eine Serie unterschiedlich großer Kugelpunzen scheint zum gängigen Werkzeug der Ateliers gehört zu haben. Die häufig vorkommenden muldenförmigen und halbkugeligen Dekorationselemente (Abb. 204) dürften überwiegend mit Kugelpunzen modelliert worden sein.

Metallhohlkörper wurden entweder aus zwei Hälften gefertigt oder aus einer Abwicklung, deren Enden man durch Biegen zusammenführte und verbödete. Gern wurden kleine Kupferkugeln in die Hohlräume eingelegt, so daß diese als „Rasseln" den feierlichen Auftritt des Herrschers klangvoll begleiteten.

Eine Besonderheit stellen die großen Steißschutze (Abb. 165, 166), Pinzetten (Abb. 142) und Rasseln (Abb. 164) dar. Sie wurden insgesamt oder auch nur in Teilzonen plastisch gestaltet und anschließend umgefaltet. Dies erfolgte in gehärtetem Zustand, so daß die Körperhälften, die weder durch Lötung noch durch Umbördelung miteinander verbunden sind, ausschließlich aufgrund der Federkraft zusammengehalten werden (Abb. 365, 366).

Im gesamten Fundkomplex gibt es nur wenige Objekte, die im Metallgußverfahren hergestellt wurden. Zwei solche Stücke aus Silber sollen

364 Anhänger mit grimassenartigem Motiv; die Binnenzeichnung wurde durch Ziselierung gestaltet

365 Zeichnung einer Rassel aus Gold-Tumbaga in Aufsicht

366 Zeichnung einer Rassel aus Gold-Tumbaga in Seitenansicht. Man sieht die leicht geöffnete Rassel mit eingelegten Kugeln

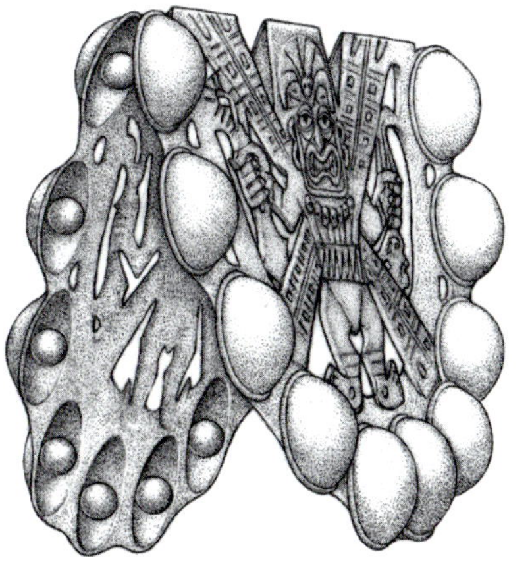

367 Aus Blechstreifen gezogener Draht mit Längsnaht

368 Goldkügelchen der manschettenartigen Armbänder; aus zwei Hälften gefertigt und anschließend zusammengeschweißt

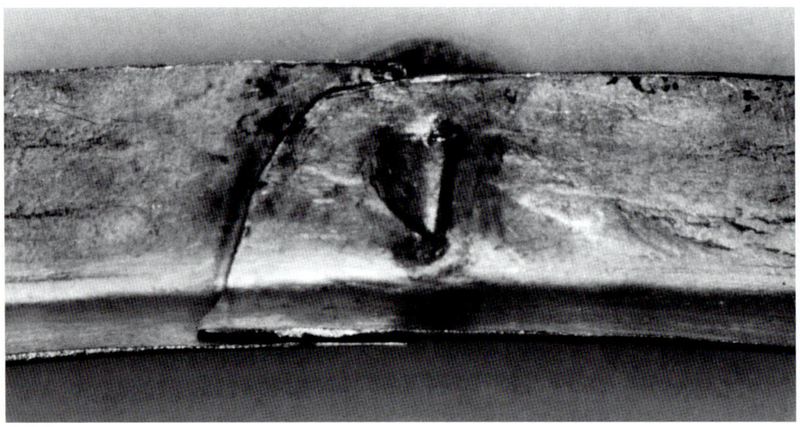

369 Verbindungstechnisches Detail an der Zarge eines Ohrpflocks

hier besonders hervorgehoben werden: Die beiden Opfermesser mit ihren detailliert herausgearbeiteten, vollplastischen Darstellungen zeigen eindrucksvoll, daß auch die schwierige Kunst des Metallgießens mit großer Könnerschaft beherrscht wurde (Abb. 149, 153). Die gegossenen Objekte dürften in der verlorenen Form im Wachsausschmelzverfahren gefertigt worden sein.

Die Verwendung von Drähten diente überwiegend der Befestigung einzelner Zierelemente, gelegentlich aber auch der dekorativen Gestaltung. So sind z.B. an dem Opfermesser mit dem pyramidenförmigen Knauf die spiralförmigen Rillen mit Golddraht tauschiert. Ebenfalls als rein dekoratives Element wurde ein etwas dickerer Golddraht zur Einrahmung der Entendarstellung auf einen Ohrpflockpaar des „Señor" verwendet (Abb. 117). Darüber hinaus wurden Golddrähte zum „Auffädeln" uhukopfförmiger Kettenglieder benutzt. Eine solche Kette findet sich als Schmuck des plastisch gearbeiteten Kriegers am zweiten silbernen Opfermesser und auch bei dem Figürchen des Herrschers an einem der Ohrpflockpaare (Abb. 113).

Es handelt sich überwiegend um runde Drähte mit einem Durchmesser von ca. 0,3–1,5 Millimetern, die aus niedrigkarätigem Gold-Tumbaga gefertigt wurden. Auch Drähte aus Kupfer liegen vor.

Als Ausgangsmaterial für Runddrähte wurden mehr oder weniger dicke Blechstreifen verwendet. Ihre Umformung erfolgte offenbar innerhalb einer Vorrichtung, die – ähnlich einem Zieheisen – mit Reihen konischer Löcher von unterschiedlichem Durchmesser versehen war. Das flache Blech wurde durch das Ziehen der Rundung des Lochs angepaßt und Loch um Loch stärker eingerollt, bis die seitlichen Kanten einander berührten und ein Runddraht entstanden war. An manchen Drähten sind die aneinanderstoßenden Kanten als längs verlaufende Naht gut zu erkennen (Abb. 367).

Schneiden und Verbinden

Zum Trennen bzw. Schneiden von Blechen, beispielsweise bei der Herstellung von Durchbrucharbeiten, wurden grundsätzlich Meißel verwendet.

Mochezeitliche Toreuten verbanden einzelne metallische Elemente sowohl mechanisch als auch durch Lötung. Bei letzterer kamen verschiedene Hartlote zum Einsatz. Die zu verbindenden Teile wurden vorher angepaßt oder überlappend zusammengesteckt.

Sehr dünnwandige Bleche aus höherkarätigem Gold-Tumbaga wurden durch Reaktionslötung bzw. Schweißen ohne metallisches Lot verbunden. Vielfach angewendet wurde diese komplizierte Verbindungstechnik an den winzigen goldenen Perlen, die – zu manschettenartigen Armbändern aufgereiht – die Unterarme des Herrschers schmückten. Die halbkugeligen Perlenhälften sind aus papierdünnen Scheibchen mit einer Materialstärke von 0,06 Millimetern gefertigt und entlang des Äquators miteinander verschweißt (Abb. 368).

Neben den erwähnten Löttechniken wurde eine Vielzahl mechanischer Verbindungen hergestellt, hier sind besonders die Vernietung, die

Benutzung von Krampen und Metallaschen sowie die Umbördelung zu erwähnen (Abb. 369).
Darüber hinaus wurden häufig auch textile Fäden, Drähte oder Holzstifte zur Befestigung verwendet.
Besonders beliebt waren bewegliche Verbindungen. Einzelne Zierelemente wurden mittels Ösen, Drahtschlaufen oder aber durch Umbiegen eines bandartigen Endes zu einer Lasche am Objekt frei beweglich angebracht. Die Nasenschmuckscheiben an Metallfiguren sind durch Einklemmen der spitz zulaufenden Enden in die Nasenlöcher eingehängt (Abb. 115).
Auf textile Träger wurden Metallanhänger aufgenäht oder mittels Garnschlaufen und Drahtösen beweglich befestigt. Letzteres trifft insbesondere auf die kegelförmigen Anhänger von Schuppenhemden und verschiedenen Standarten zu (Abb. 125).

DIE VERWENDUNG VON TÜRKIS, KORALLE UND HÄMATIT

Die polychrome Gestaltung der metallischen Objekte fand ihre Bereicherung in verschiedenfarbigen Einlagen aus Türkis, Hämatit (rotbraun), Koralle und Spondylus-Muschel (weiß–hellbeige).[3]
Überwiegend hat man kleine, zu Plättchen geschliffene und mitunter reliefartig verzierte Türkise mosaikartig angeordnet und mit einem Harz befestigt (Abb. 370).
Darüber hinaus wurden sie z. B. auch als Augen der Kriegerfigur auf dem silbernen Opfermesser des „Señor" verwendet (Abb. 148, 149).
Mit Hämatit wurden die Klauen und Pupillen der Cerviden auf einem Ohrpflockpaar eingelegt (Abb. 373). Aus dem gleichen Material bestehen die nur unvollständig erhaltenen Pupillen der dämonartigen Wesen auf den großen Rasseln und „tumis". In ihre Münder wurden Zahnreihen aus Koralle oder Spondylus-Muschelschale eingesetzt (Abb. 167).
Auf dem Ohrpflockpaar, auf dem der von Kriegern flankierte Herrscher dargestellt ist, trug dieser einen Lendenschurz aus Spondylus-Muscheln (Abb. 114).
Zur Herstellung der manschettenartigen Armbänder für den „Señor" (Abb. 154) und der Figuren auf den Standarten benötigte man Tausende nicht einmal stecknadelkopfgroße, perlenförmig geschliffene Türkise sowie Gold- und Spondylus-Perlchen.

ZUR FERTIGUNG AUSGEWÄHLTER OBJEKTE

Die Ohrpflöcke aus höherkarätigem Gold-Tumbaga
Im Sarkophag des „Señor" wurden drei Paare scheibenförmiger Ohrpflöcke gefunden. Die auf ihnen dargestellten Motive kommen paarweise vor und sind jeweils spiegelverkehrt ausgeführt. Als Trägermaterial für die mit Goldblechen und Türkiseinlagen verzierten Objekte dienten ursprünglich hölzerne Scheiben und Rundstäbe als Pflöcke, die

370 Mosaikartig angeordnete Türkiseinlagen auf einem Ohrpflock

371 Ohrpflock mit der Darstellung des „Señor" von Sipán zwischen zwei Kriegern und Einzelteile des zweiten Ohrpflocks

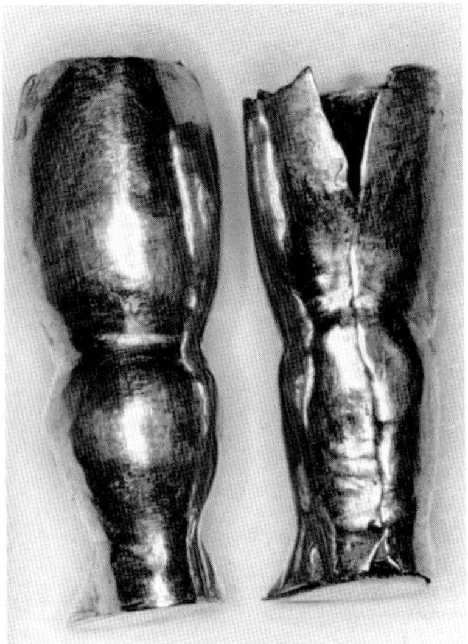

372 Links das originale, rechts das vermutlich später gefertigte, stilistisch abweichende Bein

weitgehend vergangen sind. Die Scheiben sind jeweils mit Goldblechzargen eingefaßt, deren Enden überlappend zusammengeführt und durch eine randliche Krampe verbunden wurden. Den äußeren Rand zieren dicht aneinandergereiht kleine angelötete Goldkugeln, die jeweils aus zwei Hälften bestehen.

Auf den Ohrpflöcken mit der Darstellung einer Löffelente (Abb. 117) ist zur Rahmung des Motivs konzentrisch ein weiteres, mit halbkugeligen Buckeln geschmücktes Blech angebracht. Die Konturen der Enten sind zusätzlich mit einem Golddraht eingefaßt, die Augen mit einem halbkugelig geformten Goldblech wiedergegeben.

Auf dem wohl großartigsten Ohrpflockpaar erscheint der von Kriegern flankierte Herrscher (Abb. 113). Die Holzscheiben wurden mit Goldblechen abgedeckt, die den Figuren entsprechend silhouettenförmig durchbrochen waren. Zur Fertigung der plastisch gearbeiteten zentralen Figur des Herrschers wurden papierdünne Bleche verwendet. Die Diademe sind durchbrochen ausgeführt und mit Punzierungen geschmückt.

Gesichtsmaske, Ohrpflöcke, Nasenschmuckblech, Rasseln und Schilde sowie die uhukopfförmigen Glieder der Kette wurden durch Ziselierung der Bleche gestaltet. Die Arme und Beine bestehen aus jeweils zwei gebogenen Hälften, als Sohlen wurde an den Füßen ein weiteres Blech eingefügt. Alle Verbindungen sind verlötet. Bei den Einzelteilen der Keule wurde im Gegensatz dazu das Blech rein mechanisch durch Umbördelung fixiert.

An einem der beiden Ohrpflöcke konnte eine vermutlich antike Reparatur festgestellt werden, da ein Bein stilistisch abweicht (Abb. 372). Auch herstellungstechnische Unterschiede ließen sich nachweisen. Das lediglich aus einem Blechabschnitt geformte Bein ist in der röhrenförmigen Partie überlappend zusammengeführt und nicht verlötet, der sohlenförmige Teil wurde nur festgekittet. Die Notwendigkeit einer Reparatur läßt vermuten, daß das Ohrpflockpaar nicht für die Grablegung gefertigt wurde, sondern vom Herrscher bereits zu Lebzeiten getragen worden ist.

373 Technische Zeichnungen der Herstellung der Ohrpflöcke mit der Darstellung eines Cerviden:
a herausgearbeitete Kastenform und Randzier, b Anbringung des Pflockes mittels Laschen

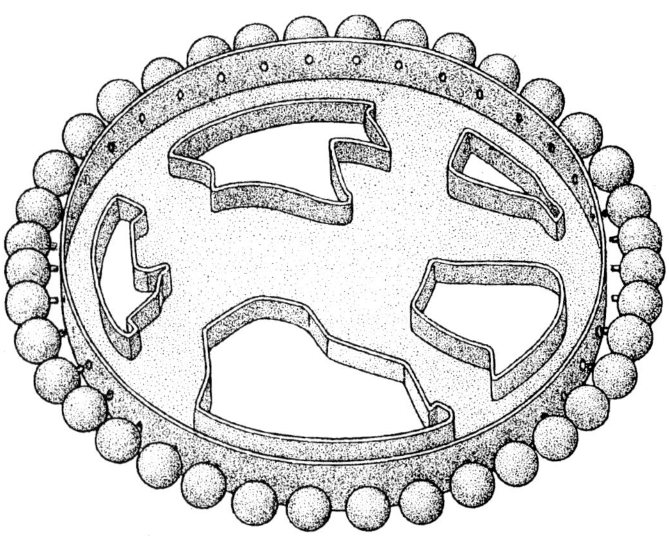

Die Krieger neben dem Herrscher wurden mit kleinen Türkisplättchen mosaikartig ausgeführt. Daß die Gesichter der Krieger ursprünglich mit engobiertem Ton eingelegt waren, geht aus Bruchstücken hervor, die sich unter den zusammenhanglos aufgelesenen Fragmenten befanden (s. auch Abb. 370).

Ihre Ohrpflöcke und Schilde bestehen aus Goldblechen, die mit einem runden Türkisscheibchen besetzt sind. Der rechts (vom Betrachter aus links) neben dem „Señor" stehende Krieger hält außerdem eine Schleuder aus Goldblech in der Hand.

Das dritte Ohrpflockpaar, auf dem jeweils ein männlicher Cervide dargestellt ist (Abb. 118), weicht technisch und gestalterisch von den anderen ab. Als Trägermaterial dienen hier durchbrochene Goldscheiben sowie Röhren aus Goldblech als Pflöcke.

Aus den Zierscheiben wurden jeweils Kastenfassungen zur Aufnahme der Türkiseinlagen herausgearbeitet. Die äußere Rahmung bilden dicht aneinandergereihte Kugeln, die man mit kurzen Stiften fixierte und anschließend verlötete (Abb. 373). Die röhrenförmigen Pflöcke sind vorab durch laschenförmige Enden an den Zierscheiben befestigt worden.

Plastisch gestaltete, dünnwandige Goldbleche bilden Geschlechtsteile, Geweih, Augen und Schweif.

Interessanterweise befindet sich auf den Rückseiten der Scheiben eine ähnlich gearbeitete Darstellung (Abb. 119).

Die Halsketten

Auf der Brust des „Señor" waren vier aufwendig gestaltete Halsketten niedergelegt. Abgesehen von der aus großen, leicht konvex gebogenen Goldscheiben bestehenden Kette mit tumiförmigen Anhängern waren alle Ketten aus plastisch gearbeiteten Menschenköpfen (Abb. 198), Erdnüssen (Abb. 144) und Dégradé-Kugeln (Abb. 146) zusammengestellt.

Eine der Ketten ist zweireihig aus kleinen und großen erdnußförmigen Gliedern zusammengesetzt, wobei die eine Hälfte der Kette ausschließlich aus Gold-, die andere aus Silber-Tumbaga besteht. Zur Herstellung der einzelnen Erdnüsse wurden jeweils zwei dünnwandige Blechzuschnitte in Matrizen umgeformt und nachziseliert. Die beiden Hälften wurden anschließend überlappend zusammengefügt und durch Hartlot verbunden. Je zwei Bohrungen an beiden Enden ermöglichten die Aufnahme zu einer Kette. Darüber hinaus waren sogenannte Trennstäbe notwendig, um die Glieder der beiden Stränge in gleicher Position zueinander zu halten. Auch sie wurden entsprechend durchbohrt. Aufgrund ihres schlechten Erhaltungszustandes mußten sie bei der Rekonstruktion durch Plexiglas ersetzt werden (Abb. 374).

Die Standarten und das Schuppenhemd

Besonders schwierig war die Bergung jener Funde, die ursprünglich aus textilen Trägern bestanden und flächendeckend mit Metallbesatz geschmückt waren. Insbesondere die papierdünnen Schuppen waren

374 Erdnüsse und Menschenköpfchen im Einlieferungszustand

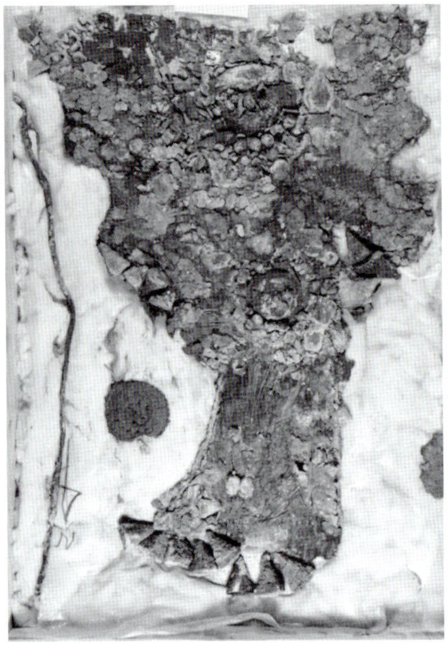

375 Die große Standarte im Fundzustand

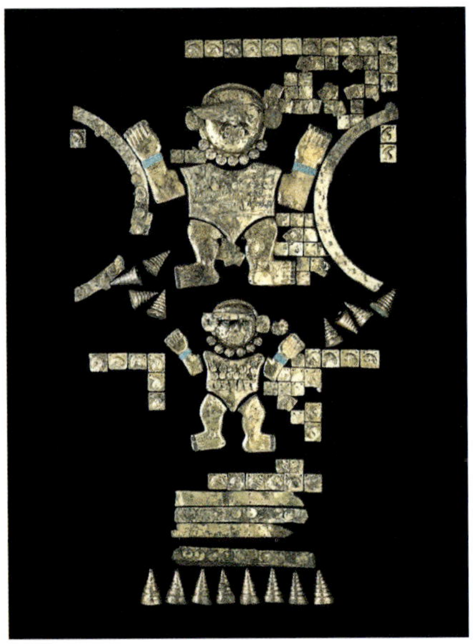

376 Die große Standarte nach der Restaurierung

377 Rekonstruktion des Schuppenhemdes

äußerst brüchig und mitunter restlos vergangen. Der Metallbesatz war teilweise deformiert und zerbrochen, und manche Objekte waren in Teilzonen derart dicht übereinandergelagert, daß sie sich nicht trennen ließen. Ebenso konnten Bruchstücke mitunter nicht zugeordnet werden, so daß sie einzeln aufgesammelt werden mußten.

Im Zuge der Restaurierung, die sich in diesem Fall als besonders schwierig erwies, war man bemüht, möglichst viele Fragmente wieder zusammenzuführen. Die textilen Träger, die nur zum Teil erhalten sind und häufig mit Baumwolle hinterfüttert waren, wurden von Heiko Prümers gesondert behandelt und untersucht.[4] Als Ergebnis der Restaurierung liegen nun die folgenden, jeweils auf Plexiglas montierten Objekte vor: ein Schuppenhemd, zwei Standarten und vier ursprünglich auf Stoff befestigte, im Relief dargestellte menschliche Figuren. Diese stammen von Standarten, die in den oberen Lagen des Sarkophages niedergelegt waren und deren übriger Metallbesatz sich nicht rekonstruieren ließ. Um wieviele Standarten es sich ursprünglich einmal gehandelt hat, bleibt auch nach der Restaurierung ungeklärt (Abb. 375, 376).

Die plastisch ausgearbeiteten menschlichen Figuren auf den Standarten bestehen aus Einzelteilen, die sich gut auf textilen Trägern befestigen ließen (Abb. 125). Als zusätzlicher Schmuck wurden auch hier die so beliebten, frei beweglichen Anhänger angebracht. Aus papierdünnen Blechen wurden runde Scheibchen und trapezförmige Zuschnitte gewonnen, die sowohl als Hemdbesatz als auch der stilisierten Darstellung der Bärte dienten. An Ohren und Hutkrempe sind derartige „Anhängsel" ebenfalls zu sehen. Einige der trapezförmigen Elemente wurden zusätzlich durch Punzierungen mit einem grimassenartigen Motiv geschmückt. Jeweils zwei bewegliche Nasenschmuckscheiben, eine aus Gold, die Sonne symbolisierend, eine weitere aus Silber, sichelförmig den Mond verkörpernd, ergänzen den Anhängerschmuck. Starr befestigt wurden hingegen die kegelförmigen Augen und die aus einem dünnwandigen Blechabschnitt gefertigten Hutkrempen. Fuß- und Fingernägel bestehen aus höherkarätigem Silber-Tumbaga; sie haben seitlich herausragende bandförmige Laschen, mit denen sie befestigt wurden. Die in Treibziselierung geschaffenen Darstellungen sind darüber hinaus mit Türkisen geschmückt. Die Uhukopfketten wurden aus niedrigkarätigem Gold-Tumbaga gefertigt. Als rahmendes Motiv kommen auch plastisch gearbeitete Plättchen mit der Darstellung einer „Ulluchu"-Frucht vor. Sie wurden mit Hilfe von Matrizen geformt und nachziseliert.

Schuppen, die als Besatz Verwendung fanden, sind nahezu einheitlich ca. 23 x 23 Millimeter groß. Die papierdünnen Plättchen weisen am Rande mitunter linienförmige Ritzungen auf, bei denen es sich um Vorzeichnungen handeln dürfte, mit denen größere Bleche eingeteilt wurden. Nach ihnen wurden die einzelnen Schuppen ausgemeißelt.

Aus besonders dünnwandigen Blechen bestehen die ca. 8 x 8 Millimeter großen quadratischen Miniaturschuppen, die als Besatz im Saumbereich des Schuppenhemdes Verwendung fanden. Zum Besatz des

Hemdes waren ursprünglich mindestens 1300 Metallplättchen und über tausend Miniaturschuppen erforderlich (Abb. 377). Auf dem textilen Träger der großen Standarte dürften ursprünglich etwa 700 Schuppen angebracht gewesen sein, auf der kleineren ca. 350.
Die über 100 kegelförmigen Anhänger, die in verschiedenen Lagen im Sarg gefunden wurden, sind den Standarten zuzuordnen und dienten als Rasselkörper. Sie setzen sich aus jeweils zwei Blechabschnitten zusammen, einer Kegelabwicklung und einem scheibenförmigen Bodenblech. Die Böden wurden durch Zieselierung mit konzentrischen Ringen geschmückt und die Abwicklungen mit plastisch ausgearbeiteten Rippen individuell mit Treibziselierung verziert. Die Mehrzahl der Anhänger liegt in übereinstimmender Größe von 5 Zentimetern Höhe vor. Der Durchmesser am Boden beträgt etwa 3,7 Zentimeter. Darüber hinaus fanden sich im Sarkophag des „Señor“ auch einige deutlich kleinere Kegel. Diese ließen sich nicht zuordnen; sie waren möglicherweise an dem Kopfputz aus Baumwolle angebracht, der wohl ein katzenartiges Raubtier darstellte (Abb. 135).

Das Diadem mit Zeremonialbart und Zierscheiben

Sowohl gestalterisch als auch in der handwerklichen Ausführung zählt das Diadem zu den herausragenden Objekten dieses Fundes (Abb. 131). Es besteht aus einem Grundblech in Form einer stilisierten kopflosen Gestalt mit ausgebreiteten Armen, aus dem eine zweite, detailliertere reliefierte Figur hervortritt.
Das Grundblech wurde direkt aus einem Barren geschmiedet und die darauf befindlichen Verzierungen, z. B. die Darstellung einer mythischen Szene, durch Ziselierung herausgearbeitet. Dies gilt auch für die zentrale Figur, die denen der Standarten entspricht, wobei hier die Detailtreue bei der Anatomie und dem Schuppenhemd besonders auffällt (Abb. 378).
Die Uhuköpfchen der Miniaturkette wurden aus Silber-Tumbaga gefertigt.
An den Ohren der zentralen Figur wie auch als Rahmung der kegelförmigen Augen fanden Türkiseinlagen Verwendung, zusätzlich wurden breite Armbänder aus Türkisperlchen angebracht.
Auf der Rückseite des Diadems sitzt ein Kupferblech, das in etwa der Grundform der zentralen Figur entspricht. Am unteren Rand weist es drei Bohrungen auf (Abb. 130).
Aus den in Mainz durchgeführten Untersuchungen und der Form der Befestigungskonstruktion geht hervor, daß das Diadem Bestandteil eines Ensembles war, zu dem darüber hinaus zwei Zierscheiben und ein Zeremonialbart gehören. Diese waren zusammen mit einem Schuppenhemd geborgen worden, aufgrund der schwierigen Fundsituation wurde ihre Zuordnung zu dem Diadem jedoch nicht sofort deutlich.
Auf den Zierscheiben ist rückseitig, jeweils mit Hilfe einer Klammer, eine kleinere Kupferscheibe angebracht, die ursprünglich der Befestigung an einer Haube oder an einem Stirnband gedient haben könnte. In den buckelförmigen Zentren der Zierscheiben, in denen die Klam-

378 Röntgenaufnahme der Figur auf dem Diadem

mern sitzen, finden sich jeweils drei Bohrungen. Ursprünglich haben dort wahrscheinlich Drähte gesessen, mit denen sich der Zeremonialbart befestigen ließ. Die plastisch hervortretende Zone des Bartes weist rechts, links und in der Mitte jeweils zwei Bohrungen auf, in die die Drähte eingehängt werden konnten. Inwendig war die betreffende Zone mit textilem Gewebe ausgepolstert, um so zu verhindern, daß sich der Herrscher an der oberen Kante des Zeremonialbartes verletzte, wenn er den enormen Kopfputz trug.
Das gesamte Ensemble (Abb. 379) kann nun anläßlich der Bonner Ausstellung in seinem ursprünglichen Zusammenhang gezeigt werden.

Anmerkungen

1 Zur „stromlosen galvanischen Vergoldung" siehe auch H. Lechtman, A Pre-columbian Technique for Electrochemical Replacement Plating of Gold and Silver on Copper Objects, *Journal of Metals*, Dezember 1979, S. 154ff.

2 Weitere Untersuchungen von M. Kallfass/G. Hörz, Metallkundliche Untersuchungen an Schmuck- und Zeremonialgegenständen aus dem Fürstengrab von Sipan/Peru, *Praktische Metallographie* 31, 1994, S. 603ff. G. Hörz/M. Kallfass, Pre-Columbian Metalworking in Peru – Ceremonial Objects from the Royal Tomb of Sipan, *Journal of Metals*, Dezember 1998, S. 8ff.

3 Die Untersuchungen der Einlagematerialien sind dankenswerterweise von Prof. Dr. Ernst Franz am Institut für Mineralogie und Kristallchemie der Universität Stuttgart und Prof. Dr. H. von Platen am Institut für Geowissenschaften der Johannes Gutenberg Universität Mainz durchgeführt worden.

4 H. Prümers, Ein ungewöhnliches Moche-Gewebe aus dem Grab des „Fürsten von Sipan", *Beiträge zur allgemeinen und vergleichenden Archäologie* 15, 1995, S. 309ff.; ders., Gewebe aus dem Grab des „Fürsten von Sipan", *Archäologie in Deutschland* 4, 1996, S. 12ff.

379 Fotomontage des Ensembles aus Diadem, Zierscheiben und Zeremonialbart

DANKSAGUNG

Dem Projekt der archäologischen Erforschung von Sipán wurde von Beginn an die Unterstützung und Mitarbeit vieler Personen, Institutionen und Firmen Perus zuteil. Nachdem die Bedeutung des Fundes ersichtlich geworden war, zählten wir auf die Hilfe der internationalen Wissenschaftlergemeinde, die über Grenzen und Nationalitäten hinweg ein beispielhaftes Kooperationsmodell entwickelte.

Unsere bescheidenen und schwierigen Anfänge erhielten materielle Unterstützung vom Patronato de Cultura und der Corporación Departamental de Lambayeque unter ihren Vorsitzenden Giorgio Battistini und Guillermo Baca. Die Einrichtung unseres Camps war mit Hilfe der nationalen Polizei (Policia Nacional) auf Beschluß ihrer regionalen Leiter, der Generäle Carlos Ruiz und Edilberto Temoche, möglich. Kurze Zeit später erreichte uns die entscheidende Spende der Cervecería del Norte, die es uns ermöglichte, die Untersuchungen im entscheidenden Moment fortzusetzen, bis uns auf Betreiben unserer hochgeschätzten Kollegen Christopher B. Donnan, James Richardson III. und Betty Meggers Hilfe von der National Geographic Society und dem H. John Heinz III. Charitable Fund Hilfe zu kam.

Die Ausgrabungen und Restaurierung unterstützten 1991–1992 die Sociedad Estatal de Quinto Centenario de España, 1993 Southern Perú und zwischen 1993 und 1994 die peruanische Regierung. Im Jahr 1996 gewährten uns das Auswärtige Amt der Bundesrepublik Deutschland und die Bruno Fundation ihre Unterstützung. Seit Ende 1997 bis heute können die archäologischen Forschungen dank der Unterstützung des Centro Studi Ricerche Ligabue de Venezia, Italien, fortgesetzt werden. Unser Dank geht an Dr. Giancarlo Ligabue und die Herren Zanetti und Bonamigo.

Während der Feldarbeit erhielten wir auch Spenden in Form von Lebensmitteln von der Oficina de Apoyo Alimentario. Der Bau des Museums an der Ausgrabungsstätte wurde von Eternit del Perú S.A. übernommen. Kurz zuvor hatte sich Volkswagen del Perú mit einem Fahrzeug an unserer Arbeit beteiligt. Die Einrichtung einer dringend benötigten Restaurierungswerkstatt für Metalle im Museum wurde dank der Mitarbeit der Salzgitter GmbH und der (Wieder-)Aufbaubank aus Deutschland (Banco de Reconstrucción de Alemania) möglich. Beiträge zur Logistik kamen nacheinander von der Banco Latino, der Banco de Crédito, der Banco Wiese und der Banco Mercantil. Der Fondo de Promoción Turística sorgte für die museographische Infrastruktur und errichtete ein Gebäude für die Besucher.

Die Konservierung und Restaurierung der Metallobjekte aus dem Grab des „Señor von Sipán", eine der vordringlichsten Aufgaben des Projektes, übernahm das Römisch-Germanische Zentralmuseum in Mainz, geleitet von Konrad Weidemann und Peter Schauer. Möglich wurde dies durch ein Abkommen mit der peruanischen Regierung, das auf die Initiative von Michael Tellenbach, Bonn, zurückgeht. Die spezialisierten Arbeiten unter der Leitung von Maiken Fecht und Christian Eckmann ermöglichten, einen bedeutenden Schritt in der Kooperation zwischen den beiden Ländern zu vollziehen. Die Kulturabteilung des Auswärtigen Amtes der Bundesrepublik Deutschland förderte diese Kooperation auf vielfältige Weise mit großem Engagement.

Die Konservierung der im Grab des alten Herrschers geborgenen Funde wurde in der Restaurierungswerkstatt in Lambayeque unter der Leitung von Fidel Gutiérrez unter der Mitarbeit von Segundo Gonzáles, Ramón Morante, Marco Seclén und anderen vorgenommen. Diese Restaurierungswerkstatt, die dazu bestimmt ist, ein Pilotprojekt für Peru zu werden, arbeitet seit 1990 mit einer Grundausstattung aus Deutschland und der entscheidenden Unterstützung der Agencia Española de Cooperación Internacional, die im Laufe der letzten Jahre ihre Zuwendungen und die exzellente Fortbildung unseres Personals verstärkt hat. Unsere Dankbarkeit geht an S.E. Botschafter Nabor García, Amparo Gómez, Manuel García Solaz, Juan de la Cerna und die Restauratoren Fernando Carrera, Enrique Echevarría, Fernando Molina, Lyvia Marín de Bernardo und Cristina Escudero. Den Betrieb der Restaurierungswerkstatt verdanken wir dem Beitrag der Unión de Cervecerías Backus & Johnston S.A., die mit unseren Forschungen seit ihren Anfängen verbunden ist, insbesondere Elías Bentín Peral, Carlos Bentín Remy, John Stenning, Fernando Hilbck und Jaime More.

Das internationale Bekanntwerden der archäologischen Ausgrabungen von Sipán geht hauptsächlich auf die Berichte in *National Geographic* zurück. Wir danken Robert Hernández und George Stuart.

Unser Kollege Christopher B. Donnan von der University of California kooperiert mit unserem Projekt sowohl durch seine Bestrebungen, Mittel für unsere Feldforschungen zu organisieren, als auch durch seine absolute Hingabe bei der Organisation der Ausstellung *Tumbas Reales de Sipán*, die in den wichtigsten Museen der Vereinigten Staaten von Amerika gezeigt wurde, um der Welt das kulturelle Erbe Perus zu präsentieren und seine Bekanntheit zu vergrößern. Der Bau eines Museums, das nach modernsten museographischen Erkenntnissen das archäologische Erbe von Sipán beherbergt, konnte mit Hilfe der Spenden zu dieser Ausstellung begonnen werden. Unser Dank geht an Guillermo Cock und Luis Jaime Castillo für ihre Koordinierung und Kooperation. Bei den Formalitäten, Verhandlungen und Abschlüssen der Verträge arbeiteten das Erziehungsministerium (Ministerio de Educación) und die Direktoren des Nationalen Kulturinstituts (Instituto Nacional de Cultura) mit. Das Außenministerium (Ministerio de Relaciones Exteriores), die akkreditierten Botschafter und das Büro für kulturelle Angelegenheiten (Oficina de Asuntos Culturales) nahmen aktiv an der diplomatischen Koordination und der internationalen Präsentation teil. Die Abschlußresolutionen wurden vom Präsidenten der Republik Peru, Ing. Alberto Fujimori, unterschrieben, der

in einer bisher noch nicht dagewesenen Geste die sterblichen Überrest des „Señor von Sipán" bei ihrer Rückkehr aus Deutschland mit einem Staatsempfang begrüßte.
Zweifellos ist die Feldforschung die archäologische Basis der Arbeiten in Sipán, die von Luis Chero in seiner Eigenschaft als lokalem Archäologen und Susana Meneses geleitet wird; sie führen die Ausgrabungen, die systematische Dokumentation und die Untersuchung der Architektur durch. Die Ergebnisse ihres professionellen Fleißes und ihres Enthusiasmus spiegelt dieses Buch wider. Während der sieben ununterbrochenen Jahre unserer Forschungen halfen uns verschiedene Studenten höherer Semester (die heute als Archäologen arbeiten): Juan Martínez (1987–1991), Julio Rodríguez (1987–1991), Alfonso Reyes (1987–1988), César Soriano (1987–1988), Pedro Iberico (1987–1988), Edwin Blas (1987–1988), Denis Vargas (1987–1988), Pedro Carlos (1988–1990), José Bonilla (1989 bis heute) und Marco Fernández (1991 bis heute).
Die Arbeiter, die heute für uns tätig sind, sind zum großen Teil die gleichen wie die, die zu Beginn der Grabungen dabei waren. Diese Männer sind „Kinder von Sipán", die sich mit ihrem kulturellen Erbe identifizieren. Zu ihnen zählen: Ricardo Dávila, Rosendo Domínguez, Máximo Camacho, Armando Arrasco, Juan Ramos, Hilarión Castillo, Ernesto Saldaña, Jhonny Martínez, Félix Rojas und Jorge Torres. Andere arbeiteten nur zeitweise für uns.
In den verschiedenen Bereichen von Koordination und internationaler Präsentation des Projektes sind wir Mariana Mould de Pease zu Dank verpflichtet.
Unser Dank geht an die Policia Nacional, die für die Sicherheit Sipáns und des lokalen Museums sorgt.
Beim Museumspersonal möchten wir die freiwillige und permanente Unterstützung der Archäologen Carlos Wester, Juan Martínez, Quirino Olivera und Jorge Centurió sowie unserer Mitarbeiter Benedicto Rodríguez, Leonardo Córdova und Flor Wong hervorheben. Die Zeichnungen und Pläne stammen von Alberto Gutiérrez, Percy Fiestas und Carlos Gutiérrez. Die Photos machten Javier Ferrand (für Backus & Johnston), Ignacio Alva Meneses und Carlos Rojas, die auch Unterstützung von Luis Chero, Wilfredo Loayza und Alejandro Balaguer erhielten.
Der Unión de Cervecerias Backus & Johnston möchte ich für ihre Förderung der ersten Ausgabe des Buches *Sipán* aus dem Jahre 1994 sowie für ihr Verständnis und ihre Unterstützung bei dieser neuen Edition danken.
Die spanische Ausgabe des vorliegenden Buches wäre ohne die großzügige Hilfe von Harald J. Mayrock, einem Freund der peruanischen Kultur, nicht realisierbar gewesen.

Walter Alva

BIBLIOGRAPHIE

Acosta, José de, *Historie Naturelle et Morale des Indes*, Paris (1590) 1916

Alencastre, Andrés/Dumézil, Georges, Fêtes et usages des Indiens de Langui, *Journal de la Société des Américanistes* XLII, 1953, S. 22–118

Alva, Walter, Discovering the New World's Richest Tomb, *National Geographic Magazine* 174,4, 1988, S. 510–555

Alva, Walter, *Sipan. Descubrimiento e Investigación*, Lima 1994

Alva, Walter/Donnan, Christopher B., *Royal Tombs of Sipan*, Fowler Museum of Cultural History, University of California, Los Angeles 1993

Anton, Ferdinand, *Peru*, München 1958

Anton, Ferdinand, *Alt-Peru und seine Kunst*, 2. erw. Aufl. Leipzig 1972 (engl. Ausgabe: *Ancient Art of Peru*, London/New York 1972, franz. Ausgabe: *Art de l'Ancien Perou*, Luxembourg 1994)

Anton, Ferdinand, *Altindianische Textilkunst aus Peru*, München 1985 (engl. Ausgabe: *Ancient Peruvian Textiles*, London 1987)

Anton, Ferdinand, *Archeologia. Cultura e civilitá del passato nel mundo europeo ed extraeuropeo*, Kap. America, Mailand 1978

Anton, Ferdinand, *Illustrierte Weltgeschichte der Archäologie*, München 1980

Anton, F./Dockstader, F., *Das Alte Amerika*, 1967/1988

Antze, Gustav, Metallarbeiten aus dem nördlichen Peru. Ein Beitrag zur Kenntnis ihrer Formen, *Mitteilungen aus dem Museum für Völkerkunde* 16, 1930, S. 1–63

Bennett, Wendell C., Archaeology of the North Coast of Peru. An Account of Exploration and Excavation and Lambayeque Valleys, *Anthropological Papers of the American Museum of Natural History* 37,I, 1939

Benson, Elizabeth P., *The Mochica. A Culture of Peru*, London 1972

Bidaneto, Auzias und Alain, *L'or et son mythe*, Ausstellungskatalog Paris 1988

Brüning, Hans Heinrich, *Fotodokumente aus Nordperu*, hrsg. von Corinna Raddatz, Hamburg 1990

Burger, Richard L., *Chavin and the Origin of Andean Civilisation*, London 1992

Calancha, Antonio de la, *Crónica Moralizadora de la Orden de San Augustin en el Perú con Sucesos Ejamplares en esta Monarquia*, Barcelona 1638

Carrión Cachot, Rebeca: El culto al agua en el antiguo Perú, *Revista del Museo Nacional de Antropología y Arqueología* 2,2, 1955, S. 50–140

Cieza de León, Pedro de, *The Travels of Pedro Pieza de León. A.D. 1532–1550*, London, Hakluyt Society 1864 (Deutsch: *Auf den Königsstraßen der Inka*, Stuttgart 1971)

De Lavalle, José Antonio (Hrsg.), *Moche. Coleccion Arte y Tesoros del Peru*, Lima 1985

Dissel, Wilhelm, Chavin, Technologie, Architektur und Kunst, *Schriftenreihe des „Museums der Begegnung"*, Linz o. J.

Disselhoff, Hans-Dietrich, Vicus. *Eine neu entdeckte altperuanische Kultur*, Berlin 1971

Disselhoff, Hans-Dietrich, Metallschmuck aus der Loma Negra, Vicus (Nord-Peru), *Antike Welt*, Jg. 2, 1972, S. 42–53

Disselhoff, Hans-Dietrich, *Leben im alten Peru*, München 1981²

Donnan, Christopher B., *Moche Art and Iconography*, UCLA Latin American Center Publication, University of California, Los Angeles 1976

Donnan, Christopher B., *Moche Art of Peru. Pre-Columbian Symbolic Communication*, Museum of Cultural History, University of California, Los Angeles 1978

Donnan, Christopher B., *Ceramics of Ancient Peru*, Fowler Museum of Cultural History, University of California, Los Angeles 1992

Donnan, Christopher B./Castillo, Luis Jaime, Excavaciones de tumbas de sacerdotisas Moche en San José de Moro, Jequetepeque, in: Uceda, Santiago/Mujica, E. (Hrsg.), Moche, Propuestas y Perspectivas, *Travaux de l'Institut Français d'Etudes Andines* 79, 1994, S. 415–424

Donnan, Christopher B./Mackay, Carol, *Ancient Burial Patterns of the Moche Valley, Peru*, Austin, Texas, 1978

Donnan, Christopher B./McClelland, Donna, The Burial Theme in Moche Iconography, *Studies in Pre-Columbian Art and Archaeology* 21, 1979

Donnan, Christopher B./McClelland, Donna, *Mochica Fineline Painting. Its Evolution and its Artists*, UCLA, Fowler Museum of Cultural History, Los Angeles 1999

Emmerich, André, *Sweat of the sun and tears of the moon*, Seattle 1965

Evans, Clifford, Finding the Tomb of the Warrior Priest, *National Geographic Magazine* 91,4, 1952, S. 453–482

Fischer, Ernst J., *Leben und Leiden im alten Peru*, Odense 2000

Gorback, Celina/Lischetti, Mirtha/Muñoz, Carmen Paula, Batallas rituales del Chiriaque y del Tocto de la provincia de Canas (Cuzco, Peru), *Revista del Museo Nacional* XXXI, 1962, S. 245–304

Hartmann, Roswitha, Otros datos sobre las llamadas batallas rituales, *Actas y Memorias del XXXIX Congreso Internacional de Americanistas*, Lima 1972, S. 125–135

Hocquenghem, Anne-Marie, *Iconografia Mochica*, Pontificia Universidad Católica del Peru, Lima 1987

Jones, Julie, Mochica of art in metals. A Review, in: Benson, E. P. (Hrsg.), *Pre-Columbian Metallurgy of South America*, Dumbarton Oaks, Washington D.C. 1979, S. 53–104

Kauffmann Doig, Federico, *Peru Inca*, Venedig 1993

Kauffmann Doig, Federico, *Peru atte primo*, Venedig 1993

Kosok, Paul, El valle de Lambayeque, in: *Actas y Trabajos del II Congreso Nacional de Historia del Peru I*, Lima 1959, S. 49–67

Kosok, Paul, *Life, Land and Water in Ancient Peru*, New York 1965

Kroeber, Alfred L., The Uhle Pottery Collections from Moche, *University of California Publications in American Archaeology and Ethnology* 21,5, 1925, S. 191–234

Kutscher, Gerdt, *Chimu. Eine altindianische Hochkultur*, Berlin 1950

Kutscher, Gerdt, *Nordperuanische Keramik*, Monumenta Americana, Berlin 1954

Kutscher, Gerdt, Nordperuanische Gefäßmalereien des Moche-Stils, *Materialien zur Allgemeinen und Vergleichenden Archäologie* 18, 1983

Larco Herrera, Rafael, *The Spirit of Ancient Peru. Treasures from the Museo Arqueológico Rafael Larco Herrera*, New York/London 1997

Larco Hoyle, Rafael, *Los Mochicas I*, Lima 1938

Larco Hoyle, Rafael, *Los Mochicas II*, Lima 1939

Larco Hoyle, Rafael, *Los Mochicas (Pre-Chimu de Uhle y Early Chimu de Kroeber)*, Sociedad Geografica Americana, Buenos Aires 1945

Larco Hoyle, Rafael, *Checan. Studie über die erotischen Darstellungen in der peruanischen Kunst*, Genf 1965

Lavallée, Danièle, Les représentations animales dans la céramique Mochica, *Mémoires de l'Institut d'Ethnologie* IV, 1970

Lavallée, Danièle/Lumbreras, Luis Guillermo, *Die Andenvölker. Von den frühen Kulturen bis zu den Inka*, München 1986

Lechtman, Heather N., Style in Technology. Some Early Thoughts, in: Lechtman, Heather N./Merrill, R. S. (Hrsg.), *Material Cultures, Styles, Organization and Dynamics of Technology*, St. Paul 1977, S. 3–20

Lechtman, Heather N./Erlij, Antonieta/Barry Jr., Edward J., New Perspektives on Moche metallurgy: Techniques of Guilding Copper at Loma Negra, Northern Peru, *American Antiquity* 47,1, 1982, S. 3–30

Lechtman, Heather N./Parsons, Lee A./Young, William J., Siete jaguares de oro del Horizonte Temprano, *Revista del Museo Nacional* XLI, 1975, S. 277–310

Lumbreras, Luis G., *De los pueblos, las culturas y las artes del Perú*, Lima 1969

Meyer, Roger, *Alt-Peru. Leben – Hoffen – Sterben*, Lippisches Landesmuseum, Detmold 1987

Moseley, Michael E., *Peru's Golden Treasure*, Chicago 1978

Muelle, Jorge C., Chalchalcha (Un análisis de los dibujos muchik), *Revista del Museo Nacional* 5,1, 1936, S. 65–88

Muelle, Jorge C., *Muestras del Arte antiguo del Perú*, Lima 1936

Naváez, Alfred, La Mina: Una tumba Moche I en el valle de Jequetepeque, in: Uceda, Santiago/Mujica, Elias (Hrsg.), Moche. Propuestas y Perspectivas, *Travaux de l'Institut Français e'etudes Andines* 79, 1994, S. 59–92

Onuki, Yoshio, Recientes resultados de las excavaciones en Kuntur Wasi, Cajamarca: Informe Preliminar, *Gaceta Arqueológica Andina* (INDEA) 5,20, 1990, S. 59–66

Panofsky, Erwin, *Meaning in the visual art*, New York 1955

Peru durch die Jahrtausende, Ausstellungskatalog Villa Hügel, Essen 1984, Kataloggestaltung Ferdinand Anders

Petersen, Georg, Mineria y metalurgia en el Antiguo Perú, Museo Nacional de Antropologia y Arqueologia, *Arqueológicas* 12, 1970

Prescott, William, *Die Eroberung Perus*, Leipzig/München 1975
Prümers, Heiko, Ein ungewöhnliches Moche-Gewebe aus dem Grab des „Fürsten von Sipan" (Lambayeque-Tal, Nordperu), *Beiträge zur Allgemeinen und Vergleichenden Archäologie* 15, 1995, S. 309–369
Rostworoski de Diez Canseco, Maria, *Curacas y Sucesiones, Costa Norte*, Lima 1961
Rowe, John H., Inca Culture at the time of the Spanish Conquest, *Handbook of South American Indians* 2, 1946, S. 183–330
Ruppert, Hans: Geochemische Untersuchungen an Türkis und Sodalith aus Lagerstätten und präkolumbischen Kulturen der Kordilleren, *Berliner Beiträge zur Archäometrie* 9, 1983, S. 101–210
Schaedel, Richard P., Major ceremonial and population centers in Northern Peru, in: Tax, Sol (Hrsg.), The Civilizations of Ancient America, *Selected Papers of the 29th International Congress of Americanists*, Chicago 1951, S. 232–243
Schaffer, Anne-Louise, *A Monster Head Complex of Mythical Creatures in the Loma Negra Metalwork*, unveröffentlichter Vortrag beim 21. Meeting of Andean Studies 1981
Schmidt, Max, *Kunst und Kultur von Peru*, Propyläen Kunstgeschichte, Ergänzungsband, Berlin 1929
Schuler-Schömig, Immina von, *Werke Indianischer Goldschmiedekunst*, Berlin 1972
Schulze-Thulin, Axel, *Im Zeichen des Jaguars. Indianische Frühkulturen in Alt-Peru*, Linden-Museum, Stuttgart 1974
Shimada, Izumi, *Socioeconomic Organization at Moche V Pampa Grande, Peru. Prelude to a Major Transformation to Come*, Department of Anthropology, University of Arizona 1977 (unveröffentlichte Dissertation)
Shimada, Izumi, Aspectos tecnológicos y productivos de la metalurgia de Sicán, Costa Norte del Perú, *Gaceta Arqueológica Andina* (INDEA) 4,14, 1987, S. 15–21
Shimada, Izumi, Los modelos de organización sociopolitica de la cultura Moche, in: Uceda, Santiago/Mujica, Elias (Hrsg.), Moche. Propuestas y Perspectivas, *Travaux de l'Institut Français e'etudes Andines* 79, 1994, S. 359–388
Stone-Miller, Rebecca, *Art of the Andes. From Chavin to Inca*, London 1995
Strong, William D./Evans, Clifford, Cultural Stratigraphy in the Viru Valley, Northern Peru: The Formative and Florescent Epoch, *Columbia Studies in Archaeology and Ethnology* 4, 1952
Topic, Theresa L., The Early Intermediate Period and ist Legacy, in: Moseley, Michael E./Day, Kent (Hrsg.), *Chan Chan: Andean Desert City*, Albuquerque 1982, S. 255–284
Uhle, Max: Die Ruinen von Moche, *Journal de la Société des Américanistes* X, 1913, S. 95–117
Valcárel, Daniel, The Andean Calendar, *Handbook of South American Indians* 2, 1946, S. 471–476
Verano, John W., Human skeletal remains from Tomb I, Sipan (Lambayeque river valley, Peru), *Antiquity* 71, 273, 1997, S. 670–682
Vivante, Armando, La escritura de los mochicas sobre porotos, *Revista Geográfica Americana* 92, 1941, S. 297–310
Wassén, Henry, El Ulluchu en la iconografia y Ceremonia de Sangre Moche: La búsqueda de la identificación, *Boletín del Museo Chileno de Arte Precolombino* 3, 1989, S. 25–45
Zevallos, Q., Jorge, *Huacas y Huaquerias en Trujillo durante el Virreinato (1535–1853)*, Trujillo 1994

VERZEICHNIS DER EXPONATE

1 Porträtkopf
Moche IV (450–550 n. Chr.)
F.O. Moche/Chicama
Steigbügelgefäß, Keramik, H 30 cm
Berlin, Ethnologisches Museum, Staatliche Museen zu Berlin – Preußischer Kulturbesitz
Inv.-Nr. V A 17917
Abb. 2

2 Porträtkopf
Moche IV (450–550 n. Chr.)
F.O. Moche/Chicama
Keramik, H 18,5 cm
Berlin, Ethnologisches Museum, Staatliche Museen zu Berlin – Preußischer Kulturbesitz
Inv.-Nr. V A 47868
Abb. 3

3 Porträtkopf
Moche IV (450–550 n. Chr.)
F.O. Moche/Chicama
Steigbügelgefäß, Keramik, 30 x 16,5 x 19 cm
München, Staatliches Museum für Völkerkunde
Inv.-Nr. 51-20-2
Abb. 4

4 Würdenträger mit Hemd in den Händen
Moche IV (450–550 n. Chr.)
F.O. Moche/Chicama
Steigbügelgefäß, Keramik, H 20 cm
Berlin, Ethnologisches Museum, Staatliche Museen zu Berlin – Preußischer Kulturbesitz
Inv.-Nr. V A 48043
Abb. 5

5 Große Vase
Moche IV (450–550 n. Chr.)
F.O. Moche/Chicama
Keramik
Stuttgart, Linden-Museum, Staatliches Museum für Völkerkunde
Inv.-Nr. M 31845
Abb. 6

6 Sitzender ritueller Läufer (Skulptur), anthropomorphe Läufer (Darstellung auf dem Gefäßkörper)
Moche IV (450–550 n. Chr.)
F.O. Moche/Chicama
Steigbügelgefäß, Keramik, H 27 cm
Berlin, Ethnologisches Museum, Staatliche Museen zu Berlin – Preußischer Kulturbesitz
Inv.-Nr. V A 62163
Abb. 8

7 Sitzender ritueller Läufer (Skulptur), rituelle Läufer (Darstellung auf dem Gefäßkörper)
Moche IV (450–550 n. Chr.)
F.O. Moche/Chicama
Steigbügelgefäß, Keramik
Stuttgart, Linden-Museum, Staatliches Museum für Völkerkunde
Inv.-Nr. 93395
Abb. 7

8 Anthropomorphe Läufer
Moche IV (450–550 n. Chr.)
F.O. Moche/Chicama
Steigbügelgefäß, Keramik
Stuttgart, Linden-Museum, Staatliches Museum für Völkerkunde
Inv.-Nr. 93375
Abb. 9

9 Kniender Krieger mit Keule
Moche IV (450–550 n. Chr.)
F.O. Moche/Chicama
Steigbügelgefäß, Keramik
Berlin, Ethnologisches Museum, Staatliche Museen zu Berlin – Preußischer Kulturbesitz
Inv.-Nr. V A 12945
Abb. 10
(nicht in der Ausstellung)

10 Kniender Krieger
Moche IV (450–550 n. Chr.)
F.O. Moche/Chicama
Steigbügelgefäß, Keramik
Stuttgart, Linden-Museum, Staatliches Museum für Völkerkunde
Inv.-Nr. M 30233
Abb. 11

11 Bohnenkrieger in der Schlacht
Moche IV (450–550 n. Chr.)
F.O. Moche/Chicama
Steigbügelgefäß, Keramik
Stuttgart, Linden-Museum, Staatliches Museum für Völkerkunde
Inv.-Nr. 93383
Abb. 12

12 Opferszene auf Klippen
Moche IV (450–550 n. Chr.)
F.O. Moche/Chicama
Steigbügelgefäß, Keramik, H 22 cm
Berlin, Ethnologisches Museum, Staatliche Museen zu Berlin – Preußischer Kulturbesitz
Inv.-Nr. V A 17585
Abb. 13

13 Stilisierte Opferszene
Moche IV (450–550 n. Chr.)
F.O. Moche/Chicama
Steigbügelgefäß, Keramik
Stuttgart, Linden-Museum, Staatliches Museum für Völkerkunde
Inv.-Nr. M 30164
Abb. 14

14 Adler/Raubvogel mit Opferblutschale/ und anthropomorpher Raubkatzenkrieger
Moche IV (450–550 n. Chr.)
F.O. Moche/Chicama
Steigbügelgefäß, Keramik
Stuttgart, Linden-Museum, Staatliches Museum für Völkerkunde
Abb. 15

15 Haus oder Tempel
Moche IV (450–550 n. Chr.)
F.O. Moche/Chicama
Keramik
Stuttgart, Linden-Museum, Staatliches Museum für Völkerkunde
Inv.-Nr. 93499
Abb. 16

16 Großer Flötenspieler
Moche III (300–450 n. Chr.)
F.O. Moche/Chicama
Steigbügelgefäß, Keramik
Stuttgart, Linden-Museum, Staatliches Museum für Völkerkunde
Inv.-Nr. M 30161
Abb. 17

17 Flötenspieler (schwarz)
Moche III (300–450 n. Chr.)
F.O. unbekannt
Steigbügelgefäß, Keramik
Stuttgart, Linden-Museum, Staatliches Museum für Völkerkunde
Inv.-Nr. 93510
Abb. 18

18 Musikant mit Trommel
Moche IV (450–550 n. Chr.)
F.O. Moche/Chicama
Steigbügelgefäß, Doppelgefäß, Keramik
Leipzig, Museum für Völkerkunde im Grassi-Museum
Abb. 19

19 Trompete
Moche
F.O. Moche/Chicama
Keramik
Hildesheim, Roemer- und Pelizaeus-Museum
Inv.-Nr. V09490
Abb. 20

20 Würdenträger mit Koka-Gefäß
Moche IV (450–550 n. Chr.)
F.O. Moche/Chicama
Steigbügelgefäß, Keramik, H 24 cm
Berlin, Ethnologisches Museum, Staatliche Museen zu Berlin – Preußischer Kulturbesitz
Inv.-Nr. V A 17562
Abb. 21

21 Priester unter Nachthimmel bei Koka-Zeremonie
Moche IV (450–550 n. Chr.)
F.O. Moche/Chicama
Steigbügelgefäß, Keramik
Stuttgart, Linden-Museum, Staatliches Museum für Völkerkunde
Inv.-Nr. 93387
Abb. 22

22 Robbe/Seelöwe (Skulptur), Robbenjagd (Darstellung auf dem Gefäßkörper)
Moche IV (450–550 n. Chr.)
F.O. Moche/Chicama
Steigbügelgefäß, Keramik
Stuttgart, Linden-Museum, Staatliches Museum für Völkerkunde
Inv.-Nr. 119020
Abb. 23

23 Große Schale mit der Darstellung erlegter Hirsche zwischen Netzen
Moche IV (450–550 n. Chr.)
F.O. Moche/Chicama
Keramik
Stuttgart, Linden-Museum, Staatliches Museum für Völkerkunde
Abb. 24

24 Hockender mit Fuchskopf
Moche IV (450–550 n. Chr.)
F.O. Moche/Chicama
Steigbügelgefäß, Keramik, H 23 cm
Berlin, Ethnologisches Museum, Staatliche Museen zu Berlin – Preußischer Kulturbesitz
Inv.-Nr. V A 4678
Abb. 25

25 Schlafender
Moche IV (450–550 n. Chr.)
F.O. Moche/Chicama
Steigbügelgefäß, Keramik
Leipzig, Museum für Völkerkunde im Grassi-Museum
Abb. 26

26 Reich gekleideter Mann
Moche III (300–450 n. Chr.)
F.O. Moche/Chicama
Steigbügelgefäß, Doppelgefäß (Silvador), Keramik
Stuttgart, Linden-Museum, Staatliches Museum für Völkerkunde
Inv.-Nr. 93448
Abb. 27

27 Mann mit Poncho
Moche IV (450–550 n. Chr.)
F.O. Moche/Chicama
Steigbügelgefäß, Keramik
Stuttgart, Linden-Museum, Staatliches Museum für Völkerkunde
Inv.-Nr. 69061
Abb. 28

28 Zungenkuß
Moche III (300–450 n. Chr.)
F.O. Moche/Chicama
Steigbügelgefäß, Keramik
Stuttgart, Linden-Museum, Staatliches Museum für Völkerkunde
Inv.-Nr. 68935
Abb. 29

29 Beischlafszene
Moche II (200–300 n. Chr.)
F.O. Moche/Chicama
Steigbügelgefäß, Keramik
Stuttgart, Linden-Museum, Staatliches Museum für Völkerkunde
Inv.-Nr. M 31927
Abb. 30

30 Beischlafszene mit danebenliegendem Kind
Moche IV (450–550 n. Chr.)
F.O. Moche/Chicama
Steigbügelgefäß, Keramik, H 19,5 cm
Berlin, Ethnologisches Museum, Staatliche Museen zu Berlin – Preußischer Kulturbesitz
Inv.-Nr. V A 18537
Abb. 31

31 Beischlafszene
Moche III (300–450 n. Chr.) – Moche IV (450–550 n. Chr.)
F.O. Moche/Chicama
Keramik, H 16,5 cm
Berlin, Ethnologisches Museum, Staatliche Museen zu Berlin – Preußischer Kulturbesitz
Inv.-Nr. V A 18535
Abb. 32

32 Fellatio
Moche III (300–450 n. Chr.) – Moche IV (450–550 n. Chr.)
F.O. Moche/Chicama
Steigbügelgefäß, Keramik, H 21 cm
Berlin, Ethnologisches Museum, Staatliche Museen zu Berlin – Preußischer Kulturbesitz
Inv.-Nr. V A 47913
Abb. 33

33 Mann mit großem Phallus
Moche IV (450–550 n. Chr.)
F.O. Moche/Chicama
Steigbügelgefäß, Keramik
Leipzig, Museum für Völkerkunde im Grassi-Museum
Abb. 34

34 Geburtsszene mit Hebamme und Helferin
Moche IV (450–550 n. Chr.)
F.O. Moche/Chicama
Steigbügelgefäß, Keramik
Berlin, Ethnologisches Museum, Staatliche Museen zu Berlin – Preußischer Kulturbesitz
Abb. 35
(nicht in der Ausstellung)

35 Betrunkener, von Familienangehörigen gestützt
Moche III (300–450 n. Chr.)
F.O. Moche/Chicama
Steigbügelgefäß, Keramik
Berlin, Ethnologisches Museum, Staatliche Museen zu Berlin – Preußischer Kulturbesitz
Abb. 36
(nicht in der Ausstellung)

36 Betrunkener Affe
Moche IV (450–550 n. Chr.)
F.O. Moche/Chicama
Steigbügelgefäß, Keramik, H 24 cm
Berlin, Ethnologisches Museum, Staatliche Museen zu Berlin – Preußischer Kulturbesitz
Inv.-Nr. V A 18122
Abb. 37

37 Boot
Modell
Schilf/Binsen
Hildesheim, Roemer- und Pelizaeus-Museum
Inv.-Nr. V5844
Abb. 38

38 Balsaboot mit Fischer
Moche III (300–450 n. Chr.) – Moche IV (450–550 n. Chr.)
F.O. Moche/Chicama
Keramik
Stuttgart, Linden-Museum, Staatliches Museum für Völkerkunde
Inv.-Nr. 53253
Abb. 39

39 Mythische Balsafahrt
Moche IV (450-550 n. Chr.) – Moche V (550–700 n. Chr.)
F.O. Moche/Chicama
Steigbügelgefäß, Keramik
Hildesheim, Roemer- und Pelizaeus-Museum
Abb. 40

40 Fischer mit stilisiertem Balsaboot als Gewand (Skulptur), Schneckentier (Darstellung auf dem Gefäßkörper)
Moche IV (450–550 n. Chr.)
F.O. Moche/Chicama
Steigbügelgefäß, Keramik
Stuttgart, Linden-Museum, Staatliches Museum für Völkerkunde
Inv.-Nr. 93400
Abb. 41

41 Kranke mit Kopftuch
Moche IV (450–550 n. Chr.)
F.O. Moche/Chicama
Steigbügelgefäß, Keramik, H 25,5 cm
Berlin, Ethnologisches Museum, Staatliche Museen zu Berlin – Preußischer Kulturbesitz
Inv.-Nr. V A 48072
Abb. 42

42 Kranke Frau
Moche IV (450–550 n. Chr.)
F.O. Moche/Chicama
Steigbügelgefäß, Keramik
Hildesheim, Roemer- und Pelizaeus-Museum
Abb. 43

43 Totentanz
Moche III (300–450 n. Chr.)
F.O. Moche/Chicama
Steigbügelgefäß, Keramik, H 23,5 cm
Berlin, Ethnolgoisches Museum, Staatliche Museen zu Berlin – Preußischer Kulturbesitz
Inv.-Nr. V A 62199
Abb. 44

44 Sitzender Toter
Moche IV (450–550 n. Chr.)
F.O. Moche/Chicama
Steigbügelgefäß, Keramik
Hildesheim, Roemer- und Pelizaeus-Museum
Abb. 45

45 Tod wird masturbiert
Moche III (300–450 n. Chr.)
F.O. Moche/Chicama
Keramik, H 20 cm
Berlin, Ethnologisches Museum, Staatliche Museen zu Berlin – Preußischer Kulturbesitz
Inv.-Nr. V A 7673
Abb. 46

46 Vier-Face-Dämon
Moche III (300–450 n. Chr.)
F.O. Moche/Chicama
Steigbügelgefäß, Keramik, H 28 cm
Berlin, Ethnologisches Museum, Staatliche Museen zu Berlin – Preußischer Kulturbesitz
Inv.-Nr. V A 592
Abb. 47

47 Fischdämon
Moche III (300–450 n. Chr.) – Moche IV (450–550 n. Chr.)
F.O. unbekannt
Steigbügelgefäß, Keramik, Ø 14 cm, H 31 cm
München, Staatliches Museum für Völkerkunde
Inv.-Nr. G I 70
Abb. 48

48 Kampf zwischen Krebsdämon und Fischdämon
Moche III (300–450 n. Chr.) – Moche IV (450–550 n. Chr.)
F.O. Moche/Chicama
Steigbügelgefäß, Keramik
Stuttgart, Linden-Museum, Staatliches Museum für Völkerkunde
Inv.-Nr. 93393
Abb. 49

49 Krebsdämon
Moche IV (450–550 n. Chr.)
F.O. Moche/Chicama
Steigbügelgefäß, Keramik
Hildesheim, Roemer- und Pelizaeus-Museum
Inv.-Nr. 0022

50 Große Vase mit Wasservogel
Moche III (300–450 n. Chr.) – Moche IV (450–550 n. Chr.)
F.O. Moche/Chicama
Keramik
Hildesheim, Roemer- und Pelizaeus-Museum
Abb. 50

51 Wasservogel
Moche IV (450–550 n. Chr.)
F.O. Moche/Chicama
Steigbügelgefäß, Keramik
Stuttgart, Linden-Museum, Staatliches Museum für Völkerkunde
Inv.-Nr. M 30169
Abb. 51

52 Löffelente
Moche IV (450–550 n. Chr.)
F.O. Moche/Chicama
Steigbügelgefäß, Keramik, 24 x 11,5 x 20 cm
München, Staatliches Museum für Völkerkunde
Inv.-Nr. G I 54
Abb. 52

53 Mann mit Lama
Moche III (300–450 n. Chr.)
F.O. Moche/Chicama
Steigbügelgefäß, Keramik
Stuttgart, Linden-Museum, Staatliches Museum für Völkerkunde
Inv.-Nr. 108379
Abb. 53

54 Leguan
Moche I (50–200 n. Chr.)
F.O. Moche/Chicama
Steigbügelgefäß, Keramik, Ø 16 cm, H 20 cm
München, Staatliches Museum für Völkerkunde
Inv.-Nr. G 902
Abb. 54

55 Kröte
Moche II (200–300 n. Chr.)
F.O. Moche/Chicama
Steigbügelgefäß, Keramik, B 19,5 cm
Berlin, Ethnologisches Museum, Staatliche Museen zu Berlin – Preußischer Kulturbesitz
Inv.-Nr. V A 49773
Abb. 55

56 Sitzende, mit einem Hemd bekleidete Robbe
Moche III (300–450 n. Chr.) – Moche IV (450–550 n. Chr.)
F.O. Moche/Chicama
Steigbügelgefäß, Keramik, H 19 cm
Berlin, Ethnologisches Museum, Staatliche Museen zu Berlin – Preußischer Kulturbesitz
Inv.-Nr. V A 48112
Abb. 56

57 Schwarze Eule
Moche III (300–450 n. Chr.)
F.O. Moche/Chicama
Steigbügelgefäß, Keramik
Hildesheim, Roemer- und Pelizaeus-Museum
Abb. 57

58 Eule
Moche I (50–200 n. Chr.) – Moche II (200–300 n. Chr.)
F.O. Moche/Chicama
Steigbügelgefäß, Keramik, Ø 16 cm, H 21 cm
München, Staatliches Museum für Völkerkunde
Abb. 58

59 Affe
Moche II (200–300 n. Chr.)
F.O. Moche/Chicama
Steigbügelgefäß, Keramik, H 18 cm
Berlin, Ethnologisches Museum, Staatliche Museen zu Berlin – Preußischer Kulturbesitz
Inv.-Nr. V A 13037
Abb. 59

60 Kauernder Fuchs
Moche IV (450–550 n. Chr.)
F.O. Moche/Chicama
Steigbügelgefäß, Keramik, H 21 cm
Berlin, Ethnologisches Museum, Staatliche Museen zu Berlin – Preußischer Kulturbesitz
Inv.-Nr. V A 18153
Abb. 60

61 Mythische Schnecken
Moche IV (450–550 n. Chr.)
F.O. Moche/Chicama
Steigbügelgefäß, Keramik
Stuttgart, Linden-Museum, Staatliches Museum für Völkerkunde
Inv.-Nr. 690361
Abb. 61

62 Spinne
Moche I (50–200 n. Chr.)
F.O. Moche/Chicama
Steigbügelgefäß, Keramik, Ø 17,5 cm, H 20 cm
München, Staatliches Museum für Völkerkunde
Inv.-Nr. G 900
Abb. 62

63 Maisgott
Moche IV (450–550 n. Chr.)
F.O. Moche/Chicama
Steigbügelgefäß, Keramik
Hildesheim, Roemer- und Pelizaeus-Museum
Inv.-Nr. V9649
Abb. 63

64 Erdnußkörbchen
Moche III (300–450 n. Chr.)
F.O. Moche/Chicama
Steigbügelgefäß, Keramik, H 26 cm
Berlin, Ethnologisches Museum, Staatliche Museen zu Berlin – Preußischer Kulturbesitz
Inv.-Nr. V A 17683
Abb. 64

65 Flaschenkürbis
Moche IV (450–550 n. Chr.)
F.O. Moche/Chicama
Steigbügelgefäß, Keramik, H 20,5 cm
Berlin, Ethnologisches Museum, Staatliche Museen zu Berlin – Preußischer Kulturbesitz
Inv.-Nr. V A 18474
Abb. 65

66 Model in Form eines Tierkopfes und dazugehöriger Abdruck
Moche IV (450–550 n. Chr.)
F.O. Moche/Chicama
Keramik
Leipzig, Museum für Völkerkunde im Grassi-Museum
Abb. 66

67 Geometrisch bemaltes Gefäß
Moche II (200–300 n. Chr.)
F.O. Moche/Chicama
Steigbügelgefäß, Keramik
Hildesheim, Roemer- und Pelizaeus-Museum
Inv.-Nr. V10578
Abb. 70

68 Geometrisch bemaltes Gefäß
Moche II (200–300 n. Chr.)
F.O. Moche/Chicama
Steigbügelgefäß, Keramik
Hildesheim, Roemer- und Pelizaeus-Museum
Abb. 68

69 Geometrisch bemaltes Gefäß
Moche I (50–200 n. Chr.)
F.O. Moche/Chicama
Steigbügelgefäß, Keramik
Hildesheim, Roemer- und Pelizaeus-Museum
Abb. 67

70 Geometrisch bemaltes Gefäß
Moche I (50–200 n. Chr.)
F.O. Moche/Chicama
Steigbügelgefäß, Keramik, Ø 15 cm, H 20 cm
München, Staatliches Museum für Völkerkunde
Inv.-Nr. G 903
Abb. 69

71 Geometrisch bemaltes Gefäß
Moche III (300–450 n. Chr.)
F.O. Moche/Chicama
Steigbügelgefäß, Keramik
Berlin, Ethnologisches Museum, Staatliche Museen zu Berlin – Preußischer Kulturbesitz
Inv.-Nr. V A 18429
(nicht in der Ausstellung)

72 Reliefmotiv C – Fischkopf
Moche III (300–450 n. Chr.)
F.O. Moche/Chicama
Steigbügelgefäß, Keramik
Stuttgart, Linden-Museum, Staatliches Museum für Völkerkunde
Inv.-Nr. 68944
Abb. 71

73 Geometrisch bemaltes Gefäß
Moche III (300–450 n. Chr.)
F.O. Moche/Chicama
Steigbügelgefäß, Keramik
Hildesheim, Roemer- und Pelizaeus-Museum
Abb. 72

74 Krebsdämon
Moche V (550–700 n. Chr.)
F.O. Moche/Chicama
Steigbügelgefäß, Keramik
Stuttgart, Linden-Museum, Staatliches Museum für Völkerkunde
Inv.-Nr. M 33406
Abb. 73

75 Priesterin
Moche V (550–700 n. Chr.)
F.O. Jequetepeque
Steigbügelgefäß, Keramik
Stuttgart, Linden-Museum, Staatliches Museum für Völkerkunde
Inv.-Nr. 93386
Abb. 74

76 Mann und Frau bei der Zubereitung von *chicha* (bierähnliches Getränk aus gegorenem Mais)
Moche III (300–450 n. Chr.)
F.O. Moche/Chicama
Steigbügelgefäß, Keramik, 12,3 x 10,15 cm
Lambayeque, Museo Arqueológico Nacional Brüning
Inv.-Nr. MB-925

77 Leguan
Moche II, um 260 n. Chr.
F.O. Sipán, Beigabendepot des Señor von Sipán
Steigbügelgefäß, Keramik, ca. 25 x 16 x 16 cm
Lambayeque, Museo Arqueológico Nacional Brüning
Inv.-Nr. HR/S-IA-T1-210
Abb. 179

78 Uhu
Moche II, um 260 n. Chr.
F.O. Sipán, Hauptnische im Grab des Señor von Sipán
Figurengefäß, Keramik, ca. 25 x 16 x 16 cm
Lambayeque, Museo Arqueológico Nacional Brüning
Inv.-Nr. HR/S-IA-T1/W/159/Pl.3
Abb. 179

79 Nackter Gefangener
Moche II, um 260 n. Chr.
F.O. Sipán, Hauptnische im Grab des Señor von Sipán
Figurengefäß, Keramik, Ø ca. 18 cm, H ca. 23 cm
Lambayeque, Museo Arqueológico Nacional Brüning
Inv.-Nr. HR/S-IA-N/W-7/Pl.1
Abb. 184

80 Geometrisch bemaltes Gefäß
Moche II, um 260 n. Chr.
Keramik, Ø ca. 15 cm, H ca. 20 cm
F.O. Sipán, Beigabendepot des Señor von Sipán
Lambayeque, Museo Arqueológico Nacional Brüning
Inv.-Nr. HR/S-IA-T1-160
Abb. 176

81 Krieger
Moche II, um 260 n. Chr.
F.O. Sipán, Beigabendepot des Señor von Sipán
Figurengefäß, Keramik, Ø ca. 18 cm, H ca. 23 cm
Lambayeque, Museo Arqueológico Nacional Brüning
Inv.-Nr. HR/S-IA-T1/W-59/Pl.3
Abb. 182

82 Sitzender
Moche II, um 260 n. Chr.
F.O. Sipán, Beigabendepot des Señor von Sipán
Figurengefäß, Keramik, Ø ca. 18 cm, H ca. 23 cm
Lambayeque, Museo Arqueológico Nacional Brüning
Inv.-Nr. HR-IA-T1-199

83 Amputierter
Moche II, um 260 n. Chr.
F.O. Sipán, Beigabendepot des Señor von Sipán
Figurengefäß, Keramik, Ø ca. 18 cm, H ca. 23 cm
Lambayeque, Museo Arqueológico Nacional Brüning
Inv.-Nr. HR-IR-T1-11-E

84 Bügelhenkelgefäß (*cantarito*)
Moche II, um 260 n. Chr.
F.O. Sipán, Beigabendepot des Señor von Sipán
Figurengefäß, Keramik, ca. 25 x 16 x 16 cm
Lambayeque, Museo Arqueológico Nacional Brüning
Inv.-Nr. HR-IA-T1-142
Abb. 96

85 Stehender
Moche II, um 260 n. Chr.
F.O. Sipán, Beigabendepot des Señor von Sipán
Figurengefäß, Keramik, Ø ca. 18 cm, H ca. 23 cm
Lambayeque, Museo Arqueológico Nacional Brüning
Inv.-Nr. HR-IA-T1-753

86 Sitzender
Moche II, um 260 n. Chr.
F.O. Sipán, Beigabendepot des Señor von Sipán
Figurengefäß, Keramik, Ø ca. 18 cm, H ca. 23 cm
Lambayeque, Museo Arqueológico Nacional Brüning
Inv.-Nr. HR-IA-T1-21-N

87 Dachaufsatz in Form eines Keulenkopfes
Moche II, um 260 n. Chr.
F.O. Sipán, Verfüllung der Plattform
Keramik
Lambayeque, Museo Arqueológico Nacional Brüning
Inv.-Nr. S/I/HIII(S)-C: 1
Abb. 88

88 Dachaufsatz in Form eines Kopfes mit Geweih
Moche II, um 260 n. Chr.
F.O. Sipán, Verfüllung der Plattform
Keramik
Lambayeque, Museo Arqueológico Nacional Brüning
Inv.-Nr. R-543
Abb. 88

89 Kopf mit Inkrustationen in den Augen
Glied einer Halskette
Um 260 n. Chr.
F.O. Sipán, ausgeraubtes Grab
Gold, Lapislazuli, 12,4 x 15,5 x 8,8 cm, 116 g
Lambayeque, Museo Arqueológico Nacional Brüning
Inv.-Nr. MB-9398
Abb. 76

90 Raubkatzenkopf
Glied einer Halskette
Um 260 n. Chr.
F.O. Sipán, ausgeraubtes Grab
Kupfer, vergoldet, Spondylus-Muschel, Ø 16 cm, T 9 cm, 200,7 g
Lambayeque, Museo Arqueológico Nacional Brüning
Inv.-Nr. MB-9399
Abb. 77

91 Erdnußfrucht
Glied einer Halskette
Um 260 n. Chr.
F.O. Sipán, ausgeraubtes Grab
Gold, 7,8 x 2,5 x 2,5 cm, 27 g
Lambayeque, Museo Arqueológico Nacional Brüning
Inv.-Nr. MB-9403
Abb. 78

92 Erdnußfrucht
Glied einer Halskette
Um 260 n. Chr.
F.O. Sipán, ausgeraubtes Grab
Silber, 8,4 x 2,6 x 2,7 cm, 42 g
Lambayeque, Museo Arqueológico Nacional Brüning
Inv.-Nr. MB-9419
Abb. 78

93 Rassel/Schelle mit der Darstellung des *Ai-Apaec* oder „Kopfabschneiders"
Um 260 n. Chr.
F.O. Sipán, ausgeraubtes Grab
Kupfer, vergoldet, 12 x 21,6 x 5 cm, 247 g
Lambayeque, Museo Arqueológico Nacional Brüning
Inv.-Nr. S/TS/D/CG: 33
Abb. 82

94 Zepter mit Bekrönung in Form eines Moche-Palastes
Um 260 n. Chr.
F.O. Sipán, ausgeraubtes Grab
Kupfer, 100 x 16,5 x 16,5 cm
Lambayeque, Museo Arqueológico Nacional Brüning
Inv.-Nr. S/TS-M: 1
Abb. 85, 86, 87

95 Halterung
Um 260 n. Chr.
F.O. Sipán, Grab des Señor von Sipán
Kupfer, Ø 20 cm, Band B 0,9 cm, T 0,3 cm
Lambayeque, Museo Arqueológico Nacional Brüning
Inv.-Nr. S/T1-Cs: 32A
Abb. 191

96 Halterung
Um 260 n. Chr.
F.O. Sipán, Grab des Señor von Sipán
Kupfer, Ø 20 cm, Band, B 0,9 cm, T 0,3 cm
Lambayeque, Museo Arqueológico Nacional Brüning
Inv.-Nr. S/T1-Cs: 32B
Abb. 191

97 Halterung
Um 260 n. Chr.
F.O. Sipán, Grab des Señor von Sipán
Kupfer, Ø 20 cm, Band, B 0,9 cm, T 0,3 cm
Lambayeque, Museo Arqueológico Nacional Brüning
Inv.-Nr. S/T1-Cs: 32C
Abb. 191

98 Halterung
Um 260 n. Chr.
F.O. Sipán, Grab des Señor von Sipán
Kupfer, Ø 20 cm, Band, B 0,9 cm, T 0,3 cm
Lambayeque, Museo Arqueológico Nacional Brüning
Inv.-Nr. S/T1-Cs: 32D
Abb. 191

99 Viereckige Standarte mit Zentralfigur und „Ulluchu"-Früchten am Rand
Um 260 n. Chr.
F.O. Sipán, Grab des Señor von Sipán
Kupfer, vergoldet, Türkis, 49 x 56 x 10 cm, 2779 g
Lambayeque, Museo Arqueológico Nacional Brüning
Inv.-Nr. S/T1-Cs: 3A
Abb. 125

100 Standartenfigur
Um 260 n. Chr.
F.O. Sipán, Grab des Señor von Sipán
Kupfer, vergoldet, Silber, Türkis, 33,5 x 29 x 10 cm
Lambayeque, Museo Arqueológico Nacional Brüning
Inv.-Nr. S/T1-Cs: 3B1
Abb. 120

101 Standartenfigur
Um 260 n. Chr.
F.O. Sipán, Grab des Señor von Sipán
Kupfer, vergoldet, Silber, Türkis, 23 x 21 x 10 cm
Lambayeque, Museo Arqueológico Nacional Brüning
Inv.-Nr. S/T1-Cs: 3C
Abb. 122

102 Standartenfigur
Um 260 n. Chr.
F.O. Sipán, Grab des Señor von Sipán
Kupfer, 20 x 18 x 10 cm
Lambayeque, Museo Arqueológico Nacional Brüning
Inv.-Nr. S/T1-Cs: 3D
Abb. 121

103 Krone
Um 260 n. Chr.
F.O. Sipán, Grab des Señor von Sipán
Kupfer, vergoldet, Türkis, 42,5 x 70 cm
Lambayeque, Museo Arqueológico Nacional Brüning
Inv.-Nr. S/T1-M1: 6
Abb. 129–131

104 Pektoral mit roten und weißen Streifen
Um 260 n. Chr.
F.O. Sipán, Grab des Señor von Sipán
Spondylus-Muschel, Kupfer, 70 x 90 cm
Lambayeque, Museo Arqueológico Nacional Brüning
Inv.-Nr. S/T1-Cs: 11
Abb. 203

105 Hemd mit aufgenähten Plättchen
Um 260 n. Chr.
F.O. Sipán, Grab des Señor von Sipán
Silber Kupfer
Lambayeque, Museo Arqueológico Nacional Brüning
Abb. 377

106 Ohrpflock mit der Darstellung eines Kriegerbefehlshabers
Um 260 n. Chr.
F.O. Sipán, Grab des Señor von Sipán
Gold, Türkis, Ø 9,4 cm, T 5 cm, 49,5 g
Lambayeque, Museo Arqueológico Nacional Brüning
Inv.-Nr. S/T1-O: 1
Abb. 113

107 Ohrpflock mit der Darstellung einer Löffelente
Um 260 n. Chr.
F.O. Sipán, Grab des Señor von Sipán
Gold, Türkis, Ø 9,3 cm, T 2 cm, 54,4 g
Lambayeque, Museo Arqueológico Nacional Brüning
Inv.-Nr. S/T1-O: 4
Abb. 117

108 Ohrpflock mit der Darstellung einer Löffelente
Um 260 n. Chr.
F.O. Sipán, Grab des Señor von Sipán
Gold, Türkis, Ø 9,1 cm, T 2 cm, 54,5 g
Lambayeque, Museo Arqueológico Nacional Brüning
Inv.-Nr. S/T1-O: 3
Abb. 117

109 Ohrpflock mit der Darstellung eines Hirsches
Um 260 n. Chr.
F.O. Sipán, Grab des Señor von Sipán
Gold, Türkis, Ø 8,2 cm, T 8,4 cm, 49,4 g
Lambayeque, Museo Arqueológico Nacional Brüning
Inv.-Nr. S/T1-O: 5
Abb. 118, 119

110 Ohrpflock mit der Darstellung eines Hirsches
Um 260 n. Chr.
F.O. Sipán, Grab des Señor von Sipán
Gold, Türkis, Ø 8,2 cm, T 8,3 cm, 50,4 g
Lambayeque, Museo Arqueológico Nacional Brüning
Inv.-Nr. S/T1-O: 6
Abb. 118, 119

111 Halbmondförmiger Nasenschmuck
Um 260 n. Chr.
F.O. Sipán, Grab des Señor von Sipán
Gold, 11 x 14,7 cm, 10,2 g
Lambayeque, Museo Arqueológico Nacional Brüning
Inv.-Nr. S/T1-O: 9
Abb. 194

112 Ovaler, konvexer Nasenschmuck
Um 260 n. Chr.
F.O. Sipán, Grab des Señor von Sipán
Gold, 5,8 x 7,2 cm, 31 g
Lambayeque, Museo Arqueológico Nacional Brüning
Inv.-Nr. S/T1-O: 14
Abb. 139

113 Ovaler, konvexer Nasenschmuck
Um 260 n. Chr.
F.O. Sipán, Grab des Señor von Sipán
Silber, 5,9 x 7,2 cm, 27,5 g
Lambayeque, Museo Arqueológico Nacional Brüning
Inv.-Nr. S/T1-M: 12
Abb. 139

114 Kette mit Uhuköpfen
Um 260 n. Chr.
F.O. Sipán, Grab des Señor von Sipán
Kupfer
Lambayeque, Museo Arqueológico Nacional Brüning
Inv.-Nr. S/T1-Vs: 277

115 Halskette mit Erdnußfrüchten
Um 260 n. Chr.
F.O. Sipán, Grab des Señor von Sipán
Gold, Silber, 29 x 29 x 2,7 cm, 510,5 g
Lambayeque, Museo Arqueológico Nacional Brüning
Inv.-Nr. S/T1-O: 17
Abb. 144

116 Kinnschutz
Um 260 n. Chr.
F.O. Sipán, Grab des Señor von Sipán
Gold, 13,6 x 19 cm, 216,3 g
Lambayeque, Museo Arqueológico Nacional Brüning
Inv.-Nr. S/T1-O: 7
Abb. 140

117 Blech mit der Darstellung eines rechten Auges
Um 260 n. Chr.
F.O. Sipán, Grab des Señor von Sipán
Gold, 4,8 x 7,4 cm, 6,1 g
Lambayeque, Museo Arqueológico Nacional Brüning
Inv.-Nr. S/T1-O: 12
Abb. Frontispiz

118 Blech mit der Darstellung eines linken Auges
Um 260 n. Chr.
F.O. Sipán, Grab des Señor von Sipán
Gold, 4,8 x 7,4 cm, 4,6 g
Lambayeque, Museo Arqueológico Nacional Brüning
Inv.-Nr. S/T1-O: 18
Abb. Frontispiz

119 Blech mit ziselierten Mustern
Nasenplatte
Um 260 n. Chr.
F.O. Sipán, Grab des Señor von Sipán
Gold, 8,3 x 4 cm, 13,6 g
Lambayeque, Museo Arqueológico Nacional Brüning
Inv.-Nr. S/T1-O: 13
Abb. Frontispiz

120 Blech mit der Darstellung von Zahnreihen
Um 260 n. Chr.
F.O. Sipán, Grab des Señor von Sipán
Gold, 2,9 x 8,8 cm, 11,6 g
Lambayeque, Museo Arqueológico Nacional Brüning
Inv.-Nr. S/T1-O: 23
Abb. Frontispiz

121 Kopfstütze
Um 260 n. Chr.
F.O. Sipán, Grab des Señor von Sipán
Gold, 15 x 18,2 cm, 268,1 g
Lambayeque, Museo Arqueológico Nacional Brüning
Inv.-Nr. S/T1-O: 11
Abb. 138

122 Kette aus Dégradé-Kugeln
Um 260 n. Chr.
F.O. Sipán, Grab des Señor von Sipán
Gold, Ø 2,5–6 cm, L 50 cm, 103,5 g
Lambayeque, Museo Arqueológico Nacional Brüning
Inv.-Nr. S/T1-O: 29
Abb. 146

123 Zeremonialmesser („tumi")
Um 260 n. Chr.
F.O. Sipán, Grab des Señor von Sipán
Gold, Türkis, 11,5 x 7,9 x 5 cm, 125 g
Lambayeque, Museo Arqueológico Nacional Brüning
Inv.-Nr. S/T1-O: 19
Abb. 160

124 Zeremonialmesser („tumi")
Um 260 n. Chr.
F.O. Sipán, Grab des Señor von Sipán
Silber, Sodalith, Amethyst, 12 x 8,5 x 5 cm, 100 g
Lambayeque, Museo Arqueológico Nacional Brüning
Inv.-Nr. S/T1-P: 13
Abb. 160

125 Scheibenhalskette
Um 260 n. Chr.
F.O. Sipán, Grab des Señor von Sipán
Gold, Ø je 4,6 cm, 405,8 g gesamt
Lambayeque, Museo Arqueológico Nacional Brüning
Inv.-Nr. S/T1-O: 20
Abb. 156

126 Barren
Um 260 n. Chr.
F.O. Sipán, Grab des Señor von Sipán
Gold, Ø 4,8 cm, T 1 cm, 166 g
Lambayeque, Museo Arqueológico Nacional Brüning
Inv.-Nr. S/T1-O: 22
Abb. 197

127 Barren
Um 260 n. Chr.
F.O. Sipán, Grab des Señor von Sipán
Silber, Ø 5 cm, T 1 cm, 125,02 g
Lambayeque, Museo Arqueológico Nacional Brüning
Inv.-Nr. S/T1-P: 10
Abb. 197

128 Zeptermesser
Um 260 n. Chr.
F.O. Sipán, Grab des Señor von Sipán
Silber, 23,5 x 3,7 x 3,7 cm cm, 236 g
Lambayeque, Museo Arqueológico Nacional Brüning
Inv.-Nr. S/T1-P: 15
Abb. 147, 148

129 Pyramidaler Abschluß des Zeptermessers
Um 260 n. Chr.
F.O. Sipán, Grab des Señor von Sipán
Gold, 15,5 x 12 x 12 cm, 419,46 g
Lambayeque, Museo Arqueológico Nacional Brüning
Inv.-Nr. S/T1-O: 15
Abb. 149–151

130 Zeptermesser mit zwei bekrönenden Figuren
Um 260 n. Chr.
F.O. Sipán, Grab des Señor von Sipán
Silber, 22 x 1,9 x 1,9 cm, 161 g
Lambayeque, Museo Arqueológico Nacional Brüning
Inv.-Nr. S/T1-P: 14
Abb. 152, 153

131 Pinzette
Um 260 n. Chr.
F.O. Sipán, Grab des Señor von Sipán
Silber, vergoldet, 4,2 x 3,5 x 1,5 cm, 6 g
Lambayeque, Museo Arqueológico Nacional Brüning
Inv.-Nr. S/T1-M: 8
Abb. 142

132 Pinzette
Um 260 n. Chr.
F.O. Sipán, Grab des Señor von Sipán
Silber, vergoldet
Lambayeque, Museo Arqueológico Nacional Brüning
Inv.-Nr. S/T1-M: 9
Abb. 142

133 Pektoral mit Strahlen
Um 260 n. Chr.
F.O. Sipán, Grab des Señor von Sipán
Spondylus-Muschel, Kupfer, 44 x 60 cm, 117 g
Lambayeque, Museo Arqueológico Nacional Brüning
Inv.-Nr. S/T1-Cs: 6B
Abb. 137

134 Armband
Um 260 n. Chr.
F.O. Sipán, Grab des Señor von Sipán
Türkis, Gold, Spondylus-Muschel, Kupfer,
9,5 x 21 cm, 737,8 g
Lambayeque, Museo Arqueológico Nacional Brüning
Inv.-Nr. S/T1-Cs: 16A
Abb. 154

135 Armband
Um 260 n. Chr.
F.O. Sipán, Grab des Señor von Sipán
Türkis, Gold, Sondylus-Muschel, Kupfer,
9,2 x 20,7 cm, 63,47 g
Lambayeque, Museo Arqueológico Nacional Brüning
Inv.-Nr. S/T1-Cs: 16C
Abb. 154

136 Sandale
Um 260 n. Chr.
F.O. Sipán, Grab des Señor von Sipán
Silber, 23,4 x 11 x 5 cm
Lambayeque, Museo Arqueológico Nacional Brüning
Inv.-Nr. S/T1-Cs: 6C-a
Abb. 199

137 Sandale
Um 260 n. Chr.
F.O. Sipán, Grab des Señor von Sipán
Silber, 23,5 x 11 x 5 cm
Lambayeque, Museo Arqueológico Nacional Brüning
Inv.-Nr. S/T1-Cs: 6C-b
Abb. 199

138 Kopfputzhalter
Um 260 n. Chr.
F.O. Sipán, Grab des Señor von Sipán
Kupfer, 42 x 8,8 cm, 106,1 g
Lambayeque, Museo Arqueológico Nacional Brüning
Inv.-Nr. S/T1-Cs: 18A
Abb. 196

139 Kopfputzhalter
Um 260 n. Chr.
F.O. Sipán, Grab des Señor von Sipán
Kupfer, 36,5 x 3,6 cm, 65,2 g
Lambayeque, Museo Arqueológico Nacional Brüning
Inv.-Nr. S/T1-Cs: 18B
Abb. 196

140 Kopfputzhalter mit bekrönender Figur
Um 260 n. Chr.
F.O. Sipán, Grab des Señor von Sipán
Kupfer, 52 x 9,2 cm, 150,6 g
Lambayeque, Museo Arqueológico Nacional Brüning
Inv.-Nr. S/T1-Cs: 24
Abb. 196

141 Krone
Um 260 n. Chr.
F.O. Sipán, Grab des Señor von Sipán
Gold, 42,5 x 62,7 cm, 422,3 g
Lambayeque, Museo Arqueológico Nacional Brüning
Inv.-Nr. S/T1-O: 24
Abb. 162

142 Rassel/Schelle mit der Darstellung des *Ai-Apaec* oder „Kopfabschneiders“
Um 260 n. Chr.
F.O. Sipán, Grab des Señor von Sipán
Gold, Türkis, Spondylus-Muschel, 11 x 20 x 2,7 cm,
179,1 g
Lambayeque, Museo Arqueológico Nacional Brüning
Inv.-Nr. S/T1-O: 25
Abb. 164

143 Rassel/Schelle mit der Darstellung des *Ai-Apaec* oder „Kopfabschneiders“
Um 260 n. Chr.
F.O. Sipán, Grab des Señor von Sipán
Gold, Türkis, Spondylus-Muschel,
11,3 x 20,7 x 2,7 cm, 207,4 g
Lambayeque, Museo Arqueológico Nacional Brüning
Inv.-Nr. S/T1-O: 26
Abb. 168

144 Steißschutz mit der Darstellung des *Ai-Apaec* oder „Kopfabschneiders“
Um 260 n. Chr.
F.O. Sipán, Grab des Señor von Sipán
Gold, Türkis, 45 x 40,3 x 3 cm, 777 g
Lambayeque, Museo Arqueológico Nacional Brüning
Inv.-Nr. S/T1-O: 27
Abb. 166

145 Steißschutz mit der Darstellung des *Ai-Apaec* oder „Kopfabschneiders“
Um 260 n. Chr.
F.O. Sipán, Grab des Señor von Sipán
Silber, Türkis, 45,5 x 40 x 3 cm, 636 g
Lambayeque, Museo Arqueológico Nacional Brüning
Inv.-Nr. S/T1-M: 16
Abb. 165

146 Pektoral
Um 260 n. Chr.
F.O. Sipán, Grab des Señor von Sipán
Spondylus-Muschel, Kupfer, 70 x 90 cm
Lambayeque, Museo Arqueológico Nacional Brüning
Inv.-Nr. S/T1-Cs: 10 (= R-175)
Abb. 201

147 Pektoral
Um 260 n. Chr.
F.O. Sipán, Grab des Señor von Sipán
Spondylus-Muschel, Kupfer, 80 x 91 cm
Lambayeque, Museo Arqueológico Nacional Brüning
Inv.-Nr. S/T1-Cs: 20 (= R-173)
Abb. 202

148 Pektoral mit roten und weißen Streifen
Um 260 n. Chr.
F.O. Sipán, Grab des Señor von Sipán
Spondylus-Muschel, Kupfer, 80 x 91 cm
Lambayeque, Museo Arqueológico Nacional Brüning
Inv.-Nr. S/T1-Cs: 11 (= R-174)

149 Krone
Um 260 n. Chr.
F.O. Sipán, Grab des Señor von Sipán
Gold, 42,7 x 26,9 cm, 61 g
Lambayeque, Museo Arqueológico Nacional Brüning
Inv.-Nr. S/T1-O: 28
Abb. 163

150 Fuchskopf
Um 260 n. Chr.
F.O. Sipán, Grab des Señor von Sipán
Kupfer, 9,8 x 9,8 x 11,7 cm, 104,5 g
Lambayeque, Museo Arqueológico Nacional Brüning
Inv.-Nr. S/T1-Vs: 95
Abb. 205

151 Zeremonialbart
Um 260 n. Chr.
F.O. Sipán, Grab des Señor von Sipán
Kupfer, 11 x 33 cm, 68,9 g
Lambayeque, Museo Arqueológico Nacional Brüning
Inv.-Nr. S/T1-Vs: 92
Abb. 205

152 Scheibe mit 11 Löchern
Um 260 n. Chr.
F.O. Sipán, Grab des Señor von Sipán
Kupfer, Ø 16 cm
Lambayeque, Museo Arqueológico Nacional Brüning
Inv.-Nr. S/T1-Vs: 103B
Abb. 205

153 Scheibe mit 12 Löchern
Um 260 n. Chr.
F.O. Sipán, Grab des Señor von Sipán
Kupfer, Ø 16 cm
Lambayeque, Museo Arqueológico Nacional Brüning
Inv.-Nr. S/T3-Cu: 34 (= R-78A)
Abb. 205

154 Hand
Um 260 n. Chr.
F.O. Sipán, Grab des Señor von Sipán
Kupfer, 5,9 x 6,9 x 1 cm, 9,6 g
Lambayeque, Museo Arqueológico Nacional Brüning
Inv.-Nr. S/T1-M: 1
Abb. 205

155 Hand
Um 260 n. Chr.
F.O. Sipán, Grab des Señor von Sipán
Kupfer, 6,1 x 6,8 x 1 cm, 14,4 g
Lambayeque, Museo Arqueológico Nacional Brüning
Inv.-Nr. S/T1-M: 2
Abb. 205

156 Lanzenspitze
Um 260 n. Chr.
F.O. Sipán, Grab des Señor von Sipán
Kupfer, Ø 2,2 cm, L 25,5 cm, 43,5 g
Lambayeque, Museo Arqueológico Nacional Brüning
Inv.-Nr. S/T1-Vs: 279

157 Pfeil
Um 260 n. Chr.
F.O. Sipán, Grab des Señor von Sipán
Kupfer, L 21 cm
Lambayeque, Museo Arqueológico Nacional Brüning
Inv.-Nr. S/T1/Cu: 261(1) (= Cs: 32B(1)
Abb. 206

158 Pfeil
Um 260 n. Chr.
F.O. Sipán, Grab des Señor von Sipán
Kupfer, L 21 cm
Lambayeque, Museo Arqueológico Nacional Brüning
Inv.-Nr. S/T1/Cu: 261(2) (= Cs: 32B(2)
Abb. 206

159 Pfeil
Um 260 n. Chr.
F.O. Sipán, Grab des Señor von Sipán
Kupfer, L 21 cm
Lambayeque, Museo Arqueológico Nacional Brüning
Inv.-Nr. S/T1/Cu: 261(3) (= Cs: 32B(3)
Abb. 206

160 Pfeil
Um 260 n. Chr.
F.O. Sipán, Grab des Señor von Sipán
Kupfer, L 21 cm
Lambayeque, Museo Arqueológico Nacional Brüning
Inv.-Nr. S/T1/Cu: 261(4) (= Cs: 32B(4)
Abb. 206

161 Pfeil
Um 260 n. Chr.
F.O. Sipán, Grab des Señor von Sipán
Kupfer, L 21 cm
Lambayeque, Museo Arqueológico Nacional Brüning
Inv.-Nr. S/T1/Cu: 261(5) (= Cs: 32B(5)
Abb. 206

162 Okarina in Form eines Frosches
Um 260 n. Chr.
F.O. Sipán, Grab des Señor von Sipán
Kupfer, Türkis, 2,6 x 2,6 x 4,6 cm, 19,8 g
Lambayeque, Museo Arqueológico Nacional Brüning
Inv.-Nr. S/T1-Vs: 202
Abb. 133

163 Ohrpflock mit der Darstellung eines Kopfes
Um 260 n. Chr.
F.O. Sipán, Grab des Priesters
Kupfer, vergoldet, Gold, Türkis, Ø 10,5 cm, 68,72 g
Lambayeque, Museo Arqueológico Nacional Brüning
Inv.-Nr. S/T2-O: 1
Abb. 210

164 Ohrpflock mit der Darstellung eines Kopfes
Um 260 n. Chr.
F.O. Sipán, Grab des Priesters
Kupfer, vergoldet, Gold, Türkis, Ø 10,5 cm, 63,6 g
Lambayeque, Museo Arqueológico Nacional Brüning
Inv.-Nr. S/T2-O: 2
Abb. 210

165 Ovaler und konvexer Nasenschmuck
Um 260 n. Chr.
F.O. Sipán, Grab des Priesters
Gold, 7,3 x 9 cm, 22,5 g
Lambayeque, Museo Arqueológico Nacional Brüning
Inv.-Nr. S/T2-O: 3
Abb. 217

166 Nasenschmuck
Um 260 n. Chr.
F.O. Sipán, Grab des Priesters
Gold, Türkis, nur die rechte Hälfte erhalten,
9,5 x 4,5 cm, 10,45 g
Lambayeque, Museo Arqueológico Nacional Brüning
Inv.-Nr. S/T2-O: 4
Abb. 217

167 Halskette mit der Darstellungen trauriger Gesichter
Um 260 n. Chr.
F.O. Sipán, Grab des Priesters
Kupfer, vergoldet, Spondylus-Muschel,
6,8 x 58,9 x 5 cm, 364,6 g
Lambayeque, Museo Arqueológico Nacional Brüning
Inv.-Nr. S/T2-Cs: 2
Abb. 214

168 Halskette mit der Darstellungen lachender Gesichter
Um 260 n. Chr.
F.O. Sipán, Grab des Priesters
Kupfer, vergoldet, Spondylus-Muschel,
5,5 x 58,5 x 5 cm, 305 g
Lambayeque, Museo Arqueológico Nacional Brüning
Inv.-Nr. S/T2-Cs: 1
Abb. 211

169 Becher
Um 260 n. Chr.
F.O. Sipán, Grab des Priesters
Kupfer, vergoldet, 10 x 13 x 11 cm, 156,1 g
Lambayeque, Museo Arqueológico Nacional Brüning
Inv.-Nr. S/T2-Cs: 27 (= R-142)
Abb. 218

170 Steißschutz
Um 260 n. Chr.
F.O. Sipán, Grab des Priesters
Gold, Silber, 28,6 x 24,5 x 2 cm, 239 g
Lambayeque, Museo Arqueológico Nacional Brüning
Inv.-Nr. S/T2-O: 5
Abb. 215

171 Spinne
Glied einer Halskette
Um 50 n. Chr.
F.O. Sipán, Grab des alten Herrschers
Gold, Ø 8,3 cm, T 5,2 cm, 57 g
Lambayeque, Museo Arqueológico Nacional Brüning
Inv.-Nr. S/T3-O: 1A
Abb. 228

172 Spinne
Glied einer Halskette
Um 50 n. Chr.
F.O. Sipán, Grab des alten Herrschers
Gold, Ø 8,3 cm, T 5,6 cm, 57,5 g
Lambayeque, Museo Arqueológico Nacional Brüning
Inv.-Nr. S/T3-O: 1B
Abb. 228

173 Spinne
Glied einer Halskette
Um 50 n. Chr.
F.O. Sipán, Grab des alten Herrschers
Gold, Ø 8,3 cm, T 5,6 cm, 58,5 g
Lambayeque, Museo Arqueológico Nacional Brüning
Inv.-Nr. S/T3-O: 1C
Abb. 228

174 Spinne
Glied einer Halskette
Um 50 n. Chr.
F.O. Sipán, Grab des alten Herrschers
Gold, Ø 8,3 cm, T 5,6 cm, 48,8 g
Lambayeque, Museo Arqueológico Nacional Brüning
Inv.-Nr. S/T3-O: 1E
Abb. 228

175 Spinne
Glied einer Halskette
Um 50 n. Chr.
F.O. Sipán, Grab des alten Herrschers
Gold, Ø 8,2 cm, T 6,1 cm, 56 g
Lambayeque, Museo Arqueológico Nacional Brüning
Inv.-Nr. S/T3-O: 1F
Abb. 228

176 Kopf eines Kriegers
Um 50 n. Chr.
F.O. Sipán, Grab des alten Herrschers
Kupfer, vergoldet, 11,8 x 13,6 x 10 cm, 88,4 g
Lambayeque, Museo Arqueológico Nacional Brüning
Inv.-Nr. S/T3-Cu: 8 (= R-138)
Abb. 283

177 Krieger mit Keule
Um 50 n. Chr.
F.O. Sipán, Grab des alten Herrschers
Kupfer, vergoldet, 28 x 14,5 x 5 cm, 243 g
Lambayeque, Museo Arqueológico Nacional Brüning
Inv.-Nr. S/T3-Cu: 35
Abb. 235

178 Zeptermesser mit Knauf in Form einer stilisierten „Ulluchu"-Frucht
Um 50 n. Chr.
F.O. Sipán, Grab des alten Herrschers
Gold, Ø 6,5 cm, L 22,6 cm, 104 g
Lambayeque, Museo Arqueológico Nacional Brüning
Inv.-Nr. S/T3-O: 2
Abb. 230

179 Zeptermesser mit bekrönender Zentralfigur
Um 50 n. Chr.
F.O. Sipán, Grab des alten Herrschers
Silber, 24,3 x 3,5 x 3 cm, 99,5 g
Lambayeque, Museo Arqueológico Nacional Brüning
Inv.-Nr. S/T3-P: 22
Abb. 233

180 Maske mit Inkrustation im rechten Auge
Um 50 n. Chr.
F.O. Sipán, Grab des alten Herrschers
Kupfer, Türkis, 24 x 20 x 6 cm
Lambayeque, Museo Arqueológico Nacional Brüning
Inv.-Nr. S/T3-Cu: 41A
Abb. 236

181 Halskette aus Uhuköpfen
Um 50 n. Chr.
F.O. Sipán, Grab des alten Herrschers
Kupfer, versilbert, Ø je Kopf 4 cm
Lambayeque, Museo Arqueológico Nacional Brüning
Inv.-Nr. S/T3-Cu: 41B
Abb. 236

182 Krebsdämon
Um 50 n. Chr.
F.O. Sipán, Grab des alten Herrschers
Kupfer, vergoldet, Kupfer, Türkis, grüner Stein,
59 x 58 x 15 cm
Lambayeque, Museo Arqueológico Nacional Brüning
Inv.-Nr. S/T3-Cu: 62
Abb. 285

183 Fuchskopf
Um 50 n. Chr.
F.O. Sipán, Grab des alten Herrschers
Kupfer, versilbert, 12,4 x 10 x 10 cm
Lambayeque, Museo Arqueológico Nacional Brüning
Inv.-Nr. S/T3-Cu: 132
Abb. 237

184 Pektoral
Um 50 n. Chr.
F.O. Sipán, Grab des alten Herrschers
Kupfer, vergoldet, 45 x 70 cm
Lambayeque, Museo Arqueológico Nacional Brüning
Inv.-Nr. S/T3-Cs: 40
Abb. 270

185 Maske mit Nasenschmuck
Teil des Tintenfisch-Ensembles
Um 50 n. Chr.
F.O. Sipán, Grab des alten Herrschers
Kupfer, Spondylus-Muschel
Lambayeque, Museo Arqueológico Nacional Brüning
Inv.-Nr. S/T3-Cu: 26A (= R-58A)
Abb. 239

186 Halskette mit Uhuköpfen
Teil des Tintenfisch-Ensembles
Um 50 n. Chr.
F.O. Sipán, Grab des alten Herrschers
Kupfer
Lambayeque, Museo Arqueológico Nacional Brüning
Inv.-Nr. S/T3-Cu: 26B (= R-58B)
Abb. 239

187 Pektoral aus 37 trapezoiden Gliedern mit horizontalen Rillen
Teil des Tintenfisch-Ensembles
Um 50 n. Chr.
F.O. Sipán, Grab des alten Herrschers
Silber
Lambayeque, Museo Arqueológico Nacional Brüning
Inv.-Nr. S/T3-Cu: 65A
Abb. 239

188 Pektoral aus 48 Gliedern in Form von Schlangenköpfen mit Kugeln
Teil des Tintenfisch-Ensembles
Um 50 n. Chr.
F.O. Sipán, Grab des alten Herrschers
Kupfer, vergoldetes Kupfer
Lambayeque, Museo Arqueológico Nacional Brüning
Inv.-Nr. S/T3-Cu: 65B (= R-23B)
Abb. 239

189 Pektoral aus Tintenfischtentakeln
Teil des Tintenfisch-Ensembles
Um 50 n. Chr.
F.O. Sipán, Grab des alten Herrschers
Kupfer, vergoldetes Kupfer
Lambayeque, Museo Arqueológico Nacional Brüning
Inv.-Nr. S/T3-Cu: 66 (= R-23C)
Abb. 239

190 Felidendämon
Um 50 n. Chr.
F.O. Sipán, Grab des alten Herrschers
Kupfer, vergoldet, Türkis, Spondylus-Muschel, 56,6 x 43,5 cm
Lambayeque, Museo Arqueológico Nacional Brüning
Inv.-Nr. S/T3-Cu19/Cu: 63 (= R-22)
Abb. 282

191 Standarte mit rechteckigen Plättchen und Zentralfigur
Um 50 n. Chr.
F.O. Sipán, Grab des alten Herrschers
Kupfer, vergoldet, 80 x 66,5 x 5 cm
Lambayeque, Museo Arqueológico Nacional Brüning
Inv.-Nr. S/T3-Cu: 149 (= R-49)
Abb. 241

192 Runde Standarte mit rechteckigen Plättchen und Zentralfigur
Um 50 n. Chr.
F.O. Sipán, Grab des alten Herrschers
Kupfer, vergoldet, Türkis, Ø 34 cm
Lambayeque, Museo Arqueológico Nacional Brüning
Inv.-Nr. S/T3-Cu: 33
Abb. 274

193 Rassel/Schelle
Um 50 n. Chr.
F.O. Sipán, Grab des alten Herrschers
Kupfer, vergoldet, Ø 8,6 cm, T 8,5 cm
Lambayeque, Museo Arqueológico Nacional Brüning
Inv.-Nr. S/T3-Cu: 42 (= R-16A)
Abb. 287

194 Rassel/Schelle
Um 50 n. Chr.
F.O. Sipán, Grab des alten Herrschers
Kupfer, vergoldet, Ø 8,6 cm, T 8,5 cm
Lambayeque, Museo Arqueológico Nacional Brüning
Inv.-Nr. S/T3-Cu: 43 (= R-16B)
Abb. 287

195 Rassel/Schelle
Um 50 n. Chr.
F.O. Sipán, Grab des alten Herrschers
Kupfer, vergoldet, Ø 8,6 cm, T 8,5 cm
Lambayeque, Museo Arqueológico Nacional Brüning
Inv.-Nr. S/T3-Cu: 44 (= R-16C)
Abb. 287

196 Rassel/Schelle
Um 50 n. Chr.
F.O. Sipán, Grab des alten Herrschers
Kupfer, vergoldet, Ø 8,6 cm, T 8,5 cm
Lambayeque, Museo Arqueológico Nacional Brüning
Inv.-Nr. S/T3-Cu: 45 (= R-16D)
Abb. 287

197 Raubkatzenartiges Gesicht (beschädigt)
Glied einer Halskette
Um 50 n. Chr.
F.O. Sipán, Grab des alten Herrschers
Silber, Spondylus-Muschel, 7,9 x 6,8 cm, 24 g
Lambayeque, Museo Arqueológico Nacional Brüning
Inv.-Nr. S/T3/P-3F
Abb. 242

198 Raubkatzenartiges Gesicht
Glied einer Halskette
Um 50 n. Chr.
F.O. Sipán, Grab des alten Herrschers
Silber, Spondylus-Muscheln
Lambayeque, Museo Arqueológico Nacional Brüning
Inv.-Nr. S/T3-P: 4D
Abb. 243

199 Raubkatzenartiges Gesicht
Glied einer Halskette
Um 50 n. Chr.
F.O. Sipán, Grab des alten Herrschers
Silber, Spondylus-Muscheln
Lambayeque, Museo Arqueológico Nacional Brüning
Inv.-Nr. S/T3-P: 4E
Abb. 243

200 Kopf
Glied einer Halskette
Um 50 n. Chr.
F.O. Sipán, Grab des alten Herrschers
Silber
Lambayeque, Museo Arqueológico Nacional Brüning
Inv.-Nr. S/T3-P: 5A

201 Rassel/Schelle
Um 50 n. Chr.
F.O. Sipán, Grab des alten Herrschers
Kupfer, vergoldet, Ø 8,6 cm, T 8,5 cm
Lambayeque, Museo Arqueológico Nacional Brüning
Inv.-Nr. S/T3-Cu: 46 (= R-16E)

202 Steißschutz
Um 50 n. Chr.
F.O. Sipán, Grab des alten Herrschers
Silber, 22,6 x 13,7 x 2,5 cm, 169 g
Lambayeque, Museo Arqueológico Nacional Brüning
Inv.-Nr. S/T3-P: 17

203 Steißschutz
Um 50 n. Chr.
F.O. Sipán, Grab des alten Herrschers
Silber, 22,9 x 13,8 x 2,5 cm, 178,2 g
Lambayeque, Museo Arqueológico Nacional Brüning
Inv.-Nr. S/T3-P: 19

204 Steißschutz mit der Darstellung von Leguanen
Um 50 n. Chr.
F.O. Sipán, Grab des alten Herrschers
Kupfer, vergoldet, 17,4 x 13,4 x 2,5 cm, 114,7 g
Lambayeque, Museo Arqueológico Nacional Brüning
Inv.-Nr. S/T3-Cu: 69
Abb. 279, 280

205 Steißschutz mit der Darstellung von Leguanen
Um 50 n. Chr.
F.O. Sipán, Grab des alten Herrschers
Kupfer, vergoldet, 17,7 x 13,2 x 2,5 cm, 109,3 g
Lambayeque, Museo Arqueológico Nacional Brüning
Inv.-Nr. S/T3-Cu: 71
Abb. 279, 280

206 Steißschutz mit der Darstellung von Leguanen
Um 50 n. Chr.
F.O. Sipán, Grab des alten Herrschers
Kupfer, vergoldet, 18 x 13 x 2,5 cm, 130 g
Lambayeque, Museo Arqueológico Nacional Brüning
Inv.-Nr. S/T3-Cu: 77
Abb. 279, 280

207 Steißschutz mit der Darstellung von Leguanen
Um 50 n. Chr.
F.O. Sipán, Grab des alten Herrschers
Kupfer, vergoldet, 17,2 x 13,2 x 2,5 cm, 135,6 g
Lambayeque, Museo Arqueológico Nacional Brüning
Inv.-Nr. S/T3-Cu: 82
Abb. 279, 280

208 Steißschutz mit der Darstellung von Leguanen
Um 50 n. Chr.
F.O. Sipán, Grab des alten Herrschers
Kupfer, vergoldet, 17 x 13 x 2,5 cm, 120,6 g
Lambayeque, Museo Arqueológico Nacional Brüning
Inv.-Nr. S/T3-Cu: 83
Abb. 279, 280

209 Ohrpflock mit hängenden Plättchen
Um 50 n. Chr.
F.O. Sipán, Grab des alten Herrschers
Gold, Ø 10,9 cm, T 8 cm, 118 g
Lambayeque, Museo Arqueológico Nacional Brüning
Inv.-Nr. S/T3-O: 4
Abb. 245

210 Ohrpflock mit hängenden Plättchen
Um 50 n. Chr.
F.O. Sipán, Grab des alten Herrschers
Gold, Ø 10,9 cm, T 9 cm, 115,5 g
Lambayeque, Museo Arqueológico Nacional Brüning
Inv.-Nr. S/T3-O: 5
Abb. 245

211 Nasenschmuck mit der Darstellung eines Kriegers mit Uhukopfputz
Um 50 n. Chr.
F.O. Sipán, Grab des alten Herrschers
Gold, Silber, Türkis, schwarzer Stein, 11 x 17,1 cm, 73,5 g
Lambayeque, Museo Arqueológico Nacional Brüning
Inv.-Nr. S/T3-O: 22
Abb. 251

212 Nasenschmuck mit der Darstellung einer Figur mit ausgebreiteten Armen
Um 50 n. Chr.
F.O. Sipán, Grab des alten Herrschers
Gold, Silber, 12 x 11,6 cm, 37,8 g
Lambayeque, Museo Arqueológico Nacional Brüning
Inv.-Nr. S/T3-O: 23
Abb. 252

213 Halbmondförmiger Nasenschmuck
Um 50 n. Chr.
F.O. Sipán, Grab des alten Herrschers
Gold, 11,3 x 19,2 cm, 29 g
Lambayeque, Museo Arqueológico Nacional Brüning
Inv.-Nr. S/T3-O: 6
Abb. 275

214 Trapezoider Nasenschmuck
Um 50 n. Chr.
F.O. Sipán, Grab des alten Herrschers
Gold, 4,3 x 5,9 cm
Lambayeque, Museo Arqueológico Nacional Brüning
Inv.-Nr. S/T3-O: 25

215 Raubkatzenartiges Gesicht
Glied einer Halskette
Um 50 n. Chr.
F.O. Sipán, Grab des alten Herrschers
Gold, Spondylus-Muschel, Ø 6,4 cm, T 3,9 cm, 33,5 g
Lambayeque, Museo Arqueológico Nacional Brüning
Inv.-Nr. S/T3-O: 3A
Abb. 258

216 Raubkatzenartiges Gesicht
Glied einer Halskette
Um 50 n. Chr.
F.O. Sipán, Grab des alten Herrschers
Gold, Spondylus-Muschel, Ø 6 cm, T 4 cm, 32 g
Lambayeque, Museo Arqueológico Nacional Brüning
Inv.-Nr. S/T3-O: 3B
Abb. 258

217 Raubkatzenartiges Gesicht
Glied einer Halskette
Um 50 n. Chr.
F.O. Sipán, Grab des alten Herrschers
Gold, Spondylus-Muschel, Ø 6,3 cm, T 4 cm, 32,8 g
Lambayeque, Museo Arqueológico Nacional Brüning
Inv.-Nr. S/T3-O: 3C
Abb. 258

218 Raubkatzenartiges Gesicht
Glied einer Halskette
Um 50 n. Chr.
F.O. Sipán, Grab des alten Herrschers
Gold, Spondylus-Muschel, Ø 6,3 cm, T 3,7 cm, 32,5 g
Lambayeque, Museo Arqueológico Nacional Brüning
Inv.-Nr. S/T3-O: 3D
Abb. 258

219 Raubkatzenartiges Gesicht
Glied einer Halskette
Um 50 n. Chr.
F.O. Sipán, Grab des alten Herrschers
Gold, Spondylus-Muschel, Ø 6,4 cm, T 4 cm, 33,4 g
Lambayeque, Museo Arqueológico Nacional Brüning
Inv.-Nr. S/T3-O: 3E
Abb. 258

220 Kopf eines alten Mannes
Glied einer Halskette
Um 50 n. Chr.
F.O. Sipán, Grab des alten Herrschers
Gold, 5,2 x 5,5 x 3,1 cm, 15 g
Lambayeque, Museo Arqueológico Nacional Brüning
Inv.-Nr. S/T3-O: 8A
Abb. 259

221 Kopf eines alten Mannes
Glied einer Halskette
Um 50 n. Chr.
F.O. Sipán, Grab des alten Herrschers
Gold, 5,3 x 5,5 x 3,1 cm, 13 g
Lambayeque, Museo Arqueológico Nacional Brüning
Inv.-Nr. S/T3-O: 8B
Abb. 259

222 Kopf eines alten Mannes
Glied einer Halskette
Um 50 n. Chr.
F.O. Sipán, Grab des alten Herrschers
Gold, 5,3 x 5,5 x 3,3 cm, 20 g
Lambayeque, Museo Arqueológico Nacional Brüning
Inv.-Nr. S/T3-O: 8C
Abb. 259

223 Kopf eines alten Mannes
Glied einer Halskette
Um 50 n. Chr.
F.O. Sipán, Grab des alten Herrschers
Gold, 5,2 x 5,3 x 3,4 cm, 11 g
Lambayeque, Museo Arqueológico Nacional Brüning
Inv.-Nr. S/T3-O: 8D
Abb. 259

224 Kopf eines alten Mannes
Glied einer Halskette
Um 50 n. Chr.
F.O. Sipán, Grab des alten Herrschers
Gold, 5,3 x 5,7 x 3,5 cm, 14,5 g
Lambayeque, Museo Arqueológico Nacional Brüning
Inv.-Nr. S/T3-O: 8E
Abb. 259

225 Rassel/Schelle mit der Darstellung des *Ai-Apaec* oder „Kopfabschneiders"
Um 50 n. Chr.
F.O. Sipán, Grab des alten Herrschers
Gold, 8,2 x 16,2 x 2,5 cm, 134,6 g
Lambayeque, Museo Arqueológico Nacional Brüning
Inv.-Nr. S/T3-O: 9
Abb. 278

226 Rassel/Schelle mit der Darstellung des *Ai-Apaec* oder „Kopfabschneiders"
Um 50 n. Chr.
F.O. Sipán, Grab des alten Herrschers
Gold, Türkis, 8,4 x 16,2 x 2,4 cm, 171,8 g
Lambayeque, Museo Arqueológico Nacional Brüning
Inv.-Nr. S/T3-O: 10
Abb. 278

227 Rassel/Schelle mit der Darstellung des *Ai-Apaec* oder „Kopfabschneiders"
Um 50 n. Chr.
F.O. Sipán, Grab des alten Herrschers
Gold, Türkis, 8,2 x 16,1 x 2,5 cm, 123 g
Lambayeque, Museo Arqueológico Nacional Brüning
Inv.-Nr. S/T3-O: 15
Abb. 278

228 Rassel/Schelle mit der Darstellung des *Ai-Apaec* oder „Kopfabschneiders“
Um 50 n. Chr.
F.O. Sipán, Grab des alten Herrschers
Gold, Türkis, 8,3 x 15,9 x 2,6 cm, 125 g
Lambayeque, Museo Arqueológico Nacional Brüning
Inv.-Nr. S/T3-O: 19
Abb. 278

229 Rassel/Schelle mit der Darstellung des *Ai-Apaec* oder „Kopfabschneiders“
Um 50 n. Chr.
F.O. Sipán, Grab des alten Herrschers
Gold, Türkis, 8,5 x 16 x 2,2 cm, 149,9 g
Lambayeque, Museo Arqueológico Nacional Brüning
Inv.-Nr. S/T3-O: 20
Abb. 278

230 Rassel/Schelle mit der Darstellung des *Ai-Apaec* oder „Kopfabschneiders“
Um 50 n. Chr.
F.O. Sipán, Grab des alten Herrschers
Silber, 10 x 18,5 x 2,5 cm, 119 g
Lambayeque, Museo Arqueológico Nacional Brüning
Inv.-Nr. S/T3-P: 6
Abb. 269

231 Rassel/Schelle mit der Darstellung des *Ai-Apaec* oder „Kopfabschneiders“
Um 50 n. Chr.
F.O. Sipán, Grab des alten Herrschers
Silber, 10 x 18,5 x 2,5 cm, 51,2 g
Lambayeque, Museo Arqueológico Nacional Brüning
Inv.-Nr. S/T3-P: 24
Abb. 269

232 Steißschutz mit der Darstellung des *Ai-Apaec* oder „Kopfabschneiders“
Um 50 n. Chr.
F.O. Sipán, Grab des alten Herrschers
Gold, Türkis, 29 x 23,3 x 2,3 cm, 286,1 g
Lambayeque, Museo Arqueológico Nacional Brüning
Inv.-Nr. S/T3-O: 16
Abb. 261

233 Armband mit der Darstellung von Katzenfischen
Um 50 n. Chr.
F.O. Sipán, Grab des alten Herrschers
Gold, Türkis, Lapislazuli, Amethyst,
8,7 x 11,8 cm, 107 g
Lambayeque, Museo Arqueológico Nacional Brüning
Inv.-Nr. S/T3-O: 27A
Abb. 267

234 Armband mit der Darstellung von Katzenfischen
Um 50 n. Chr.
F.O. Sipán, Grab des alten Herrschers
Gold, Türkis, Lapislazuli, Amethyst,
8,7 x 13 cm, 67,4 g
Lambayeque, Museo Arqueológico Nacional Brüning
Inv.-Nr. S/T3-O: 27B
Abb. 267

235 Barren
Um 50 n. Chr.
F.O. Sipán, Grab des alten Herrschers
Gold, Ø 3,6 cm, T 2,9 cm, 49 g
Lambayeque, Museo Arqueológico Nacional Brüning
Inv.-Nr. S/T3-O: 27

236 Barren
Um 50 n. Chr.
F.O. Sipán, Grab des alten Herrschers
Silber
Lambayeque, Museo Arqueológico Nacional Brüning
Inv.-Nr. S/T3-P: 27

237 Rassel/Schelle
Um 50 n. Chr.
F.O. Sipán, Grab des alten Herrschers
Kupfer, vergoldet, Ø 17 cm, T 2,5 cm, 303 g
Lambayeque, Museo Arqueológico Nacional Brüning
Inv.-Nr. S/T3-Cu: 70
Abb. 277

238 Rassel/Schelle
Um 50 n. Chr.
F.O. Sipán, Grab des alten Herrschers
Kupfer, vergoldet, Ø 17 cm, T 2,5 cm, 318,4 g
Lambayeque, Museo Arqueológico Nacional Brüning
Inv.-Nr. S/T3-Cu: 138
Abb. 277

239 Rassel/Schelle
Um 50 n. Chr.
F.O. Sipán, Grab des alten Herrschers
Kupfer, vergoldet, Ø 17 cm, T 2,5 cm, 325,8 g
Lambayeque, Museo Arqueológico Nacional Brüning
Inv.-Nr. S/T3-Cu: 139
Abb. 277

240 Rassel/Schelle
Um 50 n. Chr.
F.O. Sipán, Grab des alten Herrschers
Kupfer, vergoldet, Ø 13 cm, T 2,5 cm, 251,4 g
Lambayeque, Museo Arqueológico Nacional Brüning
Inv.-Nr. S/T3-P: 12 (= R-65B)
Abb. 277

241 Rassel/Schelle
Um 50 n. Chr.
F.O. Sipán, Grab des alten Herrschers
Kupfer, vergoldet, Ø 17 cm, T 2,5 cm, 299,4 g
Lambayeque, Museo Arqueológico Nacional Brüning
Inv.-Nr. S/T3-Cu: 72 (= R-64)
Abb. 277

242 Doppelpektoral mit der Darstellung von Katzenfischen
Um 50 n. Chr.
F.O. Sipán, Grab des alten Herrschers
Muschel, 80 x 60 x 1 cm
Lambayeque, Museo Arqueológico Nacional Brüning
Inv.-Nr. S/T3-Cc: 2 (= R-104 (A-B))
Abb. 250

243 Pektoral mit Katzenfisch-Motiven
Um 50 n. Chr.
F.O. Sipán, Grab des alten Herrschers
Spondylus-Muscheln, Ø 44 cm, 1476 g
Lambayeque, Museo Arqueológico Nacional Brüning
Inv.-Nr. S/T3-Cc: 5
Abb. 266

244 Pektoral mit Voluten
Um 50 n. Chr.
F.O. Sipán, Grab des alten Herrschers
Spondylus-Muschel, Kupfer, 60 x 80 cm
Lambayeque, Museo Arqueológico Nacional Brüning
Inv.-Nr. S/T3-Cc: 4 (= R-166)
Abb. 268

245 Ohrpflock mit der Darstellung eines Opfernden und Füchsen am Rand
Um 150 n. Chr.
F.O. Sipán, Grab 4 (zwei junge Männer und eine junge Frau)
Gold, Türkis, Ø 7 cm, T 6 cm, 33,2 g
Lambayeque, Museo Arqueológico Nacional Brüning
Inv.-Nr. S/T4-O: 4A
Abb. 298

246 Ohrpflock mit der Darstellung eines Opfernden und Füchsen am Rand
Um 150 n. Chr.
F.O. Sipán, Grab 4 (zwei junge Männer und eine junge Frau)
Gold, Türkis, Ø 7 cm, T 6 cm, 33,2 g
Lambayeque, Museo Arqueológico Nacional Brüning
Inv.-Nr. S/T4-O: 4B
Abb. 298

247 Ohrpflock mit der Darstellung eines Kriegers
Um 150 n. Chr.
F.O. Sipán, Grab 4 (zwei junge Männer und eine junge Frau)
Gold, Türkis, Ø 5,3 cm, T 6 cm, 25,2 g
Lambayeque, Museo Arqueológico Nacional Brüning
Inv.-Nr. S/T4-O: 1A
Abb. 297

248 Ohrpflock mit der Darstellung eines Kriegers
Um 150 n. Chr.
F.O. Sipán, Grab 4 (zwei junge Männer und eine junge Frau)
Gold, Türkis, Ø 5,3 cm, T 6,1 cm, 24 g
Lambayeque, Museo Arqueológico Nacional Brüning
Inv.-Nr. S/T4-O: 1B
Abb. 297

249 Vogelkopf
Um 150 n. Chr.
F.O. Sipán, Grab 4 (zwei junge Männer und eine junge Frau)
Kupfer, vergoldet, Türkis, 3,6 x 7 cm, 7,8 g
Lambayeque, Museo Arqueológico Nacional Brüning
Inv.-Nr. S/T4-O: 2
Abb. 296

250 Halbmondförmiger Nasenschmuck
Um 170 n. Chr.
F.O. Sipán, Grab 8 (Militärbefehlshaber)
Kupfer, vergoldet, 5,2 x 7,1 cm, 16 g
Lambayeque, Museo Arqueológico Nacional Brüning
Inv.-Nr. S/T8-O: 2

251 Mythologische Szene: Fischdämon
Um 170 n. Chr.
F.O. Sipán, Grab 8 (Militärbefehlshaber)
Kupfer, 55 x 59 cm
Lambayeque, Museo Arqueológico Nacional Brüning
Inv.-Nr. S/T8-Cu: 61
Abb. 301

252 Mythologische Szene: Fischdämon
Um 170 n. Chr.
F.O. Sipán, Grab 8 (Militärbefehlshaber)
Kupfer, 24,5 x 22 cm
Lambayeque, Museo Arqueológico Nacional Brüning
Inv.-Nr. S/T8-Cu: 60A
Abb. 301

253 Mythologische Szene: Fischdämon
Um 170 n. Chr.
F.O. Sipán, Grab 8 (Militärbefehlshaber)
Kupfer, 16 x 19 cm
Lambayeque, Museo Arqueológico Nacional Brüning
Inv.-Nr. S/T8-Cu: 60B
Abb. 301

254 Krone mit Gesicht und Raubkatzen an den Seiten
Um 170 n. Chr.
F.O. Sipán, Grab 8 (Militärbefehlshaber)
Kupfer, 39,6 x 49,5 cm
Lambayeque, Museo Arqueológico Nacional Brüning
Inv.-Nr. S/T8-Cu: 13
Abb. 307

255 Zeptermesser mit pyramidalem Knauf
Um 170 n. Chr.
F.O. Sipán, Grab 8 (Militärbefehlshaber)
Kupfer
Lambayeque, Museo Arqueológico Nacional Brüning
Inv.-Nr. S/T8-Cu: 7

256 Pinzette mit zisilierten Mustern
Um 170 n. Chr.
F.O. Sipán, Grab 8 (Militärbefehlshaber)
Kupfer, 5,5 x 4,5 x 1,5 cm, 144 g
Lambayeque, Museo Arqueológico Nacional Brüning
Inv.-Nr. HR.S/T8-Ag. (= R-169)

257 Nasenschmuck mit der Darstellung einer Priesterin
Um 50 n. Chr.
F.O. Sipán, Grab 9 (Militärbefehlshaber)
Silber, Gold, 9,3 x 11,6 cm, 42,7 g
Lambayeque, Museo Arqueológico Nacional Brüning
Inv.-Nr. S/T9-O: 21
Abb. 300

258 Nasenschmuck mit der Darstellung von zwei Bäumen
Um 50 n. Chr.
F.O. Sipán, Grab 9 (Militärbefehlshaber)
Silber, Gold, 9 x 11,2 cm, 25,5 g
Lambayeque, Museo Arqueológico Nacional Brüning
Inv.-Nr. S/T9-P: 22
Abb. 306

259 Zepter mit stilisierten Katzenfischen
Um 50 n. Chr.
F.O. Sipán, Grab 9 (Militärbefehlshaber)
Silber, L 22 cm, Ø 3,6 cm, 52,4 g
Lambayeque, Museo Arqueológico Nacional Brüning
Inv.-Nr. S/T9-P: 23
Abb. 308

260 Zepter mit stilisierten Katzenfischen
Um 50 n. Chr.
F.O. Sipán, Grab 9 (Grab eines Militärbefehlshabers)
Silber, L 22 cm, Ø 3,6 cm, 42,7 g
Lambayeque, Museo Arqueológico Nacional Brüning
Inv.-Nr. S/T9-P: 24
Abb. 308

261 Ohrpflock mit Hülsenfrucht-Gehänge
F.O. Sipán, ausgeraubtes Grab
Gold, Ø 10 cm, T 10,1 cm, 89,5 g
Lambayeque, Museo Arqueológico Nacional Brüning
Inv.-Nr. S/TS/D/CG: 32
Abb. 327

262 Halskette mit dreieckigen Anhängern
F.O. Sipán, aus dem Antiquitätenhandel zurückgeführt
Gold, Silber, Türkis
Lambayeque, Museo Arqueológico Nacional Brüning
Inv.-Nr. CMN-721 462
Abb. 340

263 Halskette mit drei Anhängern mit Wirbelmotiv
F.O. Sipán, aus dem Antiquitätenhandel zurückgeführt
Gold, Türkis
Lambayeque, Museo Arqueológico Nacional Brüning
Inv.-Nr. CMN-720 463
Abb. 341

264 Kopf mit dreieckigen Anhängern
F.O. Sipán, aus dem ausgeraubten Grab wiedererlangtes Stück
Gold, Harzreste
Lambayeque, Museo Arqueológico Nacional Brüning
Inv.-Nr. CMN-719 464

265 Nasenschmuck mit Vögeln
F.O. Sipán, am Zoll des Flughafens von Lima beschlagnahmt
Gold, Ø 13,1 cm, 17 g
Lambayeque, Museo Arqueológico Nacional Brüning
Inv.-Nr. MB-M 09502

266 Nasenschmuck mit spiralförmigen Verzierungen am Rand
F.O. Sipán, am Zoll des Flughafens von Lima beschlagnahmt
Gold, 5,2 x 16,2 cm, 25,8 g
Lambayeque, Museo Arqueológico Nacional Brüning
Inv.-Nr. MB-M 09512

267 Halskette mit Muscheln
F.O. Sipán, am Zoll des Flughafens von Lima beschlagnahmt
Gold, Quarz
Lambayeque, Museo Arqueológico Nacional Brüning
Inv.-Nr. MB-M 09506

268 Pektoral
F.O. Sipán, am Zoll des Flughafens von Lima beschlagnahmt
Gold, Ø 37,5 cm, 314,7 g
Lambayeque, Museo Arqueológico Nacional Brüning
Inv.-Nr. MB-M 09511

269 Reliefierte gewölbte Scheibe
Glied einer Halskette
F.O. Sipán, am Zoll des Flughafens von Lima beschlagnahmt
Gold, Ø 7,4 cm, T 3,9 cm, 31 g
Lambayeque, Museo Arqueológico Nacional Brüning
Inv.-Nr. MB-M 09501

270 Halskette mit Kakao-Früchten
F.O. Sipán, am Zoll des Flughafens von Lima beschlagnahmt
Gold, Lapislazuli, L 38 cm, 217,1 g
Lambayeque, Museo Arqueológico Nacional Brüning
Inv.-Nr. MB-M 09524

271 Uhu
Glied einer Halskette
F.O. Sipán
Gold, Ø 3,3 cm, T 3,6 cm, 11,3 g
Lambayeque, Museo Arqueológico Nacional Brüning
Inv.-Nr. MB-M 09515

272 Uhu
Glied einer Halskette
F.O. Sipán
Gold, Ø 3 cm, T 3,4 cm, 9,5 g
Lambayeque, Museo Arqueológico Nacional Brüning
Inv.-Nr. MB-M 0916

273 Uhu
Glied einer Halskette
F.O. Sipán
Gold, Ø 3,4 cm, T 3,9 cm, 14,3 g
Lambayeque, Museo Arqueológico Nacional Brüning
Inv.-Nr. MB-M 09517

274 Uhu
Glied einer Halskette
F.O. Sipán
Gold, Ø 2,9 cm, T 3,1 cm, 9,4 g
Lambayeque, Museo Arqueológico Nacional Brüning
Inv.-Nr. MB-M 09518

275 Uhu
Glied einer Halskette
F.O. Sipán
Gold, Ø 3,7 cm, T 4 cm, 15,4 g
Lambayeque, Museo Arqueológico Nacional Brüning
Inv.-Nr. MB-M 09519

276 Uhu
Glied einer Halskette
F.O. Sipán
Gold, Ø 3,4 cm, T 3,9 cm, 13 g
Lambayeque, Museo Arqueológico Nacional Brüning
Inv.-Nr. MB-M 09520

277 Ohrpflock
F.O. Sipán
Silber, Kupfer
Lambayeque, Museo Arqueológico Nacional Brüning
Inv.-Nr. MB-9397

278 Fünf Adobe-Ziegel
Moche
F.O. Sipán, Grabplattform
Luftgetrockneter Lehm
Sipán, Ausgrabung
ohne Inv.-Nr.

REGISTER

Personenregister

Ortsregister

Sachregister

ABBILDUNGSNACHWEIS

Alva, Ignacio: Abb. 77, 78, 82, 85–88, 91, 92–106, 117, 119, 121–124, 128–130, 132–134, 138–140, 142–144, 146, 150–154, 156, 160, 162–164, 167, 168, 176, 179, 180–186, 189–191, 194–202, 204, 206, 207, 209, 210, 212, 213, 215–217, 226, 228–230, 233, 234, 236, 237, 241–244, 246, 248–250, 252, 254, 256, 257, 259–263, 265–270, 272–281, 283, 286, 287, 290, 291, 295–301, 306–308, 342, 349–356, 358
Alva, Walter: Abb. 90, 107, 111, 116, 120, 126, 127, 135, 141, 145, 155, 157–159, 170, 171, 174, 175, 177, 178, 187, 188, 205, 219, 218, 221–225, 232, 238, 240, 253, 255, 264, 271, 284, 292–294, 302, 309, 310, 311, 313, 340, 343–346, 348
Animación Computarizada (ARMEDIA): Abb. 380–386
Belaguer, Alejandro: Abb. 336
Chero, Luis: Abb. 303–305, 315, 335
Ethnologisches Museum, Staatliche Museen zu Berlin – Preußischer Kulturbesitz, Berlin (Foto: Peter Oszvald): Abb. 2, 3, 5, 8, 10, 13, 21, 25, 31–33, 35–37, 42, 44, 46, 47, 55, 56, 59, 60, 64, 65
Ferrand, Javier: Abb. 92, 235, 317–326, 328–333, 337–339
Gutierrez, Alberto: Abb. 81, 89, 282, 285, 312
Linden-Museum, Staatliches Museum für Völkerkunde, Stuttgart (Foto: Peter Oszvald): Abb. 6, 7, 9, 11, 12, 14–18, 22–24, 27–30, 39, 41, 49, 51, 53, 61, 71, 73, 74
Loayza, Wilfredo: Abb. 75
Museo Arqueológico Nacional Brüning de Lambayeque: Abb. 112, 114, 115, 136, 161, 208, 227, 231, 247, 289, 314, 316, 327, 347
Museum für Völkerkunde im Grassi-Museum, Leipzig (Foto: Peter Oszvald): Abb. 19, 26, 34, 66
National Geographic: Abb. 79, 80, 84, 173, 220
Roemer- und Pelizaeus-Museum, Hildesheim (Foto: Peter Oszvald): Abb. 20, 38, 40, 43, 45, 50, 57, 63, 67, 68, 72
Römisch-Germanisches Zentralmuseum, Mainz (Fotos: D. Beeck, V. Iserhardt, E. Vlad; Zeichnungen: H. Schmidt, J. Ribbeck; Röntenfoto: F. Hummel): Abb. 147, 148, 288, 359–379
Rojas, Carlos: Abb. 76, 113, 118, 125, 131, 137, 149, 165, 166, 203, 211, 214, 239, 245, 251, 258
Staatliches Museum für Völkerkunde, München (Foto: Peter Oszvald): Abb. 4, 48, 52, 54, 58, 62, 70
University of California, Los Angeles: Abb. 357

Bei den Darstellungen am Anfang der einzelnen Kapitel handelt es sich um Umzeichnungen von Vasenbildern, die Mythen, Rituale und Zeremonien der Moche schildern:
Zeichnung S. 38: Adorationsszene unter zweiköpfiger Schlange mit Koka-Essern
Zeichnung S. 42: Zweikämpfer
Zeichnung S. 48: Mythischer ritueller Wettlauf
Zeichnung S. 53: Seiltanz
Zeichnung S. 57: Waffenbündel und Dämonen mit Gefangenen
Zeichnung S. 69: Würdenträger und Krieger mit Speeren und Speerschleudern
Zeichnung S. 137: Mythische Szene vor sitzendem Gott
Zeichnung S. 149: Vielfigurige Menschenopfer-Szene
Zeichnung S. 198: Adorationsszene mit Lamas und Schnecken
Zeichnung S. 202: Bergszene mit Menschenopfer und Dämonen
Zeichnung S. 212: Gefangenentransport und Menschenopfer
Zeichnung S. 221: Mythische Szene mit dem Begräbnis einer hochstehenden Person
Zeichnung S. 236: Hirschjagd mit Netzen
Zeichnung S. 240: Mythische Schlachtenszene

REKONSTRUKTIONEN DER GRÄBER

380 Rekonstruktion der Grabkammer des „Señor von Sipán" mit den Nebenbestattungen, Wandnischen, Beigaben und architektonischen Details

Schematische Darstellung der Beigabenausstattung des „Señor“. Von oben nach unten:

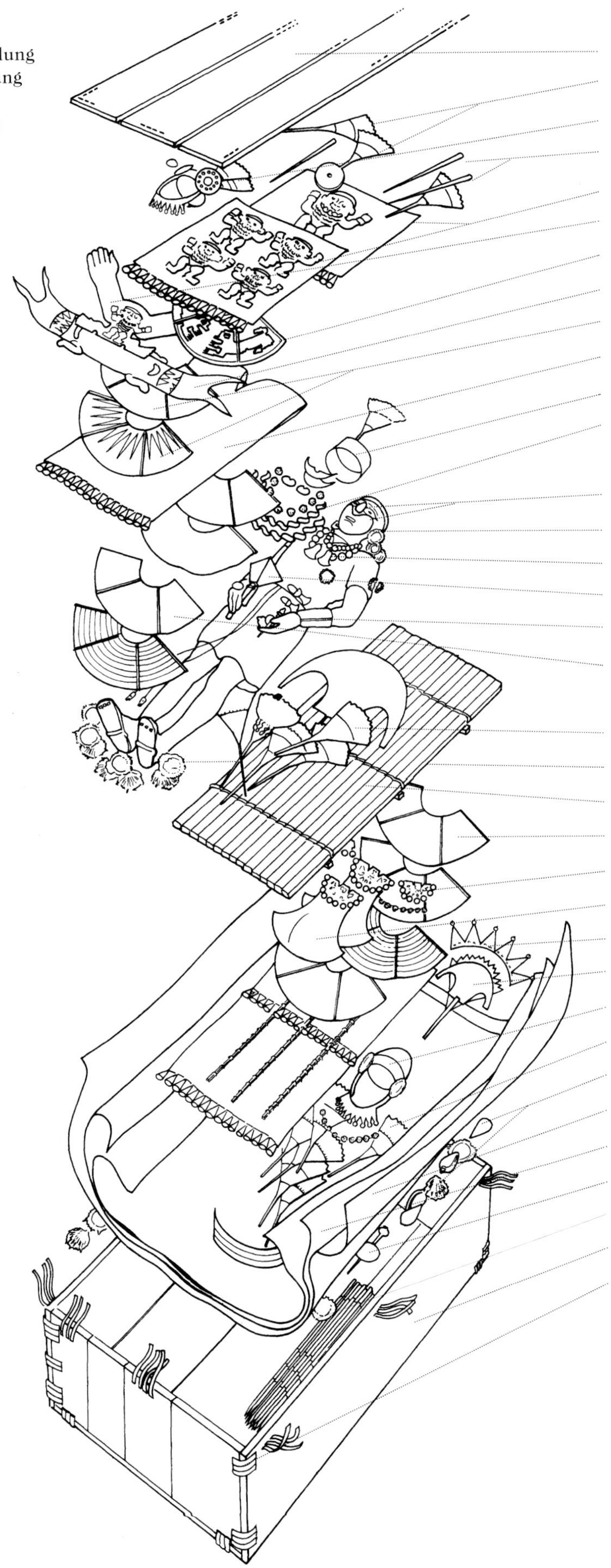

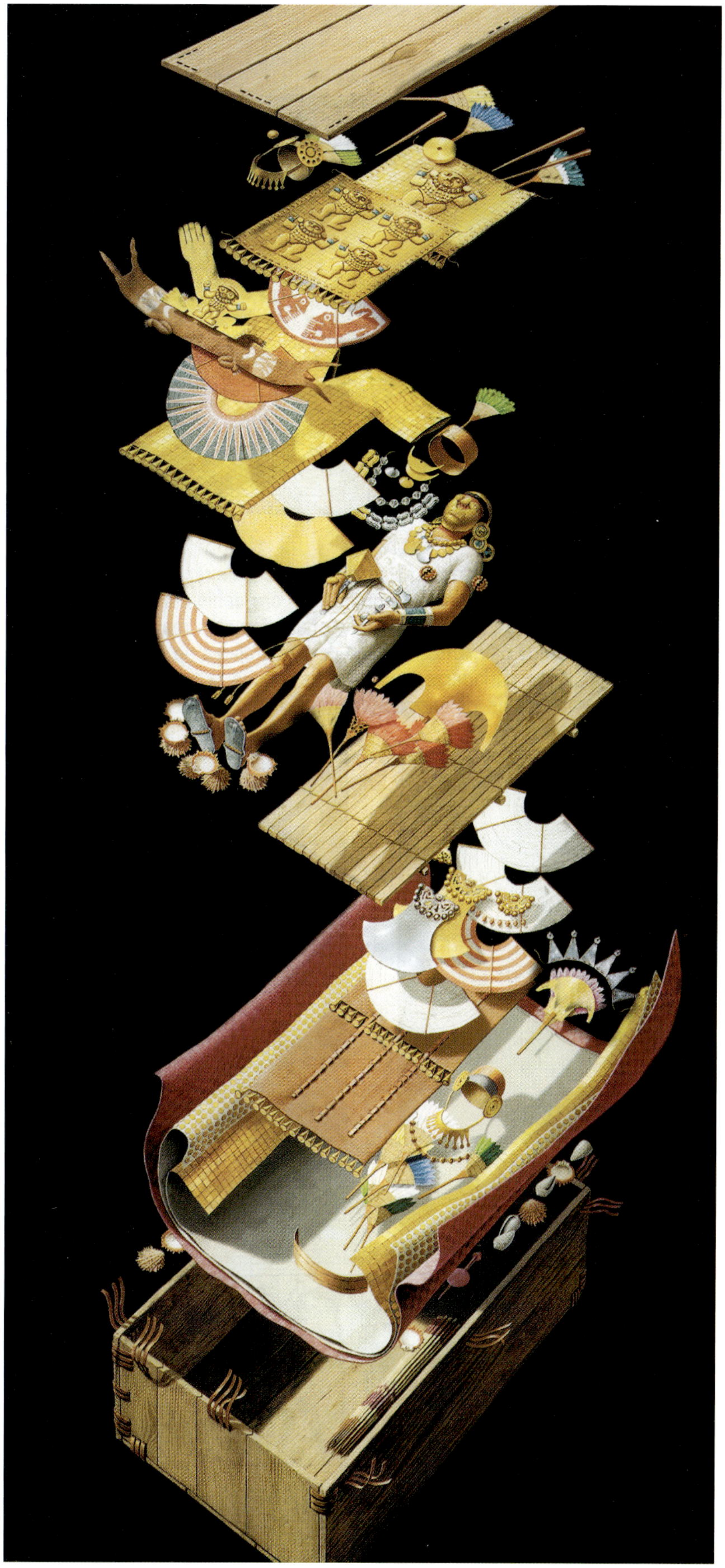

381 Rekonstruktion der Beigabenausstattung des „Señor“, der Fundlage entsprechend

382 Rekonstruktion der Grabkammer des Priesters mit Beigaben und Nebenbestattungen

383 Rekonstruktion der
Beigabenausstattung des Priesters,
der Fundlage entsprechend

Schematische Darstellung der Lage
der verschiedenen Grabbeigaben
des alten Herrschers:

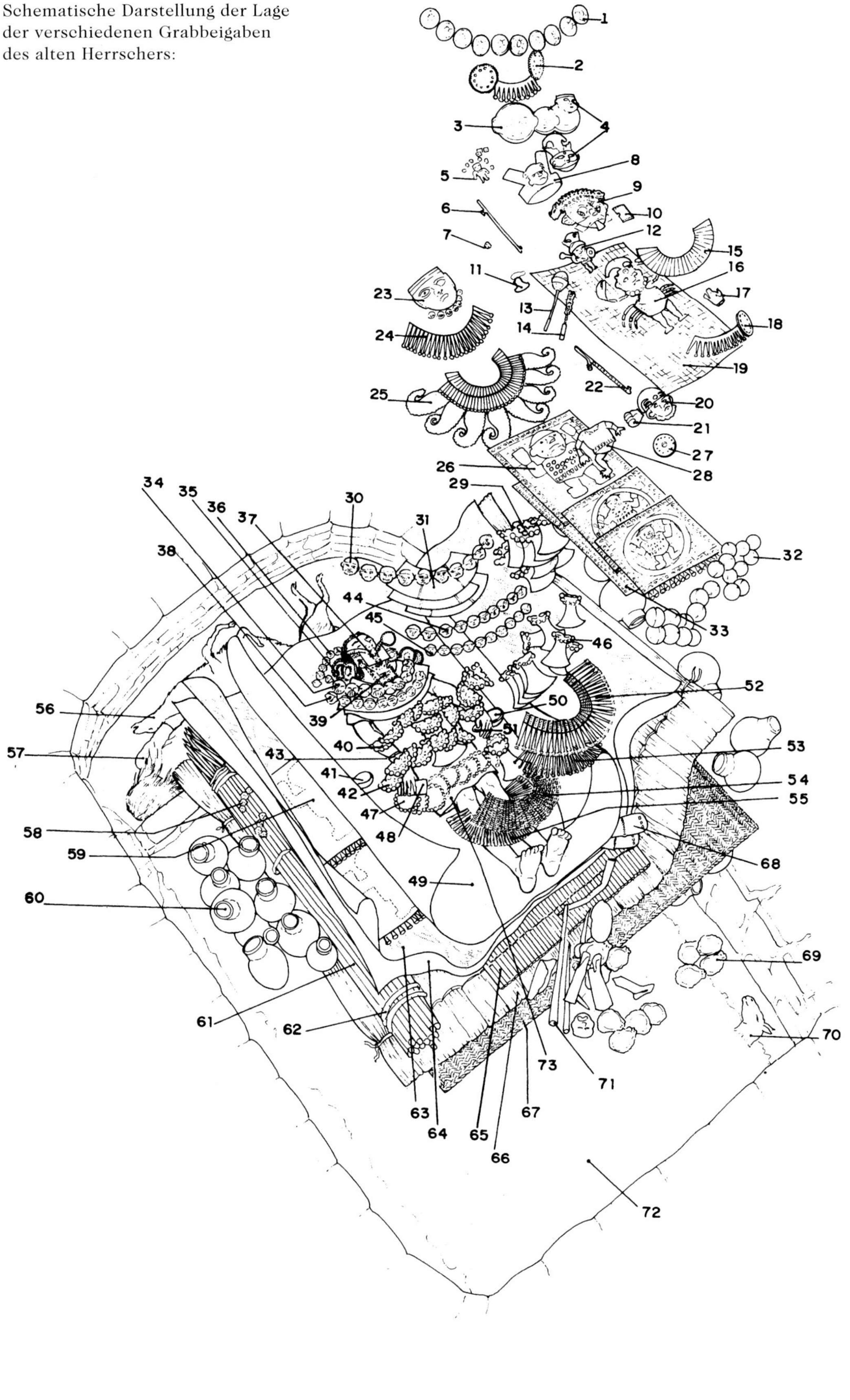

1 Goldene Spinnenhalskette
2 Helm mit Zeremonialbart
3 Umgedrehte Kupfermasken
4 Masken aus vergoldetem Kupfer
5 Gott mit Schlangenköpfen aus vergoldetem Kupfer
6 Hölzerne Pfeilschleuder mit Vogelschleuderhaken
7 Kleiner Kopf aus vergoldetem Kupfer
8 Krone aus vergoldetem Kupfer
9 Kopf des Felidendämons
10 Silberner Nasenschmuck
11 Silberne Enthaarungspinzette
12 Krieger aus vergoldetem Kupfer
13 Goldenes Zeptermesser
14 Silbernes Zeptermesser
15 Pektoral aus vergoldetem Kupfer
16 Krebsdämon
17 Fuchskopf aus Kupfer
18 Helm mit Zeremonialbart
19 Schuppenumhang mit Plättchen aus vergoldetem Kupfer
20 Silberne Maske
21 Teil einer Standarte
22 Hölzerne Wurfpfeilschleuder mit menschlichem Kopf aus Kupfer
23 Kupfermaske
24 Strahlenpektoral aus vergoldetem Kupfer
25 Dreireihiges Pektoral aus Silber und vergoldetem Kupfer
26 Drei Standarten mit der „Ullucchu"-Gottheit
27 Teil eines Kopfputzes mit Zeremonialbart
28 Körper des Felidendämons
29 Silberner Steißschutz
30 Halskette aus silbernen Köpfen
31 Pektoral aus Muschelperlen
32 Kugelschellen aus vergoldetem Kupfer
33 Umhang mit Metallblattanhängern aus vergoldetem Kupfer
34 Halskette mit goldenen Felidenköpfen
35 Goldenes Ohrpflockpaar mit Metallblattanhängern
36 Kleine Köpfe aus vergoldetem Kupfer
37 Nasenschmuck aus Gold und Silber
38 Goldene Kette aus Greisenköpfen
39 Nasenschmuck aus Gold und Silber
40 Goldene Rasseln mit dem Bild des „Kopfabschneiders"
41 Kupferbecher
42 Silberne Rassel mit dem Bild des „Kopfabschneiders"
43 Armbänder aus Gold-, Lapislazuli-, Türkis- und Spondylus-Perlen
44 Halskette aus silbernen Köpfen
45 Halskette aus silbernen Köpfen mit Zähnen aus Muschelkalk
46 Steißschutze aus vergoldetem Kupfer mit Leguan-Darstellungen
47 Runde Rasseln aus vergoldetem Kupfer

48 Silberner Nasenschmuck
49 Baumwolldecke mit Kupferplättchen
50 Kupfernapf
51 Silberbarren
52 Doppeltes Pektoral aus geschnittenen Meeresschnecken- und Muschelgliedern mit der Darstellung des Schlangenfisches
53 Pektoral aus Meeresschnecken- und Muschelgliedern
54 Spondylus-Pektoral mit Voluten
55 Pektoral aus Meeresschnecken- und Muschelgliedern mit der Darstellung des Schlangenfisches
56 Geopfertes Lama
57 Körper einer jungen Frau
58 Kleine Köpfe aus vergoldetem Kupfer
59 Zwei Metallstandarten mit der Darstellung der „Ulluchu"-Gottheit
60 Tongefäße
61 Lanzenbündel aus Holz mit Metallverkleidungen aus vergoldetem Kupfer
62 Verbogene Lanzenspitzen
63 Stoffrest mit mythologischen Darstellungen
64 Baumwolldecke
65 Rohrbahre
66 Stoff aus Pflanzenfasern
67 Dünne Matte
68 Metallsandalen
69 Spondylus-Muscheln
70 Lamakopf
71 Unbrauchbar gemachte Kupferwaffen
72 Rot bemalter Boden
73 Dünne Baumwolltunika

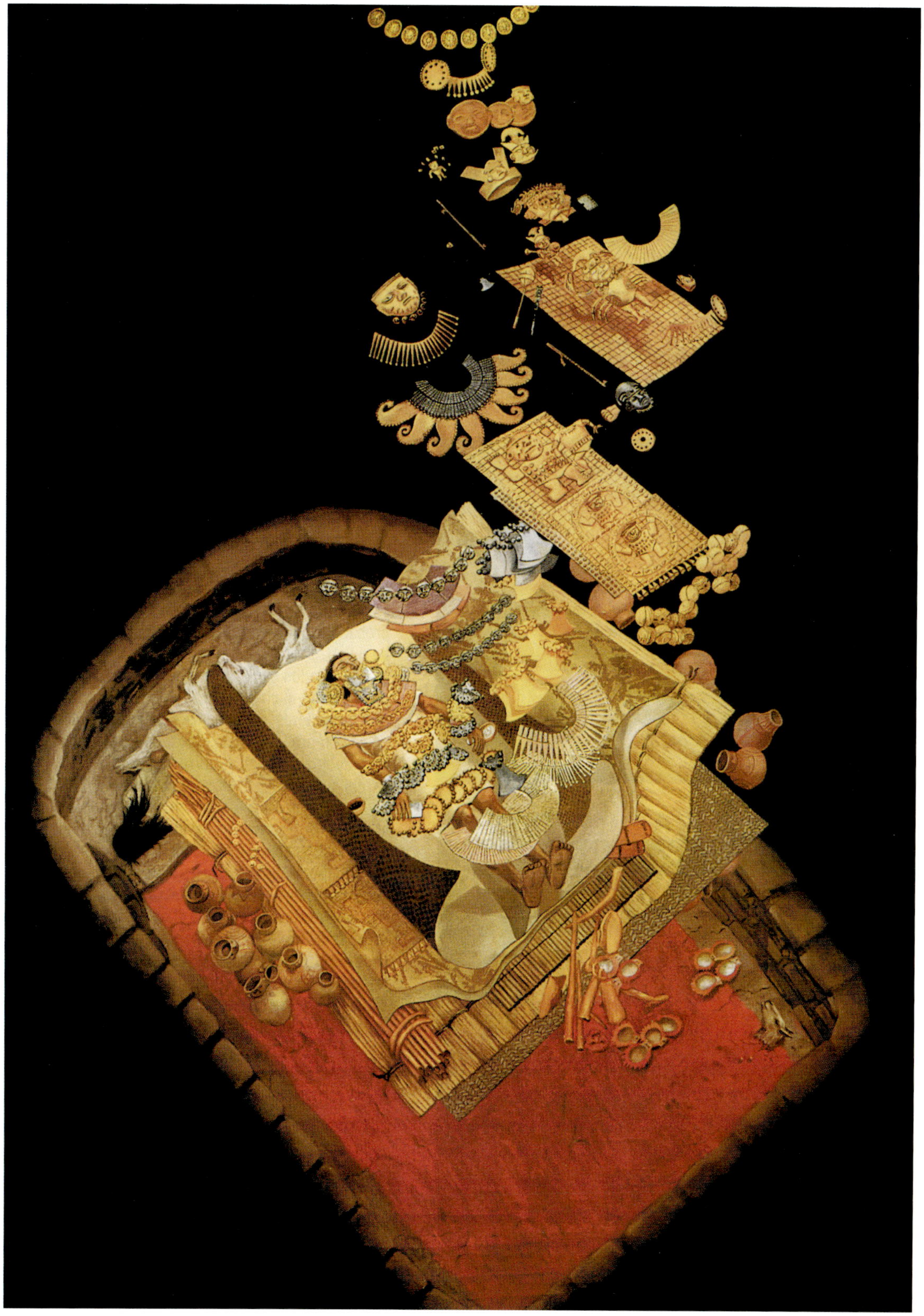

384 Rekonstruktion der Beigabenausstattung des alten Herrschers, der Fundlage entsprechend

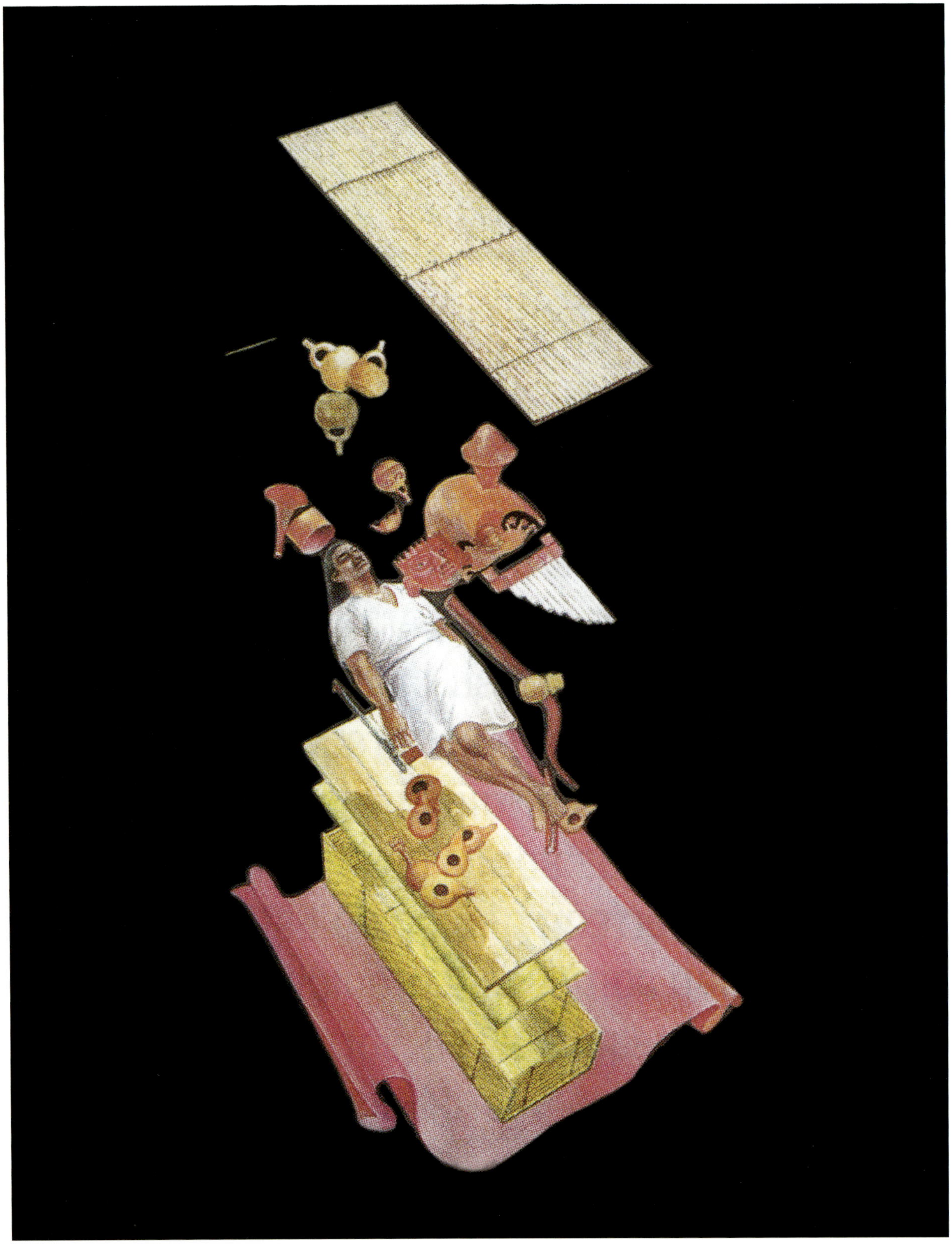

385 Rekonstruktion der
Beigabenausstattung in Grab 5

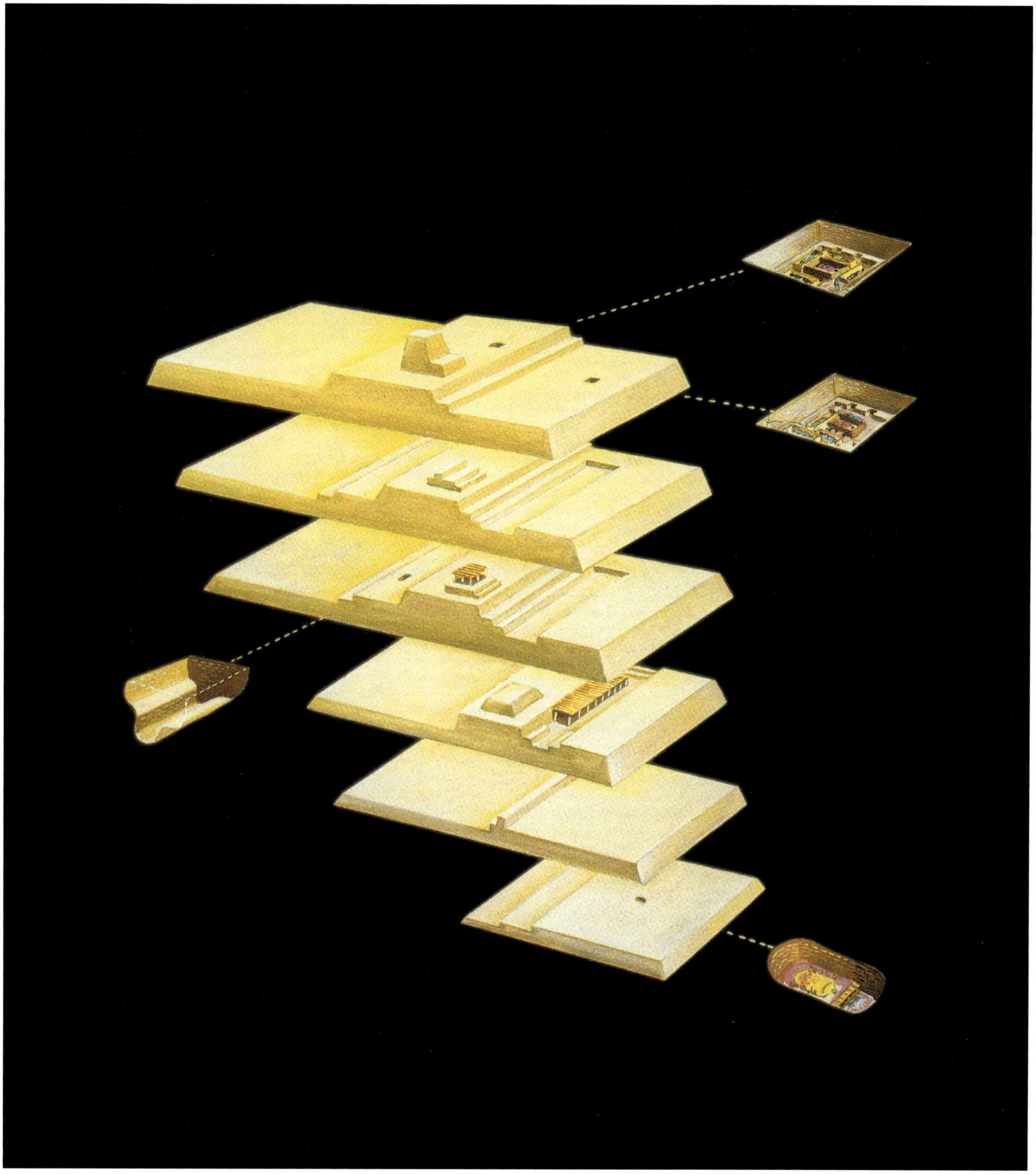

386 Rekonstruktion der Bauphasen der Grabplattform mit den Gräbern des „Señor von Sipán", des Priesters und des alten Herrschers. Links ist das ausgeraubte Grab zu sehen

Diese Publikation erscheint anläßlich der Ausstellung *Gold aus dem alten Peru. Die Königsgräber von Sipán* vom 15. Dezember 2000 bis zum 29. April 2001 in der Kunst- und Ausstellungshalle der Bundesrepublik Deutschland in Bonn.

Kunst- und Ausstellungshalle der Bundesrepublik Deutschland GmbH, Bonn

Direktor: Wenzel Jacob
Kurator: Ferdinand Anton
Projektleitung: Angelica Francke
Ausstellungsarchitektur: Michael Haacke
Ausstellungsmanagement:
Susanne Wichert-Meißner
Transport und Versicherung:
Marla B. Manna
Restaurierung: Ulrike Klein, Yasemin Becker
Aufbau: Michael Haacke, Axel Wupper
Licht: Gerd Graef
Presse: Maja Majer-Wallat
Forum: Bernd Busch
Medien/Kommunikation/Publikationen:
Petra Kruse/Andrea Bärnreuther
Pädagogischer Dienst: Hanns-Ulrich Mette
Public Relations: Maria Nußer-Wagner
Technische Medien: Ulrich Best
Bibliothek: Margot Flatow/Laura Held
Verwaltung: Wilfried Gatzweiler
Technik: Rudi Link

Herausgeber:
Kunst- und Ausstellungshalle der Bundesrepublik Deutschland GmbH
Der Text von Walter Alva wurde ursprünglich vom selben Autor als Buch unter dem Titel *Sipán. Descubrimiento e Investigación*, Lima 1999, veröffentlicht.

Kataloggestaltung: Monika Hagenberg
Katalogkoordination:
Angelica Francke/Helga Willinghöfer
Lektorat: Helga Willinghöfer
Karten: Alexander Schmid, Köln
Vorlage der Zeittafel: Ferdinand Anton
Übersetzungen aus dem Spanischen:
Peter Kaulicke
Produktion: Heiko Seitz
Satz: Fotosatz Weyhing, Stuttgart
Lithographie: C+S Repro, Filderstadt
Gesamtherstellung:
Dr. Cantz'sche Druckerei, Ostfildern-Ruit

Erschienen im
Hatje Cantz Verlag
Senefelderstraße 12
73760 Ostfildern-Ruit
Tel. 07 11/4 40 50
Fax 07 11/4 40 52 20
Internet: www.hatjecantz.de

ISBN 3-7757-0959-2

Printed in Germany

Umschlagabbildungen:
Vorn:
Krone/Diadem des „Señor von Sipán" (Kat.-Nr. 103)
Hinten:
Ohrpflock des „Señor von Sipán" (Kat.-Nr. 106)
Frontispiz: Totenmaske des „Señor von Sipán" (Kat.-Nr. 117–120)